한 권으로 마스터하는

항공기상

한 권으로 마스터하는

항공기상

하수동 지음

Aviation Weather

국내 최고의 항공기상 교과서

30여 년의 항공운항 실무 경험을 바탕으로 집대성

조종사, 운항관리사, 항공교통관제사를

준비하는 모든 사람들의 지침서

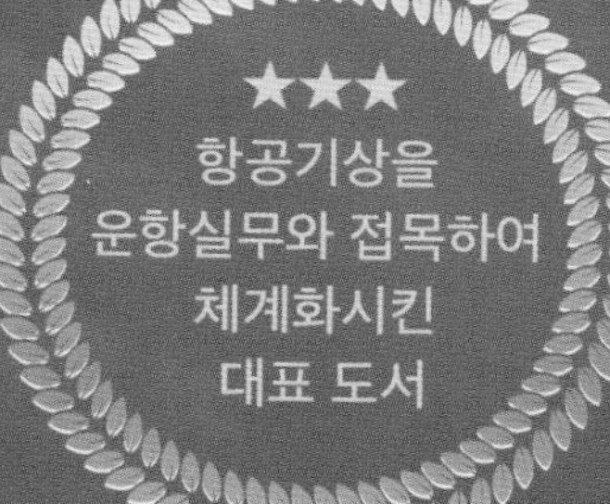

KM 경문사

PREFACE

머리말

이 책은 조종사, 운항관리사, 항공교통관제사가 되려는 꿈을 가진 사람을 위한 책이다. 직접 비행을 하는 경우는 물론이고 비행을 계획하거나 안전한 하늘 길을 보장하기 위해 노력하는 사람들은 시시각각 변하는 기상현상에 대한 이해뿐 아니라 기상현상의 적절한 이용과 회피를 위한 노력도 필요하다.

1903년 라이트형제에 의해 하늘을 날고자하는 인간의 꿈이 실현되기 시작하였다. 항공기의 설계, 제작, 운항 등의 기술은 그동안 빠른 발전을 이루어 극초음속비행과 우주비행 및 무인비행의 시대에 이르렀다. 그러나 이러한 발전의 과정에서 윌버 라이트가 4번째의 시험비행에서 바람에 의해 추락하였듯이 기상현상으로 인한 수많은 시행착오와 사고를 경험하기도 하였다.

종이비행기와 같은 장난감부터 최첨단 기술이 집약된 최신 항공기에 이르기까지 하늘을 날기 위한 어떤 장치라도 기상현상의 영향을 피할 수는 없다. 항공운항의 현장에서 기상현상에 대한 이해는 어떻게 하면 위험한 기상현상을 피하여 안전한 운항을 실현할지와 시시각각 변하는 기상현상을 어떻게 이용하여 쾌적하고 경제적인 운항을 실현할지에 초점이 있다.

필자는 대학을 졸업하고 공군에서 항공관제장교로 근무를 시작하여 항공사에서 운항관리업무를 끝으로 퇴직할 때까지 30여 년간을 항공운항의 실무에 종사하였다. 그동안 항공기는 비약적인 발전을 거듭하였고 항공기 운항에 영향을 미치는 기상현상을 관측, 분석, 예보, 전파하는 기술 또한 많이 발전하였다. 그러나 기상현상을 해석하고 적용하는 과정에서는 명확한 정답이 없는 경우가 많기 때문에 보람도 있었지만 말할 수 없는 스트레스도 많았다.

벌써 대학에서 강의를 시작한지도 7년이라는 세월이 지나가고 있다. 장기간에 걸쳐 항공운항과 관련된 실무에 종사하였지만 학생들을 위해 항공기상을 강의한다는 것은 새로운 도전이었다. 그러나 기초가 튼튼해야 스스로 공부할 수 있을 것이라는 판단으로 실무에서 꼭 필요한 지식만을 골라 쉽게 이해할 수 있도록 강의 자료를 만들고 수정하면서 오늘에 이르렀다.

이제 그동안의 강의 자료를 정리하여 책으로 편집하게 되었다. 국내에 제대로 된 책이 없어 주로 외국의 책으로 공부하면서 힘들어 했던 과거의 경험, 다년간의 실무를 통해 경험한 꼭 필요한 핵심내용, 강의에서 경험한 학생들의 관심 등을 종합하여 알기 쉽게 쓰려고 노력하였다.

이 책은 기상현상을 이해하기 위한 기초부터 시작하여 점차 실무단계로 발전하는 5개의 주제로 나누어져 있다.

제1장은 항공기상을 공부해야 하는 이유를 설명하는데 초점을 두었다. 가벼운 마음으로 읽고 지나가도 좋다.

제2장은 기상현상을 이해하기 위한 기초지식을 설명하는데 많은 부분을 할애하였다. 기상학을 전공하지 않은 사람은 기상의 기초개념을 이해하기 위해 정독하고 이해하기를 희망한다. 특히 기온, 기압, 바람은 비행의 시작부터 종료에 이르기까지 끊임없이 영향을 미치는 기상현상이므로 정확한 이해가 필요하다.

제3장은 항공기 운항에 특히 위험한 영향을 미치는 기상현상들을 설명하였다. 위험한 기상현상은 어떤 원인에 의해 발생하고 항공기의 운항에 어떤 위험이 있는가에 대한 부분이므로 정독하기를 권장한다. 항공운항의 현장에서 시정장애, 난기류, 착빙, 천둥번개, 태풍과 같은 현상만 없다면 걱정할 일이 없을 것이다. 물론 이러한 현상들은 각각 독립적으로 나타나기도 하지만 대부분 복합적으로 발생한다.

제4장은 실무적으로 이해하지 않으면 안 되는 기상정보의 종류와 해석방법에 대하여 상세하게 해설하였다. 전 세계 어디를 운항하더라도 실무적으로 해석하고 적용하는 내용들이므로 반드시 익혀두어야 한다. 따라서 국제표준인 국제민간항공기구(ICAO)의 기준을 중심으로 설명하였다. 이 기준은 시대의 변화에 따라 부분적으로 수정되는 경우가 있으므로 국제민간항공기구 부속서 3(ICAO Annex 3)의 개정에 주의를 기울여야 한다.

제5장은 주로 운항관리사나 조종사에게 필요한 일기도에 대한 해설이다. 일기도의 출처에 관계없이 최신의 다양한 일기도를 많이 해석해 보기를 권장한다. 주로 일본 기상청에서 발행하는 일기도를 제시한 이유는 우리나라에서는 항공운항을 위한 전문적인 일기도를 쉽

게 접할 수 없다는 점과 운항빈도가 적은 미주나 유럽지역의 일기도보다 우리나라의 항공편이 가장 빈번하게 운항하는 아시아 · 태평양지역의 노선을 거의 포함한 항공운항용의 전문적인 일기도가 일본에서는 많이 생산되고 있기 때문이다. 항공운항을 위해 참조할 수 있는 일기도는 수없이 많지만 제시된 일기도를 기반으로 익힌 다음 각 일기도에 표시한 출처에 접속하여 최신 일기도를 확인하고 분석해 보기 바란다. 일기도 해석은 일반적으로 어려워하는 분야이기도 하다. 그러나 체계적으로 반복하여 분석하다 보면 어느덧 재미를 느끼게 될 것이다.

하늘을 날기 위해 필요한 지식은 크게 세 가지로 요약할 수 있다. 항공기의 구조와 성능 및 운용방법에 대한 지식, 항공기 운항에 영향을 미치는 기상현상에 대한 지식, 기타 운항과 관련된 각종 법규 등 규정에 대한 지식이라고 할 수 있다. 이 책은 항공운항에 실무적으로 필요한 기상현상과 관련된 대부분의 내용을 포함하고 있다. 물론 모든 내용을 담기에는 한정된 분량으로 인해 일부 생략된 분야도 있지만 실무적으로 필요한 범위를 최대한 포함하려고 노력하였다.

항공운항과 관련된 책이라고 할 정도로 '운항'이라는 단어가 자주 등장한다. 기상을 위한 운항이 아닌 운항을 위한 기상현상을 설명하다 보니 피하기 어려운 과정이었다. 해당 기상현상을 설명하기 위해 들어간 항공운항과 관련된 중요한 용어는 마지막에 '주요 용어해설'에 간단히 해설해 두었으니 참고하기 바란다. 또한 참고자료에 있는 각종 자료들은 대부분 실무에 필요한 자료들이니 항상 가까이 하기를 권한다.

이 책을 쓰면서 가장 어려웠던 것 중의 하나가 용어에 대한 선택이었다. 가능하면 우리나라의 기상청에서 발간한 '최신 대기과학 용어사전'과 항공기상청의 '항공기상 용어사전' 및 관련법규에 기반을 두려고 노력하였다. 그러나 부족한 부분은 주로 미국과 일본의 표준용어를 같이 사용하였다.

이 책이 완성되기까지 도움을 준 분들에게 감사의 마음을 전한다. 딱딱한 이론의 이해를 돕기 위해 그림을 많이 삽입하였는데 이지민, 박희민 학생은 바쁜 시간을 쪼개어 열심히 그림을 그려 주었다. 공군에서 기상장교로 근무하는 김동현 중위는 초고를 꼼꼼히 읽고 조언해 주었다. 또한 본교에서 항공교통을 전공한 모든 학생들에게 고마운 마음을 전한다. 수업에 임하는 진지한 자세와 질문들은 강의 자료를 만들고 다듬어 나가는데 큰 힘이 되었고 이 책을 쓰도록 하는 채찍이 되었다. 그동안 항공기상학 수업을 수강한 모든 학생들의 하늘을 향한 꿈이 무한히 펼쳐지기를 기원한다. 짧은 시간에 디자인과 조판에 애쓰신 경문사 관계자들에게도 감사드린다.

긴장된 마음으로 독자들의 평가를 기다린다. 보충이나 수정이 필요한 부분이 있으면 망설이지 말고 연락해 주기를 소망한다. 독자들의 지적과 평가를 모아 항공기상의 입문서로 자리 잡을 수 있도록 최선을 다하겠다. 이 책을 통해 안전하고 쾌적한 운항을 실현하는 데 조금이나마 도움이 되었으면 좋겠다.

저자 씀

CONTENTS
차례

Chapter I 항공기상과 운항

Chapter II 기상현상의 이해

Chapter  위험기상

Chapter Ⅳ 항공기상정보

Chapter V 일기도

주요약어

- **AFTN 항공고정통신망** Aeronautical Fixed Telecommunication Network
- **AIM 미국 항공정보매뉴얼** Aeronautical Information Manual
- **AIM-J 일본 항공정보매뉴얼** Aeronautical Information Manual-Japan
- **AIP 항공정보간행물** Aeronautical Information Publication
- **AIRMET정보 에어맷정보** Airman's Meteorological Information
- **ALS 진입등시스템** Approach Lighting System
- **AMOS 공항기상관측장비** Aerodrome Meteorological Observation System
- **AOA 받음각** Angle Of Attack
- **ARP 공항 기준점** Airport Reference Point
- **AS 대기속도** Air Speed
- **ATIS 자동공항정보방송** Automated Terminal Information Service
- **CAPE 대류가용에너지** Convective Available Potential Energy
- **CAT 청천난기류** Clear Air Turbulence
- **CAT 카테고리** Category
- **CCL 대류응결고도** Convective Condensation Level
- **CL 중심선** Centre line
- **CMV 지상시정환산치** Converted Meteorological Visibility
- **CPDLC 항공교통관제사와 조종사간의 데이터통신** Controller Pilot Data Link Communications
- **DA 결심고도** Decision Altitude
- **D-ATIS 데이터링크 자동공항정보방송** Data link-Automated Terminal Information Service
- **DH 결심높이** Decision Height
- **D-VOLMET 데이터링크 음성기상방송** Data link-Voice Language Meteorological report
- **EL 평형고도** Equilibrium Level
- **ENG 엔진** Engine
- **FAA 미국 연방항공청** Federal Aviation Administration
- **FIR 비행정보구역** Flight Information Region
- **FT(ft) 피트** Feet
- **GS 대지속도** Ground Speed
- **H 고기압 중심** High pressure
- **HIRL 고광도 활주로등** High Intensity Runway edge Light

- **HOT 지속시간** Hold Over Time
- **hPa 헥토파스칼** hecto-Pascal
- **IAS 지시대기속도** Indicated Air Speed
- **IATA 국제항공운송협회** International Air Transport Association
- **ICAO 국제민간항공기구** International Civil Aviation Organization
- **IFR 계기비행방식** Instrument Flight Rule
- **ILS 계기착륙시설** Instrument Landing System
- **IMC 계기비행기상상태** Instrument Meterological Conditions
- **INOP 작동하지 않는** Inoperative
- **ISA 국제표준대기** International Standard Atmosphere
- **ITCZ 열대수렴대** Intertropical Convergence Zone
- **Jp 한대 제트기류** Polar jet stream
- **Js 아열대 제트기류** Subtropical jet stream
- **KT 노트(knot)** Nautical mile/hour
- **L 저기압 중심** Low pressure
- **LCL 상승응결고도** Lifting Condensation Level
- **LFC 자유대류고도** Level of Free Convection
- **LGT 항공등화 또는 조명** Light or lighting
- **LLWAS 저층바람시어경고장비** Low Level Windshear Alert System
- **LWC 액체수분입자** Liquid Water Content
- **mb 밀리바** Millibars
- **MDA 최저강하고도** Minimum Descent Altitude
- **MDH 최저강하높이** Minimum Descent Height
- **METAR 공항 정시관측보고** Aerodrome routine meteorological report
- **MN 자북** Magnetic North
- **MPS 초속 미터** m/sec
- **MSL 평균해수면** Mean Sea Level
- **MTOW 최대이륙중량** Maximum Take-Off Weight
- **MVD 중간부피의 반지름** Median Volume Diameter
- **NM 마일** Nautical Mile
- **NOAA 미국 해양대기청** National Oceanic and Atmospheric Administration
- **NWS 미국 기상국** National Weather Service
- **OAT 외기온도** Outside Air Temperature

- **psi 제곱인치당 파운드** Pounds per square inch
- **RCLL 활주로 중심선등** Runway Center Line Light
- **RSMC 지역특별기상센터** Regional Specialized Meteorological Center
- **RVR 활주로가시거리** Runway Visual Range
- **RWY 활주로** Runway
- **SAT 정온** Static Air Temperature
- **SI unit 국제(표준)단위** System International unit
- **SIGMET정보 시그맷정보** Significant Meteorlogical Information
- **SLD 과냉각 물방울** Supercooled Large Drops
- **SNOTAM 설빙보고** Snow Notice To Airman
- **SPECI 공항 특별관측보고** Aerodrome special meteorological report
- **SSI 쇼월트지수** Showalter's Stability Index
- **SWXC 우주기상센터** Space Weather Center
- **TA 전이고도** Transition altitude
- **TAS 진대기속도** True Air Speed
- **TAT 전온** Total Air Temperature
- **TCAC 열대저기압 경보센터** Tropical Cyclone Advisory Center
- **TDWR 공항기상레이더** Terminal Doppler Weather Radar
- **TDZ 접지구역** Touchdown zone
- **TL 전이면** Transition Level
- **UKMO 영국 기상청** United Kingdom Meteorological Office
- **UTC 국제협약시간** Coordinated Universal Time
- **VAAC 화산재 경보센터** Volcanic Ash Advisory Center
- **VFR 시계비행방식** Visual Flight Rule
- **VIS 시정** Visibility
- **VMC 시계비행기상상태** Visual Meterological Conditions
- **VOLMET 음성기상방송** Voice Language Meteorological report
- **VV 수직시정** Vertical Visibility
- **WAFC 세계공역예보센터** World Area Forecast Center
- **WAFS 세계공역예보체계** World Area Forecast System
- **WMO 세계기상기구** World Meteorological Organization
- **WS 급변풍, 윈드(바람)시어** Wind Shear
- **WWW 세계기상감시(프로그램)** World Weather Watch

AVIATION

WEATHER

항공기상과 운항

1. 기상학의 분류

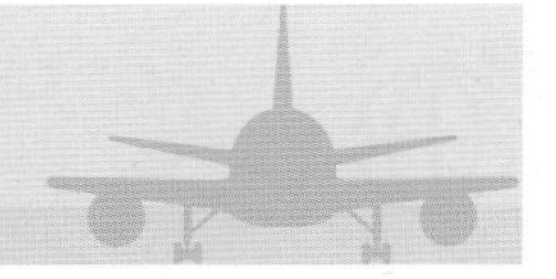

기상학(Meteorology)이란 해양과 육지에서부터 대기의 경계층과 관련된 효과를 포함하여 지구와 대기의 물리, 화학, 역학을 다루는 학문이고, 대기의 조성 및 구조, 대기운동을 관찰하고 연구하여 대기현상의 완전한 이해와 정확한 예측을 하는 것이 목적이다.

기상학은 크게 기초기상학과 응용기상학으로 분류한다.

기초기상학은 대기현상을 다루는 순수과학으로서 기상역학, 종관기상학, 미기상학, 물리기상학, 기후학, 초고층기상학, 우주기상학, 화학기후학, 기상관측론 등으로 세분한다.

응용기상학은 일상생활과 관련된 실학적인 학문으로서 기상예보학, 산업기상학, 항공기상학, 해양기상학, 수리기상학, 기후학, 위생기상학, 재해론 등으로 세분한다.

응용기상학으로서의 항공기상학은 항공기가 안전하고 쾌적하며 효율적이고 경제적으로 운항할 수 있도록 대기현상을 연구하는 학문이다.

따라서 항공기상학은 기상역학, 종관기상학, 미기상학, 물리기상학, 초고층기상학, 기상관측론 등의 기초기상학과 기상예보학과 같은 응용기상학 등을 항공분야에 이용하기 위해 체계화 시킨 학문이라고 할 수 있다.

그러나 본서를 포함하여 항공운항의 실무현장에서는 학문적인 접근보다 항공기 운항에 영향을 미치는 기상현상의 이해와 적용 및 항공기의 운항에 위험을 주는 기상현상에 대한 대책에 중점을 두고 있기 때문에 일반적으로 항공기상(Aviation Weather)이라고 한다.

2. 항공기상과 운항

항공안전법에서 정한 항공종사자 중 조종사, 항공교통관제사, 운항관리사의 자격을 취득하기 위해서는 항공기상 과목의 필기시험에 합격한 다음 구술 또는 실기시험에서 항공기상 분야에 대한 전문적인 수준의 이해가 있다고 인정되어야 합격할 수 있다.

2-1. 항공기상을 공부하는 목적

항공종사자가 항공기상을 공부하고 이해해야 하는 목적은 다음과 같이 요약할 수 있다.

조종사(Pilot)는 항공기의 안전한 운항과 쾌적하고 효율적이고 경제적인 운항을 위해 기상현상을 적절하게 이용하거나 회피할 수 있어야 하기 때문이다. 특히, 이착륙 및 비행 중에 부딪히는 각종 기상상황을 적절히 판단하여 위험한 상황을 회피할 수 있는 능력을 사전에 충분히 배양해 두어야 한다.

항공교통관제사(Air Traffic Controller)는 기상현상의 변화에 따라 공항 및 공역을 효율적으로 운영할 수 있고, 조종사가 기상으로 인해 위험한 상황에 처했을 때 즉각적이고 정확하게 조언할 수 있도록 기상이 항공기 운항에 미치는 영향을 이해하고 있어야 하기 때문이다.

운항관리사(Flight Dispatcher)는 각종 기상정보를 수집하여 비행계획을 할 수 있고 기상과 항공기 성능과의 관계를 조종사에게 브리핑을 할 수 있으며 기상현상의 변화가 항공기의 운항에 미칠 영향을 사전에 예측하여 비행중인 조종사에게 적절한 조언을 할 수 있어야 하기 때문이다.

2-2. 항공기사고 방지대책

항공기는 3차원 공간을 비행하기 때문에 이륙부터 착륙에 이르는 모든 비행단계에서 많은 기상현상의 영향을 받게 된다. 그러나 시시각각 변하는 기상현상을 사전에 정확히 예측하는 것은 쉬운 일이 아니다. 역사적으로 보면 기상에 대한 이해가 부족하거나 대처가 불가능하여 발생한 항공기사고도 적지 않다.

항공기사고를 경험한 역사를 통해 항공기의 설계단계부터 안전한 운항을 위한 다양한 대책을 강구해 오고 있으나 항공기상으로 인한 사고를 방지하기 위한 대책으로 오늘날까지 정착된 것은 크게 3가지로 요약할 수 있다.

첫 번째는 항공기의 설계와 제작 및 시험비행 단계를 거쳐 각 기종별로 운항한계(Operational Limit)가 설정되어 있고 어떠한 조건에서도 이 기준을 초과하여 비행하면 안 된다.

Boeing 737항공기 AFM(Airplane Flight Manual)의 예

Maximum Takeoff and Landing Tailwind Component – 15 knots

또한 활주로에 쌓인 눈의 깊이와 활주로의 미끄럼 상태 및 강수량 등 활주로 상태(Runway condition)에 따른 배풍(Tail wind) 및 측풍(Cross wind)제한이 설정되어 있다.

Boeing 737항공기 POM(Pilot Operating Manual)의 예

활주로의 미끄럼 상태 (Runway Braking Action)	측풍성분 (Crosswind component)	배풍성분 (Tailwind Component)
Good	30kts	10kts
Medium	20kts	5kts
Poor	이륙 8kts, 착륙 10kts	N/A(이착륙금지)

※ 공인된 활주로 미끄럼상태 측정 장비로 측정한 값을 기준으로 국제민간항공기구(ICAO, International Civil Aviation Organization)의 규정에 따라 Good, Good to Medium, Medium, Medium to Poor, Poor의 5단계로 구분하고 각 공항운영기관에서 측정하여 고시한다. 고시된 활주로의 상태가 Good to Medium이면 위 표의 Medium을 적용하고, Medium to Poor이면 Poor를 적용한다.

두 번째는 기상상태에 따라 시계비행방식(VFR, Visual Flight Rule)과 계기비행방식(IFR,

Instrument Flight Rule)으로 나누어 기상상태에 따라 비행할 수 있는 방식이 국가 또는 공항운영당국에 의해 설정되어 있다.

계기비행기상상태(IMC, Instrument Meterological Conditions)에서는 반드시 계기비행방식으로 비행해야 하고, 시계비행기상상태(VMC, Visual Meterological Conditions)에서는 시계비행방식 또는 계기비행방식으로 비행해야 한다.

시계비행기상상태(VMC)는 각 공역등급(Airspace classification)별로 법으로 정하고 해당 기준을 위반하여 비행하는 것은 엄격히 금지되어 있다.

시계비행방식 기상 최저치(Basic VFR Weather Minimums)

(AIP ENR 1.4 ATS AIRSPACE CLASSIFICATION AND DESCRIPTION)

공 역 Airspace		최저비행시정 Flight Visibility	구름으로부터의 거리 Distance from Clouds
Class A		미적용	미적용
Class B Class C Class D Class E Class G	해발 3,050m(10,000ft) 이상	8km(5SM)	1,500m(5,000ft) 수평, 300m(1,000ft) 수직
	해발 3,050m(10,000ft) 미만에서 해발 900m(3,000ft) 이상 또는 장애물상공 300m(1,000ft) 중 높은 고도	5km(3SM)	1,500m(5,000ft) 수평, 300m(1,000ft) 수직
Class B Class C Class D Class E	해발 900m(3,000ft) 미만 또는 장애물상공 300m(1,000ft) 중 높은 고도	5km(3SM)	1,500m(5,000ft) 수평, 300m(1,000ft) 수직
Class G	해발 900m(3,000ft) 미만 또는 장애물상공 300m(1,000ft) 중 높은 고도	5km(3SM)	지표면 육안식별 및 구름을 피할 수 있는 거리

공역등급은 항공안전법 시행규칙 제221조(공역의 구분관리 등)의 규정에 따라 국토교통부장관이 지정하여 항공정보간행물(AIP, Aeronautical Information Publication)에 공고하고 있다.

세 번째는 비행장의 항행안전시설을 고려하여 이착륙할 수 있는 최저기상(Weather minima)조건이 이륙절차 또는 접근절차별로 국가 또는 공항운영당국에 의해 설정되어 있다.

그 기준으로 시정(VIS, Visibility) 또는 활주로가시거리(RVR, Runway Visual Range), 최저강하고도/최저강하높이(MDA/MDH, Minimum Descent Altitude/Minimum Descent

Height) 또는 결심고도/결심높이(DA/DH, Decision Altitude/Decision Height)가 해당 절차별로 설정되어 있고 해당 기준을 위반하여 운항하는 것은 법으로 금지되어 있다.

김해국제공항 이륙기상최저치의 예
(AIP RKPK AD 2.22 FLIGHT PROCEDURES)

<table>
<tr><th rowspan="2">ENG</th><th rowspan="2">RWY 18L/R</th><th rowspan="2">RWY 36L/R</th><th colspan="3">For filling as Alternate</th></tr>
<tr><th colspan="2">Precision</th><th>Non-precision</th></tr>
<tr><td>1</td><td colspan="2" rowspan="4">100ft-350m</td><td>A</td><td rowspan="4">600ft-3,200m</td><td rowspan="3">800ft-3,200m</td></tr>
<tr><td>2</td><td>B</td></tr>
<tr><td>3</td><td>C</td></tr>
<tr><td>4</td><td>D</td><td>1,100ft-4,800m</td></tr>
</table>

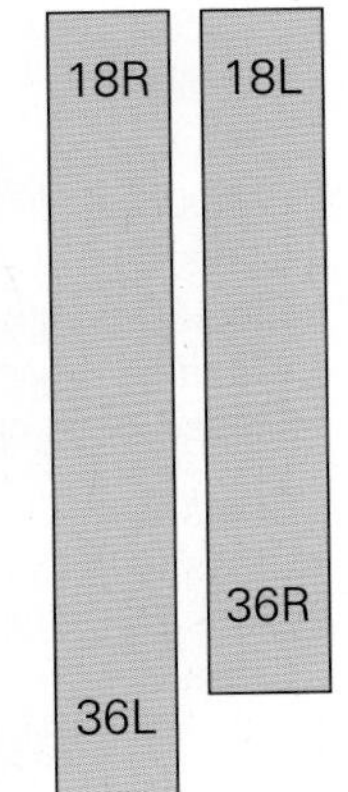

김해국제공항에는 오른쪽 그림과 같이 각각 평행한 길이 3,200m, 2,743m의 활주로 2개가 있고 그 활주로의 이름이 각각 RWY 18L-36R, RWY 18R-36L이다. 항공기에 장착된 엔진의 수(1,2,3,4)에 관계없이 RWY 18L/R, RWY 36L/R의 어느 쪽에서 이륙하던지 활주로로부터 100ft아래에 구름이 없고, 활주로의 수평시정이 350m 이상의 기상상태이어야 이륙을 할 수 있는 것을 의미한다.

또한, 김해국제공항을 목적지 교체공항(For filling as Alternate)으로 선정하기 위해서는 정밀(Precision)접근으로 착륙할 계획인 경우 항공기의 카테고리(A,B,C,D)에 관계없이 활주로로부터 600ft 아래에 구름이 없고, 활주로의 수평시정이 3,200m 이상의 기상상태가 예상되어야 한다는 것을 의미한다.

그러나 비정밀(Non-precision)접근으로 착륙할 계획인 경우 항공기의 카테고리가 A, B, C인 경우에는 활주로로부터 800ft 아래에 구름이 없고, 활주로의 수평시정이 3,200m 이상의 기상상태가 예상되어야 하고, 항공기의 카테고리가 D인 경우에는 활주로로부터 1,100ft 아래에 구름이 없고, 활주로의 수평시정이 4,800m 이상의 기상상태가 예상되어야 한다는 것을 의미한다.

항공기의 카테고리는 항공기 종류별로 항공기의 최대착륙중량과 활주로 끝을 통과하는 속도에 따라 국제기준으로 별도로 정해져 있다.

김해국제공항 착륙기상최저치의 예
(AIP RKPK AD CHART 2-27 ILS Y RWY 36L)

CATEGORY	A	B	C	D
S-ILS 36L	213/18 200(200-1/2)		213/24* 200(200-1/2) (*Use civil only RVR 18)	
	When TDZ/CL LGT INOP, increase RVR to 24			
ALS INOP	213/40 200(200-3/4)			

김해국제공항에 RWY 36L의 활주로에 직진입(Straight-in approach)으로 계기착륙시설(ILS, Instrument Landing System)을 이용하여 착륙하는 경우의 기상 최저치에 대한 기준이다.

항공기 카테고리가 A 또는 B인 경우는 최저강하고도(MDA)는 213ft, 활주로가시거리(RVR)는 1,800m 이상, 착륙을 계속할지 말지를 결심하는 고도(DH)는 활주로로부터 200ft이어야 한다는 것을 의미한다. (200-1/2)의 의미는 전체 하늘의 반 이상을 덮고 있는 구름까지의 높이(Ceiling)는 200ft 이상이어야 하고 군용 공항이므로 군의 시정(Visibility)은 1/2법정마일(SM, Statute Mile) 이상이어야 착륙할 수 있다는 것이다.

만약 활주로의 접지구역(TDZ, Touchdown Zone)을 표시하는 항공등화(LGT, Light)나 활주로 중심선(CL, Centre Line)을 표시하는 항공등화의 고장으로 작동하지 않는(INOP, Inoperative) 경우는 활주로가시거리(RVR)가 2,400m 이상이어야 착륙할 수 있다.

진입등시스템(ALS, Approach Lighting System)이 고장으로 작동하지 않는 경우는 기상상태가 훨씬 더 좋아야 착륙할 수 있다.

2-3. 비행단계별 기상정보

항공기의 운항은 비행거리와 관계없이 이륙, 상승, 순항, 강하, 접근, 착륙의 단계를 거쳐 이루어진다. 이륙부터 착륙에 이르는 모든 비행단계에서 기상현상이 영향을 미치기 때문에 비행을 시작하기 전에 다양한 자료의 기상정보를 수집하여 최적의 비행계획을 수립하는 것이 무엇보다도 중요하다.

안전한 운항을 위해 기장은 출발하기 전에 해당 항공기의 운항에 필요한 기상정보를 확인하도록 항공안전법에 규정하고 있다.

항공안전법 제62조(기장의 권한 등) 제2항 기장은 국토교통부령으로 정하는 바에 따라 항공기의 운항에 필요한 준비가 끝난 것을 확인한 후가 아니면 항공기를 출발시켜서는 아니 된다.
항공안접법 시행규칙 제136조(출발 전 확인) 제1항 법 제62조 제2항에 따라 기장이 확인하여야 할 사항은 다음 각 호와 같다.
4. 해당 항공기의 운항에 필요한 기상정보 및 항공정보

각 비행단계별로 항공기 운항에 영향을 미치는 중요한 기상현상을 요약하면 다음과 같다.

비행의 준비단계에는 출발공항, 목적공항, 교체공항을 포함하여 항로상의 기상 등, 운항 예정 지역의 전체적인 기상현황과 변화경향 등의 기상정보가 필요하다.

이착륙단계에는 지상풍(Surface wind)의 풍향(Wind direction) 및 풍속(Wind speed), 시정(Visibility), 날씨(Weather), 구름(Cloud), 기온(Temperature), 기압(Pressure) 등이 항공기 성능에 직접 영향을 미친다.

순항단계에는 항로상의 날씨(Weather)와 상층풍(Upper wind)의 풍향(Wind direction) 및 풍속(Wind speed), 기온(Temperature), 기압(Pressure) 등이 항공기 성능에 직접 영향을 미치고, 난기류(Turbulence), 착빙(Icing), 뇌우(Thunderstorm), 화산재(Volcanic ash) 등은 안전운항을 위협하는 위험한 기상현상들이다.

2-4. 항공기사고 사례

항공기사고의 대부분은 수많은 인명과 재산의 희생과 손실을 가져오기 때문에 사고방지를 위해 많은 노력을 계속해 오고 있다. 그럼에도 불구하고 과거에 비해 줄어들고는 있지만 항공기사고는 끊이지 않고 있다.

그림 2.1의 항공기사고 지도는 1953년부터 현재까지 항공기의 사고로 인해 100명 이상의 인명이 희생된 항공기사고의 사고 장소를 지도에 표시한 것이다.

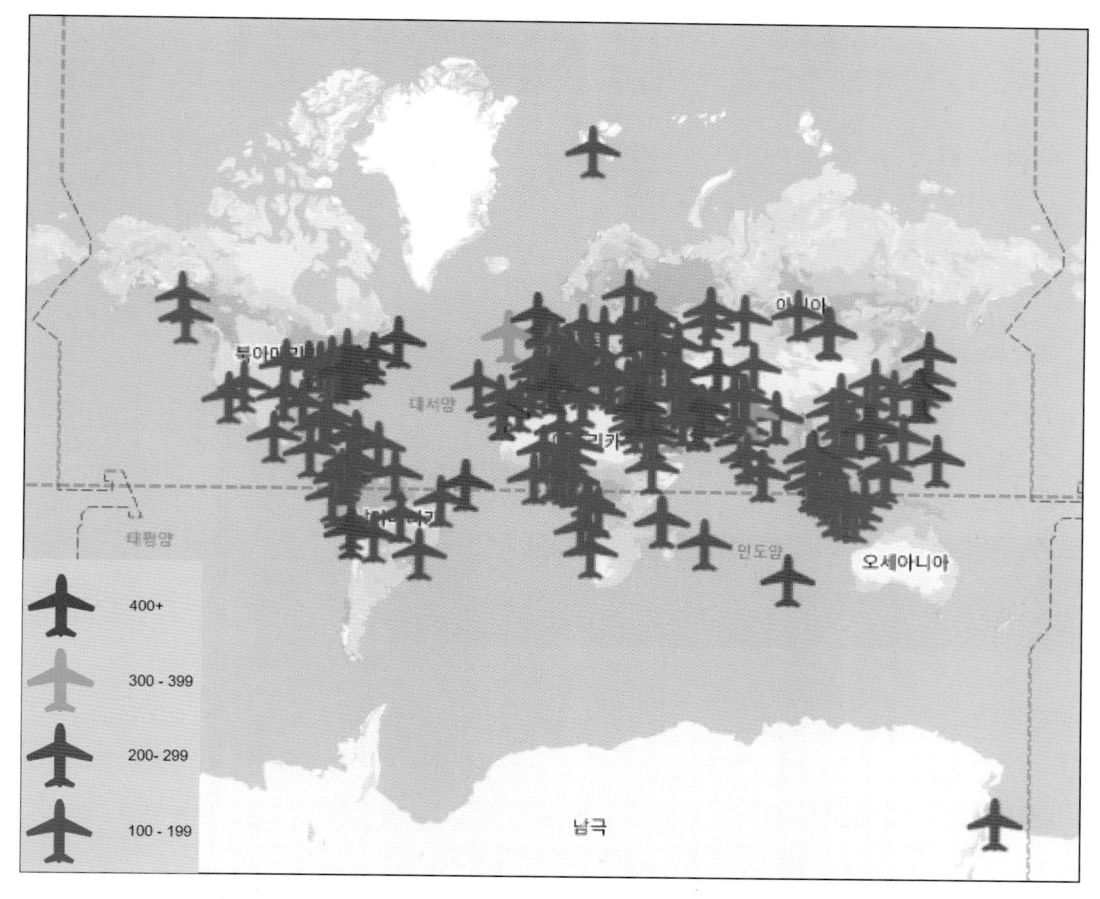

[그림 2.1] 항공기사고 지도 (http://planecrashinfo.com/index.html)

다음 표는 사고의 원인이 확인된 연대별, 원인별 사고건수이다. 1950년 1월 1일부터 2019년 6월 30일까지 군용기, 헬리콥터, 자가용항공기를 제외한 19인승 이상의 민간 항공기의 사고로서 2명 이상이 사망한 사고건수에 대한 통계이다.

통계에서 보는 바와 같이 지난 약 70년간 기상으로 인한 사고는 전체 평균 약 10%에 이르고 있다.

기상으로 인한 사고는 심한 난기류(Severe turbulence), 윈드시어(Wind shear), 산악파(Mountain wave), 시정장애(Poor visibility), 폭우(Heavy rain), 폭풍(Severe wind), 착빙(Icing), 뇌우(Thunderstorm), 번개(Lightning hit) 등이 직접적인 원인이었다.

원인별 항공기사고 건수(http://planecrashinfo.com/cause.htm)

10년간	1950	1960	1970	1980	1990	2000	2010	합계
조종사실수 (Pilot Error)	82 (50%)	119 (53)	112 (49)	67 (42)	77 (49)	48 (50)	28 (57)	533 (49)
기체결함 (Mechanical)	43 (26%)	62 (27)	45 (19)	36 (22)	35 (22)	22 (23)	10 (21)	253 (23)
기상 (Weather)	25 (15%)	15 (7)	22 (10)	22 (14)	10 (7)	8 (8)	5 (10)	107 (10)
방해행위 (Sabotage)	6 (4%)	9 (4)	20 (9)	20 (12)	13 (8)	9 (9)	4 (8)	81 (8)
기타 (Other)	9 (5%)	21 (9)	31 (13)	16 (10)	22 (14)	10 (10)	2 (4)	111 (10)
합계	165	226	230	161	157	97	49	1,085

기상의 원인으로 발생한 민간항공기사고
(日本のエアライン事始)

1922년 6월 4일에 설립된 일본 최초의 민간항공회사인 '일본항공수송연구소'의 이노우에 나가이찌(井上 長一) 사장의 지휘로 일본과 한국을 경유하여 만주를 왕복하는 우편물수송 노선개발을 위해 사전답사비행을 하던 중, 1925년 6월 10일 불규칙한 하강기류로 인해 서울 여의도 근처 한강으로 비상착륙 중 사고가 발생하였다.

사망자는 없었으나 항공기가 크게 파손되었기 때문에 평양을 거쳐 만주까지 조사비행을 하려던 계획은 이 사고로 인해 중단되었다.

승객이 탑승한 것도 아니고 일본의 민간항공사에 의한 조사비행이며 공식적인 자료는 아니지만 아마도 이 사고가 우리나라 공역에서 발생한 최초의 민간항공기사고가 아닌가 추정한다.

우리나라에서 최초로 동력비행이 시작된 것은 1913년 일본의 해군 기술 장교가 용산의 군부대에서 실시하였고, 1922년 12월 10일에 한국인 최초로 안창남이 여의도에서 15분간 비행한 것이 공식적인 기록이다.

1. 항공기: 일본제 복엽식 수상정찰기(엔진출력 130마력)
2. 조종사: 장덕창(1등 비행기조종사)
3. 조사비행 인원: 6명

① 지휘자: 일본항공수송연구소 설립자 겸 사장 이노우에 나가이찌(井上 長一)

② 조종사, 지배인, 엔진 정비사 각 1명, 기체 정비사 2명

4. 비행일지(1925년 6월 1일 통영앞바다 도착)

① 6월 2일 통영에서 2회 시험비행

② 6월 3일 통영에서 여수로 이동 비행 후 광양과 순천 상공에서 선전비행

③ 6월 4일 여수에서 벌교로 이동 비행

④ 6월 5일 벌교에서 목포로 이동 비행 후 목포와 영암 상공에서 선전비행

⑤ 6월 6일 목포에서 군산으로 이동 비행

⑥ 6월 7일 군산에서 서울로 이동하려했으나 기상이 나빠 8일까지 비행중단

⑦ 6월 9일 군산에서 서울로 이동 비행 후 한강에 도착

⑧ 6월 10일 한강에서 2차례의 시험비행 후 3번째 비행 중 저고도의 불규칙한 하강기류로 인해 백사장에 불시착을 시도하던 중 대파

5. 총 비행시간: 13시간 17분

6. 총 비행거리: 1,109km

복엽식 수상정찰기

(https://ja.wikipedia.org/wiki/에서 横廠式ロ号甲型水上偵察機로 검색)

AVIATION

WEATHER

Ⅱ

기상현상의 이해

3. 지구대기의 구조와 성분

대기(Atmosphere)란 행성(Planet), 위성(Satellite), 항성(Star) 등과 같은 우주공간에 존재하는 천체를 둘러싸고 있는 기체를 말하고, 그 천체의 종류와 환경에 따라 대기를 구성하는 성분은 다양하다. 지구의 표면을 둘러싸고 있는 기체를 지구대기라고 하지만 일반적으로는 대기 또는 공기(air)라고 한다.

지구의 중력으로 인해 공기는 외기권으로 이탈하지 않으면서 우리가 숨을 쉬게 해주고, 외계로부터 생물체를 보호해 주는 역할을 한다.

기상현상은 주로 지구대기의 최하층에서 활발하게 일어나고 항공기는 이 지구대기의 영향을 받으면서 비행하므로 대기의 수직구조와 그 성분을 이해할 필요가 있다.

3-1. 지구대기의 수직구조

대기는 지구 표면으로부터 고도가 상승함에 따라 온도, 기압, 밀도 등이 변하는데 대기의 온도, 즉 기온의 변화를 기준으로 다음과 같이 나눈다.

3-1-1. 대류권

지구 표면으로부터 고도가 1km 상승할 때 약 6.5℃의 비율로 기온이 감소하는 지역을 대류권(Troposphere)이라고 한다. 평균적으로는 지구 표면으로부터 고도 약 11km까지이지만 태양의 에너지를 많이 받아 지구의 복사열이 많이 발생하는 적도를 포함한 열대지방은 기온이 높아 대기가 상공으로 팽창하므로 고도 약 18~20km에 이르고, 복사열이 적은 극지방은 고도 약 9km까지로서, 대류권의 높이는 적도지방은 높고 극지방으로 갈수록 낮아진다.

태양에너지가 지면을 가열하여 지구 표면으로부터 대류, 복사, 전도 등의 과정을 거쳐 상층으로 열이 수송되지만, 상층은 수증기 또는 이산화탄소 등의 적외선 복사로 인하여 냉각

되므로 고도가 높아질수록 기온은 낮아져서 대류권의 상층에는 약 −56.6℃에 이른다.

$$지구\ 표면의\ 기온을\ 15℃라고\ 가정,\ 15℃ + (-6.5℃) \times 11km \fallingdotseq -56.6℃$$

상하간의 기온차이로 인하여 상승기류 또는 하강기류가 발생하기도 하고, 상승기류에 의해 구름이 만들어지고 비, 눈 등의 기상현상이 활발하게 발생한다. 이러한 기상현상의 결과로 대류권의 공기는 약 1개월 동안에 완전히 혼합된다.

항공기의 이착륙은 물론이고 순항비행 또한 주로 대류권에서 이루어지므로 항공기상은 주로 대류권의 기상현상을 이해하기 위한 분야라고 할 수 있다.

대류권의 상층에서 고도가 1km 상승할 때 약 2℃ 이하의 비율로 기온이 감소하는 지역이 2km 이상 계속되는 경우, 그 최하층의 면을 대류권과 성층권을 구분하는 경계면인 대류권계면(Tropopause)이라고 한다.

대류권계면은 지구 표면의 기온이 높은 적도지방(저위도)에서는 대기가 팽창하므로 극지방에 비해 상대적으로 높고 기온은 약 -80℃까지 낮아지는 경우도 있다. 반대로 극지방(고위도)에서는 낮고 기온은 −50℃ ~ -60℃로 적도지방에 비해 상대적으로 높다.

기온의 분포에 따라 대류권계면이 상하로 중첩되어 2중의 권계면을 형성하기도 하고, 지역에 따라 열대권계면, 중위도권계면, 한대권계면으로 나누기도 한다.

대류권계면은 대류현상이 발생하는 대류권과 안정한 대기층인 성층권의 경계면이므로 윈드시어(WS, Wind Shear)가 자주 발생하기 때문에 대류권계면 가까이로 비행하는 것은 피하는 것이 좋다.

3-1-2. 성층권

대류권의 상층으로서 고도가 상승함에 따라 기온이 상승하여 지구 표면으로부터 고도 약 50km까지를 성층권(Stratosphere)이라고 한다.

오존(O_3)이 가장 많이 분포하는 지역으로서 오존이 태양으로부터 자외선을 흡수하여 가열되므로 기온이 높아져서 성층권의 상층에서는 약 −3℃에 이른다. 지구대기의 약 19% 정도가 성층권에 존재하지만 고도가 상승함에 따라 기온이 높아지므로 공기의 상하운동이 발생하지 않고 수증기가 거의 존재하지 않기 때문에 기상현상은 거의 발생하지 않는다.

대류권은 극지방으로 가면서 낮아지므로 고위도 지역으로 갈수록 성층권의 아래쪽을 비행하는 경우가 많다. 성층권은 기상현상이 거의 없는 안정한 대기층이므로 난기류는 거의 발생하지 않는다.

성층권과 중간권의 경계 지역을 성층권계면(Stratopause)이라고 한다.

3-1-3. 중간권

성층권의 상층으로서 고도가 상승함에 따라 다시 기온이 내려가는 지역을 중간권(Mesosphere)이라고 한다. 오존이 거의 존재하지 않으므로 열원이 없고, 이산화탄소가 적외선의 복사로 인해 냉각되므로 고도가 상승함에 따라 기온이 하강한다. 지구 표면으로부터 고도 약 85km까지를 말하고 기온은 약 -100℃에 이른다. 고도의 상승에 따른 기온의 감소율이 낮으므로 대류현상은 거의 나타나지 않는다. 그러나 희박하지만 공기는 존재하므로 대기권으로 진입한 운석이 마찰에 의해 타면서 나타나는 별똥별을 볼 수 있는 지역이다.

중간권과 열권의 경계 지역을 중간권계면(Mesopause)이라고 한다.

3-1-4. 열권

중간권의 상층으로서 고도가 상승함에 따라 다시 기온이 올라가는 지역을 열권(Thermosphere)이라고 한다. 태양으로부터 높은 에너지를 가진 자외선과 X선이 미량의 산소 또는 질소 분자나 원자에 흡수되면서 기온이 상승한다. 지구 표면으로부터 고도 약 690km까지이고 기온은 약 2,000℃에 이른다. 강력한 태양풍에 따라 질소, 산소, 헬륨 등이 자외선을 흡수하여 이온 또는 전자를 방출하는 광전리(Photoionization) 현상으로 인해 전리층이 존재하고 오로라 현상도 나타난다.

3-1-5. 외기권

열권의 상층으로서 고도의 상승에 따른 기온의 변화가 없고 거의 진공상태의 지역을 외기권(Exosphere)이라고 한다.

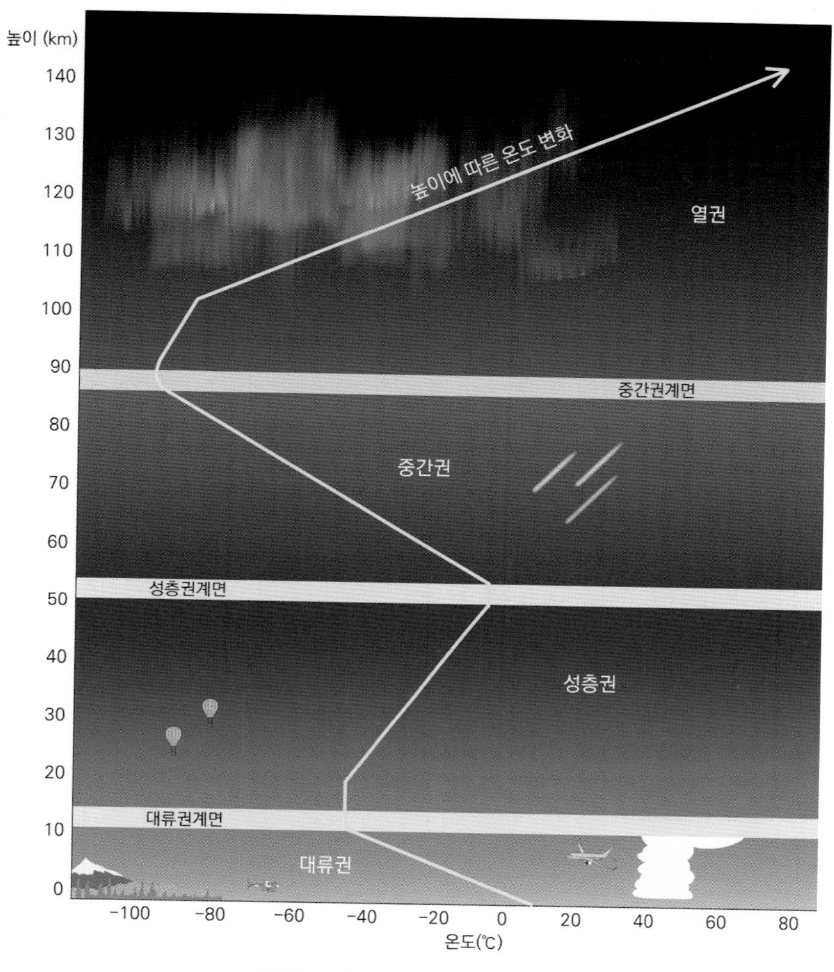

[그림 3.1] 지구대기의 수직구조

3-2. 지구대기의 성분

대기를 구성하는 주요 성분은 수증기를 제외한 건조한 공기의 경우, 단위 부피당 포함된 분자의 수를 기준으로 하였을 때, 그 부피를 기준(%)으로 질소, 산소, 아르곤, 이산화탄소가 약 99.99%를 차지한다. 가장 높은 비율을 차지하는 질소는 산소를 희석시키고 지구 표면에서 빨리 연소되는 것을 방지하며, 각종 유기체의 단백질을 생성하는데 필수적인 역할을 한다. 산소는 모든 유기체의 호흡을 위해 필수적인 물질이다. 이산화탄소는 식물이 산소를 만들기 위해 필요하며 외부공간으로 열의 손실을 막아주는 담요역할을 담당하는 물질이다.

건조 공기의 주요 성분(FAA AC 00-6B Aviation Weather)

성분	질소(N_2)	산소(O_2)	아르곤(Ar)	이산화탄소(CO_2)	기타
부피비(%)	약 78	약 21	약 0.93	약 0.03	미량

지구 표면으로부터 약 80km까지는 그 성분이 균일하고 상층으로 갈수록 가벼운 물질의 양이 많아진다. 지구대기의 하층에서는 기온에 따라 다르지만 최대 약 4%까지의 수증기를 포함하고 있다. 따라서 수증기의 양이 증가하면 다른 기체의 양은 비례하여 감소한다.

대기 중의 수증기의 대부분은 대류권에 존재하고, 그 수증기의 약 절반 정도는 지구 표면으로부터 약 2km 상공까지에 포함되어 있다. 고도 약 10km 상공에 포함되어 있는 수증기의 양은 지구 표면에 비하여 약 1% 정도에 불과하다. 그러므로 대부분의 강수현상은 주로 지구 표면으로부터 고도 약 2km 이하에서 일어난다.

4. 열과 온도

모든 물질은 분자로 구성되어 있고 공간(Space)과 질량(Mass)을 가지며 지구의 중력으로 인하여 무게(Weight)를 발생시킨다. 각 물질을 구성하고 있는 분자는 그 물질 고유의 운동을 하고 있고, 그 결과 그 물질 내부의 에너지에 해당하는 열(Heat)을 발생한다. 즉, 열이란 어떤 물질을 구성하는 분자의 전체 운동에너지이고 운동의 속도가 높을수록 높은 운동에너지의 수준을 나타낸다.

서로 다른 두 개의 물질을 접촉시키면 운동에너지가 높은 쪽에서 낮은 쪽으로 에너지가 이동한다. 즉, 온도가 다른 두 개의 물체가 접촉하면 서로의 온도가 같아질 때까지 온도가 높은 쪽에서 낮은 쪽으로 열에너지가 이동된다. 에너지(Energy)란 일을 할 수 있는 능력으로서 그 형태는 위치에너지, 운동에너지, 열에너지, 전기에너지, 빛에너지, 소리에너지 등이 있다.

4-1. 온도의 단위

온도(Temperature)는 분자의 평균 운동에너지를 나타내는 수치로서 그 분자의 운동에너지에 따라 다르다. 온도가 높을수록 분자의 운동속도가 빠르기 때문에 분자 운동의 평균에너지가 높고, 낮은 온도는 느린 분자의 운동속도로 인해 분자 운동의 평균에너지가 낮게 나타난다.

대기의 온도를 기온(Air temperature)이라 하고 일반기상학에서는 대기의 물리학적 해석을 위해 온도의 국제단위인 절대온도(K)를 주로 사용하지만 항공기상에서는 섭씨온도(℃)를 사용하도록 국제표준으로 정하고 있다. 그러나 기내의 안내방송 등에서는 지역에 따라 관습적으로 화씨온도(°F)를 사용하기도 한다.

① 화씨온도(Degree fahrenheit): 1724년 독일의 물리학자 파렌하이트(Daniel Gabriel Fahrenheit)가 제안한 온도체계로서 1기압에서의 물의 어는점을 32도, 끓는점을 212

도로 정한 온도체계이고 기호는 °F를 사용한다.

② 섭씨온도(Degree celsius 또는 Degree centigrade): 1742년 스웨덴의 천문학자 셀시우스(Anders Celsius)가 제안한 온도체계로서 1기압에서의 물의 어는점을 0도, 끓는점을 100도로 정한 온도체계이고 기호는 ℃를 사용한다.

③ 절대온도(Degree Kelvin, Absolute temperature): 1848년 아일랜드 태생의 영국 수리물리학자 켈빈(Lord Kelvin)이 제안한 온도체계로서 이상기체의 부피가 0이 되는 온도를 0도로 정의한 온도체계이고 기호는 K를 사용한다. 어떤 물체의 열을 뺏으면 그 열에 상당하는 내부 에너지가 감소하게 되고 계속하여 열을 뺏으면 결국 내부 에너지가 0이 되는 상태에 도달하게 되어 그 분자의 운동이 정지하게 될 것이다. 즉 어떤 물체의 내부 운동에너지가 0일 때를 절대온도 0K 라고 정의한다. 0K는 자연계에서 존재할 수 있는 가장 낮은 온도이다.

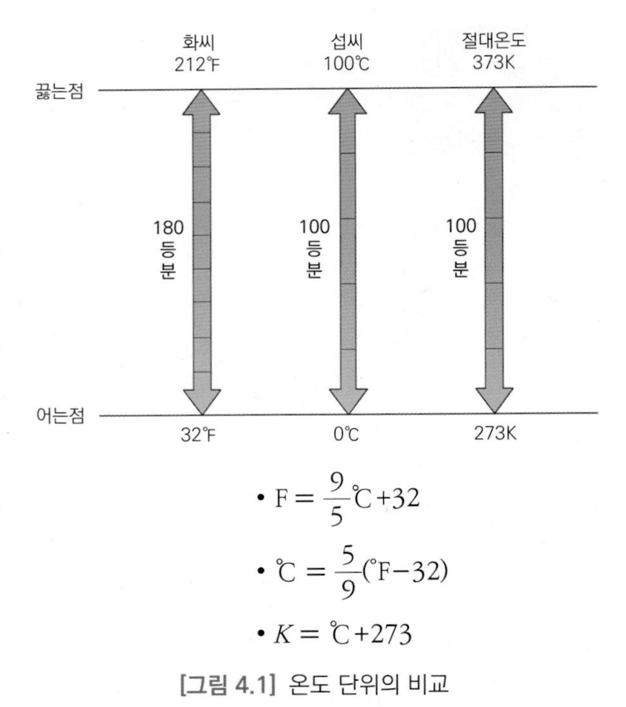

- $F = \frac{9}{5}℃ + 32$
- $℃ = \frac{5}{9}(℉ - 32)$
- $K = ℃ + 273$

[그림 4.1] 온도 단위의 비교

절대온도와 섭씨온도의 차이는 0의 출발점만 다를 뿐 온도의 간격은 동일하고 그림 4.1과 같이 물의 어는점은 섭씨 0℃, 화씨 32°F, 절대온도 273K이다.

4-2. 열의 이동

어떤 물체 또는 유체가 그 주변의 공기 또는 다른 물체와 온도 차이가 있으면 그 물체와 열의 평형이 이루어질 때까지 열이 이동하는데 이를 열의 전달 또는 열의 교환이라고 한다.

지구의 열원은 태양이고 태양으로부터 오는 빛에너지는 우주공간을 거쳐 지구의 대기권

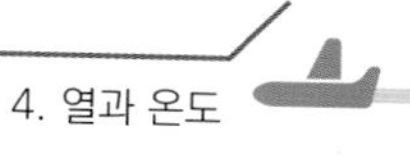

을 통과하여 지구 표면으로 전달되고 지구 표면에서 이 빛에너지가 열에너지로 변환되어 대기 중으로 전달된다.

대기에 열이 전달되는 방법은 복사(Radiation), 전도(Conduction), 대류(Convention) 또는 이들의 조합에 의하여 이루어진다. 대기 또는 바닷물 등의 유체가 직접 수평적으로 이동하는 것은 이류(Advection)라고 한다.

4-2-1. 복사

어떤 물체가 전자파(Electromagnetic wave)를 방출하는 것을 복사(Radiation) 또는 방사라고 한다. 물체는 복사에 의해 열을 잃게 되고, 복사된 전자파의 에너지를 복사에너지라고 한다. 전자파는 빛의 속도로 이동하며 일반적으로 파장(Wavelength) 또는 주파수(Frequency)로 표시한다.

어느 물질로부터 복사된 전자파를 다른 물질이 흡수하여 열이 전달되는데, 태양의 빛에너지가 태양복사에 의해 지구로 이동하여 지구 표면에 흡수되고, 열에너지로 전환되어 대기에 열이 전달된다.

이때 태양의 열이 지구로 전달되는 태양복사는 파장이 짧은 단파복사이고, 지구에서 대기로 열이 전달되는 지구복사는 파장이 긴 장파복사이다(그림 4.2). 즉, 고온의 물체일수록 파장이 짧은 복사열을 방출하고 저온의 물체일수록 파장이 긴 복사열을 방출한다.

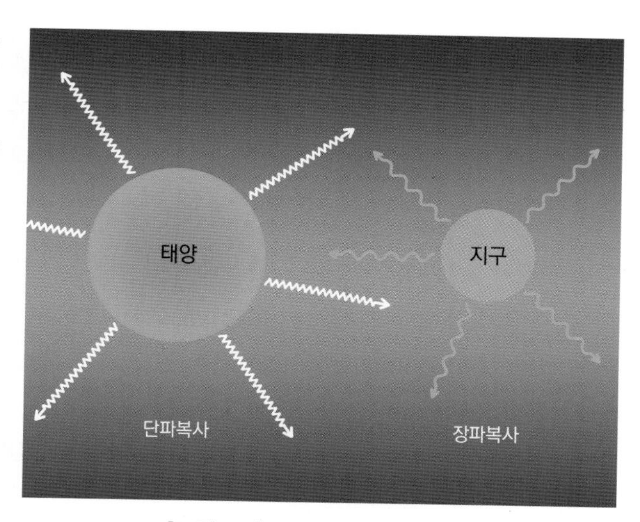

[그림 4.2] 태양복사와 지구복사

어느 평면의 단위면적에 입사하는 단위시간당 복사에너지의 양은 와트로 표시하고(W/m^2), 지구대기에 도달할 때의 태양복사에너지의 양은 1시간에 약 $1,370W/m^2$다.

지구 표면에서 수직방향과 태양과의 이루는 각도를 천정각(Solar zenith angle)이라고 한다. 그림 4.3과 같이 태양 천정각이 0°일 때 태양 복사에너지가 최대, 즉 적도지방에 가까울수록 또는 정오에 가까울수록 지구가 흡수하는 일사량이 증가된다. 그러나 극지방에 가까울 수록 또는 아침이나 저녁때와 같이 태양 천정각이 증가함에 따라(y의 거리가 x보다 커질수록) 태양 복사에너지는 점점 줄어든다.

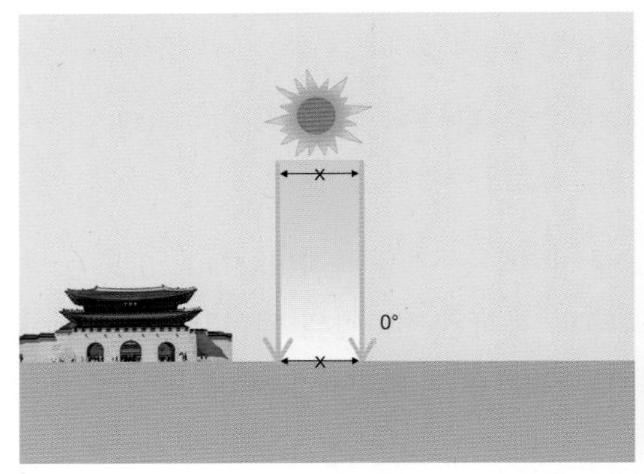

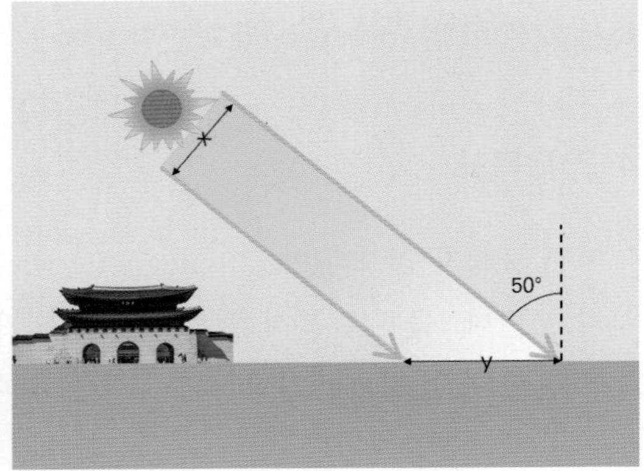

[그림 4.3] 태양 천정각의 비교

4-2-2. 전도

한 물체가 다른 물체에 접촉하거나 또는 물체의 내부에서 열이 높은 쪽에서 낮은 쪽으로 이동하는 현상을 전도(Conduction)라고 하고 이는 물체 내부의 분자활동에 의한 에너지가 이동되기 때문이다. 물질이 열을 전도하는 능력은 온도의 차이가 클수록 커진다. 전도되는 동안 더 따뜻한 물질은 냉각되어 열에너지를 잃고 더 차가운 물질은 열에너지를 얻게 되어 따뜻해진다. 열의 전도능력은 분자운동의 결과로 나타나는 물질의 특성을 말하고 단위 거리에 대한 절대온도의 와트(W/mK)로 표시한다. 공기의 열전도율은 매우 낮으므로 대기 중에 전도에 의한 열의 이동은 극히 미약하다.

열전도률(온도표시가 없는 물질은 25℃ 기준)

(FAA AC 00-6B Aviation Weather)

물질의 종류	상태	열전도율(W/mK)
은(Silver)	고체	429
구리(Copper)	고체	401
알루미늄(Aluminum)	고체	250
철(Iron)	고체	80

얼음(Ice)	고체(0℃)	2.18
유리(Glass)	고체	1.05
물(Liquid)	액체	0.58
모래(Sand)	고체	0.17~1.13
나무(Oak)	고체	0.17
눈(Snow)	고체(0℃ 미만)	0.05~0.25
공기(Air)	기체	0.024
수증기(Steam)	기체(125℃)	0.016

4-2-3. 대류

유체 내부의 열의 이동을 동반한 흐름의 총칭으로서 유체가 그 자체의 움직임을 통해 공기 또는 물과 같은 유체 내의 열을 전달하는 것을 대류(Convection)라고 한다. 대류에 의한 열의 이동은 액체나 가스와 같이 자유롭게 움직일 수 있는 물체에서 발생하며 냄비에 물이 끓는 것은 대류의 한 예가 된다.

국지적으로 고온의 유체가 부력을 받아 위쪽으로 이동하고 반대로 저온의 유체는 부(-)의 부력을 받아 하강하는 현상을 자연대류라고 한다(그림 4.4). 실내의 냉난방기기와 같이 강제로 열을 이동시키는 것을 강제대류라고 한다(그림 4.5).

공기는 열의 전도능력이 좋지 않기 때문에 대류는 지구대기의 열전달 과정에서 매우 중요한 역할을 한다.

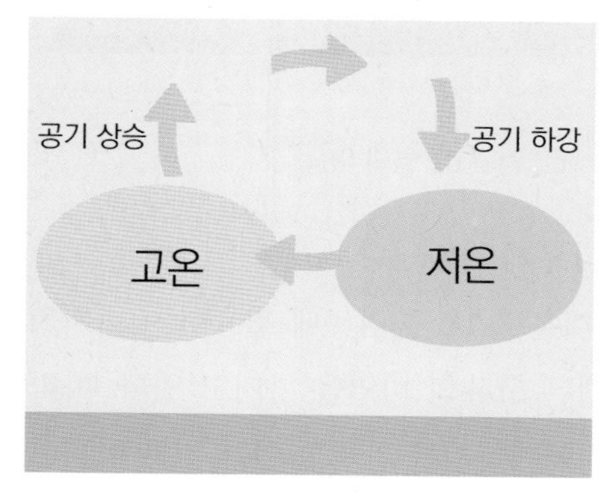

[그림 4.4] 자연대류

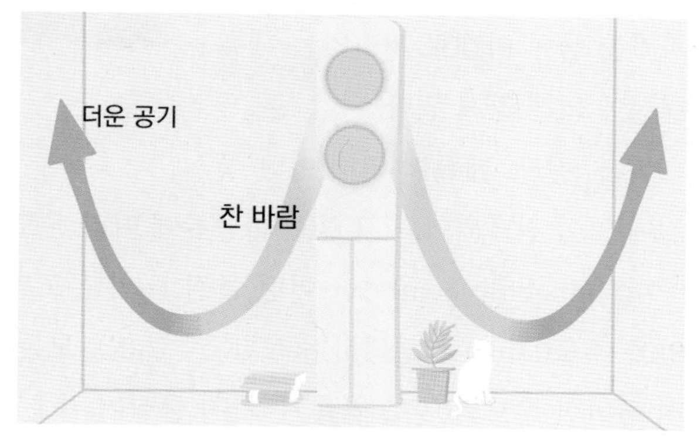

[그림 4.5] 강제대류

4-2-4. 이류

대기 또는 바닷물과 같은 유체가 수평적인 흐름에 따라 이동되는 과정을 이류(Advection)라고 한다. 이류는 대기 중에 열을 전달하는 것이 아니라 어느 지역의 열을 다른 지역으로 이동시키는 것을 말한다. 어느 지점의 기온의 변화는 공기가 그 장소에서 복사에 의해 가열 또는 냉각되는 과정도 있지만 다른 지역에서 그 지점으로 흘러들어와 가열 또는 냉각되는 과정도 있는데 이를 이류에 의한 기온의 변화라고 한다.

기온이 높은 지역으로 상대적으로 차가운 공기가 흘러가는 것을 한기이류 또는 한랭이류, 반대로 기온이 낮은 지역으로 상대적으로 따뜻한 공기가 흘러가는 것을 난기이류 또는 온난이류라고 한다.

4-2-5. 비열

그림 4.6과 같이 전열기에 물을 끓이기 위해 포트를 올려놓고 열을 가하면 일부의 열은 공기 중으로 복사되지만 전열기에서 포트를 거쳐 물로 열이 전도되어 가열된다. 물은 아래쪽이 점점 가열됨에 따라 뜨거운 물은 위로 상승하고 위쪽의 차가운 물이 아래로 가라앉는 대류 현상에 의해 끓게 된다.

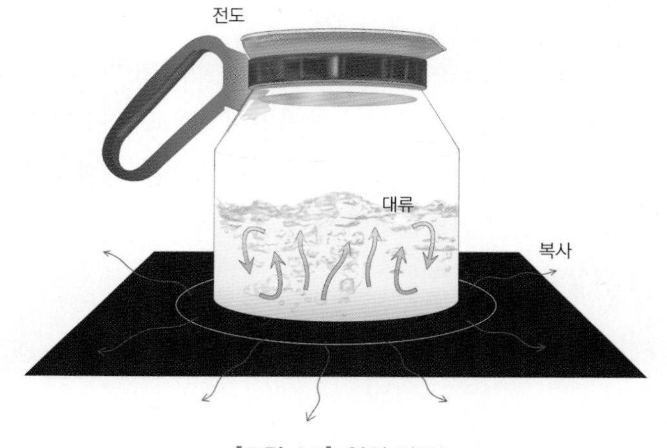

[그림 4.6] 열의 이동

복사, 전도, 대류에 의해 어떤 물질에 열이 전달되어도 그 물질의 종류에 따라 온도는 다르게 나타난다.

비열(Specific heat)이란 어떤 물질 1g의 온도를 절대온도 1K 올리는데 필요한 에너지의 양을 주울(joule)로 정의하며($Jg^{-1}K^{-1}$ = J/gK), 모든 물질은 고유의 비열을 가지고 있다. 따라서 동일한 온도의 열을 받은 두 가지 물질이 같은 양의 열에너지를 가지고 있는 것은 아니므로 같은 양의 열에너지에 노출되더라도 비열이 낮은 물질이 비열이 높은 물질보다 더 빨리 가열된다.

비열(온도표시가 없는 물질은 25℃ 기준)
(FAA AC 00-6B Aviation Weather)

물질의 종류	상태	비열(J/gK)
수증기(Steam)	기체(100℃)	4.22
물(Liquid)	액체(25℃)	4.18
나무(Oak)	고체	2.00
얼음(Ice)	고체(0℃)	2.05
공기(Air)	기체(해수면고도, 건조공기)	1.01
아스팔트(Asphalt)	고체	0.92
알루미늄(Aluminum)	고체	0.91
콘크리트(Concrete)	고체	0.88
유리(Glass)	고체	0.84
철(Iron)	고체	0.46
구리(Copper)	고체	0.39
수은(Mercury)	액체	0.14

표에서 보는 바와 같이 물은 공기에 비해 4배 이상 비열이 높고 육지를 구성하고 있는 물질들에 비해 비열이 매우 높기 때문에 아침에 동일한 양의 빛이 비쳐도 바닷물은 육지에 비해 온도의 상승이 상대적으로 느리다.

따라서 바닷물에 접한 공기에 비해 육지의 공기가 더 빨리 뜨거워지므로 대류현상에 의해 육지의 공기는 위로 상승하고 그 빈 공간을 메우기 위해 바다 위의 공기가 육지로 들어오는 해풍(Sea breeze)이 분다. 반대로 해가 지면 육지는 바다에 비해 비열이 낮으므로 빨리 차가워져서 밤이 깊어질수록 점차 육지에서 바다로 불어가는 육풍(Land breeze)이 분다.

4-3. 지구의 열 균형

지구가 태양으로부터 받은 태양복사에너지와 지구가 공간으로 방출한 지구복사에너지가 균형을 이루고 있기 때문에 지구는 전체적으로 안정적인 평균기온을 유지한다.

그림 4.7과 같이 지구대기의 최상단을 기준으로 태양에서 들어오는 에너지와 지구에서 나가는 에너지가 균형을 이루고 있다(100 = 23+7+49+9+12).

지구대기 자체를 기준으로 보아도 대기가 흡수하는 에너지와 대기에서 나가는 에너지가 균형을 이루고 있고(19+4+24+5+104 = 49+9+98 = 156), 마찬가지로 지구 표면을 기준으로 보면 지구 표면이 흡수하는 에너지와 지구가 방출하는 에너지는 균형을 이루고 있다(47+98 = 24+5+116 = 145).

지구에서 다시 우주로 탈출하려는 적외선 복사에너지를 지구대기가 흡수하기 때문에 지구는 일정한 온도를 유지하게 된다. 이러한 지구대기에 의한 가열효과를 온실효과(Greenhouse effect)라고 한다. 대기가 존재하지 않는 달 표면의 평균온도는 −18℃이지만 지구대기로 인한 온실효과로 인해 지구 표면의 평균온도는 15℃로 유지되고 있다.

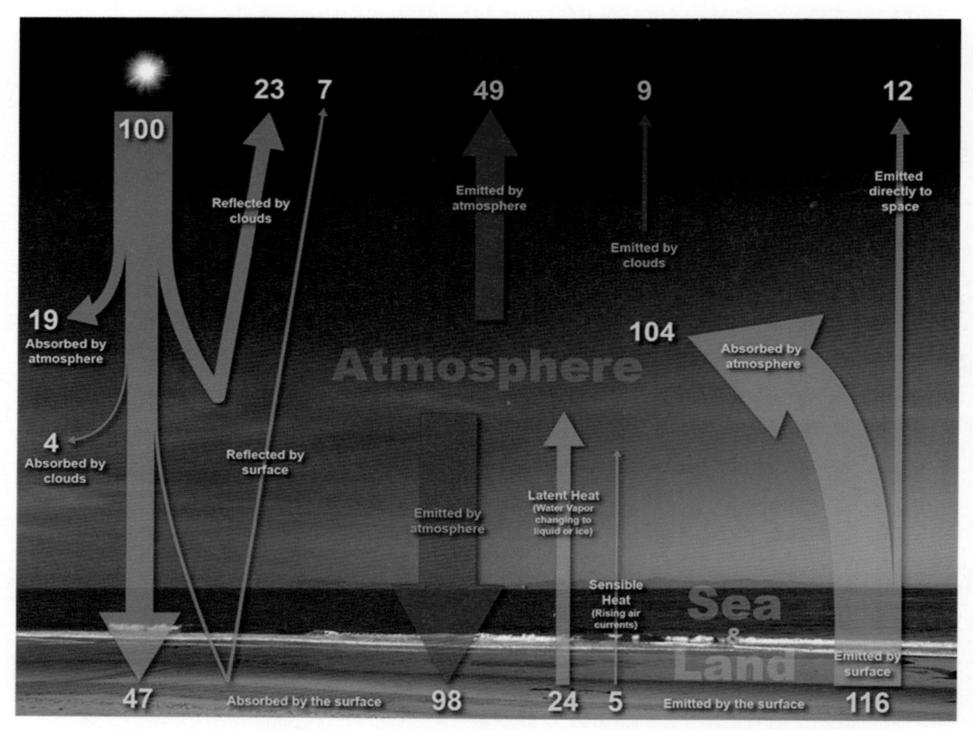

[그림 4.7] 지구대기의 에너지 균형(https://www.weather.gov/jetstream/energy)

4-4. 지구대기의 열 불균형

결과적으로 지구를 둘러싸고 있는 전체의 대기는 태양복사에너지와 지구복사에너지가 균형을 이루고 있고 지구대기 전체도 열의 수지가 균형을 이루고 있지만 지구는 둥글기 때문에 태양복사에너지의 양이 지역적으로 다르고 동시에 지구는 자전과 공전을 하고 있기 때문에 국지적으로 열에너지의 불균형을 피할 수 없다. 그 결과 전체 대기의 열에너지의 균형을 이루기 위해 끊임없이 다양한 형태의 기상현상이 생기게 된다.

지구 표면에서 지구대기를 향하여 열이 전달되는 형태는 잠열(Latent heat)과 현열(Sensible heat)이 있다. 잠열이란 물질의 온도는 변화시키지 않고 상태를 변화시키는데 사용된 열을 말하고, 현열이란 반대로 물질의 상태는 변화시키지 않고 그 물질의 온도변화에 사용된 열을 말한다.

물을 끓이면 물의 온도가 올라가다가 물의 온도가 100℃에 도달하면 더 이상 온도는 올라가지 않고 물이 수증기로 변하여 공기 중으로 흡수된다. 이와 같이 물의 온도를 올리는데 사용된 열을 현열, 액체인 물을 기체인 수증기로 상태를 변화시키는데 사용된 열을 잠열이라고 한다.

지구대기의 열 불균형의 원인은 다양하고 그 원인에 따라 기온의 변화가 나타난다. 지구의 모양으로 인한 위도에 따른 변화, 지구자전에 의한 밤낮의 차이에 따른 일변화, 지구공전에 의한 계절변화, 지표면을 이루는 물질의 차이에 의한 지형에 따른 변화, 그리고 같은 지역이라도 산과 같이 고도의 차이에 의한 변화 때문에 대기의 열 불균형이 나타난다.

4-4-1. 위도에 따른 변화

지구는 공과 같이 둥글기 때문에 태양 복사에너지의 강도가 위도에 따라 차이가 나므로 열의 불균형이 발생한다.

태양은 지구로부터 약 1억 5,000만 km에 이를 정도로 멀기 때문에 빛에너지는 지구의 위도와 관계없이 거의 평행하게 입사한다. 따라서 적도에 가까운 저위도에서는 지면과 이루는 태양광의 입사각이 최대 90°(천정각 0°)가 될 정도로 크지만 고위도 지역으로 갈수록 입사각이 작아진다(그림 4.8). 즉, 단위면적당 받는 빛에너지는 입사각이 클수록 크기 때문에 저위도에서는 고온이 되고 고위도로 갈수록 저온이 되어 열의 불균형이 생긴다(그림 4.9).

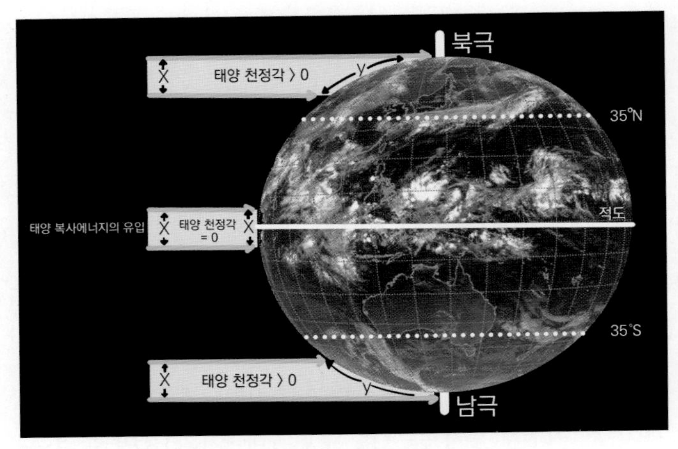

[그림 4.8] 태양복사에너지의 위도별 차이

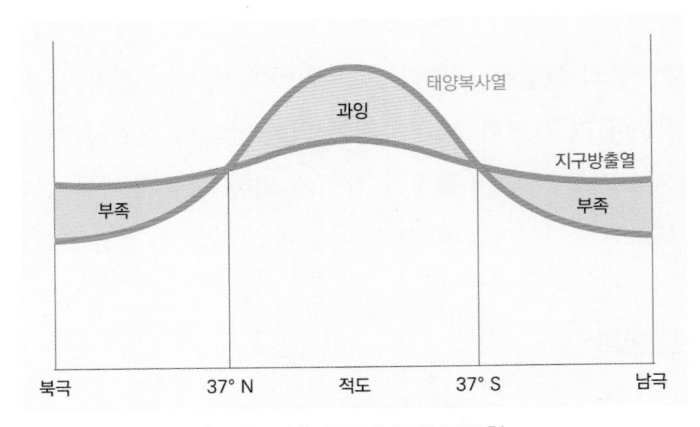

[그림 4.9] 위도별 열의 불균형

4-4-2. 지구자전에 의한 일변화

기온의 일변화는 태양의 복사에너지와 지구의 복사에너지에 따라 발생한다. 태양 복사에너지는 일출과 함께 점점 증가하여 정오에 최대가 되고 다시 점점 감소하여 일몰에 영이 된다. 한편, 지구 복사에너지는 기온이 높으면 증가하고 기온이 내려갈수록 감소하지만 태양 복사에너지와 같이 극단적인 변화는 없다. 따라서 지구 표면의 대기 온도는 태양 복사에너지가 지구 복사에너지보다 클 때는 상승하고, 반대로 지구 복사에너지가 태양 복사에너지보다 크면 하강한다. 그 결과 하루 중 최저기온은 일출의 직후에 나타나고 최고기온은 정오를 지나 약 2~3시간 후에 나타나는 것과 같이 하루 중에도 밤낮의 차이에 따라 열의 불균형이

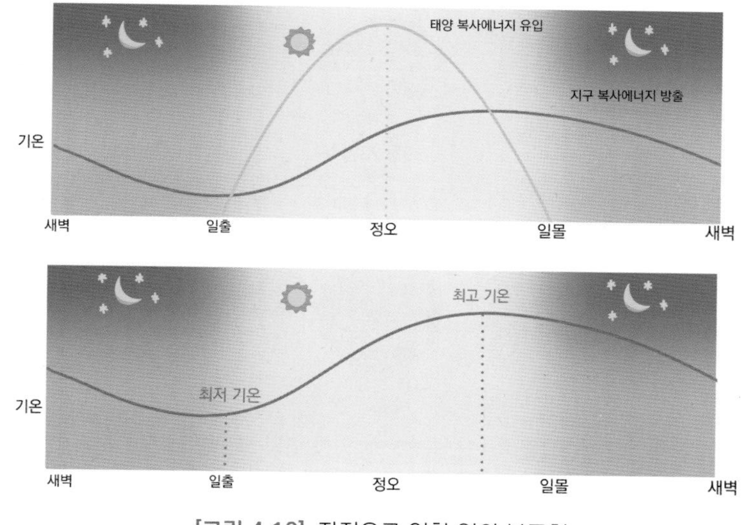

[그림 4.10] 자전으로 인한 열의 불균형

생긴다(그림 4.10).

이러한 일변화는 지표면으로부터 고도 약 4,000ft까지만 나타나고 그 이상의 고도에서는 대기의 열 수지에 영향을 미치는 태양복사의 비율이 지표면에 비해 적기 때문에 기온의 일변화는 나타나지 않는다.

4-4-3. 지구공전에 의한 계절변화

지구 공전의 궤도면과 지구 자전축의 경사로 인하여 지구에 입사하는 태양 복사에너지의 차이가 발생하기 때문에 계절의 변화에 따라 열의 불균형이 발생한다.

그림 4.11과 같이 지구는 태양을 중심으로 공전하고 있고 지구 자전축은 약 23.5도 기울어져 있다. 태양광에 대한 지구 자전축이 이루는 각도가 약 66.5도가 되면 북반구에서 여름인 하지가 되고 반대로 남반구는 겨울이 된다. 이 각도가 약 90도가 되면 남반구나 북반구에서 태양의 복사에너지의 양이 거의 비슷하게 되는 봄과 가을이 된다.

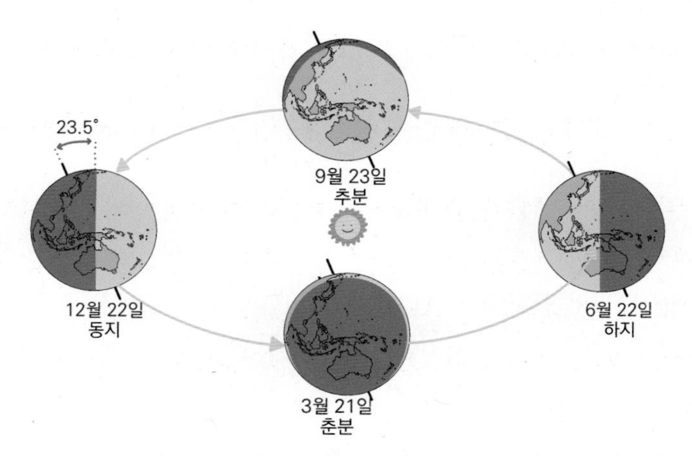

[그림 4.11] 공전으로 인한 열의 불균형

4-4-4. 지형에 따른 변화

지구의 표면은 수많은 물질로 이루어져 있고 이러한 물질들은 각각 비열이 다르므로 열의 불균형이 발생한다.

지구 표면의 약 70%에 이르는 바다를 구성하는 물질은 물이다. 물은 육지를 이루고 있는 산, 도시, 평야, 사막 등에 비해 비열이 훨씬 높기 때문에 바다에 접한 대기는 육지에 접한 대기에 비해 기온의 변화가 적다. 그 결과 기온의 계절변화는 육지가 바다에 비해 더 커서 여름은 육지가 바다에 비해 기온이 높고 반대로 겨울에는 육지가 바다에 비해 기온이 더 낮다. 마찬가지로 기온의 일변화도 육지가 바다에 비해 더 크게 나타난다.

4-4-5. 고도에 따른 변화

태양의 복사에너지가 지면을 가열하여 지표면으로부터 대류, 복사, 전도 등의 과정을 거쳐 상층으로 열이 수송된다. 그러나 상층은 수증기 또는 이산화탄소 등의 적외선 복사로 인하여 냉각되기 때문에 대류권에서는 평균적으로 고도가 상승함에 따라 기온이 낮아지고 고도에 따른 기온의 차이로 인하여 열의 불균형이 발생한다.

그러나 고도가 상승하더라도 일시적 또는 국지적으로 기온이 상승하는 경우도 있는데 이를 기온의 역전(Inversion)이라고 한다. 역전층에서는 대기가 안정한 상태이기 때문에 대류현상이 나타나지 않으므로 안개가 발생하거나 먼지, 연무, 황사가 정체하기 쉽고 시정이 나

쁜 것이 일반적이다.

기온의 역전은 역전이 발생하는 원인에 따라 다음과 같이 구분한다.

(1) 접지역전

그림 4.12와 같이 구름이 없는 맑은 날의 야간에 바람이 약하면 지표면의 복사냉각에 따라 지표면에 접한 공기의 온도가 하강하기 때문에 결과적으로 고도가 상승할수록 기온이 올라가는 역전현상이 발생하고 이러한 역전을 접지역전(Surface inversion)이라고 한다.

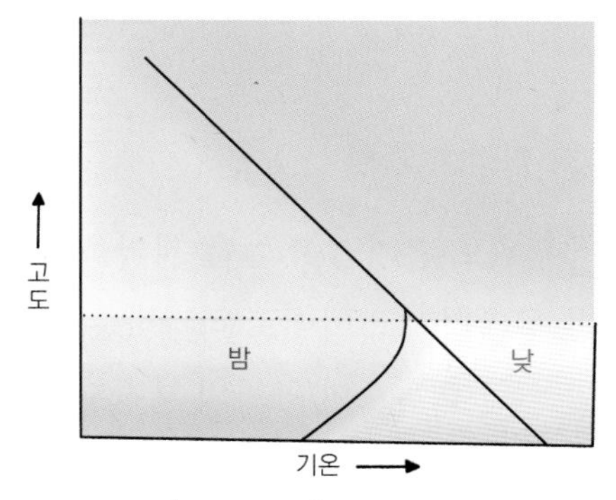

[그림 4.12] 접지역전

접지역전의 높이는 지표면으로부터 1m정도의 경우도 있지만 200~300m정도까지 높아지는 경우도 있다. 특히, 분지와 같은 지형에서는 지면의 복사냉각에 의해 발생한 저층의 차가운 공기가 흩어지지 못하기 때문에 역전층이 높게 형성되기 쉽다.

김포국제공항과 같이 주로 내륙지방에 자주 발생하는 안개를 복사무라고 한다. 낮에는 역전층이 없다가 밤이 되면 지면의 복사냉각에 따라 점점 지표면에 가까운 공기의 온도가 하강하므로 역전층이 형성되어 안개가 발생하고 일출 후에 지면의 온도가 올라가면서 점차 해소된다.

(2) 전선성 역전

온도 또는 습도와 같이 물리적으로 성질이 다른 광범위한 대기의 집단이 서로 만나면 그 사이에 경계가 형성되는데 이를 전선(Front)이라고 한다. 밀도가 높은 차가운 공기는 아래로 가라앉고 상대적으로 밀도가 낮은 따뜻한 공기는 위로 상승하므로 전선의 부근에서는 하층에는 차가운 공기, 상층에는 따뜻한 공기가

[그림 4.13] 한랭전선으로 인한 역전

서로 겹쳐지면서 역전현상이 발생하고 이러한 역전을 전선성 역전(Frontal inversion)이라고 한다(그림 4.13).

따뜻한 기단의 아래쪽으로 상대적으로 차가운 기단이 흘러 들어오면 한랭전선(Cold front)이 형성되어 상층에서 역전층이 발생하기도 하고, 차가운 기단의 위쪽으로 상대적으로 따뜻한 기단이 흘러 들어오면 온난전선(Warm front)이 형성되어 상층에서 역전층이 발생하기도 한다.

(3) 침강성 역전

주위보다 기압이 높은 지역을 고기압 지역이라고 한다. 기압이 높으면 공기의 밀도가 높아 무거워지고 아래로 하강하는 하강기류가 발생한다. 공기가 하강하면 기압은 점점 높아지고 기압이 높으면 공기의 분자활동이 활발해지면서 온도가 올라간다. 고기압 지역의 하강기류가 단열 압축되면서 온도가 올라감에 따라 지표면에서 떨어진 상층에 역전현상이 발생하고 이러한 역전을 침강성 역전(Subsidence inversion)이라고 한다(그림 4.14).

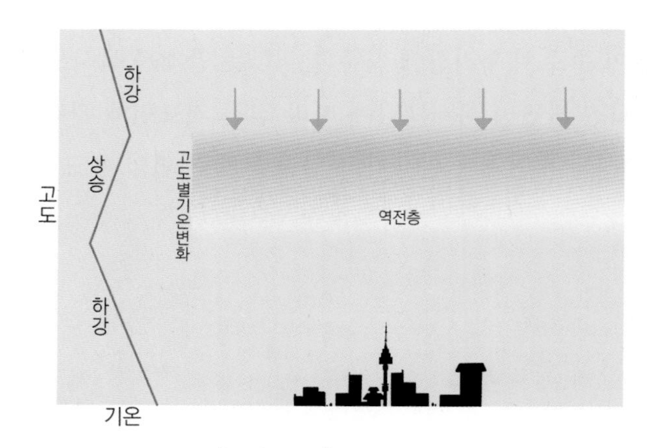

[그림 4.14] 침강성 역전

(4) 난류성 역전

지표면의 높낮이가 불규칙한 장애물에 강한 바람이 불면 하층의 차가운 공기는 상승하고 상층의 따뜻한 공기는 하강하는 현상이 발생하면서 상층에 역전층이 발생한다. 또는 지표가 태양에너지에 의하여 가열되어 지표부근의 강한 대류현상에 따라 상층의 공기가 하강하여 혼합되면서 1~2km 상층에 200~300m의 두께로 역전층이 발생하기도 한다(그림 4.15). 난류성 역전(Turbulence inversion)은 성질이 다른 공기의 경계층의 난류에 따라 발생하지만 비교적 단시간에 일시적으로 발생하는 특징이 있다.

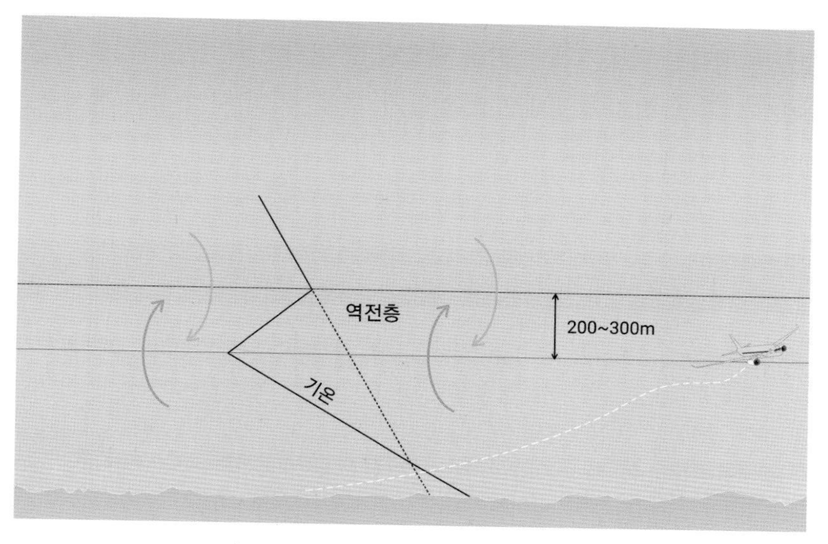

[그림 4.15] 대류에 의한 난류성 역전

4-5. 기온과 항공운항

기온은 항공기의 성능에 영향을 미치는 중요한 요소 중 하나로 어떤 경우에는 심각한 영향을 미치기도 한다.

① 항공기에 장착된 온도계는 센서의 장착 위치에 따라 오차가 발생하고, 특히 빠른 속도로 비행 중에는 공기 역학적인 효과와 마찰로 인하여 오차가 커진다. 따라서 속도가 빨라질수록 정확한 외기온도를 측정할 수 없으므로 항공기의 속도와 온도계의 센서로 관측한 온도를 이용하여 외기온도를 추정한다.

② 기온이 상승하면 공기의 밀도가 감소하므로 기온이 높을수록 항공기의 성능이 저하된다.

③ 기온의 일변화나 지형에 따른 기온의 변화는 국지적으로 바람을 일으키는 원인이 되기도 하고 야간에 지표면의 냉각으로 인해 안개가 발생하기도 하여 항공기 운항에 장애를 일으킬 수 있다.

④ 고도에 따른 기온 감소율이 커지면 대기가 불안정하여 구름이 만들어지거나 난기류 혹은 천둥번개가 발생하기도 하므로 항공기 운항에 심각한 위험을 초래할 수 있다.

⑤ 상공에 기온의 역전이 생기면 따뜻한 비가 발생하지만 하층의 기온이 낮으므로 냉각되어 저층을 비행하는 항공기에 착빙을 일으킬 수 있다.

⑥ 저고도에서 기온의 접지역전이 있으면 안개, 연무, 기타 시정 장애 현상으로 인해 이착륙에 제한을 초래할 수 있다.

전온(TAT)과 정온(SAT)

- **항공기의 외기온도(OAT, Outside Air Temperature)**를 측정하기 위해 항공기의 외부에 부착한 온도 센서에는 항공기의 빠른 속도로 인해 대기가 센서에 부딪혀 마찰열이 발생하는데 이러한 현상을 Ram rise effect라고 한다. 결과적으로 온도계의 눈금에 표시된 온도는 외기온도에 마찰열이 합해진 온도이므로 전온(TAT, Total Air Temperature)이라고 하고, 전온(TAT)은 항공기의 속도(M, mach number)가 빠를수록 높게 나타난다. 전온(TAT)의 단위는 ℃이고 다음과 같은 관계가 있다.

$$TAT = (273 + OAT)(1 + 0.2M^2) - 273$$

- **위 식을 외기온도(OAT)**를 기준으로 바꾼 식은 다음과 같고 계산 결과로 얻은 온도라는 뜻으로 정온(SAT, Static Air Temperature)이라고 한다.

$$SAT = \frac{TAT+273}{1+0.2M^2} - 273 \fallingdotseq \text{외기온도(OAT)}$$

- Ram rise effect는 TAT와 SAT의 차이(Ram rise effect = TAT − SAT)다.

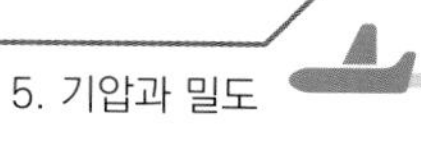

5. 기압과 밀도

지구를 둘러싸고 있는 대기는 지구의 중력에 의해 지구 표면으로 잡아 당겨지고 있다. 지구 표면으로부터 상층에 이르기까지 임의의 점보다 상층에 있는 공기가 중량에 의해 누르는 힘을 대기의 압력(Atmospheric pressure)이라 하고 줄여서 대기압 또는 기압이라고 한다.

온도와 습도와는 달리 기압은 사람이 쉽게 느낄 수는 없지만 기압의 변화로 인해 바람이 생기고 그 결과 다양한 기상현상을 일으키므로 대기의 상태를 설명하는데 기온과 함께 가장 기본적이고 중요한 변수 중의 하나이다.

또한, 항공기 외부의 기압을 이용하여 항공기의 고도와 속도를 계산하므로 항공기의 핵심 계기인 고도계와 속도계의 기본 요소로서도 중요하지만 기압의 변화에 따라 변하는 공기의 밀도는 항공기의 양력에 영향을 미치므로 기압은 항공기의 운항에 매우 중요한 요소이다.

5-1. 기압의 측정

그림 5.1과 같이 공기도 무게를 가지고 있다. 기압은 대기의 무게에 의해 단위면적당 작용하는 힘으로 정의한다.

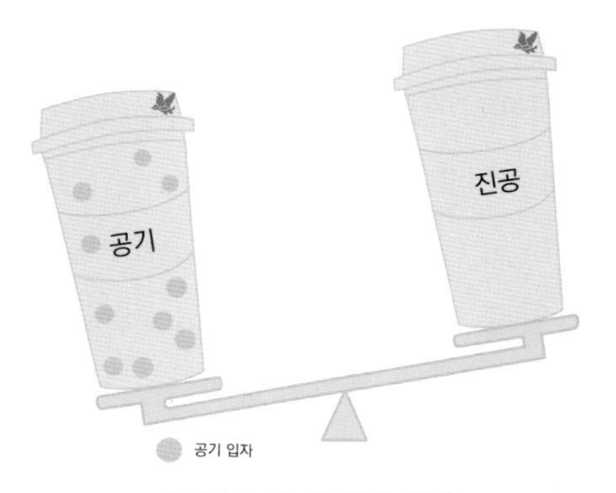

[그림 5.1] 공기의 무게

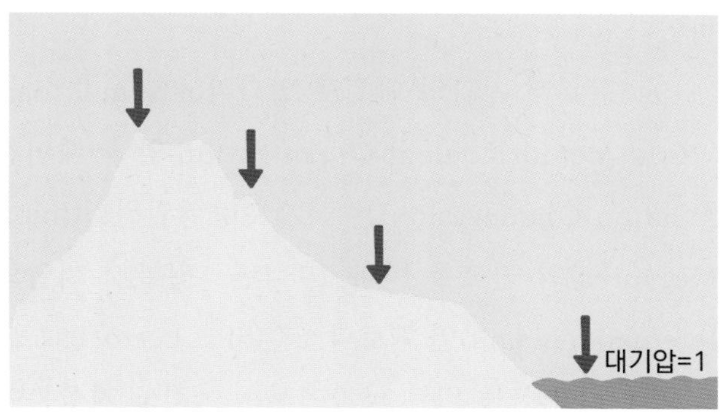

[그림 5.2] 지구 표면의 기압

지구 표면의 기압이란 그림 5.2와 같이 지구 표면의 수직 상방에 있는 전체 대기의 중량이라고 할 수 있다.

1643년 이탈리아의 과학자 토리첼리(Toricelli)가 액체 중에서 가장 무거운 수은(Hg)을 이용하여 기압을 측정하는 원리를 실험으로 증명하였다.

그림 5.3과 같이 공기가 수은의 표면을 누르는 힘인 대기의 중량과 수은 기둥의 중량이 균형을 이루고 있다는 것은 기압은 수은의 기둥 높이에 상당하는 압력과 같다는 것이 기압을 정의한 유래가 되었다.

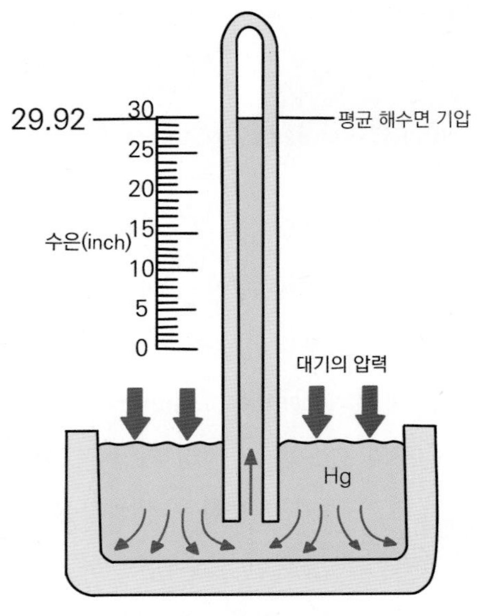

[그림 5.3] 평균해수면의 기압

5-1-1. 기압의 단위

기압의 단위는 토리첼리의 실험에서 유래되어 수은의 높이로 정의한다. 대기압에 의해 밀어 올린 수은의 기둥 높이를 측정한 후 대기의 온도에 따른 오차를 보정한 높이로 정하였다. 지구 표면에서 대기의 압력이 가장 높은 평균해수면(MSL, Mean Sea Level)에서 측정하여 대기의 온도를 보정한 수은의 높이는 29.92인치가 된다.

평균해수면의 기압을 1기압이라고 하고 1기압은 29.92inHg로 표시한다. 29.92in를 미터법의 단위로 바꾸면 760mm가 되므로 1기압은 29.92inHg, 760mmHg, 76cmHg등으로 표현하였다.

1945년부터 기압의 단위로 밀리바(mb, milli bar)를 사용하였으나 세계기상기구(WMO, World Meteorological Organization)와 국제민간항공기구(ICAO, International Civil Aviation Organization)는 국제도량형위원회(International Committee of Weights and Measures)의 권고를 받아 1984년 7월부터 기압의 단위로 국제단위계(SI unit, System International unit)인 헥토파스칼(hPa, hecto-Pascal)을 사용하도록 통일하였다.

그러나 미국 등 일부 국가에서는 아직도 기상분야에서는 mb(Millibars), 항공운항에서는 inHg, 항공정비에서는 psi(Pounds per square inch)의 단위를 사용하고 있다.

1기압은 1013.25hPa이지만 mb 단위로 환산하면 1013.25mb이므로 단위만 다를 뿐 값은 동일하다.

hPa 단위와 mb 단위의 관계

1hPa(hectoPascal)	파스칼은 압력의 국제표준단위
=100Pa	헥토파스칼은 파스칼의 100배
$=100N/m^2$	파스칼은 $1m^2$에 누르는 힘이고 뉴턴은 힘의 MKS단위
$=100\times(1kg\times1m/sec^2)/m^2$	뉴턴은 1초에 1kg의 물체를 1m의 가속도로 이동시키는 힘
$=100\times(1{,}000g\times100cm/sec^2)/(100cm)^2$	CGS단위로 환산
$=1{,}000g\ cm/sec^2/cm^2$	숫자를 약분하여 정리
$=1{,}000dyne/cm^2$	다윈은 힘의 CGS단위
=1mb(millibar)	

※ MKS(m, kg, sec)와 CGS(cm, g, sec)는 단위의 차원임

5-1-2. 기압계의 종류

(1) 수은 기압계

수은 기압계는 토리첼리의 실험을 이용하여 기압을 측정한 최초의 기압계다. 기압은 어느 측정지점에서 밀어올린 단위면적당 수은의 무게와 같으므로 평균해수면에서의 수은 기둥의 높이가 76cm라면 기압은 약 1013hPa이고 다음과 같이 계산하여 눈금을 매긴 기압계다.

$$압력(p) = \frac{힘(f = ma)}{단위면적} = \frac{수은의\ 중량 \times 중력가속도(g)}{단위면적(cm^2)}$$

$$중량 = 밀도(\rho) \times 부피(면적 \times 높이)$$

$$압력(p) = \frac{밀도(\rho) \times 면적(cm^2) \times 높이(h) \times 중력가속도(g)}{면적(cm^2)} = \rho hg$$

수은의 밀도는 $13.6g/cm^3$, 1기압의 수은의 높이는 76cm이므로

$$1기압(atm) = 13.6g/cm^3 \times 76cm \times 980cm/sec^2$$
$$= 1{,}012{,}928(g \times cm/sec^2)/cm^2$$
$$= 1.013 \times 10^6 dyne/cm^2$$

$= 1.013 \times 10^5 N/m^2$(Pascal)

$= 1{,}013 \times 10^2$Pascal

= 1,013hPa

그러나 수은은 온도에 따라 밀도가 변하고 측정위치에 따라 중력가속도도 변하므로 정확한 기압을 측정하기 위해서는 기온, 측정위치, 기기 등의 오차를 보정해야 한다.

(2) 아네로이드 기압계

수은은 액체이고 상대적으로 고가인 수은 기압계의 단점을 보완하기 위해 소형이며 가볍고 취급이 쉬우며 진동에 강한 아네로이드 기압계가 개발되어 기상관측용이나 항공기의 기압계로 많이 사용하게 되었다.

그림 5.4와 같이 내부가 진공인 신축성이 있는 금속의 상자에 외부의 대기압이 작용하면 진공 상자가 수축하는 정도를 눈금과 연결시켜 기압을 측정하는 원리다.

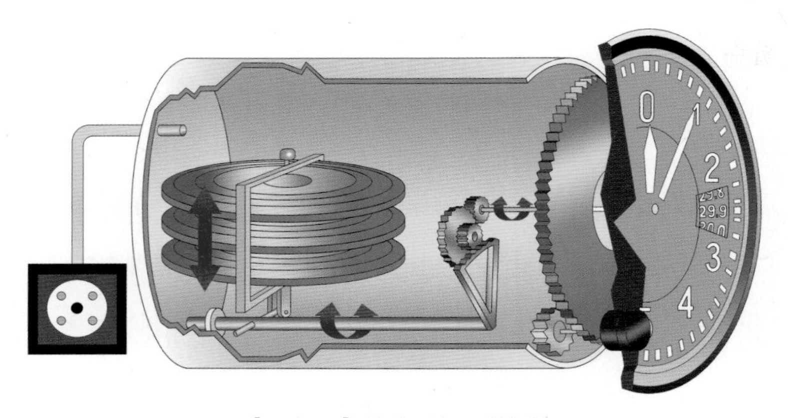

[그림 5.4] 아네로이드 기압계

(3) 전기식 기압계

정전기의 원리를 이용하여 기압에 따라 정전용량의 변화가 생기는 것을 기압으로 환산하는 기압계다. 측정된 기압 값과 기압계 내부의 온도를 측정하여 온도를 보정하고 기압을 산출하므로 크기가 작고 디지털로의 전환이 가능하기 때문에 기상관측용이나 항공기의 기압계로 많이 사용되고 있다.

5-2. 기압의 변화

기압은 동일한 측정지점에서도 기온이나 대기의 흐름에 따라 끊임없이 변화하고 또한 같은 지점에서도 고도가 상승함에 따라 기압은 감소한다.

5-2-1. 현지기압

수평적인 대기의 흐름은 기압이 높은 곳에서 낮은 곳으로 흘러가므로 광범위한 대기의 흐름을 이해하기 위해서는 여러 지점에서 기압을 측정하여 비교할 필요가 있다. 지구 표면의 높낮이가 다른 여러 지점에서 정해진 시간에 동시에 기압을 관측하여 일정한 기준고도로 변환하게 되는데 어느 특정지점에서 실제로 측정한 기압을 현지기압(Station pressure)이라고 한다.

그림 5.5와 같이 현지기압은 그 지점의 위쪽에 존재하는 공기의 총 중량이므로 측정지점의 고도에 따라 다르다. 항공기의 이착륙에 필요한 공항의 기압은 항공기의 고도계의 위치를 고려하여 활주로 상공 3m의 기압을 측정한다.

[그림 5.5] 현지기압

5-2-2. 기압과 고도

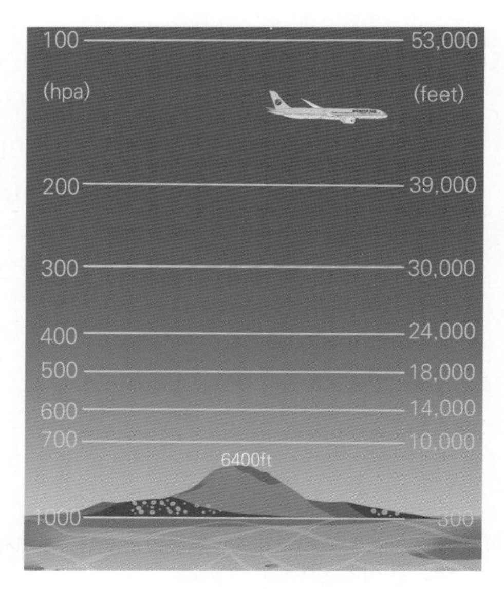

[그림 5.6] 고도별 기압의 차이

그림 5.6과 같이 고도가 상승함에 따라 그 상공의 공기의 양이 줄어들고 공기입자의 밀도도 낮아지며 지구의 중력도 감소한다. 따라서 관측지점의 고도가 상승함에 따라 기압은 점차 낮아진다. 장거리 운항에서 주로 비행하는 고도 39,000ft의 기압은 평균해수면의 약 1/5에 불과할 정도로 낮아진다.

고도의 변화에 따라 기압이 변화하는 근삿값으로 1,000ft당 1inHg 또는 34hPa, 10m당 1hPa, 32ft당 1hPa을 기억해 두면 항공운항의 현장에서 실무적으로 많은 도움이 될 것이다.

5-2-3. 기압과 기온

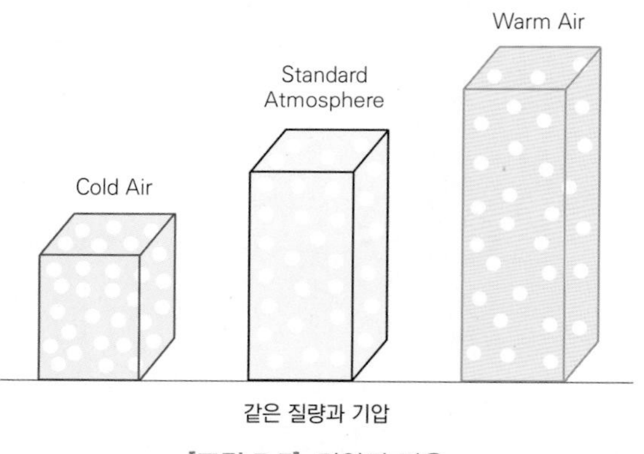

[그림 5.7] 기압과 기온

공기는 기온이 높아질수록 팽창하기 때문에 단위부피당의 중량인 공기입자의 밀도가 낮아진다. 그림 5.7에서 보면 동일한 양의 공기입자를 포함하고 있기 때문에 아래쪽의 기압은 모두 같지만 왼쪽의 차가운 공기에 비해 오른쪽의 따뜻한 공기가 더 높게 팽창되어 있음을 알 수 있다. 따라서 어느 일정한 고도까지 상승한다고 가정하면 따뜻한 지역이 차가운 지역보다 기압이 상대적으로 완만하게 낮아진다. 즉, 고도가 상승함에 따라 기압이 낮아지는 비율은 기온이 높을수록 완만하다.

5-2-4. 해면기압

어느 지점에서 측정한 현지기압을 동일한 기준면에서 비교하지 않으면 광범위한 대기의

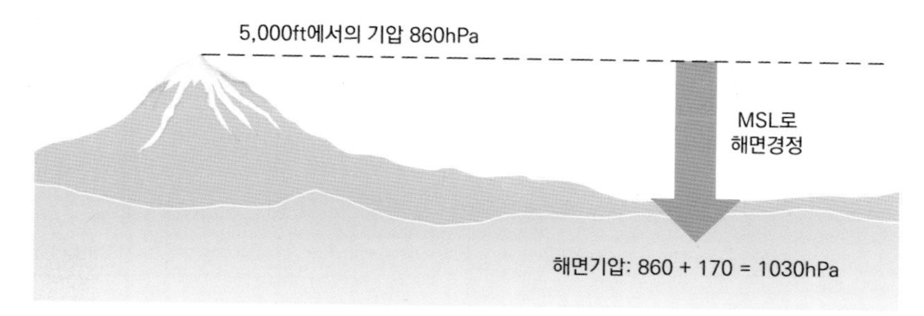

[그림 5.8] 현지기압과 해면기압

흐름을 이해할 수 없다. 지구상에서 고도가 가장 낮은 곳은 해수면이므로 관측한 각각의 현지기압을 관측지점의 고도와 기온 및 기압에 따라 물리 이론상의 평균해수면으로 환산한 기압을 해면기압(Sea level pressure) 또는 해면경정기압이라고 한다.

즉, 현지기압(Station pressure)을 해면경정(Reduction to Mean Sea Level)한 기압을 해면기압이라 하고 지상일기도에 표시한 등압선은 각 지점의 해면기압이 동일한 지점을 이은 선이다.

해면기압은 관측지점의 현지기압이 높을수록 기온이 낮을수록 높다.

현지기압을 측정한 지점의 고도와 평균해수면 사이에 분포하는 단위면적당 공기의 중량을 알 수 있다면 현지기압에 이 중량을 더하면 해면기압을 구할 수 있을 것이다. 그러나 현지기압 측정지점의 기온과 습도만 알고 있기 때문에 측정지점부터 평균해수면까지의 기온과 습도는 평균적으로 분포한다고 가정하고 기압을 변환하는 것이 일반적이다.

그림 5.8과 같이 산 정상의 고도가 5,000ft이고 산 정상에서 측정한 현지기압이 860hPa이라면 산 정상의 해면기압은 1,030hPa이 된다.

5-3. 기압의 분석

어느 정해진 시각에 실제로 관측한 기상현상 또는 예상되는 기상현상을 숫자, 기호, 선 등으로 지도위에 표시한 것을 일기도(Weather chart 또는 Weather map)라고 한다.

특정시각의 기상현상을 표시한 일기도를 실황일기도 또는 분석일기도, 예상되는 기상현상을 표시한 일기도를 예상일기도라고 하고, 지구 표면의 기상현상을 표시한 일기도는 지상일기도, 지구 표면 상공의 기상현상을 표시한 일기도는 고층(상층)일기도라고 하며, 태풍 진로예상도와 같이 특정한 기상현상을 기입한 일기도도 있다.

일기도를 작성하는 목적은 그 시각의 기상상태를 이해하고, 예상되는 특정한 시각의 기상현상 또는 특정 시각까지의 기상현상의 변화를 예측하기 위함이다.

일기도의 구조와 해석에 관해서는 제5장에서 자세히 다룬다.

5-3-1. 등압선

그 목적에 따라 무수히 많은 일기도가 있으나 가장 기본적인 일기도는 어느 특정시각의 기상현상을 기입한 지상일기도이다. 지상일기도에는 등압선, 저기압, 고기압, 전선의 종류와 위치, 특정지점의 기상현상, 구름의 종류와 높이, 기압, 풍향, 풍속 등이 표시되어 있다(그림 5.9).

등압선(Isobar)이란 관측지점의 해면기압이 동일한 지점을 이은 선을 말하며 광범위한 대기의 흐름을 이해하는데 가장 중요한 요소로서 지상 분석일기도에는 해면기압이 1,000hPa인 지점을 기준으로 4hPa간격의 실선을 그어 표시한다.

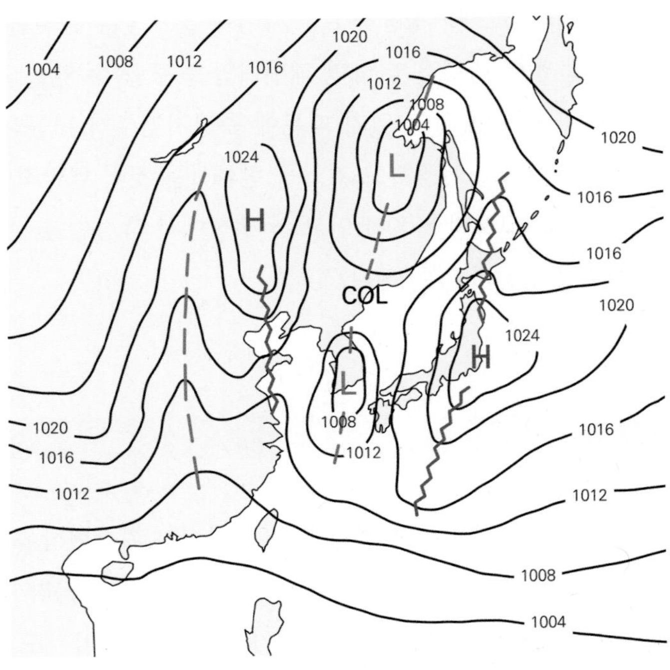

[그림 5.9] 지상일기도의 등압선

등압선의 간격이 조밀할수록 기압의 변화가 심하므로 바람이 강하고 반대로 간격이 넓을수록 기압의 변화가 적으므로 바람이 약하여 공기가 정체된다.

저기압 지역의 중심을 저(L), 저기압의 중심에서 등압선이 길게 나온 지역으로서 양쪽에 비해 상대적으로 기압이 낮은 지역을 기압골(Trough)이라 하고 점선으로 표시한다.

고기압 지역의 중심을 고(H), 고기압의 중심에서 등압선이 길게 나온 지역으로서 양쪽에 비해 상대적으로 기압이 높은 지역을 기압능(Ridge)이라 하고 꺾은 실선으로 표시한다.

고기압의 중심과 저기압의 중심을 각각 이어서 교차하는 지역을 말의 안장과 같다고 하여 기압의 안부(Col) 또는 안장부라 하고, 이 지역은 풍속은 약하지만 풍향의 변화가 심한 특징이 있다.

5-3-2. 저기압과 고기압

저기압과 고기압을 나누는 기준이 되는 기압이 정해져 있는 것은 아니고 주위보다 상대적으로 기압이 낮은지 높은지에 따라 표시한다.

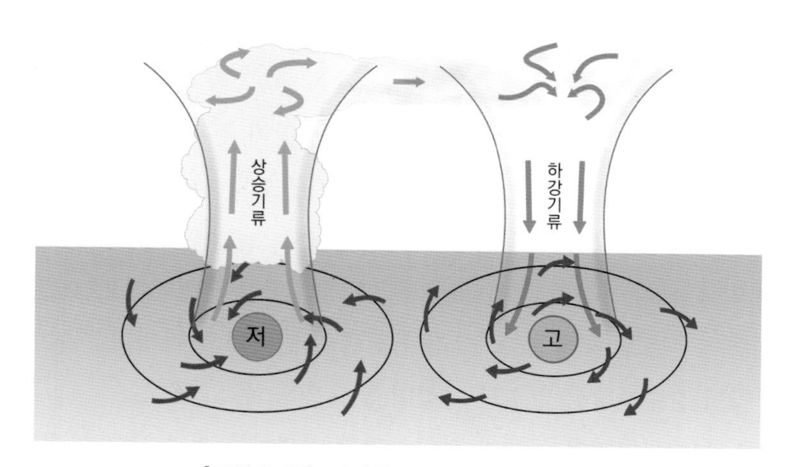

[그림 5.10] 저기압과 고기압의 입체구조

(1) 저기압

어느 지점의 기압이 주위보다 상대적으로 낮은 지역을 저기압(Cyclone) 지역이라고 하고, 일기도에는 '저(L)' 또는 'LOW'로 표시하며 색으로 표시할 경우에는 붉은색의 글자로 표시한다.

저기압의 중심 지역에서는 주위보다 기압이 낮으므로 기압이 높은 지역에서 바람이 불어 들어오는데 지구의 자전으로 인해 지상에서 저기압 지역의 바람은 북반구에서는 저기압의 중심을 향하여 반시계 방향으로, 남반구에서는 시계방향으로 불어 들어온다.

저기압의 중심 지역으로 불어들어 온 바람은 공중으로 상승하게 되고 상승기류는 단열냉각에 의해 구름이 만들어지고 비가 내리므로 일반적으로 저기압 지역에서는 날씨가 나쁘고 비바람이 강하다.

저기압은 발생 지역에 따라 구분하기도 한다. 열대지방에서 많은 수증기를 흡수하면서 강한 상승기류로 인해 태풍으로 발달하기도 하는 열대저기압, 우리나라와 같이 중위도의 온대지방에서 남쪽의 따뜻한 공기와 북쪽의 차가운 공기가 접촉하면서 전선을 동반하여 발생하는 온대저기압, 상공의 강한 편서풍이 남쪽으로 굴곡진 지역에서 떨어져 나와 발생하는 저기압은 한랭저기압이라고 한다.

(2) 고기압

어느 지점의 기압이 주위보다 상대적으로 높은 지역을 고기압(Anticyclone) 지역이라고 하고, 일기도에는 '고(H)' 또는 'HIGH'로 표시하고 색으로 표시할 경우에는 푸른색의 글자로 표시한다.

고기압의 중심 지역에서는 공중에서 하강한 공기에 의해 주위보다 기압이 높으므로 기압이 낮은 바깥쪽으로 바람이 불어 나가는데 지구의 자전으로 인해 지상에서 고기압 지역의 바람은 북반구에서는 고기압의 중심에서 시계방향으로, 남반구에서는 반시계방향으로 불어 나간다. 고기압 중심의 하강기류는 단열가열에 의해 구름이 있더라도 소멸되므로 일반적으로 고기압 지역에서는 날씨가 좋다. 그러나 상층의 먼지가 하강하고 지면에서 발생한 먼지가 확산되지 않아 강수현상은 없지만 시정이 좋지 않을 수 있다.

고기압은 지구 표면의 차가운 공기가 정체하면서 발생하는 키가 낮은 한랭고기압, 상공의 공기가 지구 표면으로 하강하면서 발생하는 상대적으로 키가 큰 온난고기압으로 나누기도 한다.

5-3-3. 등고선

지상일기도는 평균해수면을 기준고도로 등압선을 그린 등고도면 일기도(Constant height weather chart)이지만 공중의 기상상태를 분석하기 위해 그린 상층일기도는 기압이 동일한 면의 기상요소를 기입한 등압면 일기도(Constant pressure weather chart 또는 Isobaric weather chart)이다.

고층일기도를 지상일기도와 같이 동일한 고도를 기준으로 등압선을 그린 등고도면 일기도를 사용하지 않는 이유는 상층의 기상상태를 지상만큼 조밀하게 측정하기도 어려울 뿐 아니라 같은 고도에서의 공기의 밀도는 기압과 기온에 좌우되므로 간단히 해석하기도 어렵기 때문이다. 그러나 등압면 일기도는 어느 지점이나 기압이 동일하기 때문에 기온이 같은 지역은 밀도도 동일하므로 해석이 용이한 장점이 있다.

상층 등압면일기도에서는 모든 지점의 기압이 동일하므로 지상일기도의 등압선과 동일한 의미를 갖는 것이 등고선(Contour)이다. 등고선은 등압면의 고도가 동일한 지점을 이은 선이다.

그림 5.11을 보면, 고도 10,000ft에서는 680hPa의 저기압 지역과 720hPa의 고기압 지역이 같은 고도에 존재한다. 등압면인 700hPa의 등압면에서 보면, 저기압 지역은 주위보다 고도가 낮은 9,000ft의 고도선이 있고, 고기압 지역은 주위보다 높은 11,000ft의 고도선이 존재함을 알 수 있다. 이와 같이 등고선도 등압선과 같이 고기압 지역의 고도는 높고, 저기압 지역의 고도는 낮으므로 지상일기도의 등고선과 동일하게 해석할 수 있다.

즉, 등고선의 고도가 상대적으로 낮은 곳은 저기압 지역이고 반대로 높은 곳은 고기압지역인 것이다.

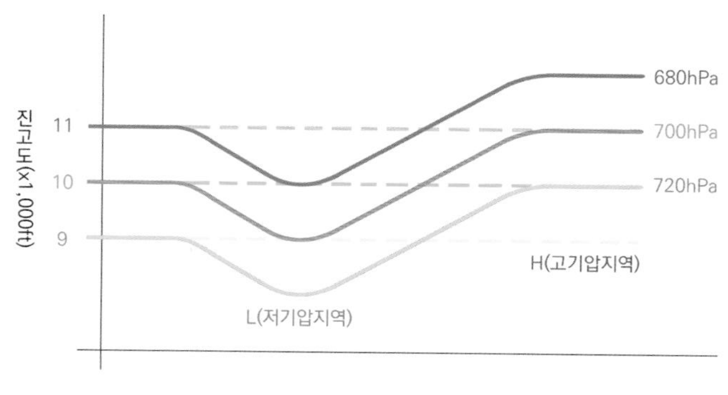

[그림 5.11] 등압면의 단면

고층 등압면일기도에서는 등고선을 지상일기도의 등압선과 동일하게 해석하고 저기압 지역, 고기압 지역, 기압골, 기압능, 안부도 동일한 의미로 해석할 수 있다.

항공기의 고도계는 기압을 고도로 환산한 기압고도계이므로 이착륙을 제외하고 동일한 고도로 비행하고 있다는 것은 사실은 기압이 같은 등압면을 따라 비행하는 것이다.

5-4. 밀도

밀도(Density)는 단위부피(V)당 질량(M)으로 정의한다. 즉, $1cm^3$의 질량이 1g이면 밀도는 $1g/cm^3$, $1m^3$의 질량이 1kg이면 밀도는 $1kg/m^3$이다.

$$밀도(\rho) = \frac{질량(M)}{부피(V)}$$

밀도는 부피와는 반비례 관계에 있기 때문에 질량이 일정하면 밀도가 높을수록 부피는 줄어든다.

대기의 밀도는 당연히 질량에 따라 변하지만 압력 및 온도에 따라 변화하는 성질을 가지고 있고, 보일의 법칙에 의하면 대기의 밀도는 다음과 같이 표시된다.

$$밀도(\rho) = \frac{질량(M) \times 압력(P)}{기체상수(R) \times 기온(T)}$$

즉, 대기는 기압이 높을수록 밀도는 높아지는 비례 관계에 있고, 기온이 높을수록 밀도는 낮아지는 반비례 관계에 있다.

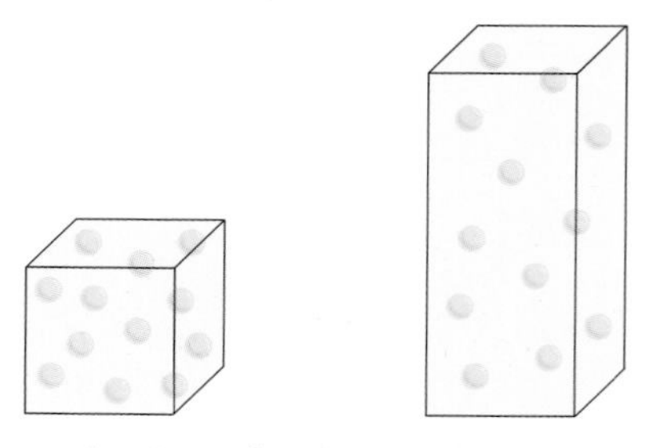

[그림 5.12] 밀도와 부피의 관계

기체는 온도(T)가 일정하다고 가정하면 기체의 압력(P)이 증가할수록 부피(V)는 줄어드는 성질을 가지고 있는데, 이러한 기체의 성질을 아일랜드의 물리학자 로버트 보일(Robert Boyle)이 1662년에 이론적으로 체계화하였기 때문에 보일의 법칙(Boyle's Law)이라고 한다.
또한, 기체는 기압(P)이 일정하다고 가정하면 기체의 온도(T)가 증가할수록 부피(V)는 늘어나는 성질을 가지고 있는데, 이러한 기체의 성질은 프랑스의 물리학자 샤를(Jacques Alexandre Cesar Charles)이 1787년에 이론적으로 체계화하였기 때문에 샤를의 법칙(Charles's Law)이라고 한다.

5-4-1. 밀도의 변화

(1) 밀도와 기압

대기가 일정한 질량 및 온도라고 가정하면 압력이 높은 저고도의 밀도가 높다. 기압은 고도가 높아질수록 감소하므로 대기의 밀도도 고도가 높을수록 낮아진다. 따라서 기압은 수직 방향의 대기의 밀도에 큰 영향을 미친다.

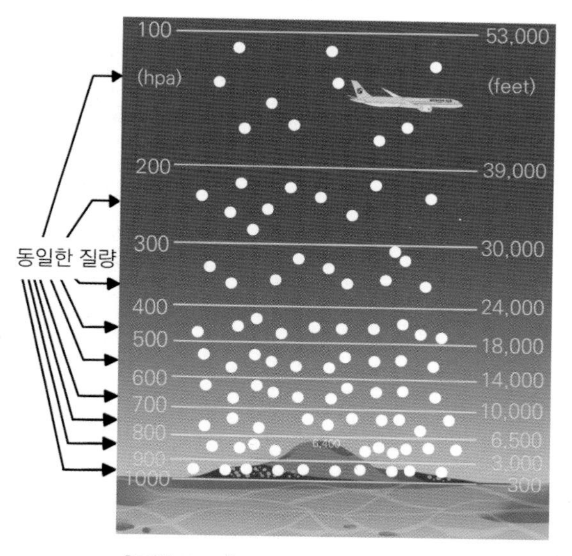

[그림 5.13] 밀도와 기압의 관계

(2) 밀도와 기온

밀도는 온도의 변화와 반비례하므로 대기의 질량과 압력이 일정하다고 가정하면 기온이 높을수록 밀도는 낮다. 따라서 기온이 대기의 수평방향의 밀도에 큰 영향을 미친다.

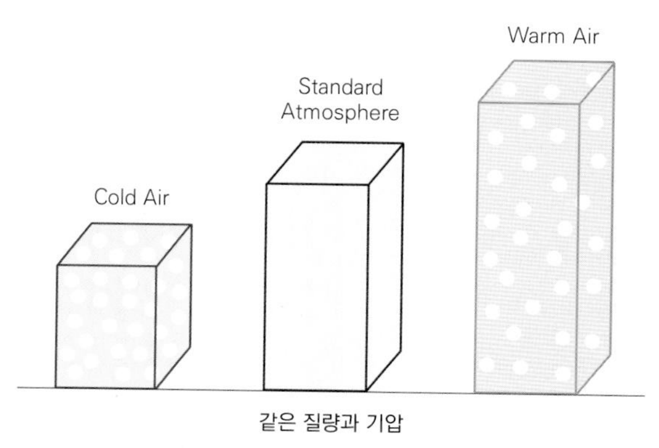

[그림 5.14] 밀도와 기온의 관계

(3) 밀도와 수증기

대기의 밀도는 공기 중에 포함된 수증기의 양과는 반비례한다. 대기의 압력과 온도 및 부피가 일정하다고 가정하면 수증기가 많이 포함된 대기일수록 밀도는 낮다. 건조한 공기 분자가 수증기 분자보다 중량이 더 무거우므로 건조한 공기일수록 밀도가 높다.

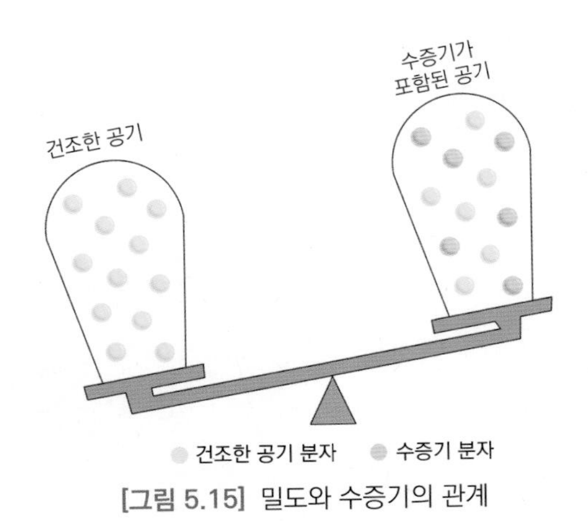

[그림 5.15] 밀도와 수증기의 관계

5-4-2. 밀도고도

국제표준대기(ISA, International Standard Atmosphere)에서 정의한 밀도와 고도와의 관계를 이용하여 대기의 밀도를 고도로 환산한 것을 밀도고도(Density altitude)라고 한다.

기온이 높을수록 밀도는 낮아지므로 기온이 낮을 때보다 기온이 높을수록 밀도고도는 높아진다. 또한, 기압이 낮을수록 밀도는 낮아지므로 기압이 높을 때보다 기압이 낮을수록 밀도고도는 높아진다.

따라서 기온이 높을수록 기압이 낮을수록 밀도고도는 높고, 반대로 기온이 낮을수록 기압이 높을수록 밀도고도는 낮게 된다.

항공기의 고도계는 기압을 근거로 환산하지만 밀도고도는 비행고도를 표시하는데 사용하는 것은 아니고 항공기의 성능계산을 위해 사용한다.

밀도고도가 낮으면 항공기 성능은 높아지는 반면에 반대로 밀도고도가 높아지면 항공기 성능은 저하되므로 주로 항공기의 이착륙시 운용한계에 가깝게 운항하는 경우에는 대기의 밀도를 이용하여 항공기의 성능을 정밀하게 계산해야 한다.

그림 5.16의 밀도고도 계산표를 이용하여 기온과 기압고도를 알면 밀도고도를 구할 수 있다. 이륙하려는 활주로의 기온이 20℃이고 기압고도가 1,000ft라고 하면 밀도고도는 약 1,900ft이므로 이륙성능을 계산할 때는 기압고도는 1,000ft이지만 1,900ft를 적용해야 정확한 이륙중량을 구할 수 있다.

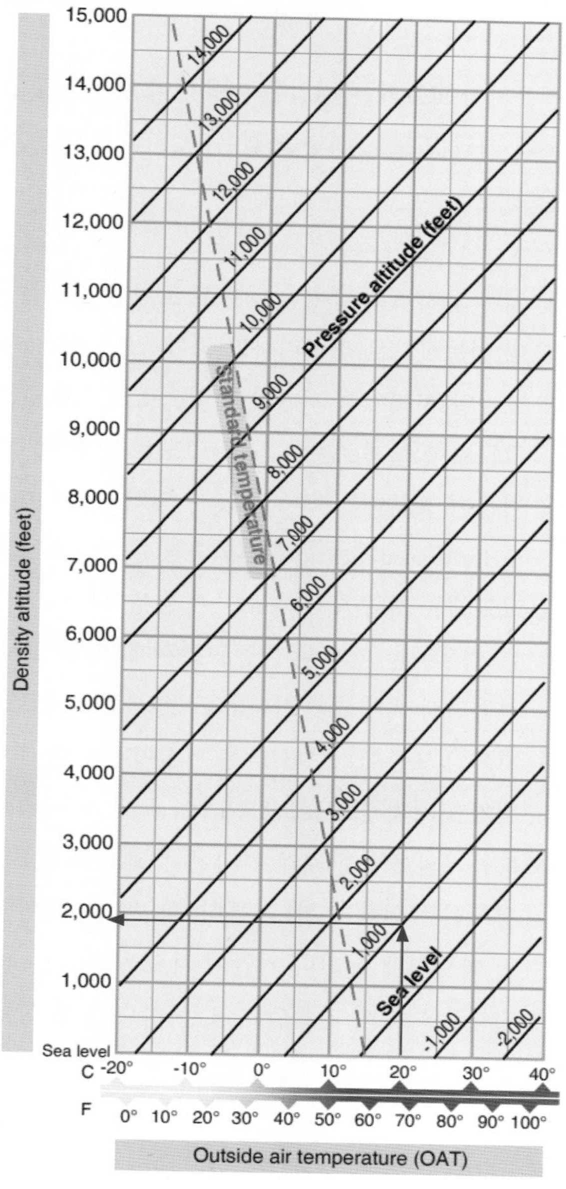

[그림 5.16] 밀도고도 계산표(FAA-H-8083-25B)

5-5. 기압과 항공운항

항공기의 고도계는 기압을 이용하여 측정하고 기압은 기온의 변화에 크게 영향을 받으며 기온에 따라 밀도도 영향을 받는다. 따라서 기온, 기압, 밀도는 항공기의 성능에 큰 영향을 미친다.

① 저기압 지역은 날씨가 나쁘고 고기압 지역은 좋다고 단순화시키지 말고 대기는 끊임없이 이동하므로 광범위하고 종합적으로 대기의 흐름을 이해하면서 비행해야 한다.

② 고기압 지역에서 저기압 지역으로 일정한 고도로 비행하는 경우는 고도계에 표시되는 고도보다 실제로는 더 낮은 고도로 비행하므로 주의해야 한다.

③ 기온이 표준대기보다 더 낮은 지역으로 비행하는 경우에도 실제로는 고도계의 지시고도(Indicated altitude)보다 더 낮은 고도로 비행하므로 주의해야 한다.

④ 고도계는 기압에 따라 오차가 발생하므로 전이고도(Transition altitude) 이하로 비행하는 경우에는 가까운 항공교통관제기관으로부터 최신의 기압을 입수하여 고도계를 수정하면서 비행해야 한다(60p QNH 설정 참조).

⑤ 기온이 표준대기보다 낮은 계절이나 한대 지역의 산악 지역을 비행하는 경우에는 고도계의 오차가 크므로 진고도(True altitude)의 계산에 특별히 주의해야 한다.

⑥ 항공기의 성능한계에 가까운 상태로 비행하는 경우에는 밀도고도(Density altitude)를 정확히 확인해야 한다. 특히, 항공기의 한계중량에 가까운 상태로 이륙하는 경우, 기온이 과도하게 높거나 기압이 과도하게 낮은 경우에는 밀도고도를 계산하여 유효활주로 길이로 이륙이 가능할지 또는 상승할 때 장애물을 회피할 수 있을지를 정밀하게 계산해야 한다.

⑦ 고도가 높은 위치에 있는 공항에서는 상대적으로 기압이 낮으므로 이륙중량에 관계없이 밀도고도를 정밀하게 계산해야 한다.

6. 표준대기와 고도측정

기상현상은 지구 표면뿐 아니라 상공의 대기흐름에 따라 발생하므로 상공의 대기를 관측하여 분석할 필요가 있다. 그러나 대류권에서는 지구 표면으로부터 고도가 상승함에 따라 기압, 기온, 습도, 밀도 등이 낮아지지만 그 낮아지는 비율은 장소, 계절, 시각에 따라 다르다. 그러므로 대기를 연구대상으로 하는 기상학적 관점이나 대기의 환경을 이용하는 공학적 또는 실용적 관점에서 하나의 기준이 되는 대기의 수직적인 모델이 필요하게 되었다.

6-1. 고층기상관측

지구 표면 상공의 변화하는 기상현상을 측정하여 고층일기도를 작성하고 이를 바탕으로 상층의 광범위한 공기의 흐름을 해석하여 예상 고층일기도가 작성되면 비행계획서를 작성하는데 이용한다.

최초의 고층 기상관측용 장치로는 풍선에 공기보다 가벼운 가스를 넣어 상승시키면 풍선에 달린 측정기로 기압, 기온, 습도 등의 대기의 수직분포를 측정하여 실시간으로 지상에 송신하는 방식의 라디오존데(Radiosonde)가 있었다. 이후 상승하는 라디오존데를 지상에서 실시간으로 추적함으로서 풍향과 풍속까지 관측할 수 있는 레윈존데(Rawinsonde)가 등장하였다.

세계기상기구(WMO)의 세계기상감시(WWW, World Weather Watch)프로그램에 따라 세계 약 990여 지점에서 하루에 두 번 같은 시간(우리나라 시간으로 오전 9시, 오후 9시)에 관측한 자료를 기상통신망을 이용하여 각국의 기상관련기관이 공유한다.

우리나라는 포항, 백령도, 강릉, 흑산도, 제주도, 창원의 기상청 소속 기상대에서 하루에 2회, 오산, 광주의 공군기상대에서 하루 4회씩 지상 30km상공까지 관측하고 있다.

우리나라 기상청에서는 이 외에도 전파를 이용하여 지상 5km까지를 관측하는 연직바람관측장비(Windprofiler), 10km까지를 관측하는 라디오미터(Microwave Radiometer)를 설

[그림 6.1] 레윈존데

[그림 6.2] 연직바람관측장비

[그림 6.3] 라디오미터

[그림 6.4] 기상관측용 항공기

[그림 6.5] 기상관측위성 천리안 2호

치하여 고층의 대기흐름을 관측하고 있다.

또한, 기상관측용 항공기가 비행하면서 직접 관측하거나 기상관측용 인공위성이 관측하기도 하고, 운송용 항공기가 비행 중 관측한 기상자료를 이용하기도 한다.

6-2. 표준대기

표준대기는 항공기 및 미사일 등의 설계, 항공기 기압고도계의 수정, 항공기 운항을 위한 성능계산, 각종 비행체의 탄도테이블 작성 등에 반드시 필요한 대기의 표준이다.

항공운항의 현장에서는 표준대기에 따라 각종 성능을 계산한 후 실제의 기상 또는 예상되는 값으로 수정하여 적용한다.

6-2-1. 표준대기의 제정

1860년대부터 대기의 표준화에 대한 논의가 시작되었다고 알려져 있지만 제1차 세계대전 후 항공기에 의한 상업운송이 시작되면서 국가 간의 비행고도의 조정이 불가피하게 되었기 때문에 영국과 미국을 중심으로 표준대기에 대한 논의가 본격화되기 시작하였다.

1924년 유럽 각국의 동의로 평균해수면의 기온을 15℃, 기압을 760mmHg로 하고, 고도가 1km 상승할 때마다 6.5℃씩 기온이 하강한다고 가정한 표준대기 모델이 최초로 제정되었다.

같은 해 미국에서도 현 항공우주국(NASA)의 전신인 NACA(National Advisory Committee for Aeronautics)가 기상당국과 협력하여 중위도 지방의 연평균 기상상태와 유사한 표준대기를 제정하였는데 그 내용은 유럽의 표준대기와 거의 유사하였고 이를 미국 표준대기라고 하였다.

1925년에는 일본에서도 일본 표준대기를 제정하여 제2차 세계대전이 끝날 때까지 사용하였다.

6-2-2. ICAO 국제표준대기(ISA)의 탄생

1950년 6월 23일 ICAO와 WMO가 공동으로 항공기의 운항과 항공기상을 위해 국제표준대기의 제정에 대하여 공식적으로 논의를 시작하였고, 같은 해 8월에 국제표준대기의 세부사양에 대한 초안을 작성하여 1951년 초에 모든 회원국에 회람하였다.

1954년에는 이탈리아와 미국이 주도하여 국제민간항공 표준대기로 상한고도 20km까지의 초판 매뉴얼이 제정되었고(ICAO Doc 7488), 이후 미국이 제안한 수정안을 ICAO 체약국, 국제항공운송협회(IATA), 국제항공조종사협회, 세계기상기구(WMO)의 회람을 거쳐 1964년 상한고도를 32km까지 확장한 제2판으로 수정 발행되었다.

1993년에 국제도량형기구의 권고에 따라 단위를 국제기준단위(SI unit)로 조정하고, 미래의 항공기 발달까지 고려하여 상한고도를 80km까지 확장한 국제표준대기표(ICAO ISA table)를 완성하고 매뉴얼 제3판으로 발행하여 현재까지 사용하고 있다.

ICAO Doc 7488. 3rd edition 1993 **Manual of The ICAO Standard Atmosphere** *extended to 80 kilometres(262,500feet)*

항공에서 실무적으로 자주 사용하는 용어인 국제표준대기 또는 표준대기라 함은 이 매뉴얼을 근거로 한 ICAO 국제표준대기(ICAO ISA, International Standard Atmosphere)를 말한다.

미국은 32km까지는 ICAO ISA와 동일한 표준대기를 사용하지만 그 이상의 고도부터 700km까지를 1976년에 미국 COESA(Committee on Extension to the Standard Atmosphere)에서 제정하여 표준대기로 사용하고 있다.

(1) 국제표준대기의 기준

국제표준대기의 기준으로 평균해수면의 기압은 1,013.25hPa, 기온은 15.0℃, 밀도는 1.225kg/m³, 중력가속도는 980.665cm/sec²이고, 고도 11km까지는 1,000m(1,000ft) 상승할 때마다 기온이 6.5℃(2℃)씩 감소한다고 가정한다.

(2) 국제표준대기표

ICAO Doc 7488 제3판에는 테이블 1부터 7까지의 표준대기표를 제시하고 있는데 항공운항과 기상에서는 테이블 1과 4를 주로 사용한다.

테이블 1은 기하학적 고도(Geometrical Altitude)와 지위고도(Geopotential Altitude)별로 나누어 고도 -5,000m부터 80km까지의 절대온도, 섭씨온도, 기압, 밀도, 중력가속도의 값을 제시하고 있다.

테이블 4는 고도의 단위인 m를 ft로 환산한 테이블이다. 국제도량형기구에서는 고도의 단위를 국제표준단위(SI unit)인 미터(m)를 사용하도록 정하고 있지만 항공분야에서는 실무적으로 ft단위를 더 많이 사용하고 있는데 이는 ICAO 부속서 5(ICAO Annex 5)에서 피트(ft)의 사용을 허용하고 있기 때문에 문제가 되지는 않는다.

다음 표는 항공기상에서 주로 사용하는 ICAO Doc 7488 제3판의 테이블 4를 일부 인용한 것이다.

ICAO 국제표준대기(ISA)

고도(ft)	온도(K)	온도(℃)	기압(hPa)	밀도(Kg/m^3)	중력가속도(m/s^2)
53,200	216.650	−56.500	100.088	0.160940	9.6445
50,000	216.650	−56.500	116.641	0.187556	9.6542
40,000	216.650	−56.500	188.230	0.302670	9.6844
39,000	216.650	−56.500	197.462	0.317515	9.6874
34,000	220.899	−52.251	250.643	0.395276	9.7026
30,000	228.799	−44.351	301.486	0.459040	9.7147
25,000	238.679	−34.471	376.500	0.549526	9.7300
20,000	248.564	−24.586	466.006	0.653118	9.7452
18,000	252.519	−20.631	506.322	0.698507	9.7513
15,000	258.453	−14.697	572.068	0.771087	9.7605
10,000	268.347	−4.803	696.946	0.904773	9.7759
9,000	270.327	−2.823	724.393	0.933519	9.7789
8,000	272.306	−0.844	752.712	0.962961	9.7820
7,000	274.286	1.136	781.923	0.993111	9.7851
6,000	276.266	3.116	812.048	1.02398	9.7882
5,000	278.246	5.076	843.110	1.05558	9.7912
4,000	280.227	7.077	875.130	1.08793	9.7943
3,000	282.207	9.057	908.131	1.12103	9.7974
2,000	284.188	11.038	942.135	1.15490	9.8005
1,000	286.169	13.019	977.167	1.18955	9.8036
0	288.150	15.000	1013.25	1.22500	9.8067
−1,000	290.131	16.981	1050.041	1.26125	9.8097

항공운항에서는 다음과 같은 고도의 기압을 기준으로 작성한 고층 등압면일기도를 주로 사용한다.

기압(hPa)	고도(ft)	고도(m)
100	53,083(≒53,000)	16,180
200	38,662(≒39,000)	11,784
250	33,999(≒34,000)	10,363
300	30,065(≒30,000)	9,164
500	18,289(≒18,000)	5,574
700	9,882(≒10,000)	3,012
850	4,781(≒5,000)	4,781

주로 대류권에서 비행하는 운송용 항공기는 실제의 기온과 표준대기와의 차이를 구하여 항공기 성능을 계산해야 하는 경우가 많다. 계산하는 방법은 먼저 표준대기의 기온을 계산한 다음 표준대기와의 차이를 구한다.

표준대기의 기온(ISA Temperature) = 15 − 2 × 고도(1,000ft 단위)

예를 들어 18,000ft의 표준대기의 기온은 위의 식에 대입하면 −21℃(15-2×18)가 된다.

다음은 실제 기온이 표준대기의 기온과 얼마나 차이가 나는지를 구한다.

기온의 차이(Temperature deviation) = 실제기온 − 표준대기의 기온

예를 들어 18,000ft로 비행하는 항공기가 관측한 외기의 온도가 −27℃이라면 표준대기의 기온보다 6℃(-27℃-(-21℃))가 더 낮다.

6-3. 고도측정

항공기가 이착륙을 위해 저고도를 비행할 경우에는 지면과의 충돌을 방지하기 위해 정밀한 고도의 측정이 필요하다.

정밀한 고도를 측정하기 위해 전파고도계(Radio altimeter)를 사용한다. 동체의 하부에 있는 안테나에서 수직 하방으로 전파를 발사하고 지면에 부딪혀 반사하는 전파를 다시 수신하여 그 전파의 왕복시간으로 고도를 계산하는데 이렇게 관측한 고도를 전파고도(Radio altitude)라고 한다.

그러나 항공기의 기본 계기인 고도계는 기압을 이용하여 고도로 환산하는 기압고도계이다. 기압고도계의 원리는 비행 중인 항공기의 정압관(Static tube)을 이용하여 외부의 정압(Static pressure)을 관측하고 이 기압이 국제표준대기(ISA)의 기압에 해당하는 고도를 고도계의 눈금에 표시하는 방식이다.

6-3-1. 고도의 정의

항공운항에서 말하는 고도(Altitude)는 평균해수면(MSL)로부터 수직적인 거리를 뜻하고, 높이(Height)는 활주로로부터의 높이와 같이 어느 특정 지점이나 면으로부터 수직적인 거리를 뜻한다. 또 다른 의미의 높이(Elevation)는 평균해수면으로부터 지구 표면의 고정된 지점까지의 수직거리를 뜻한다(그림 6.6).

항공운항에서 사용하는 고도는 약간의 개념상의 차이에 따라 다양한 용어가 사용된다.

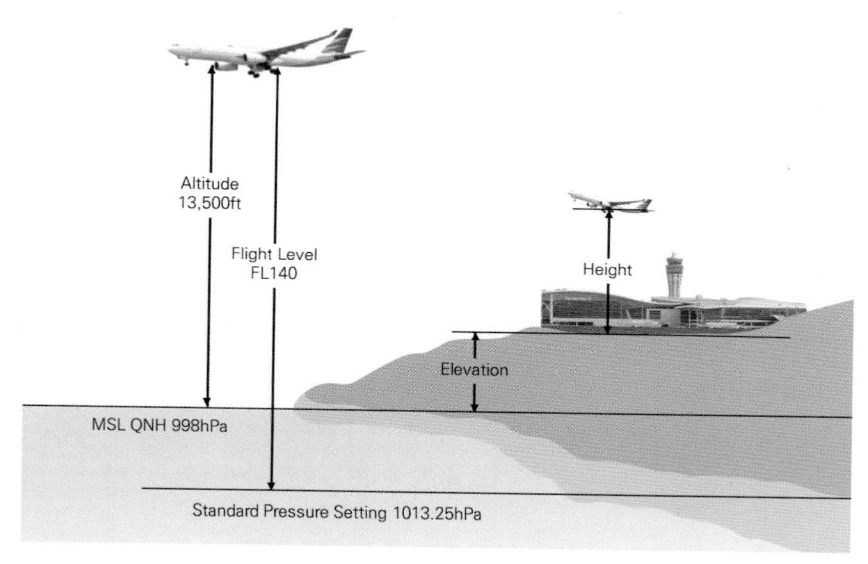

[그림 6.6] 기준면의 차이

(1) 진고도

평균해수면(MSL)으로부터 측정한 정확한 실제의 고도가 진고도(True altitude)이지만 비행 중인 항공기의 진고도를 정확히 측정하는 것은 불가능하다. 개념상의 진고도를 절대고도(Absolute altitude)라고 한다.

이착륙 시에는 정확한 고도의 측정이 필요하므로 전파고도계로 측정하고 전파고도가 진고도에 가깝다.

(2) 지시고도

기압고도계로 측정한 고도로서 평균해수면의 기압을 기준고도로 하고 비행중인 항공기의 외부기압을 국제표준대기(ISA)에 따라 환산하여 항공기의 고도계에 표시된 고도를 지시고도(Indicated altitude)라고 한다.

고도계 자체의 오차나 기압을 측정할 때의 공기의 흐름 등에 의해 발생하는 위치오차를 수정한 고도를 교정고도(Calibrated altitude)라고 하며 현대식 항공기의 고도계는 오차가 거의 없기 때문에 지시고도와 동일하게 사용한다.

(3) 기압고도

국제표준대기의 기준기압(1013.25hPa 또는 29.92inHg)을 고도의 기준점으로 하여 고도가 상승함에 따라 낮아지는 기압을 국제표준대기표를 이용하여 환산한 고도를 기압고도(Pressure altitude)라고 한다.

객실고도(Cabin altitude)란 항공기 내부의 기압을 국제표준대기표를 이용하여 환산한 고도를 말하고 객실고도가 낮을수록 기압이 높기 때문에 객실고도가 낮을수록 기내는 쾌적하다.

국제표준대기의 평균해수면의 기준기압을 고도의 기준점으로 하여 전이고도(Transition altitude) 이상에서 비행 중인 항공기간의 수직분리를 위해 사용되는 기압이 동일한 면은 비행면(FL, Flight Level)이라고 한다.

(4) 밀도고도

비행 중인 항공기의 외부 공기의 밀도를 국제표준대기표를 이용하여 환산한 고도를 밀도고도(Density altitude)라고 하고 항공기의 성능계산에 주로 이용한다.

6-3-2. 국제표준대기와 고도계

기압은 기온에 따라 변하기 때문에 대기의 수직구조가 국제표준대기와 차이가 생기면 기압고도계의 고도도 오차가 발생한다. 기온이 낮을수록 대기는 수축하고 기온이 높을수록 팽창하기 때문에 현실적으로는 국제표준대기와 동일한 기압을 기대하기는 어렵다.

기압 고도계를 보정하지 않으면 그림 6.7과 같이 고도계상으로는 같은 고도로 비행하더라도 결과적으로는 기압이 동일한 면을 비행하는 것이 된다. 즉, 고도계가 지시하는 고도가 같더라도 진고도는 비행하는 면의 아래쪽의 기온에 따라 다르다.

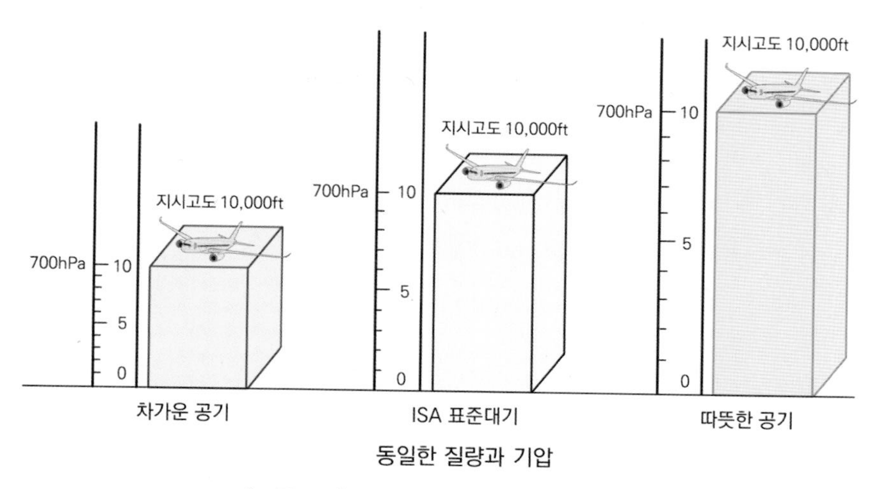

[그림 6.7] 기온이 고도계에 미치는 영향

고도계를 최신의 기압으로 정확히 보정하여 비행한다고 하더라도 기압고도계이므로 그림 6.8과 같이 동일한 고도로 비행하는 것이 아니라 기압이 동일한 면을 비행하고 있다.

그러나 모든 항공기가 기압고도계를 사용하여 국제적으로 규정된 기준에 따라 고도계를 수정하면서 비행해야 하기 때문에 결과적으로 항공기간의 고도의 오차가 없으므로 충돌의 위험은 없다.

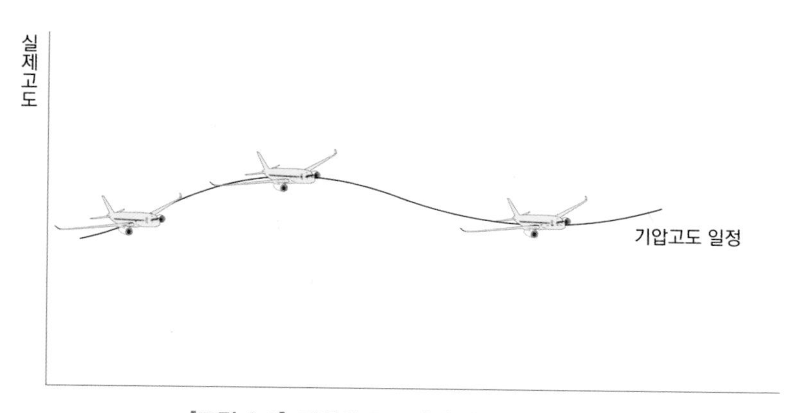

[그림 6.8] 기압이 고도계에 미치는 영향

6-3-3. 고도계의 수정

항공기 고도계의 눈금은 기압을 국제표준대기에 맞게 고도로 환산한 값이므로 실제의 기압이 국제표준대기의 기압과 일치하지 않으면 고도의 오차가 발생하므로 고도계의 기본 값을 수정해야 한다. 이와 같이 항공기 고도계의 기준기압을 수정하는 것을 고도계 수정 또는 고도계 설정(Altimeter setting)이라고 한다.

고도계의 기준 값을 수정하여 설정하는 방법은 QNH, QNE, QFE가 있다. 특정 약어는 아니며 1912년 영국에서 선박의 무선통신용으로 개발되었는데 복잡한 내용을 세 자리로 줄여서 교신한 무선통신용어인 큐부호(Q-code)에서 유래되었다.

(1) QNH 설정(QNH Setting)

항공기가 활주로에 있을 때 그 항공기의 고도계가 지시하는 고도(지시고도)가 그 활주로의 해발고도를 표시하도록 고도계의 기본 값을 설정하는 것을 뜻한다.

이때 QNH 설정용 기압 값은 항공기의 기압센서가 활주로로부터 3m의 높이에 있다고 가정하여 활주로로부터 3m 높이에서 관측한 기압 값을 국제표준대기표에 따라 수정한 해면기압이다. 결과적으로 고도계의 기준 값으로 QNH 기압 값으로 설정하면 항공기가 해당 공항의 활주로에 있을 때 또는 그 공항의 활주로에 착륙하면 고도계의 눈금은 그 활주로의 해발고도를 표시하게 된다.

우리나라를 비롯한 대부분의 국가에서 전이고도(Transition altitude) 이하에서는 QNH로 고도계를 설정하도록 법으로 규정하고 있다(항공안전법 제165조).

QNH 기압은 관할 기상기관에서 적어도 1시간에 1번씩 최신기압을 관측하여 항공교통관제기관을 비롯한 항공운항관계자에게 배포한다.

예를 들어 인천국제공항의 어느 시각의 QNH 기압이 1,020hPa이라고 통보받은 조종사가 고도계의 기준 값을 1,020hPa로 설정하고 인천국제공항의 지정된 활주로에 착륙하면 그 활주로의 해발고도인 23ft가 고도계에 표시된다.

QNH기압과 유사한 QFF기압이 있으나 거의 사용하지 않는다. QNH기압은 공항의 기압을 관측하여 국제표준대기표에 따라 수정한 해면기압이지만 QFF기압은 공항의 기압을 관측하여 해당 공항의 기온이 평균해수면까지 동일한 기온이라고 가정하여 수정한 해면기압이므로 기온이 높거나 고도가 높은 공항은 대기의 상태가 국제표준대기와 명확히 다르기 때문에 QNH기압과 차이가 있다.

(2) QNE 설정(QNE Setting)

비행 중인 항공기의 고도계가 지시하는 고도(지시고도)가 그 항공기의 기압면(FL, Flight Level)이 표시되도록 기준기압을 조정한 것으로서 전이고도(Transition altitude) 이상에서는 QNE로 고도계를 설정하도록 법으로 규정하고 있다.

즉, 전이고도 이상에서는 지구 표면으로부터 충분한 고도가 확보되어 안전에 문제가 없으므로 대기의 수직분포가 국제표준대기와 일치한다고 가정하여 고도계를 설정하는 방식이다.

(3) QFE 설정(QFE Setting)

활주로의 해발고도와 상관없이 활주로에 있을 때 그 항공기의 고도계가 지시하는 고도(지시고도)가 0ft를 표시하도록 고도계의 기본 값을 설정하는 것을 뜻한다.

활주로의 해발고도가 높은 공항이나 해상 비행장 또는 항공모함에 이착륙하는 경우에 사용하기도 하지만 QFE로 설정하도록 하는 나라는 많지 않다.

전이고도(TA)와 전이면(TL)의 정의
(ICAO Doc 8168 PANS-OPS vol Ⅲ Aircraft Operating Procedures)

- **전이고도(Transition altitude)**: The altitude at or below which the vertical position of an aircraft is controlled by reference to altitudes.
- **전이면(Transition level)**: The lowest flight level available for use above the transition altitude.

(관제사가) 전이고도(Transition altitude) 이하에서는 평균해수면(MSL)으로부터의 고도를 기준으로 항공기의 수직위치를 통제하고, 전이고도 위쪽에서 가장 낮은 비행면(Flight level)을 전이면(Transition level)이라고 한다.

즉, 지표면에 가까운 전이고도 이하에서는 장애물과의 충돌을 방지하기 위해 최신기압을 입수하여 고도계를 QNH로 조정하여 비행해야 하고, 전이고도보다 높은 고고도에서는 장애물과의 충돌위험이 없으므로 국제표준대기(ISA)를 기준으로 고도계를 QNE로 조정하여 비행해야 한다.

국제표준대기(ISA)를 기준으로 비행하는 고도는 사실상 가상의 고도이므로 FL(Flight Level)이라고 한다. 예를 들어 전이고도 이하에서는 고도(Altitude) 10,000ft라고 하지만 전이고도보다 위쪽에서는 FL200라고 한다. FL200은 국제표준대기를 기준으로 한 가상의 고도이므로 반드시 20,000ft인 것은 아니다.

항공기가 이륙하여 상승하는 경우 고도계를 QNH로 설정하다가 QNE로 설정을 바꾸어야 하는 고도를 전이고도(TA)라고 하고, 반대로 착륙하기 위해 하강하는 경우 고도계를 QNE로 설정하다가 QNH로 설정을 바꾸어야 하는 비행면(FL)을 전이면(TL)이라 하고, 전이고도와 전이면 사이를 전이층(Transition layer)이라고 한다.

ICAO규정에 의하면 전이고도(TA)는 해당국가에서 설정하여 항공정보간행물(AIP)에 공시해야 하고 적어도 3,000ft 이상 1,000ft 단위로 설정하지만 가능하면 낮게 설정해야 한다고 규정하고 있다.

우리나라와 일본의 전이고도는 14,000ft로 동일하게 설정되어 있다. 물론 인접국가와 합의하면 동일하게 설정할 수는 있다. 그러나 일본은 후지산을 기준으로 14,000ft가 설정되었으나 우리나라는 가장 높은 장애물인 한라산을 기준으로 설정한다면 8,000ft로 설정하는 것이 타당하다.

미국과 캐나다의 전이고도는 18,000ft, 영국은 3,000ft이지만 런던 지역은 6,000ft이고, 독일 5,000ft, 홍콩 9,000ft, 중국 3,000m 등이다.

6-3-4. 고도계의 오차

전이고도 이하에서 최신기압으로 고도계를 수정하지 않으면 고도계의 지시고도보다 실제로는 더 낮은 고도로 비행할 수 있으므로 주의해야 한다.

고도계를 수정하지 않고 기압이 높은 지역에서 낮은 지역으로 비행하거나(그림 6.9) 또는 기온이 높은 지역에서 낮은 지역으로 비행하면(그림 6.10) 고도계에 표시된 고도는 변하지 않더라도 실제고도보다 더 낮은 고도로 비행하게 되어 저고도에서는 장애물과 충돌의 위험이 있으므로 대단히 위험하다(기압이 높은 지역에서 낮은 지역으로, 또는 기온이 높은 지역에서 낮은 지역으로 비행하는 것은 위험하다는 뜻으로 Low! Low! Dangerous!를 기억해 두자).

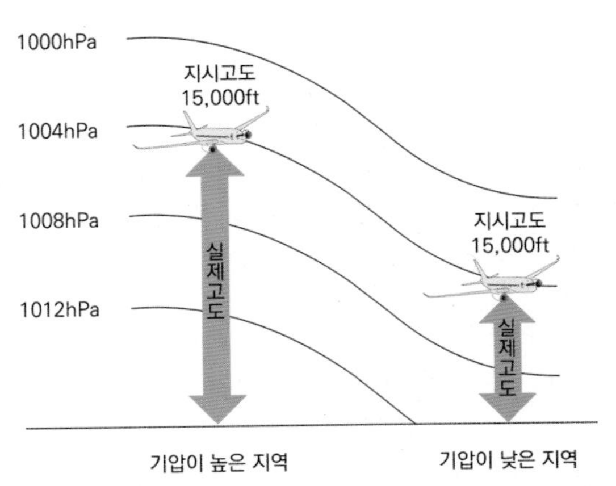

[그림 6.9] 기압의 차이에 따른 고도계 오차

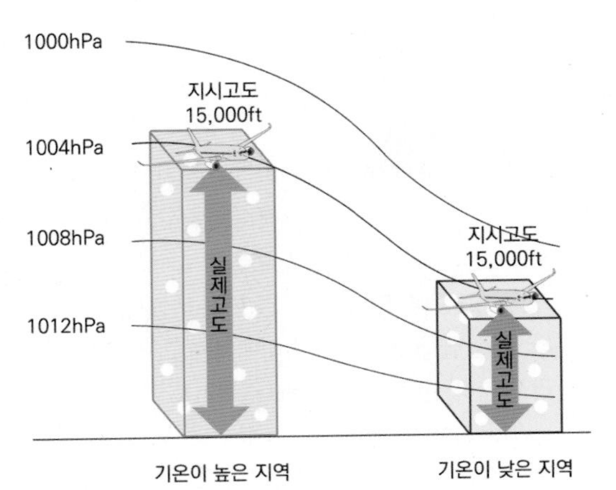

[그림 6.10] 기온의 차이에 따른 고도계 오차

그러나 고도계를 최신기압으로 수정하였더라도 국제표준대기보다 기온이 낮은 지역에서는 고도계가 지시하는 고도보다 실제로는 더 낮으므로 아래 표를 이용하여 고도를 다시 수정해야 한다.

예를 들어, 어느 공항의 기온이 -10℃이고 항공기의 고도계가 활주로로부터 1,000ft를 지시하고 있다면 실제로는 지시고도보다 100ft 낮은 900ft의 상공을 비행하고 있다는 것이다.

ICAO Cold Temperature Error Table(FAA AIM)

공항고도(Height Above Airport in Feet)

공항기온(℃)	200	300	400	500	600	700	800	900	1000	1500	2000	3000	4000	5000
+10	10	10	10	10	20	20	20	20	20	30	40	60	80	90
0	20	20	30	30	40	40	50	50	60	90	120	170	230	280
-10	20	30	40	50	60	70	80	90	100	150	200	290	390	490
-20	30	50	60	70	90	100	120	130	140	210	280	420	570	710
-30	40	60	80	100	120	140	150	170	190	280	380	570	760	950
-40	50	80	100	120	150	170	190	220	240	360	480	720	970	1210
-50	60	90	120	150	180	210	240	270	300	450	590	890	1190	1500

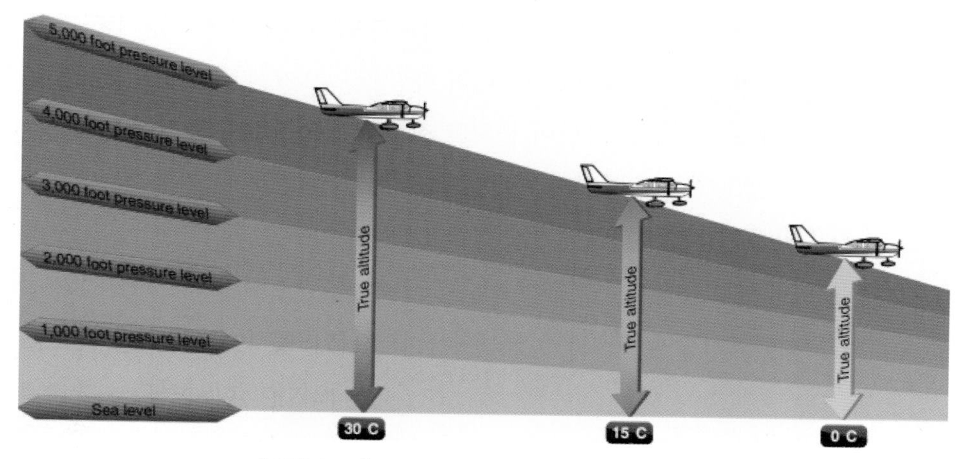

[그림 6.11] 기온의 영향(FAA-H-8083-25B)

7. 바람

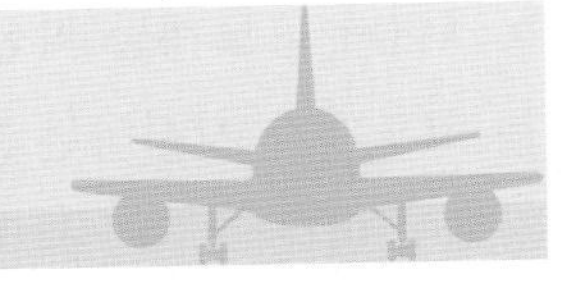

우리는 공기가 움직이는 것을 볼 수는 없지만 바람이 물체에 가하는 힘으로 공기의 움직임을 알 수 있다. 즉, 나무가 흔들리거나 나뭇잎이 날리는 것을 보고 바람의 세기와 방향을 알 수 있다.

지구중력에 의해 지구를 둘러싸고 있는 대기는 지구의 운동(자전과 공전)과 함께 우주공간을 이동하고 있고, 눈에 보이지 않는 공기 입자는 서로 충돌하거나 위치를 바꾸면서 커다란 집단을 이루어 끊임없이 움직이고 있다. 이러한 대기의 모든 움직임을 대기의 흐름 또는 기류(氣流)라 하고 수직방향의 흐름을 상승기류 또는 하강기류, 수평방향의 기류를 바람이라고 한다. 즉, 바람(Wind)은 지구의 표면을 따라 움직이는 상대적인 공기의 흐름이다.

바람이 생기는 근본적인 원인은 태양복사에 있다. 태양복사에 의해 지구 표면이 가열되고 그 결과 지구의 위도, 밤낮, 계절, 지형 등에 따라 기온과 공기밀도의 불균형이 생기며, 기온의 차이가 결과적으로 기압의 차이를 만들어 내어 바람을 일으키게 된다.

이 기압의 차이를 해소하기 위해 바람이 불지만 최종적으로 기압이 완전히 평형상태에 이를 수는 없기 때문에 그 과정에서 복잡한 바람이 불게 된다. 바람은 다양한 기상현상을 만들어 내기도 하고 그 기상현상을 변화시키기도 한다.

바람은 또한 항공기의 이륙부터 착륙에 이르는 모든 비행 단계에서 항공기 운항에 직접적인 영향을 미치므로 항공기상에서는 매우 중요한 기상현상이다.

7-1. 풍향과 풍속

풍향(Wind direction)은 바람이 불어오는 방향에 대하여 진북(True north)을 기준으로 측정한다.

진북이란 지구가 자전하는 축의 북쪽을 말하고 진북을 0도로 하여 동쪽으로 돌아 다시 진북에 오면 360도가 된다.

지상풍(Surface wind)은 세 자리의 숫자로 관측한 값을 10도 단위로 반올림하여 관측하고 진북에서 불어오는 경우의 풍향은 000도가 아니고 360도로 관측한다.

그러나 항공운항에서는 자북(Magnetic north)을 기준으로 비행방향(Heading), 항적(Track) 등을 표현하므로 진북을 기준으로 측정된 풍향을 실무적으로 적용할 때는 각 지역의 편차(Magnetic variation)로 수정하여 자북을 기준으로 적용한다.

풍속(Wind speed)은 지구 표면을 기준으로 한 공기의 상대적인 흐름에 대한 속도이다. 국제적인 풍속단위의 기호는 MPS(m/sec) 또는 KT(knot, Nautical mile/hour)를 사용하지만 일부 국가를 제외하고는 KT를 주로 사용한다.

1NM(Nautical Mile)은 중위도 지방의 위도 1분(1도의 60분의 1)에 해당하는 지구 표면의 거리로서 미터법으로 환산하면 1,852m이고 해상운항에서 유래한 단위이므로 1해리라고도 한다.

따라서 1kt는 1시간에 1,852m로 이동하는 바람의 속도이고 미터법으로 환산하면 약 ½m/sec이고, 1m/sec는 약 2kts가 된다.

7-2. 기압과 바람

지구상에 부는 바람은 같은 장소라고 하더라도 시시각각 방향과 세기가 변하면서 복잡하게 분다. 그 바람을 일으키는 근본적인 힘은 기압경도력이지만 코리올리의 힘, 마찰력, 원심력 등이 기압경도력에 복합적으로 영향을 미친 결과에 따라 풍향과 풍속이 바뀌게 된다.

7-2-1. 기압경도력(Pressure Gradient Force)

지구중력에 의해 물이 위에서 아래로 흐르듯이 기압은 기압이 높은 곳에서 낮은 곳으로 힘이 작용한다. 풍선에 바람을 불어 넣으면 풍선의 안쪽은 바깥쪽보다 상대적으로 기압이 높아진다. 이때 풍선의 입구를 놓으면 기압이 높은 안쪽의 공기가 바깥쪽으로 빠져나오게 되고 양쪽의 기압 차이가 클수록 빠른 속도로 빠져 나온다. 이는 기압이 높은 풍선의 안쪽에서 바깥쪽으로 힘이 작용하기 때문이다.

수평방향으로 기압의 차이가 발생하면 기압이 높은 지역에서 낮은 지역으로 힘이 작용하여 바람을 불게 하는 원인이 되는데 이때의 힘을 기압경도력이라고 한다. 기압의 거리에 대한 변화비율을 기압의 기울기 또는 기압경도라고 한다.

기압경도력은 일정한 거리에 대한 기압의 차이에 비례하고, 기압의 차이가 일정하면 거리에 반비례한다.

그러므로 지상일기도에서 그림 7.1과 같이 등압선의 간격이 조밀할수록 기압경도력이 강

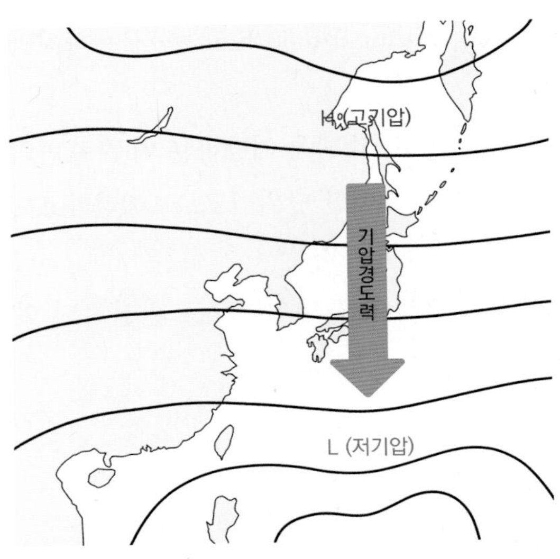

[그림 7.1] 등압선의 간격이 조밀할수록 기압경도력이 강하므로 바람이 강하다.

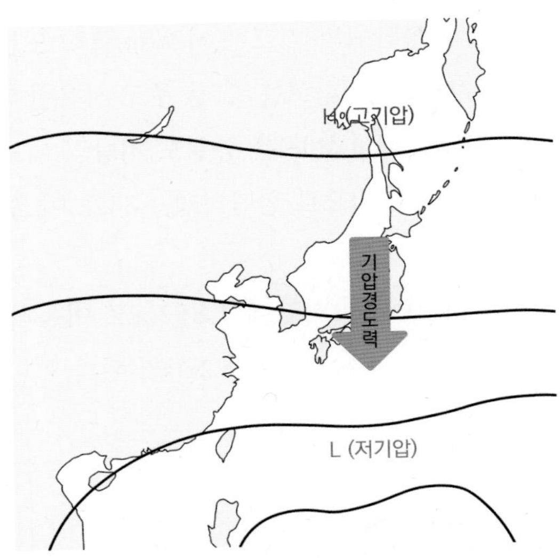

[그림 7.2] 등압선의 간격이 넓을수록 기압경도력이 약하므로 바람이 약하다.

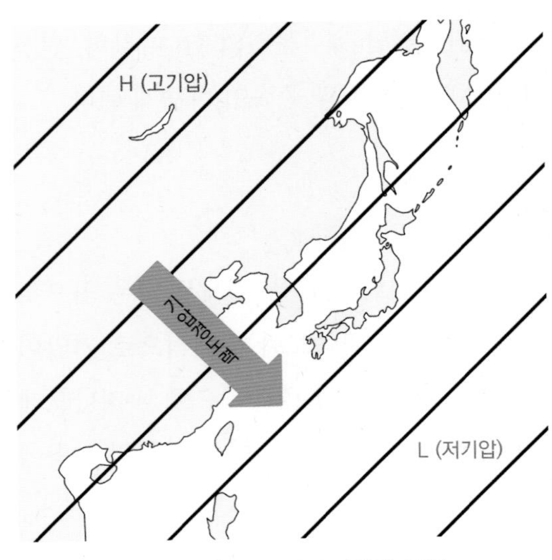

[그림 7.3] 등압선이 평행한 지역

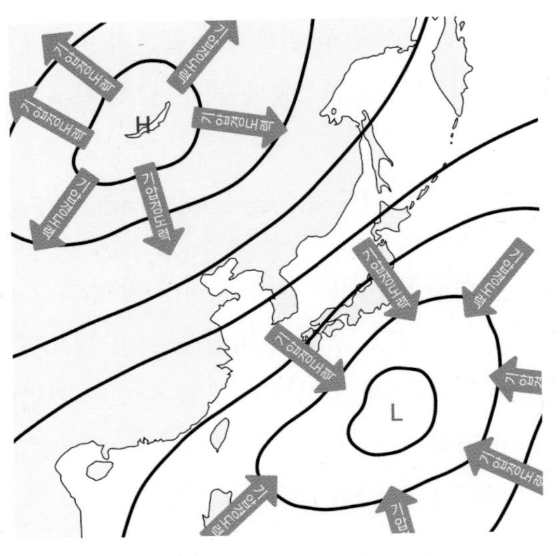

[그림 7.4] 등압선이 굴곡진 지역

하므로 바람이 세고, 반대로 그림 7.2와 같이 등압선의 간격이 넓을수록 기압경도력이 약하므로 바람은 약하게 분다.

고층 등압면일기도의 등고선은 지상일기도의 등압선과 동일한 관계에 있으므로 등고선의 간격이 조밀할수록 기압경도력이 크므로 상층풍이 강하게 분다.

대기의 흐름에 기압경도력만 작용한다고 가정하면 그림 7.3 또는 그림 7.4와 같이 등압선에 직각으로 기압경도력이 작용할 것이다.

지구전체를 보면 고온인 저위도 지역이 상대적으로 저온인 고위도 지역에 비하여 기압이 낮으므로 고위도 지역에서 저위도 지역으로 기압경도력이 작용한다.

7-2-2. 코리올리의 힘(Coriolis Force)

지구는 빠른 속도로 자전하고 있으므로 대기는 기압경도력의 방향으로만 흐르지 않는다.

그림 7.5와 같이 어떤 물질이 직선상을 움직일 때는 다른 외부의 힘이 작용하지 않는 한 직선운동을 계속하지만(회전체의 외부에서 본 궤도), 회전하는 물체와 같이 회전하면서 보면 직선운동이 아닌 휘어져서 운동하는 것처럼 보인다(회전체 위에서의 궤도). 이러한 현상을 1835년에 프랑스의 과학자 코리올리(Gaspard-Gustave de Coriolis)가 처음으로 증명하였다.

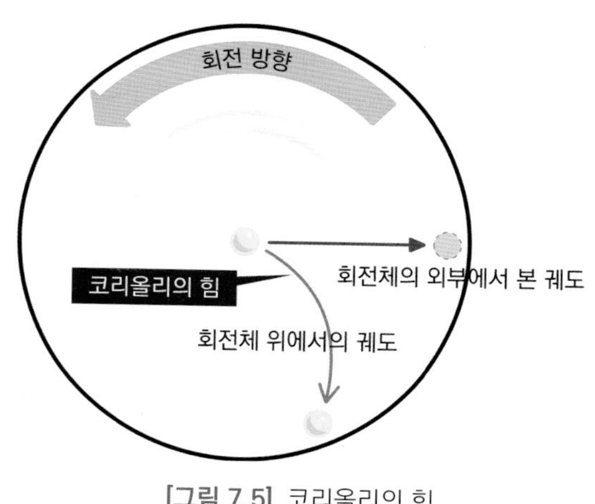

[그림 7.5] 코리올리의 힘

즉, 자전하고 있는 지구상에서 운동하고 있는 물체의 방향을 바꾸어 보이게 하는 겉보기 힘을 코리올리의 힘이라 하고 전향력 또는 편향력이라고도 한다.

지구상에서 운동하는 모든 물체는 코리올리의 힘(F)이 작용하고 수식으로는 다음과 같이 정의한다.

$$F = 2\Omega V \sin\theta$$ (Ω 지구 자전의 각속도, V속도, θ 위도)

코리올리의 힘은 운동하고 있는 물체의 속도가 빠를수록 크고 적도에서는 0(힘이 작용하

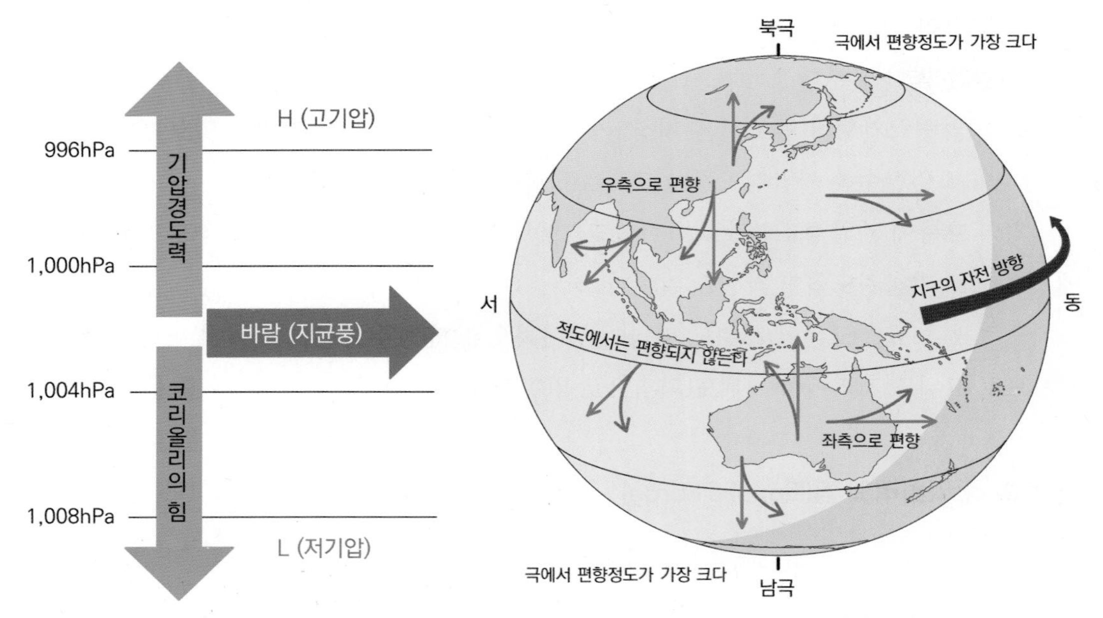

[그림 7.6] 코리올리의 힘의 작용(북반구)

[그림 7.7] 코리올리의 힘의 작용(지구전체)

지 않고)이며 위도가 높아질수록(극지방으로 갈수록) 크게 작용한다.

그림 7.6과 같이 기압이 높은 쪽에서 낮은 쪽으로 기압경도력이 작용하면 코리올리의 힘에 의해 점점 오른쪽으로 휘어져 흘러가다가 기압경도력과 코리올리의 힘이 평형을 이루면 등압선에 평행하게 바람이 분다.

그림 7.7과 같이 지구는 서쪽에서 동쪽 방향으로 자전하는 공 모양이므로 코리올리의 힘은 기압경도력에 직각방향으로 작용하여 북반구에서는 기압경도력의 오른쪽 방향으로, 남반구에서는 기압경도력의 왼쪽방향으로 작용한다. 코리올리의 힘이 강할수록 바람도 강하게 불지만 지구의 모양은 단순히 평평한 원판이 아니고 공의 모양이므로 대기의 흐름은 보다 복잡한 형태로 나타난다.

코리올리효과는 대기의 흐름은 물론이고 해류, 항공기, 미사일, 로켓트, 새 등 모든 지구상에서 운동하는 물체에 영향을 미친다.

7-2-3. 마찰력(Friction Force)

지구의 표면은 바다와 같이 평평한 지역도 있지만 육지에는 수많은 종류의 장애물이 존재한다. 지구 표면에 고정된 장애물로 인해 바람이 부는 방향과 반대방향으로 힘이 작용한다.

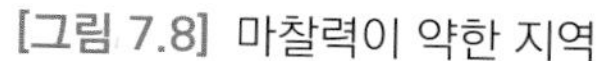
[그림 7.8] 마찰력이 약한 지역

[그림 7.9] 마찰력이 큰 지역

이 힘을 마찰력이라 하고 지형이 거칠수록 마찰력이 강하고 풍속이 강할수록 마찰력도 크게 발생한다.

그림 7.8과 같이 비교적 마찰력이 약한 바다에는 바람이 강하고 그림 7.9와 같이 마찰력이 강한 산지에서는 상대적으로 바람이 약해진다.

마찰력이 바람의 세기에 영향을 미치는 범위를 마찰층(Friction layer 또는 Boundary layer)이라 하고 마찰이 없는 지역의 대기를 자유대기(Free atmosphere)라고 한다. 지구 표면의 상태에 따라 마찰층의 두께는 일정하지 않고 지구 표면으로부터 고도가 높아질수록 마찰력은 점점 줄어들어 지구 표면으로부터 고도 약 1,500ft~2,000ft 사이에서 급격히 약해진다.

7-2-4. 원심력(Centrifugal Force)

등압선이나 등고선은 곡선이고 특히 기압골이나 기압능에서는 상대적으로 더 많이 굴곡져 있다. 그림 7.10과 같이 어떤 물체가 곡선운동을 하면 곡선에 내접하는 원의 중심과 반대방향으로 힘이 작용하는데 이 힘을 원심력이라고 한다. 원심력(F)의 크기는 운동하는 물체의 질량이 클수록, 속도가 빠를수록, 원의 반지름이 작을수록 크다.

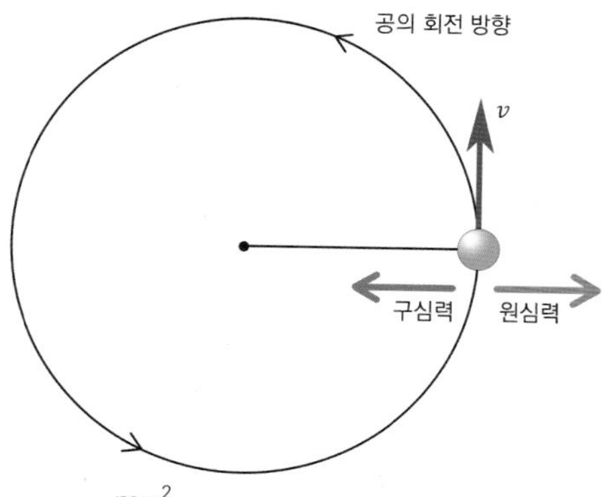

$F = \frac{mv^2}{r}$ (m 질량, v 속도, r 반지름)

[그림 7.10] 구심력과 원심력

7-3. 바람의 종류

바람은 복잡하고 다양한 원인에 의해 불기 때문에 그 종류를 나누기는 쉽지 않다. 지구 표면은 그 높이나 장애물의 종류가 일정하지 않아 바람에 영향을 미치는 변수가 많고 복잡하다. 바람의 원인을 이해하기 위해 주로 마찰력이 작용하지 않는 고층의 바람에 대하여 그 원인을 단순화시키는 과정이 필요하다.

7-3-1. 지균풍(Geostrophic wind)

기압경도력과 코리올리의 힘이 서로 균형을 이루어 등압선 또는 등고선에 평행하게 부는 바람을 지균풍 또는 지형풍이라고 한다. 지표의 마찰이 없는 상층의 경우 북반구에서는 기압이 높은 지역을 오른쪽, 낮은 지역을 왼쪽에 두고 등고선에 평행하게 부는 바람을 말한다(그림 7.11).

북반구에서 등고선이 평행한 경우, 처음에는 고압부에서 저압부를 향해 기압경도력이 작용하여 등고선에 직각방향으로 바람이 불지만 곧바로 코리올리의 힘으로 인해 오른쪽으로 점차 굽어지고 결국에는 코리올리의 힘이 기압경도력과 정반대의 방향이 되고 힘의 크기가 같아질 때까지 바람이 증가하는 상태로 균형을 이루면서 등고선에 평행하게 불게 된다.

지균풍은 등고선 또는 등압선이 평행하고 동시에 지표의 마찰력이 작용하지 않으며 코리올리의 힘이 작용하는 고위도 지역(적어도 위도 20도 이상)을 가정한 일종의 이론적인 바람

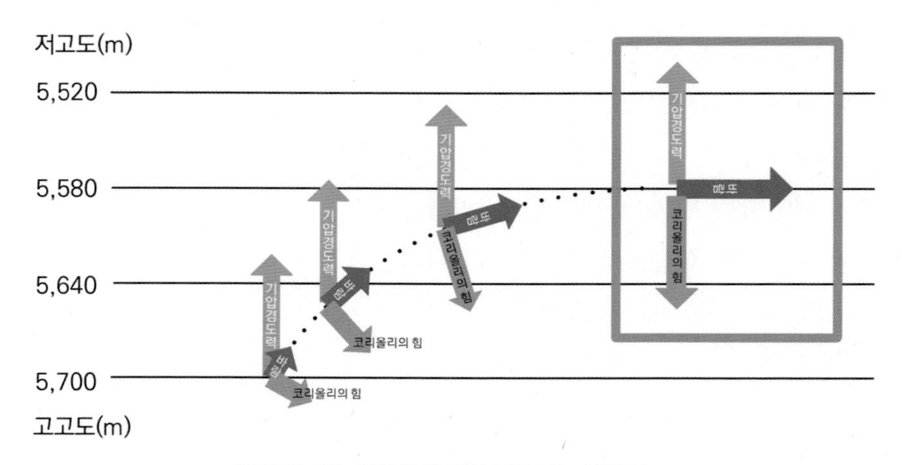

[그림 7.11] 등고선에 평행하게 부는 지균풍

이라고 할 수 있다.

7-3-2. 온도풍(Thermal wind)

위와 아래의 2개의 기압면에서 위층의 지균풍과 아래층의 지균풍과의 차이에 의해 부는 바람을 온도풍이라고 한다.

고도가 다른 2개의 등압면에서 위아래 층 사이에 기온의 차이가 없다면 고도의 차이(층후, Thickness)도 없기 때문에 지균풍의 차이도 없을 것이다. 그러나 위아래 층의 사이에 기온분포의 차이가 있으면 기온이 높은 쪽의 공기가 팽창하여 지역에 따라 고도의 차이가 발생할 것이고 고도의 차이에 따라 위와 아래층의 기압경도도 달라지므로 지균풍의 세기도 달라질 것이다. 이와 같이 위아래 층의 지균풍의 차이가 발생하는 것은 위아래 층간의 기온이 원인이 되었으므로 온도풍이라고 한다.

지균풍이 등고선과 평행하게 부는 것과 마찬가지로 온도풍도 등온선과 평행하게 분다. 온도풍은 북반구에서는 고온 지역을 오른쪽, 저온 지역을 왼쪽에 두고 등온선에 평행하게 불게 되는데 대류권에서는 북쪽이 저온이고 남쪽이 고온이므로 등온선이 동서로 평행할 때는 서풍이 분다.

등온선이 조밀할수록 온도풍이 강해지고, 등온선과 등고선이 같은 방향으로 놓이면 상공으로 갈수록 바람이 강해지며, 북반구에서는 남쪽이 고온이고 북쪽이 저온이므로 상공으로 갈수록 서풍이 강해진다.

고고도에서 강한 편서풍인 제트기류(Jet streams)가 발생하는 것은 남북간의 기온의 차이가 커질수록 온도풍이 강해져서 지균풍에 합해지기 때문이다.

7-3-3. 경도풍(Gradient wind)

지구 표면의 마찰력이 작용하지 않는 바다 위나 고층의 경우, 공기의 흐름이 직선이 아닌 커브를 그리면서 운동하고 있을 경우에는 기압경도력과 코리올리의 힘 외에도 공기의 원운동으로 인한 원심력이 작용하게 될 것이다. 이와 같이 지상의 마찰력을 고려하지 않았을 경우, 기압경도력과 코리올리의 힘과 원심력이 서로 균형을 이루어 등압선 또는 등고선에 평행하게 부는 바람을 경도풍이라고 한다.

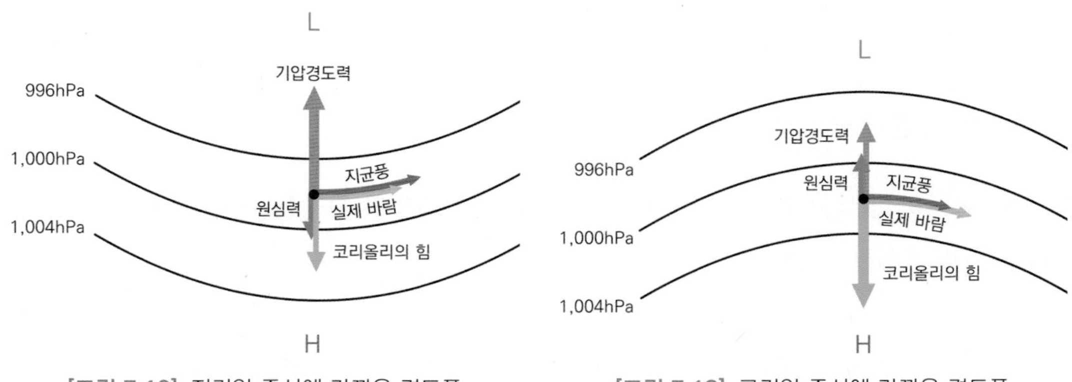

[그림 7.12] 저기압 중심에 가까운 경도풍

[그림 7.13] 고기압 중심에 가까운 경도풍

그림 7.12와 같이 저기압의 중심으로 등압선이 굽어 있는 경우, 저기압의 중심으로 기압경도력이 작용하여 바람이 불기 시작하면 기압경도력과 반대 방향으로 원심력이 작용하므로 실제로는 지균풍을 감속시켜 더 약한 경도풍이 불게 된다.

그림 7.13과 같이 고기압의 중심으로 등압선이 굽어 있는 경우, 고기압의 중심에서 저기압 쪽으로 기압경도력이 작용하여 바람이 불기 시작하면 코리올리의 힘과 반대방향으로 원심력이 작용하므로 실제로는 지균풍을 가속시켜 더 강한 경도풍이 불게 된다.

7-3-4. 선형풍(Cyclostrophic wind)

기압경도력과 원심력이 서로 균형을 이루어 등압선에 평행하게 회전하는 강한 바람을 선형풍이라고 한다. 코리올리의 힘이 거의 작용하지 않는 저위도 지역이나 코리올리의 힘을 무시할 수 있을 정도로 회전반경이 작은 열대저기압인 태풍이나 토네이도(Tornado)의 중심 가까이에 부는 강하게 회전하는 바람을 말한다.

[그림 7.14] 열대저기압 중심에 가까운 선형풍

7-4. 지상풍

지구 표면에서 매일 느끼는 바람이나 항공기가 공항에서 이착륙할 때 항공기의 성능에 영향을 미치는 바람으로서 지구 표면에 가까운 마찰층 내에서 부는 바람을 통틀어 지상풍(Surface wind)이라고 한다.

7-4-1. 지상풍의 구조

지상풍은 마찰력과 코리올리의 힘의 합력과 기압경도력이 균형을 이루어 부는 바람이다(그림 7.15). 코리올리의 힘은 마찰로 인해 풍속이 감소한 만큼 줄어들고 그 방향도 기압경도력의 반대방향으로 작용하지 않는다.

지상풍은 코리올리의 힘과 직각을 이루므로 기압경도력에 대하여 직각이 아니라 저기압 지역으로 약간 치우쳐 등압선과 교차하면서 불게 된다(그림 7.16).

지균풍은 기압경도력과 코리올리의 힘이 균형을 이루어 부는 바람이지만, 지상풍은 마찰력과 코리올리의 힘의 합력과 기압경도력이 균형을 이루어 부는 바람이므로 지균풍에 비해

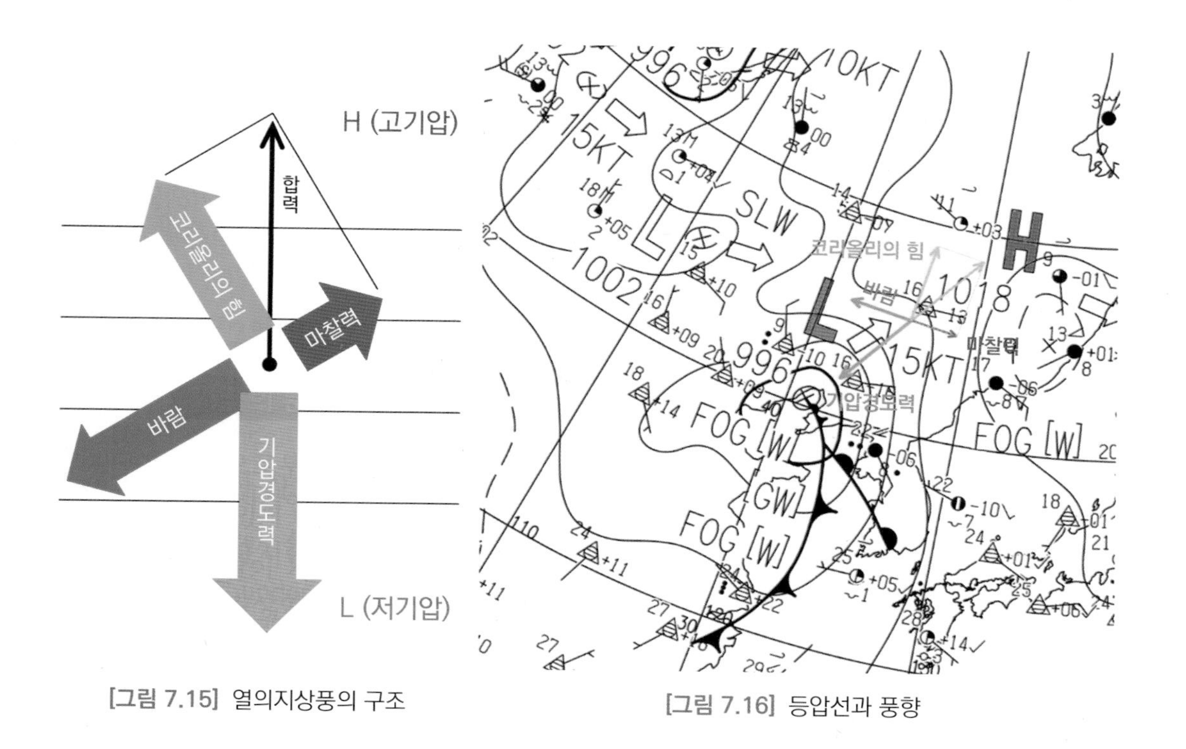

[그림 7.15] 열의지상풍의 구조

[그림 7.16] 등압선과 풍향

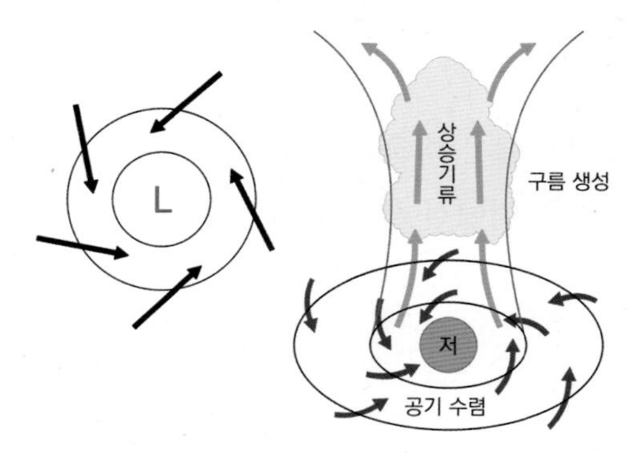

[그림 7.17] 저기압 중심의 풍향과 수직구조(북반구)

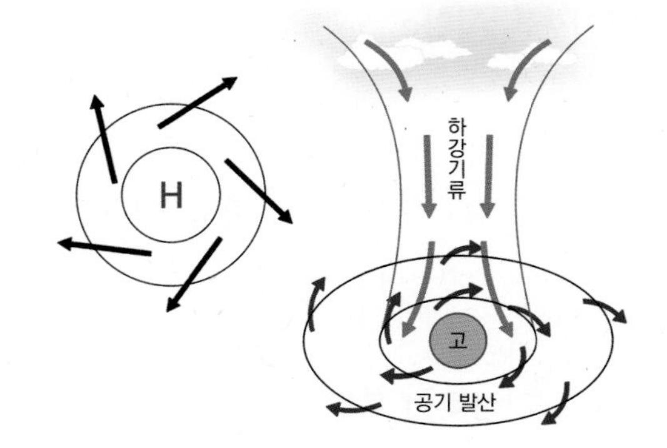

[그림 7.18] 고기압 중심의 풍향과 수직구조(북반구)

코리올리의 힘이 약하여 지상풍의 풍속은 지균풍보다 약하고 풍향은 기압경도력의 방향으로 치우쳐 분다. 그 결과 지상풍은 저기압 지역에서는 중심을 향하여 등압선과 교차한 나선을 이루면서 불어 들어가고(그림 7.17), 고기압 지역에서는 바깥쪽으로 등압선과 교차한 나선을 이루면서 불어 나가게 된다(그림 7.18).

지상풍은 이와 같은 원리로 인해 그림 7.19와 같이 북반구에서는 바람을 등지고 서면 저기압의 중심이 왼쪽의 앞쪽에 있다는 것을 1857년 네덜란드의 기상학자 바이스 밸럿(Buys Ballot)이 검증하였다.

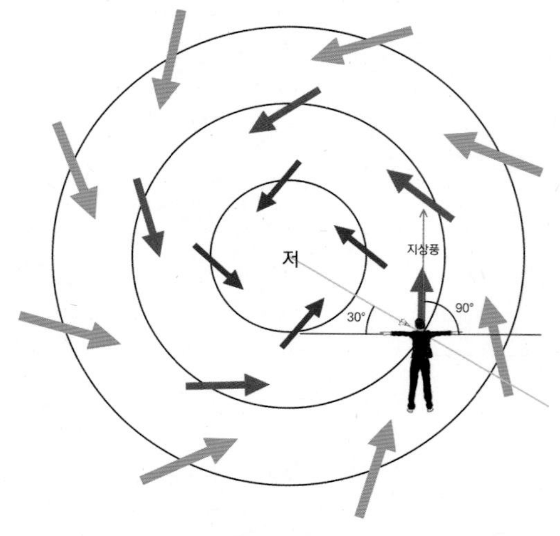

[그림 7.19] 바이스 밸럿의 법칙(Buys Ballot's Law)

7-4-2. 저위도 지역의 지상풍

저위도 지역에서는 코리올리의 힘이 거의 작용하지 않고 적도에서는 0이 된다. 따라서 적도지방에 가까운 저위도 지역에서는 고기압 지역에서 저기압 지역으로 기압경도력만 작용하므로 기압의 차이가 바로 해소되어 고기압이나 저기압이 대규모로 발생하지 않는다.

적도에 가까운 저위도 지역은 기온이 높아 상승기류는 활발하지만 대규모의 저기압이나 고기압이 나타나지 않고 바람이 약한 이유는 코리올리의 힘이 약하기 때문이다.

그림 7.20의 일기도에서 보는 바와 같이 적도에 가까운 지역은 기압의 차이가 거의 없으므로 등압선의 간격이 매우 넓다.

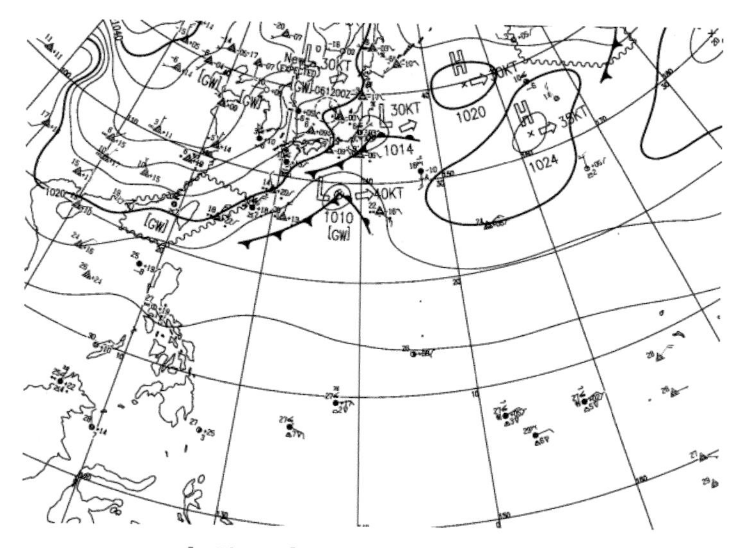

[그림 7.20] 위도별 등압선의 간격비교

7-4-3. 고도에 따른 바람의 변화

지구 표면에 부는 바람은 고도가 낮으므로 지표에 가까워질수록 마찰력의 영향으로 인해 풍향은 나선형을 이루고 풍속은 점점 약해진다.

반대로 지구 표면으로부터 고도가 상승함에 따라 마찰층 내에서는 풍향이 점점 바뀌면서 풍속은 강해지므로 저고도를 비행하는 헬리콥터나 이착륙하는 항공기는 주의가 필요하다.

1902년에 스웨덴의 해양학자 에크만(Vagn Walfrid Ekman)이 바다위의 저층에서 이러한 현상을 발견하여 물리적인 이론을 확립하였기 때문에 마찰층에서의 바람의 변화를 에크만

나선(Ekman spiral)이라고 한다.

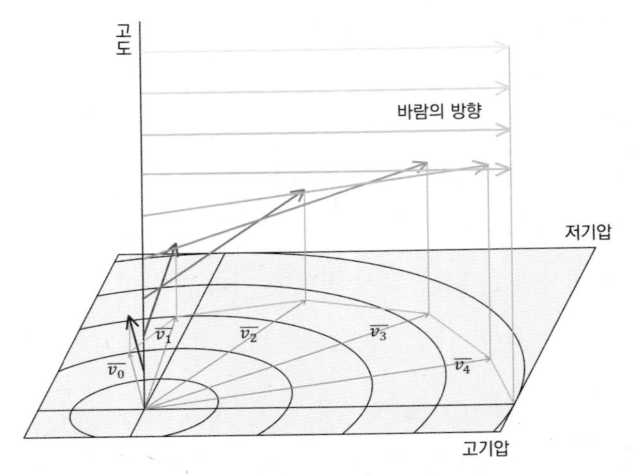

[그림 7.21] 에크만 나선(Ekman spiral)

7-5. 국지풍

바람의 수평범위가 100NM 이내로 비교적 좁고 지속시간도 12시간 이내로 짧은 바람을 국지풍(Local wind)이라고 한다.

좁은 지역에서 발생하므로 코리올리의 힘은 무시되고 기압경도력과 마찰력만 영향을 미치는 바람으로서 밤과 낮과 같이 기온의 차이에 따라 발생한다.

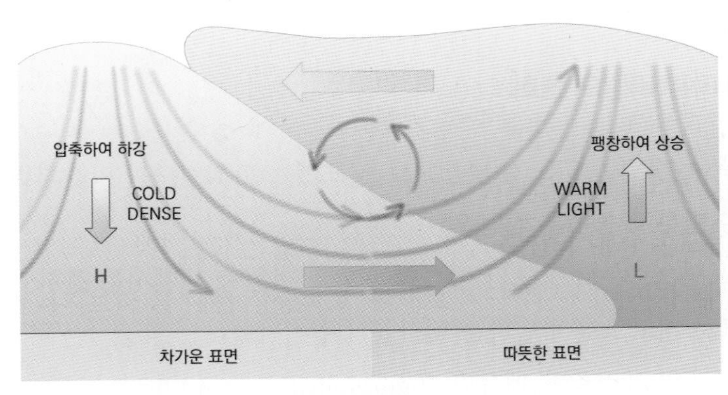

[그림 7.22] 기온의 차이로 발생하는 국지풍의 구조

인접한 지구 표면이 일출 또는 일몰에 따라 기온의 차이가 생기면 지구 표면에 가까운 대기의 기온차이가 발생하면서 따뜻한 대기는 팽창하여 상승하고 상대적으로 차가운 대기는 하강하면서 기압의 차이로 인해 소규모적으로 바람이 발생한다.

저고도를 비행하는 항공기나 이착륙하는 항공기는 풍향의 변화와 상승 또는 하강기류에 의해 위험에 처할 수 있다.

7-5-1. 해륙풍(Sea and Land breeze)

주로 해안지방에서 부는 바람으로서 낮에 바다에서 육지 쪽으로 부는 바람을 해풍(Sea breezes), 밤에 육지에서 바다 쪽으로 부는 바람을 육풍(Land breezes)이라고 하고 합쳐서 해륙풍이라고 한다.

육지는 바닷물에 비해 비열이 낮기 때문에 해가 비치면 빨리 온도가 올라가고 반대로 해가 지면 빨리 온도가 떨어진다. 이와 같이 해륙풍은 지구 표면의 비열의 차이가 그 원인이다.

김해국제공항은 남쪽은 바다이고 북쪽은 산이므로 국내의 공항 중 해륙풍이 가장 전형적으로 발생하는 공항이다. 해풍이 강해지면 북쪽(RWY18L/R)에서 바다 쪽으로 이착륙해야함으로 이착륙이 지연되기도 하고 남쪽에서 접근하는 항공기에게 위험을 초래하기도 한다.

(1) 해풍(Sea breezes)

낮에는 육지의 온도 상승이 바다에 비하여 상대적으로 빨라지고 지구 표면에 접한 대기의 온도가 올라가면서 저기압이 되므로 기압이 높은 바다에서 육지 쪽으로 해풍이 분다.

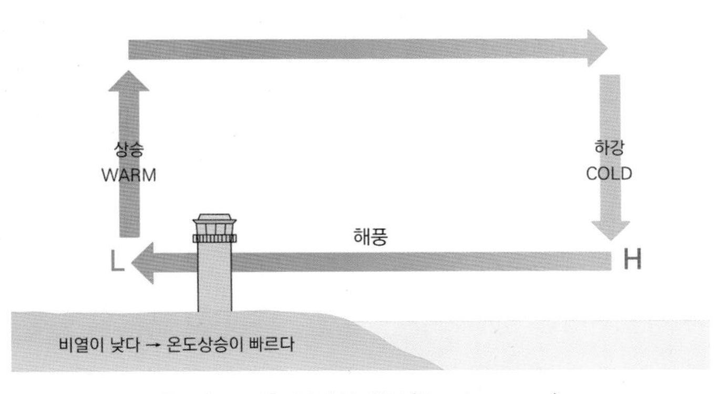

[그림 7.23] 주간의 해풍(Sea breezes)

해안선의 형태, 풍향과 풍속, 육지와 해수면의 온도 차이에 따라 해풍전선(Sea breeze front)이 생기면 적운(Cumulus cloud)이 발달하여 소나기 또는 뇌우(Thunderstorm)가 발생할 수 있다.

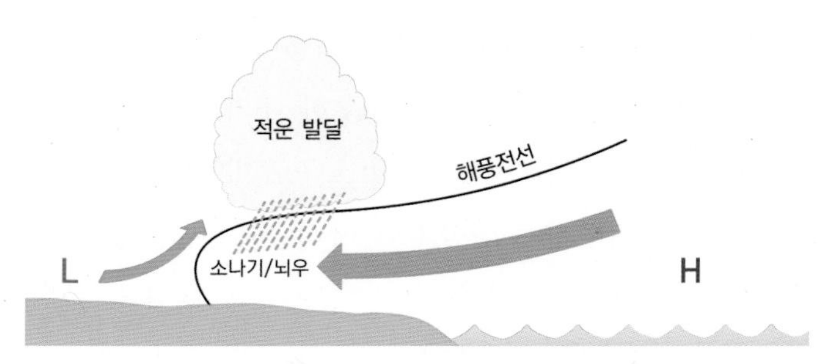

[그림 7.24] 해풍전선(Sea breeze front)

해안선이 불규칙한 경우에는 해풍이 발산하는 지역보다 수렴하는 지역에서 상승기류가 강하므로 소나기 또는 뇌우가 발생할 수 있다. 해안선을 따라 저고도로 비행하는 경우에는 해안선 효과(Effects of coastline shape)에 주의하여야 한다.

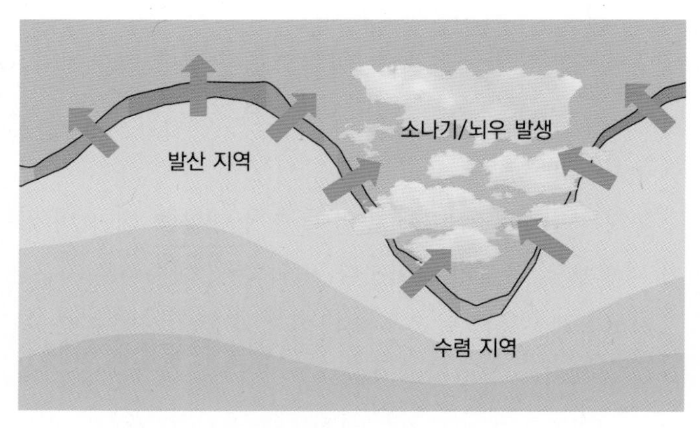

[그림 7.25] 해안선 효과(Effects of coastline shape)

(2) 육풍(Land breezes)

밤에는 육지가 바다에 비하여 상대적으로 온도가 빠르게 하강하므로 기압이 높은 육지에서 바다 쪽으로 육풍이 분다.

육풍은 해풍보다 약하고 구름과 강수현상은 상승기류가 발달하는 바다 위에서 발생한다.

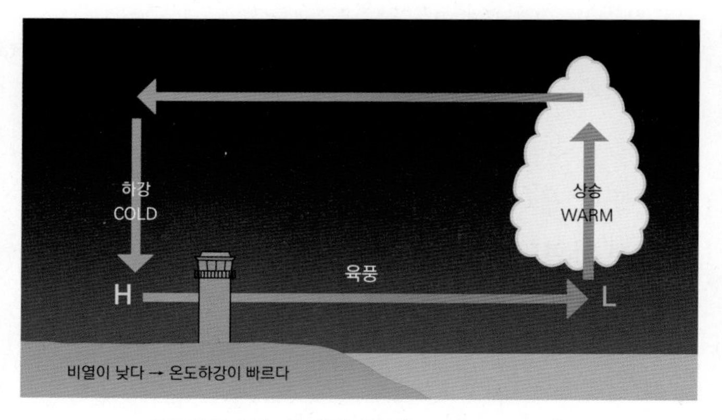

[그림 7.26] 야간의 육풍(Land breezes)

(3) 호수풍(Lake breeze)과 호수효과(Lake effect)

그림 7.27과 같이 대형 호수는 바다와 같이 햇빛이 강한 오후 시간은 육지에 비해 호수가 상대적으로 온도가 낮으므로 해풍과 같이 호수에서 육지 쪽으로 호수풍이 분다. 미국의 5대 호 주변에서 흔히 발생하며 주로 육지와 호수 사이의 온도 차이가 심한 봄과 여름에 주로 발생한다.

해풍과 마찬가지로 육지 쪽에 소나기나 뇌우가 발생할 수 있고, 호수가 넓고 깊이가 깊을수록 호수의 선이 굴곡질수록 바람이 강하게 나타난다.

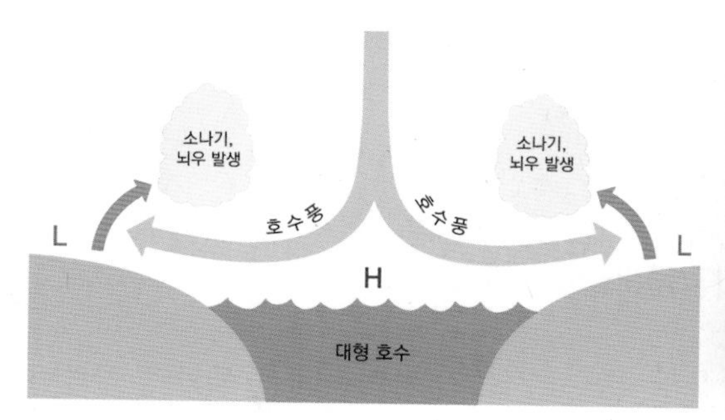

[그림 7.27] 호수풍(Lake breeze)

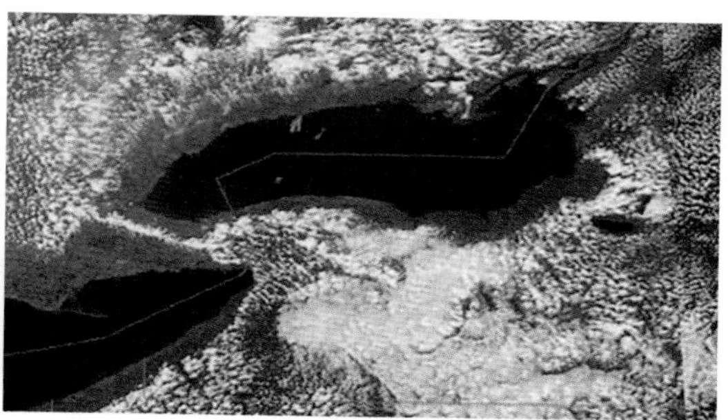

[그림 7.28] 온타리오/이리호의 호수효과(NASA)

7-5-2. 산곡풍(Mountain and Valley wind)

산악지대에서 밤에 산 정상에서 계곡으로 불어 내려오는 바람을 산풍(Mountain breezes), 낮에 계곡에서 산의 정상으로 불어 올라가는 바람을 곡풍(Valley breezes)이라고 하고 합쳐서 산곡풍이라고 한다.

낮에 해가 뜨면 해가 바로 비치는 경사진 지형과 접촉해 있던 공기는 계곡에 있던 공기보다 빨리 가열되므로 상대적으로 밀도가 낮아 저기압이 되어 계곡에서 산의 정상으로 바람이 불어 올라가고(그림 7.29), 반대로 밤이 되면 경사면에 접한 공기가 계곡의 공기보다 빨리 온도가 내려가므로 산 정상에서 계곡으로 바람이 불어 내려온다(그림 7.30).

맑고 바람이 없는 날에 산꼭대기에 구름이 걸려 있는 경우를 자주 볼 수 있는데 이는 곡풍에 의한 상승기류 때문에 발생한 것이다.

낮에 산과 인접한 평야는 산의 경사면 쪽보다 온도의 상승이 늦어 평야에서 산 쪽으로 바람이 불고, 반대로 밤에는 산 쪽에서 평야지대로 바람이 불게 되는데 이 바람도 산곡풍의 일

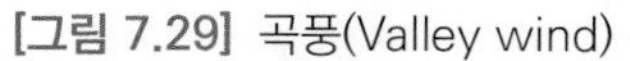

[그림 7.29] 곡풍(Valley wind)

[그림 7.30] 산풍(Mountain wind)

종이라고 할 수 있다(Mountain-plain wind system).

7-5-3. 경사면 상승풍(Anabatic wind)과 하강풍(Katabatic wind)

강한 바람이 산에 부딪히면 경사면을 따라 올라가면서 기온이 낮아지므로 포화에 이르러 구름이 만들어지고, 산 정상을 넘어 하강하는 공기는 압축에 의해 기온이 올라가므로 구름은 생기지 않는다. 이와 같이 산 정상에서 하강하는 따뜻한 바람은 경사면 하강풍 또는 중력풍(Gravity wind)이라고도 한다.

상승하는 공기의 온도가 하강하는 비율보다, 하강하는 공기의 온도가 상승하는 비율이 더 높기 때문에 하강하는 지역은 따뜻한 하강풍이 불게 되는데 그 원리는 대기의 안정도에서 자세히 다룬다.

이러한 현상은 유럽 알프스 산의 푄(Foehn)지역에서 자주 발생하기 때문에 푄현상이라고 한다. 미국 록키산맥의 치누크(Chinook)지방, 캘리포니아의 산타아나(Santa ana)지방에서도 자주 발생한다고 알려져 있다.

우리나라의 경우 겨울철에 북서풍이 강하면 태백산맥에 부딪힌 바람이 상승하면서 많은 눈을 내리게 하고 태백산맥을 넘어 강릉,

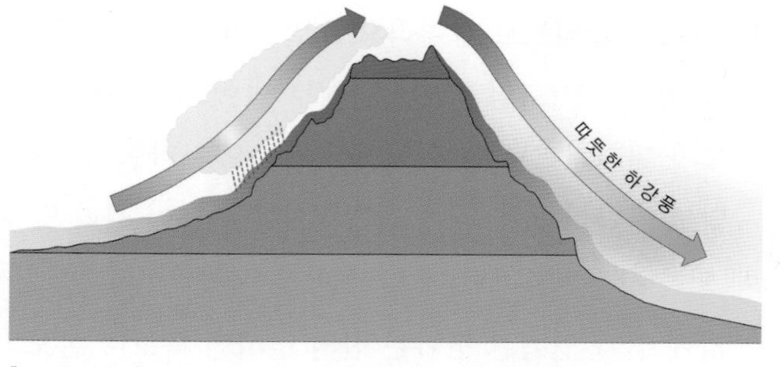

[그림 7.31] 경사면 상승풍(Anabatic wind)과 하강풍(Katabatic wind)의 기온차이

동해, 삼척지방 등의 해안 지역에는 상대적으로 따뜻한 하강풍이 분다. 겨울에서 봄 사이에 동해안에서 화재가 자주 발생하는 이유도 건조하고 따뜻한 하강풍이 원인이다.

7-6. 지구대기의 대순환

지구가 자전과 공전을 하지 않고 평탄하며 물이 존재하지 않는다면 복잡한 기상현상은 나타나지 않을 것이다.

그림 7.32와 같이 태양의 복사에너지를 가장 많이 받는 적도지방의 건조하고 뜨거운 대기는 상승하여 극지방으로 이동하고 극지방의 차가운 대기는 가라앉으면서 적도지방으로 돌아가는 단순한 순환구조가 될 것이다.

그러나 지구에는 물이 존재하여 대기는 수증기를 포함하고 있고 자전축이 기울어진 채로 자전하므로 밤낮의 변화도 있으며 태양을 중심으로 공전하고 있으므로 계절변화까지 있다. 더구나 북반구는 남반구에 비해 육지가 훨씬 많기 때문에 상대적으로 북반구의 질량이 무거우므로 실제로 나타나는 지구대기의 변화는 매우 복잡하고 다양하게 나타난다.

전체 지구의 열불균형으로 인해 저위도 지역의 열이 고위도 지역으로 수송되지만 전체 지구대기의 열 순환은 크게 해들리(Hadley) 순환, 페럴(Ferrel) 순환, 극(Polar) 순환의 세 가지의 형태로 나타나고 이를 지구대기의 대순환(Global circulations)이라고 한다.

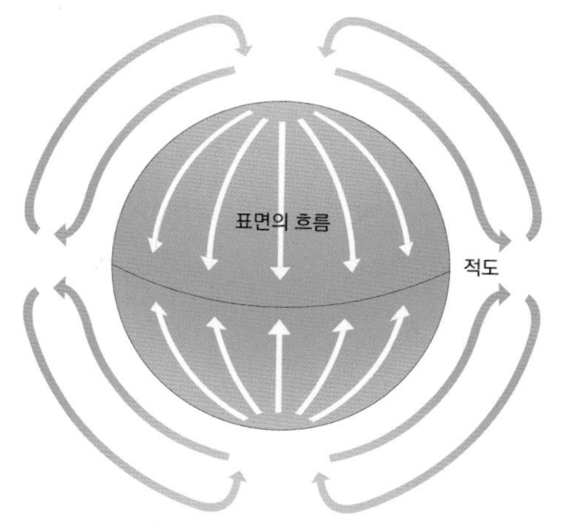

[그림 7.32] 평탄한 지구 표면을 가정한 순환

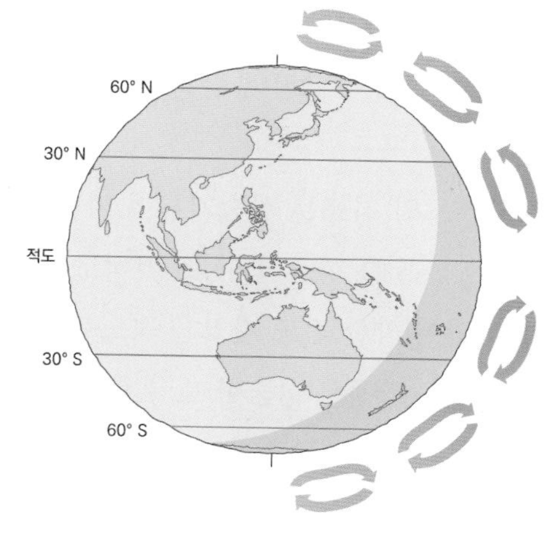

[그림 7.33] 실제 지구 표면에서의 순환

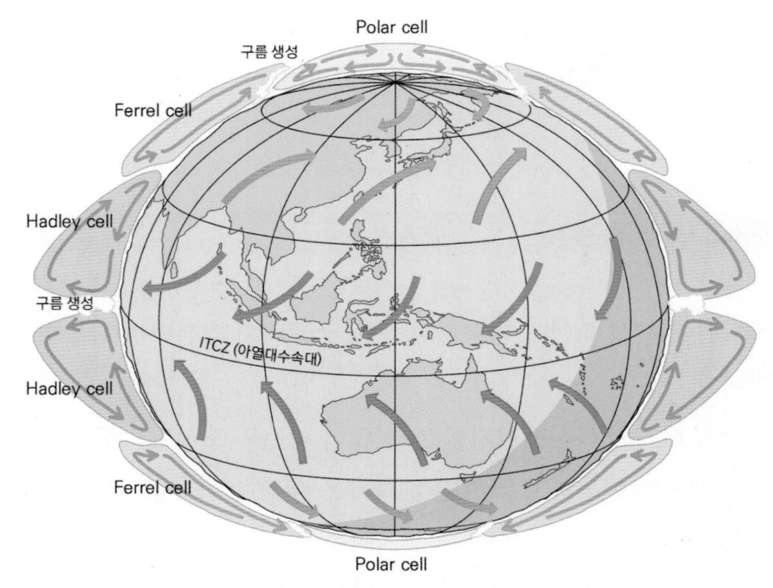

[그림 7.34] 지구대기의 대순환 모형

7-6-1. 해들리(Hadley) 순환

적도에서 위도 30°정도 사이에서 일어나는 광범위한 대기의 흐름을 말하고 이 순환의 형태를 해들리 세포(Hadley cell)라고 한다.

적도부근은 지구상에서 가장 많은 태양에너지를 받아 기온이 높기 때문에 팽창한 대기가 상승한다. 상승하던 대기가 대류권계면에 다다르면 남북으로 나누어 흘러가다가 북반구에서는 북쪽, 남반구에서는 남쪽에서 흘러오는 대기와 부딪혀 다시 하강한다. 하강하던 대기가 지구 표면에 부딪히며 남북방향으로 흘러가고 다시 적도부근에서 기온이 올라가 상승하게 된다.

적도부근의 지표는 상승기류에 따라 기압이 내려가기 때문에 적도저압대(Equatorial low pressure belt)를 형성한다. 또한 적도지방은 수평적인 기압경도가 약하기 때문에 바람이 약한데 바람이 약한 적도 지역을 적도무풍대(Doldrums)라고 한다.

대기가 적도에서 상승하여 권계면에 도달하면 압축되어 고기압이 되므로 적도지방의 지구 표면은 저기압, 고층에는 고기압이 형성된다.

적도지방의 상공에서 북(남)쪽으로 흐르는 기류는 코리올리의 힘에 의하여 북(남)반구에서는 우(좌)로 편향되어 편서풍(Westerlies)을 형성한다.

위도 30° 부근의 상공은 대기가 남북방향에서 모이므로 고기압이고, 모여든 대기가 하강하여 지면에 부딪혀 압축되므로 지상도 고기압이다. 지상도 고기압, 고층도 고기압인 이 지역을 아열대 고기압(Subtropical high) 지역이라고 한다.

상공에서 고기압인 건조공기가 하강하면서 공기는 압축되어 기온이 올라가므로 지구 표면을 사막화시키는 아열대무풍대(Horse latitude)가 형성된다. 지구상에 있는 사막은 모두 건조한 하강기류에 의해 형성된 아열대무풍대에 분포하고 있다.

적도지방으로 흘러가는 대기는 코리올리의 힘으로 인해 북반구에서는 북동무역풍(Northeasterly trades wind), 남반구에서는 남동무역풍(Southeasterly trades wind)의 편동풍을 형성한다.

적도부근의 하층에서는 남북의 편동풍이 서로 부딪혀 압축되고 태양열에 의하여 가열되어 상승하면서 다시 대순환이 시작되는데 이 광범위하게 형성되는 상승기류의 지역을 열대수렴대(ITCZ, Intertropical Convergence Zone)라고 한다. 이 지역은 상승기류에 의해 적란운(Cb, Cumulonimbus)이 강하게 발달하거나 때로는 열대저기압이 발생하여 태풍으로 발전하기도 하므로 항공기의 운항에 위험한 지역이다.

7-6-2. 극(Polar) 순환

극지방에서 위도 60°정도 사이에서 일어나는 광범위한 대기의 흐름을 말하고 이 순환의 형태를 극 세포(Polar cell)라고 한다.

극지방에서는 냉각된 대기가 가라앉으면서 저위도 지역으로 흘러 나가다가 저위도 지역에서 오는 대기와 부딪혀 상승하고, 상승한 대기가 극지방으로 흘러가 다시 하강한다.

극지방은 하강기류이므로 지상은 고기압이고 고층은 저기압을 형성한다. 지상의 고기압을 극고기압(Polar high)이라 부르고, 이 차가운 고기압은 점차 코리올리의 힘에 의해 북(남)반구에서는 우(좌)로 편향되어 위도 60°부근까지 극편동풍(Polar easterlies)의 북(남)동풍을 형성한다.

위도 60°부근의 하층에서는 아열대고기압 지역으로부터 극방향으로 흘러 들어온 대기와 부딪혀 상승기류를 발생시켜 아한대저기압(Subpolar low)이라는 저기압 지역이 형성된다.

이 상승기류는 상층에서 일부는 극방향으로 흐르면서 코리올리의 힘에 의해 북(남)반구에서는 우(좌)로 편향되면서 서(남)풍이 되어 극지방으로 흘러가 지상으로 가라앉으면서 다시 순환이 시작된다.

7-6-3. 페럴(Ferrel) 순환

해들리 순환과 극 순환의 사이에서 일어나는 광범위한 대기의 흐름을 말하고 이 순환의 형태를 페럴 세포(Ferrel cell)라고 한다.

해들리 순환과 극 순환은 고온 지역에서 상승하고 저온 지역에서 하강하는 기온으로 인한 직접순환이지만 페럴 순환은 이 두 개의 순환 사이에서 발생하는 간접순환이다.

페럴 순환의 하층에서는 코리올리의 힘으로 인해 편서풍(Westerlies)이 형성되는데 이 바람을 탁월편서풍(Prevailing westerlies)이라고 한다.

저위도 지역의 온난한 대기는 위도 60° 부근의 아한대저기압 지역에서 극지방으로부터 흘러온 차가운 대기와 만나 한대전선(Polar front)을 형성하면서 상승하고, 이 상승기류에 의해 구름이나 강수 등의 기상현상이 활발하게 발생한다.

7-6-4. 제트기류(Jet stream)

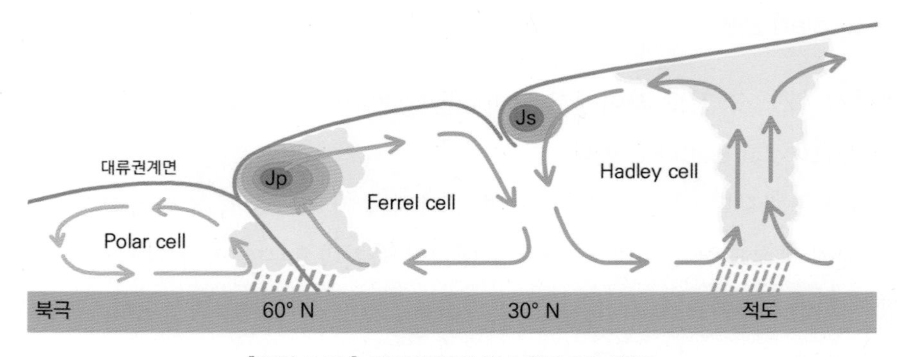

[그림 7.35] 지구대기의 대순환과 제트기류

지구의 자전과 남북의 기온차이에 따라 발생하는 고층의 강한 편서풍으로서 하나의 축을 이루면서 풍속이 80kt 이상으로 강하게 부는 바람을 제트기류라고 한다.

위도 약 50~60° 사이에서 주로 발생하는 제트기류를 한대 제트기류(Jp, Polar jet stream), 위도 약 30° 부근에서 주로 발생하는 제트기류를 아열대 제트기류(Js, Subtropical jet stream)라고 한다.

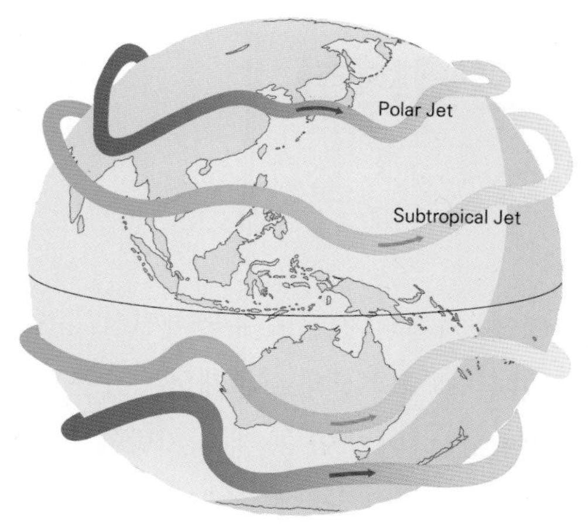

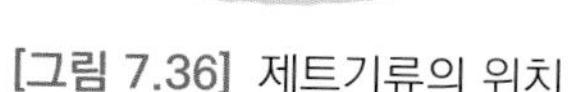
[그림 7.36] 제트기류의 위치

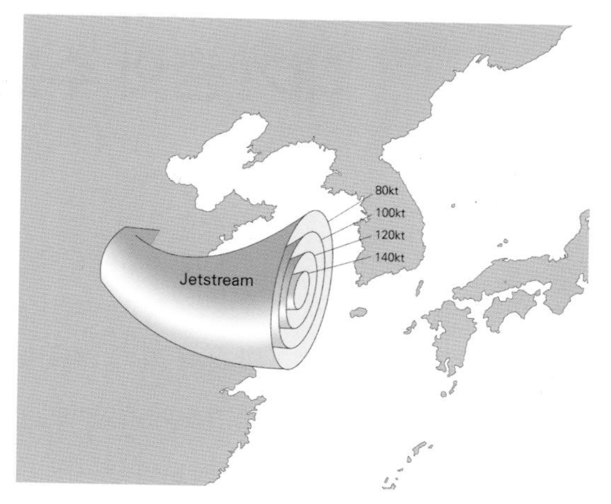

[그림 7.37] 제트기류의 단면

제트기류의 두께는 수 km, 폭은 수백 km, 길이는 수천 km에 이르고, 최대풍속은 일반적으로 100kt가 넘지만 겨울철에 북반구에서 강하게 발달하는 제트기류는 250kt 이상까지 발달하는 경우도 있다.

제트기류는 고도와 위도의 위치가 수시로 변하기도 하고 소용돌이를 형성하거나 사라졌다가 다시 나타나기도 하는데 그 원인은 대기의 기압배치, 기온 및 계절적 변화 등 다양한 변수 간의 복잡한 상호작용이 원인이다.

제트기류의 방향과 위치 및 강도에 따라 지상의 기상이나 고기압과 저기압, 전선의 이동과 소멸 등의 변화가 발생하므로 제트기류와 기상현상은 밀접하게 관련되어 있다.

제트기류는 대기 중의 오염물질이나 화산재 등을 장거리로 운반하는 역할도 하지만 특히 고고도로 장거리를 비행하는 항공기에게는 제트기류의 위치와 형태 및 풍속에 따라 안전운항과 경제운항에 많은 영향을 미치는 기상현상이다.

제트기류는 강한 편서풍이므로 서쪽에서 동쪽으로 비행하는 항공기가 제트기류를 따라 비행하면 비행시간이 단축되어 연료를 절감할 수 있지만, 반대로 동쪽에서 서쪽으로 비행할 때는 강한 정풍으로 인해 비행시간이 늘어나므로 가능한 한 피해야 한다.

또한 제트기류가 굴곡진 지역에서는 심한 난기류가 발생하므로 안전한 비행을 위해 제트기류를 피하여 비행해야 한다.

8. 대기 중의 수분과 단열변화

태양계의 행성 중에서 수분(Moisture)이 고체, 액체, 기체의 형태로 순환하면서 존재하는 곳은 지구밖에 없다고 알려져 있다. 지구에 고체 또는 액체의 상태로 존재하는 수분의 약 97%가 전체 지구 면적의 약 70%에 해당하는 바다에 있고, 나머지 약 2%는 극지방에 존재하는 빙하이며 또 나머지 약 1%정도가 육지의 호수나 하천 또는 지하수에 존재한다고 한다.

이에 반해 대기 중에 기체의 형태로 포함되어 있는 수증기는 지구 전체에 존재하는 수분의 약 수만 분의 1에 불과하다고 한다. 이 수증기가 액체 또는 고체로 그 형태를 바꾸어 가며 순환하는 것이 수분에 의한 기상현상이다.

대기 중에 포함되어 있는 수분의 양은 극히 미량에서부터 최대 약 4%까지 다양하며 공간과 시간에 따라 차이가 있다. 대기 중에 포함되어 있는 수증기의 약 반 이상이 지구 표면으로부터 고도 약 2km 이하에서 발견되며 대류권계면의 위쪽에는 극히 일부만 존재한다.

이 수증기는 구름과 강수현상 등을 일으키는 근본물질로서뿐만 아니라 열에너지의 전달 및 복사열의 흡수와 방출을 통한 지구의 온도를 조절하는 매개체로서도 중요한 역할을 한다.

8-1. 수분

물 분자(H_2O)는 얼음이나 눈과 같은 고체, 비와 같은 액체, 수증기의 형태인 기체로 환경에 따라 그 형태를 바꾸면서 존재하지만 이들을 통틀어 수분(Moisture)이라고 하고 액체 상태의 수분을 물이라고 한다.

8-1-1. 수분의 순환

지구의 표면에 있던 수분이 증발 또는 승화되어 대기 중의 수증기로 변하되고, 그 수증기가 다시 구름의 형태로 변하기도 하고 구름이 성장하여 강수현상에 의해 다시 지구 표면으

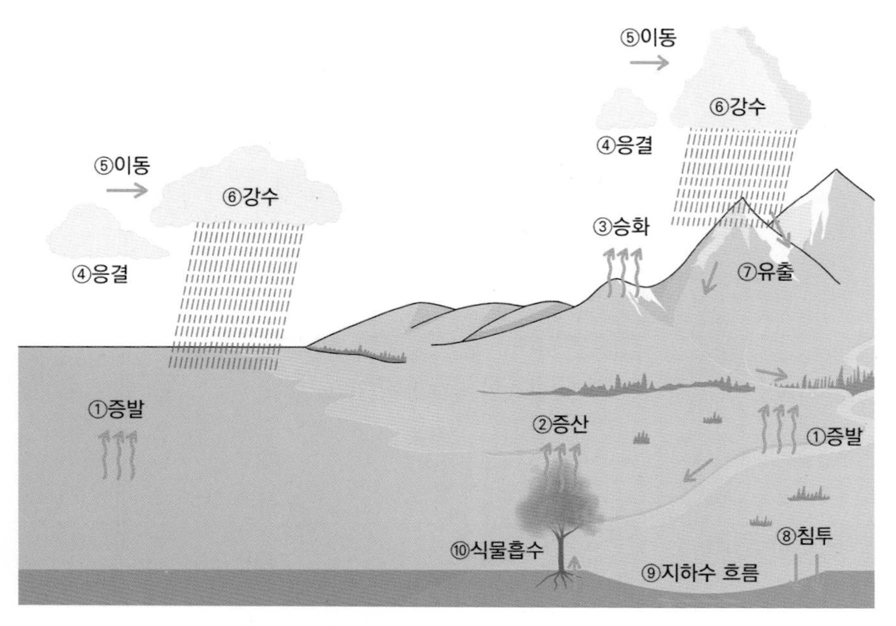

[그림 8.1] 수분의 순환(Hydrologic cycle)

로 돌아오기도 한다.

증발(Evaporation), 증산(Transpiration), 승화(Sublimation), 응결(Condensation), 이동(Transportation). 강수(Precipitation), 유출(Runoff), 침투(Infiltration), 지하수 흐름(Groundwater flow), 식물흡수(Plant uptake)와 같이 수분이 환경에 따라 그 형태가 변하면서 순환하는 과정을 수분의 순환(Hydrologic cycle)이라고 한다.

8-1-2. 수분의 상태변화

수분이 고체 상태에서 액체 상태로 변화(용해, Melting)거나 액체 상태에서 기체 상태(기화, Evaporation) 또는 고체 상태에서 기체 상태(승화, Sublimation)로 그 형태를 바꾸기 위해서는 외부에서 열을 흡수해야 한다.

반대로 기체 상태에서 액체 상태로 변화(액화, Condensation)거나 액체 상태에서 고체 상태(응고, Freezing) 또는 기체 상태에서 고체 상태(승화, Deposition)로 그 형태를 바꾸기 위해서는 수분이 가지고 있는 열을 외부로 방출해야 한다.

이와 같이 수분의 형태를 바꾸는데 사용되거나 방출하는 열을 잠열(Latent heat)이라고 한다.

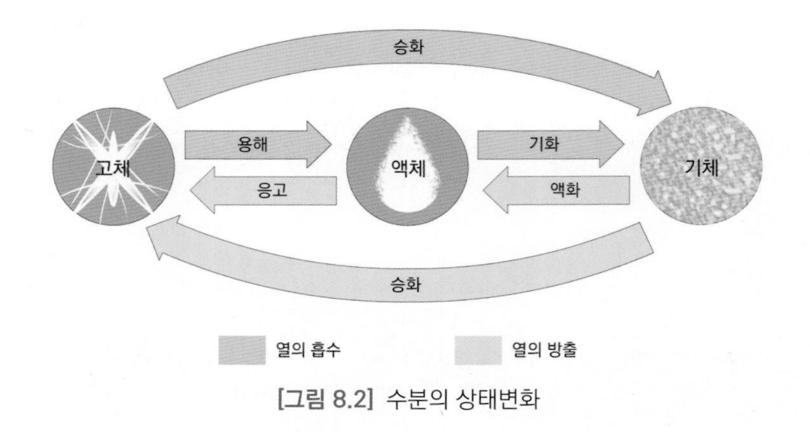

[그림 8.2] 수분의 상태변화

8-2. 포화수증기

밀폐된 용기에 물과 공기를 넣어두면 물의 표면에서 증발이 일어나 공기 속으로 수증기가 공급된다. 그러나 어느 정도까지 증발이 계속되다가 더 이상 증발되지 않고 중단하게 되는데 이때의 상태를 포화(Saturation)라고 한다.

즉, 포화상태에서는 물의 표면에서 수증기 분자가 물로 바뀌는 비율과 물 분자가 수증기로 바뀌는 비율이 같은데 이는 공기 중의 수증기 압력이 포화수증기 압력과 같기 때문이다.

8-2-1. 포화수증기량

어느 온도에서 일정한 공기가 수용할 수 있는 최대의 수증기량을 최대포화수증기량이라고 하며, 압력도 포화수증기량에 영향을 미치지만 온도가 가장 큰 영향을 미친다.

최대포화수증기량과 기온과의 관계는 다음과 같다.

기온 (℃)	40	30	20	10	0	−10	−20	-30
수증기 (gram/㎥)	50.6	30.0	17.1	9.3	4.8	2.4	1.1	0.45

포화공기(Saturated air)는 일정한 부피의 용기에 공기가 포함할 수 있는 최대량의 수증기를 포함하고 있는 반면, 불포화공기(Unsaturated air)는 일정한 부피의 용기에 공기가 수증기를 더 많이 보유할 수 있는 여유가 있다는 것을 의미한다.

순수한 물 또는 얼음의 면과 평형상태에 있는 수증기의 압력을 포화수증기 압력(Saturation vapour pressure)이라고 한다. 포화수증기 압력은 곡율이 클수록 입자가 작을수록 크다.

즉, 물방울이나 얼음알갱이와 같은 곡율을 가진 면의 포화수증기압이 평평한 수면이나 얼음판의 포화수증기압보다 크다.

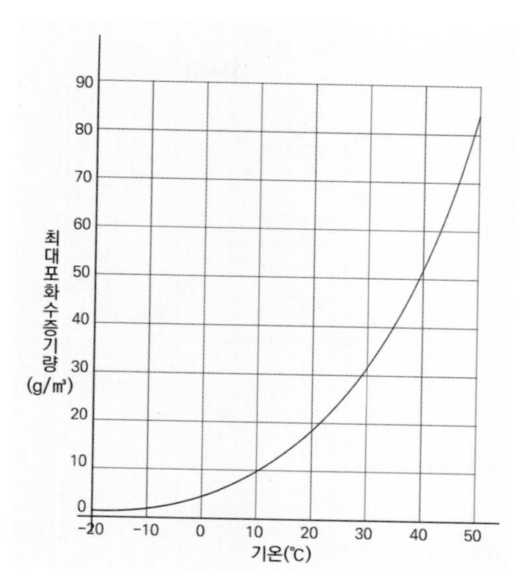

[그림 8.3] 기온과 최대포화수증기량

8-2-2. 상대습도와 이슬점 온도

단위부피당 공기 중에 포함되어 있는 실제 수증기량을 절대습도(Absolute humidity)라고 한다. 그러나 압력의 변화에 따라 수증기량이 바뀌므로 기압이 다른 공기의 절대습도를 비교하는 것은 의미가 없기 때문에 일반적으로는 상대습도를 사용한다.

(1) 상대습도

어느 대기 중에 포함되어 있는 수증기의 양과 그 온도에서 최대로 포함할 수 있는 최대포화수증기량과의 비율을 상대습도(Relative humidity)라고 하고 다음과 같이 계산한다.

$$\text{상대습도(RH, \%)} = \frac{\text{실제수증기량(Water vapor content)}}{\text{최대포화수증기량(Water vapor capacity)}} \times 100$$

상대습도는 기온과 수증기량에 의해 결정되고 그림 8.4와 같이 수증기량이 일정하더라고 기온이 내려갈수록 상대습도는 증가한다.

그림 8.4에서 보는 바와 같이 기온이 30℃인 공기의 최대포화수증기량이 27이고 실제로 포함되어 있는 수증기량이 8이라면 상대습도는 약 30%가 된다. 즉, 아직도 포함할 수 있는 수증기의 양이 19=(27-8)이므로 그만큼 여유가 있다. 그러나 점점 기온이 낮아져 10℃가 되면 동일한 양의 공기가 포함할 수 있는 최대포화수증기량은 8이고 실제로 포함되어 있는 수증기량도 8이므로 상대습도는 100%가 되어 더 이상 수증기를 포함할 수 없는 상태의 공기

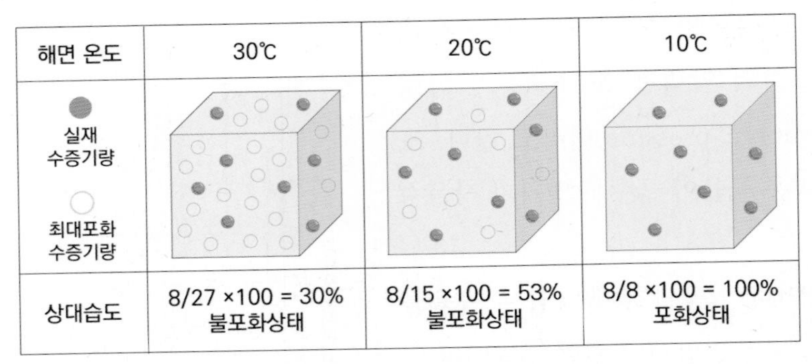

[그림 8.4] 기온과 상대습도의 관계

가 된다.

(2) 이슬점 온도

일정한 수증기를 포함하고 있는 어느 공기덩어리를 일정한 압력을 유지한 상태로 온도를 점점 낮추면 어느 온도에 도달했을 때 이슬이 맺히게 되는데 이때의 온도를 이슬점 온도(Dew point temperature) 또는 노점 온도라고 한다.

즉, 포화수증기압이 실제 공기 수증기압과 같아질 때 이슬이 맺히게 된다. 이 이슬점 온도가 0℃ 이하가 되면 서리(Frost)가 생기므로 이슬점 온도가 0℃ 이하인 경우를 서리점 온도(Frost point temperature)라고도 한다.

그림 8.5와 같이 온도가 22℃이고 상대습도가 50%인 공기가 점점 온도가 낮아져 11℃가 되었을 때 이슬이 맺히기 시작했다면 이 공기의 이슬점 온도는 11℃가 된다.

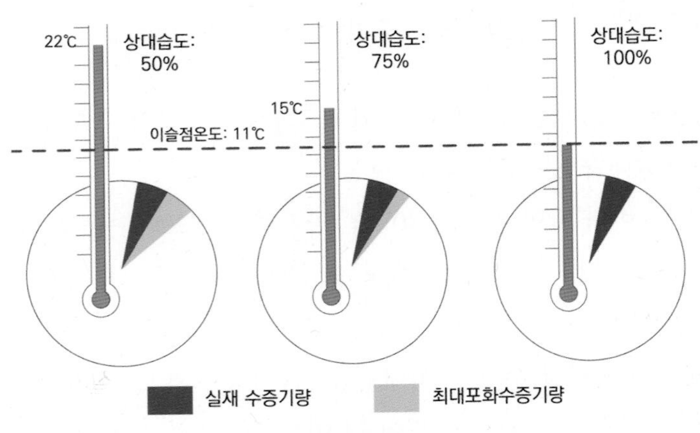

[그림 8.5] 상대습도와 이슬점 온도

그림 8.6은 맑은 날과 흐린 날, 비오는 날의 기온과 습도, 이슬점 온도와의 상관관계를 보여주고 있다. 맑은 날은 일출 후 기온이 높아지므로 습도는 낮아지지만, 비오는 날은 기온의 변화가 적은 반면 수분의 공급은 최대가 되므로 습도는 높아진다.

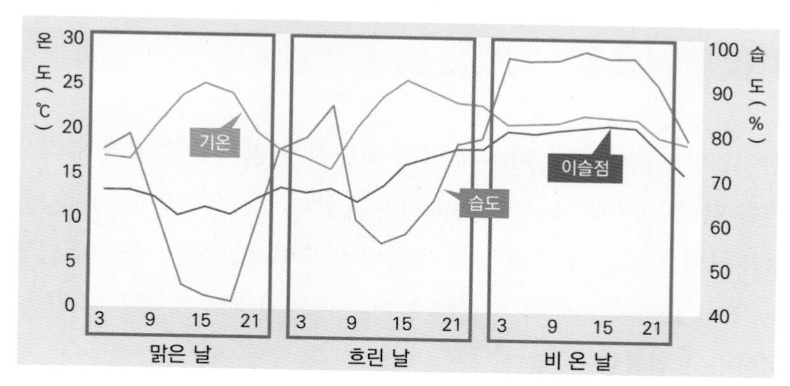

[그림 8.6] 날씨와 기온, 습도, 이슬점 온도와의 관계

(3) 습수

기온과 이슬점 온도의 차이를 습수(Temperature-dew point spread 혹은 Dew point depression)라고 하고 'T-Td Spread' 또는 'Spread'로 표시한다.

기온과 이슬점 온도가 같다는 것은 그 공기의 상대습도가 100%인 포화상태를 뜻한다. 어느 대기의 습수가 클수록 그 대기는 건조하고 반대로 작을수록 습도가 높으며 0℃이면 상대습도가 100%이다.

습수는 항공기의 이착륙을 방해하는 안개나 구름의 발생을 예측하는데 중요한 지표로서 각 공항의 기상업무기관에서 기온과 이슬점 온도를 관측하여 적어도 1시간에 한 번씩 보고한다.

습수가 3℃ 이하가 되면 안개가 발생하기 시작하므로 이착륙하는 항공기의 시정을 방해할 수 있다고 예상할 수 있다.

(4) 혼합비와 비습

포화에 이르지 않은 건조공기 1kg에 포함되어 있는 수증기의 양을 그램(gram)단위로 표시한 것을 혼합비(Mixing ratio)라고 한다. 한편 포화에 이른 습윤공기 1kg에 포함되어 있는 수증기의 양을 g단위로 표시한 것은 비습(Specific humidity)이라고 한다.

그러나 대기 중에 수증기가 차지하는 비율은 최대로 약 4% 이내에 불과하므로 혼합비와 비습은 거의 비슷한 값을 갖기 때문에 같은 의미로 사용하기도 한다.

8-3. 단열변화

어느 공기덩어리(Air parcel)가 외부와 열을 교환하지 않도록 외계와 열적으로 차단되어 있는 상태변화를 단열변화(Adiabatic change)라고 한다.

자연계에서 대기의 흐름은 당연히 열의 교환이 이루어지고 있기 때문에 단열변화는 아니지만 실제로는 열의 교환이 비교적 천천히 일어나고 있기 때문에 짧은 시간을 대상으로 할 경우는 단열변화라고 취급할 수 있다.

어느 공기덩어리가 상승 또는 하강할 때 외부와 열의 교환이 없다고 전제하면 그 상태변화는 단열변화이다.

공기덩어리가 상승하면 주위의 압력이 감소하기 때문에 팽창하게 되고 팽창하면 내부의 에너지가 감소하여 온도가 내려가는데 이 과정을 단열팽창(Adiabatic expansion) 또는 단열냉각(Adiabatic cooling)이라고 한다.

반대로 공기덩어리가 하강하여 온도가 올라가는 과정을 단열압축(Adiabatic compression) 또는 단열가열(Adiabatic heating)이라고 한다.

8-3-1. 건조단열감율

어느 공기덩어리가 수증기의 응결을 동반하지 않고 단열적으로 상승할 때, 온도가 감소하는 비율을 건조단열감율(Dry-adiabatic lapse rate)이라고 한다. 수증기의 응결을 동반하지 않는다는 말은 그 공기가 포화되어 있지 않다는 것을 말한다.

건조단열감율은 그 대기의 온도나 밀도와는 관계없이 일률적으로 감소한다. 반대로 건조공기가 단열적으로 하강할 때는 단열압축에 따라 기온은 일률적으로 상승한다.

대기가 단열상태로 고도 1,000ft 상승(하강)할 때마다 기온은 약 3℃(9.8℃/1,000m)씩 하강(상승)한다.

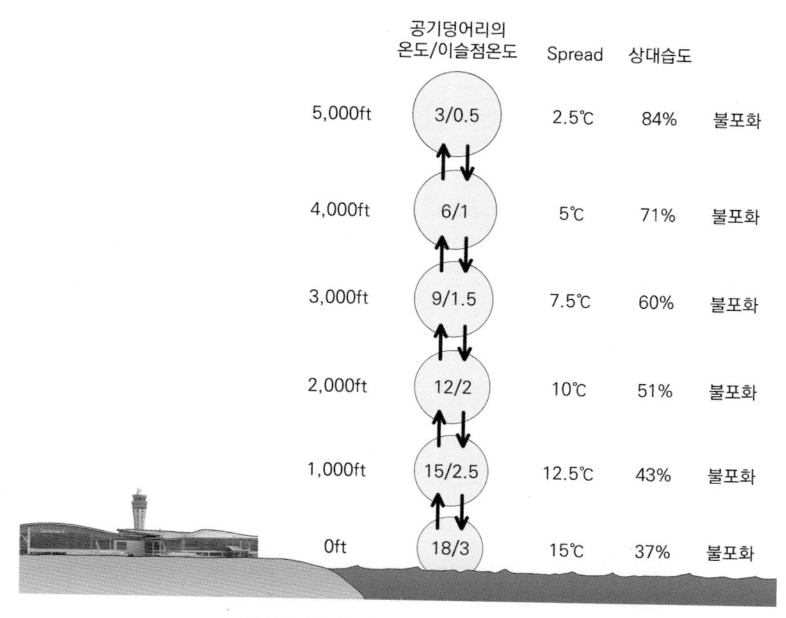

[그림 8.7] 건조단열변화의 과정

그림 8.7과 같이 수면에 있던 기온 18℃, 이슬점 온도 3℃인 공기를 단열적으로 상승시킨다고 가정하면 1,000ft 상승할 때마다 기온은 약 3℃씩 하강하여 5,000ft 상공에서는 기온은 약 3℃, 이슬점 온도는 약 0.5℃로 하강한다. 수면에서 습수 15℃, 습도 37%이던 공기가 단열적으로 5,000ft까지 상승하면 습도는 아직 84%이므로 불포화 상태이다.

이와 같이 상대습도가 100%에 이르지 않은 공기가 상승하면 건조단열감율에 따라 기온이 하강한다.

8-3-2. 습윤단열감율

어느 포화상태의 공기덩어리가 단열적으로 상승할 때의 온도가 감소하는 비율을 습윤(포화)단열감율(Wet-adiabatic lapse rate)이라고 한다.

포화에 이른 공기덩어리가 상승할 때에는 단열팽창에 따라 온도가 내려가고 수증기의 압력이 감소하여 여분의 수증기가 응결하면서 잠열(Latent heat)을 방출하므로 기온의 감소율이 건조단열감율보다 낮고 그 공기의 기온이나 기압에 의존하여 감소한다.

고고도로 올라갈수록 기온이 낮아지므로 저온에서는 수증기의 응결에 따른 잠열의 방출도 적으므로 건조단열감율에 가까워진다.

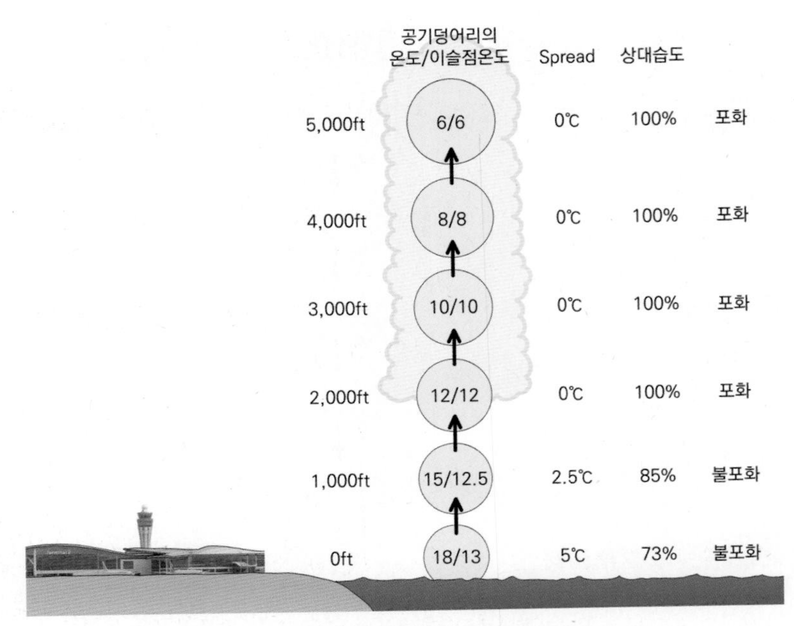

[그림 8.8] 건조단열변화와 습윤단열변화의 과정

따라서 습윤단열감율은 그 대기의 온도에 따라 다른 비율로 하강한다. 반대로 습윤공기가 단열적으로 하강할 때는 단열압축에 따라 기온이 상승한다.

포화상태의 대기가 단열상태로 고도 1,000ft 상승할 때마다 기온은 약 1.2~3℃(4~9.8℃/1,000m) 씩 하강한다.

그림 8.8과 같이 수면에 있던 기온 18℃, 이슬점 온도 13℃인 공기를 단열적으로 상승시킨다고 가정하면 1,000ft 상승할 때마다 기온은 약 3℃씩 하강하여 2,000ft 상공에서는 기온은 약 12℃, 이슬점 온도도 약 12℃까지 하강하여 상대습도 100%인 포화에 이르게 된다.

습도가 100%에 이른 공기가 계속 상승하여 기온이 하강하면 최대포화수증기량이 감소하므로 수증기가 액체 상태로 변하여 구름이 생기고 기온은 습윤단열감율로 하강한다.

8-3-3. 이슬점 온도감율

어느 공기덩어리를 단열적으로 상승시키면 기온이 내려가지만 동시에 그 공기의 이슬점 온도도 감소하므로 이 이슬점 온도가 감소하는 비율을 이슬점 온도감율(Dew point

temperature lapse rate)이라고 하고 기온이 감소하는 비율보다 낮다. 마찬가지로 단열적으로 하강할 때의 이슬점 온도의 상승비율도 동일하게 상승한다.

이슬점 온도는 단열상태로 고도 1,000ft 상승(하강)할 때마다 약 0.56℃(1.8℃/1,000m)씩 하강(상승)한다.

따라서 지상에서 기온과 이슬점 온도의 차이가 큰 건조한 공기를 단열적으로 상승시키면 기온과 이슬점 온도의 차이가 점차 축소되다가 어느 고도에서는 기온과 이슬점 온도가 같아진다. 이 고도에서는 습수가 0℃이므로 상대습도는 100%이고 포화에 이르면서 구름이 생기는데, 이 고도를 상승응결고도(LCL, Lifting Condensation Level)라고 한다.

기온과 이슬점 온도의 차이는 건조단열감율(3℃/1,000ft)과 이슬점 온도감율(0.56℃/1,000ft)의 차이이므로 고도 1,000ft 상승할 때마다 약 2.5℃(4.4℉)씩 하강한다. 즉, 지상에서 기온과 이슬점 온도의 차이가 10℃인 공기가 4,000ft 상승하면 기온과 이슬점 온도가 일치하고 포화에 이르러 구름이 생긴다.

8-3-4. 표준대기 온도감율

대류권에서 고도가 상승함에 따라 국제표준대기(ISA)의 평균적인 기온감소율을 표준대기 온도감율(Standard atmosphere lapse rate)이라고 한다.

건조단열감율과 습윤단열감율의 거의 중간 값이고 실무적으로는 상공의 기온 값을 모를 때 표준대기의 온도감율로 추정하여 적용하는 경우도 있다.

국제표준대기는 고도 1,000ft 상승(하강)할 때마다 기온은 약 2℃(6.5℃/1,000m)씩 하강(상승)한다고 가정한다.

9. 대기의 안정도

항공기가 상하로 움직이지 않고 안정한 상태로 비행할 수만 있다면 최적의 기상상태이다. 안정한 대기는 항공기의 움직임에 대하여 저항하면서 항공기를 안정 상태로 유지시키지만 불안정한 대기는 항공기의 움직임을 가속시키기 때문에 대기의 안정성은 매우 중요한 기상현상이다.

안정한 대기인지 불안정한 대기인지에 따라 기상현상도 차이가 있다. 대기의 수직운동이 강해지거나 억제되는 것은 그 대기의 안정성에 따라 좌우되고 구름과 강수의 형태도 달라진다.

9-1. 대기의 안정과 불안정

안정도는 일반적으로 안정, 중립(정체), 불안정으로 구분한다.

9-1-1. 중력에 의한 안정과 불안정

그림 9.1과 같이 어떤 물체가 각각 다른 모양의 용기 위에 놓여 있다고 가정하자. ①의 경우는 외부에서 어떤 힘이 작용하더라도 항상 원래의 위치로 돌아가 정지할 것이다. 이와 같은 상태를 안정한 상태(Stable condition)에 놓여 있다고 한다. ②는 외부에서 힘이 작용한

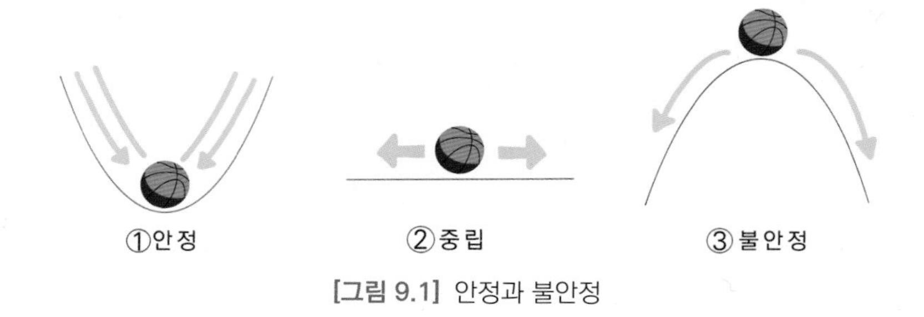

[그림 9.1] 안정과 불안정

만큼 이동하여 정지할 것이고, 이와 같은 상태를 중립상태(Neutral condition)에 놓여 있다고 한다. ③은 외부에서 힘을 가하면 바로 굴러 떨어져 원래의 위치로 돌아오지 않을 것이다. 이와 같은 상태를 불안정한 상태(Unstable condition)에 놓여 있다고 한다.

대기도 질량을 가지고 있으므로 중력이 작용하고 중력으로 인해 지구 표면에 가까울수록 기압이 높다. 어느 기압면에 있는 공기덩어리를 기압이 조금 낮은 위쪽으로 이동시켰을 때 원래의 위치로 돌아가려는 경향이 있다면 그 공기는 안정하다고 할 수 있다. 반대로 기압이 더 낮은 상공으로 계속 상승하려는 경향이 있다면 그 대기는 불안정하다고 할 수 있다.

9-1-2. 기온분포에 의한 안정과 불안정

어느 공기덩어리를 외부와 열의 교환이 없이 단열상태로 상승시키면 상공으로 갈수록 기압이 감소하므로 팽창하고 팽창으로 인한 내부에너지의 소모로 인해 기온은 내려간다(상승 → 기압감소 → 팽창 → 기온감소).

반대로 단열상태로 하강시키면 지구 표면에 가까워질수록 기압이 증가하므로 압축하고 압축으로 인한 운동에너지의 증가로 인해 기온은 올라간다(하강 → 기압증가 → 압축 → 기온상승).

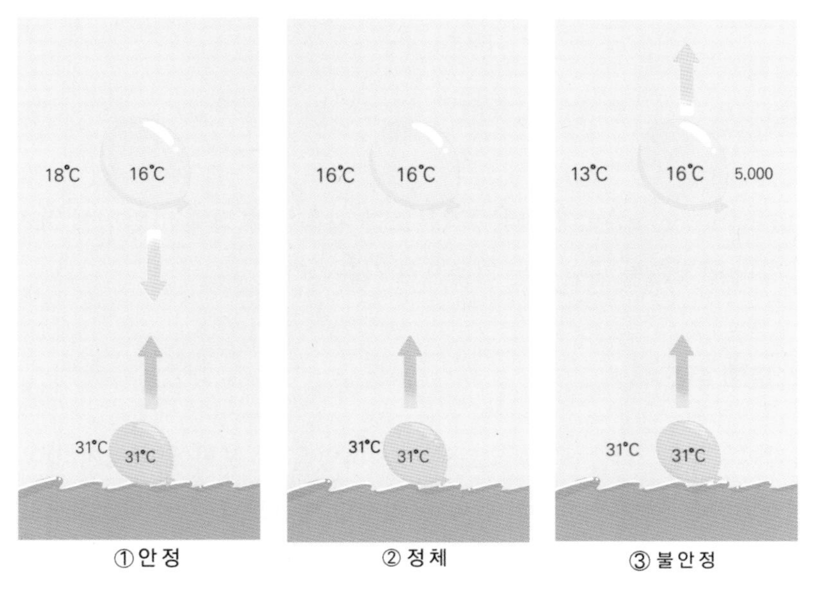

[그림 9.2] 대기의 안정과 불안정

그림 9.2와 같이 지구 표면의 기온이 31℃인 건조공기를 풍선에 담아 고도 5,000ft 상공까지 강제로 띄워 올렸다고 가정해 보자. 외부와 열의 교환이 없는 단열상태로 상승한다고 가정하면 건조단열감율로 기온이 하강할 것이므로 고도 5,000ft에서 풍선 내부의 온도는 16℃가 될 것이다.

①은 고도 5,000ft 상공의 기온이 18℃이므로 풍선의 공기온도가 더 낮기 때문에 풍선은 가라앉으면서 원래의 위치로 돌아올 것이다. 이때의 대기상태를 안정한 대기(Stable air)라고 한다.

②의 경우는 고도 5,000ft 상공의 기온이 16℃로 풍선의 기온과 같으므로 위로도 아래로도 움직이지 않고 정지할 것이다. 이런 경우의 대기상태를 정체상태의 대기(Stationary air) 또는 대기가 정체되어 있다고 한다.

③의 경우는 고도 5,000ft 상공의 기온이 13℃이므로 풍선의 공기온도가 더 높아 가볍기 때문에 풍선은 외부에서 힘을 가하지 않아도 계속 상승할 것이다. 이때의 대기상태를 불안정한 대기(Unstable air)라고 한다.

대기 중의 공기덩어리가 상승 또는 하강할 때 그 공기덩어리가 외부의 대기로부터 원래의 위치로 돌아가도록 하는 힘을 받을 경우 그 대기는 안정되어 있다고 하고, 반대로 계속하여 상승 또는 하강하려는 경우를 그 대기는 불안정하다고 한다.

9-2. 단열선도

단열선도(Adiabatic chart)는 대기의 수직분포를 관측하여 정해진 양식에 표시한 일종의 일기도로서 대기의 안정도를 판단하는 기준으로 사용한다.

9-2-1. 단열선도의 구조

그림 9.3과 같이 x축을 기온, y축을 고도로 표시하였을 때 포화에 이르지 않은 건조한 대기의 건조단열감율선은 고도가 상승함에 따라 일정한 비율로 기온이 감소하므로 거의 직선을 이루고, 포화공기의 습윤단열감율선은 고도가 높아짐에 따라 기온이 감소하여 수증기의 양이 줄어들므로 거의 건조단열감율선과 비슷한 기울기를 갖는 곡선형이 된다.

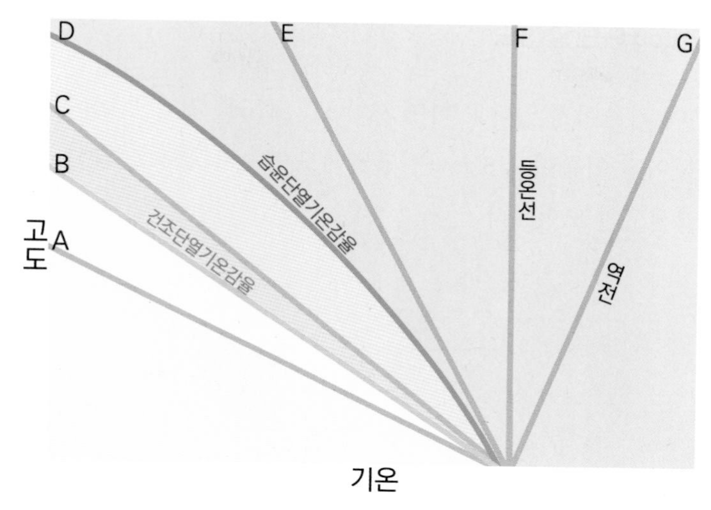

[그림 9.3] 고도에 따른 기온분포

측정기온	불포화공기	포화공기	안정도	
A	불안정	불안정	절대 불안정	
B	중립	불안정	조건부 불안정	
C	안정	불안정		
D	안정	중립		
E	안정	안정	감소	절대안정
F	안정	안정	등온	
G	안정	안정	역전	

(A 영역) 관측한 대기의 수직분포가 건조단열감율보다 크면(건조단열감율선보다 좌측에 있으면) 그 대기는 절대불안정(Absolute instability)하다고 판단한다.

(E, F, G 영역) 관측한 대기의 수직분포가 습윤단열감율보다 적으면(습윤단열감율선보다 우측에 있으면) 그 대기는 절대안정(Absolute stability)하다고 판단한다.

(C 영역) 관측한 대기가 포화에 이르지 않은 건조공기인 경우, 대기의 수직분포가 건조단열감율보다 적으면 안정, 포화에 이른 공기가 습윤단열감율보다 크면 불안정하다고 판정한다. C 영역은 그 대기가 포화상태인지 아닌지에 따라 안정과 불안정을 판정하므로 조건부 불안정(Conditional instability)이라고 판단한다.

(G 영역) 고도가 상승함에 따라 오히려 기온이 상승하는 지역이므로 기온의 역전현상이 있다.

9-2-2. Skew T-Log P 단열선도

가로 축의 기온이 기울어져 있다고 하여 Skew T, 고도를 기압의 Log값으로 표시하였다고 하여 Log P에서 붙여진 이름이나 Skew-T 단열선도 또는 Log-P 단열선도라고도 한다. 그림 9.4는 Skew-T단열선도의 모형이다.

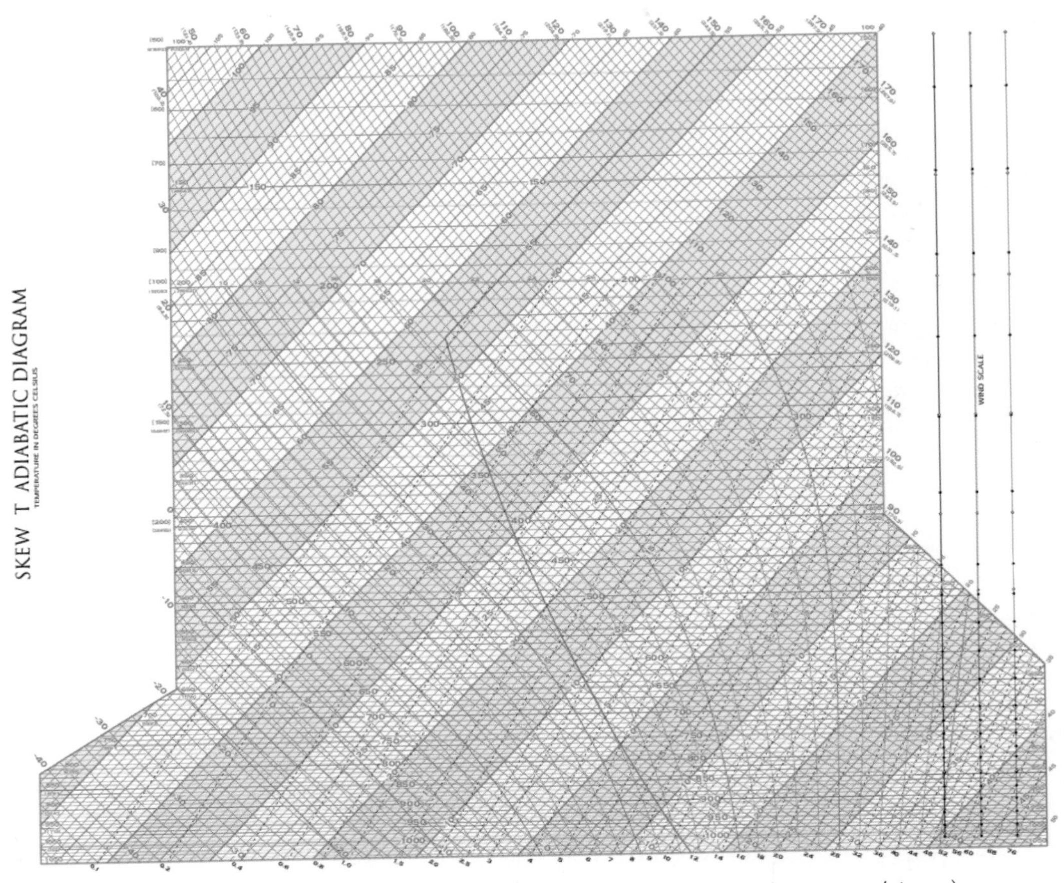

[그림 9.4] Skew T-Log P 단열선도(https://www.weather.gov/jetstream/skewt)

그림 9.5는 우리나라 기상청에서 하루에 2번씩 상층대기의 수직분포를 관측하여 발표하는 단열선도의 예이다.

빨간색은 최근 관측시간의 값이고 파란색은 12시간 이전의 관측값이며, 기온선, 기압 및 고도선, 건조단열감율선, 습윤단열감율선, 혼합비선, 풍향 및 풍속 등이 표시되어 있다. 단열선도의 해석에 사용되는 주요약어는 다음과 같다.

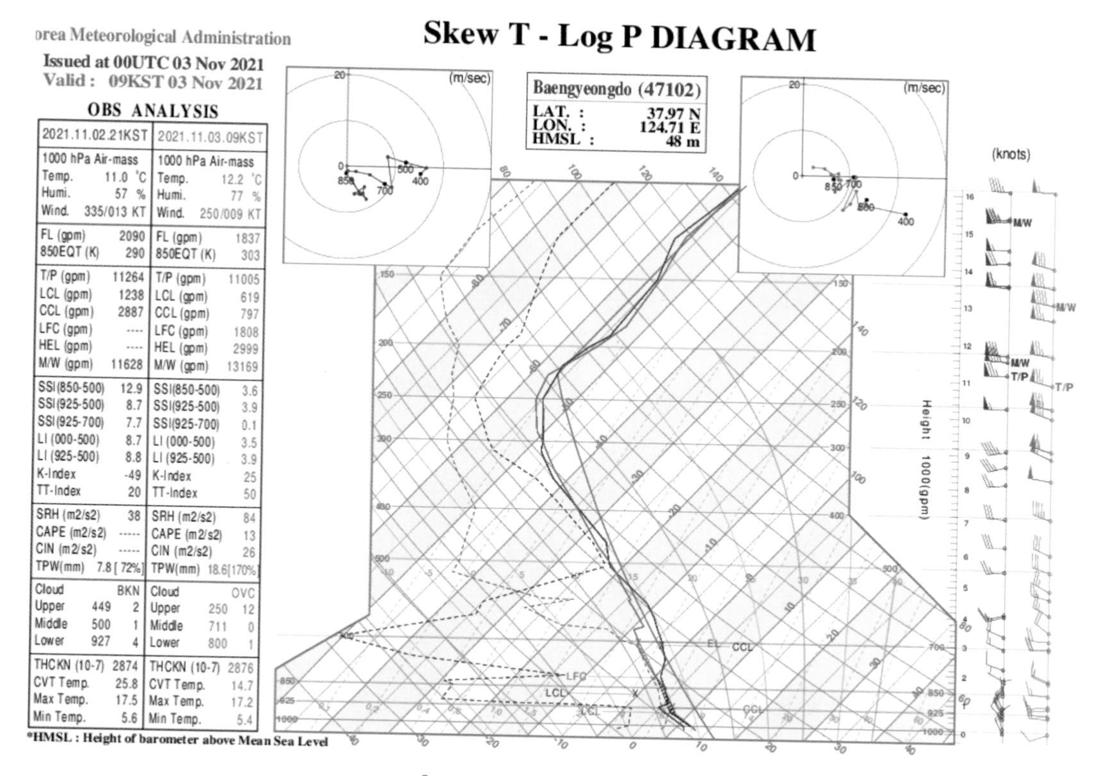

OBS ANALYSIS

2021.11.02.21KST		2021.11.03.09KST	
1000 hPa Air-mass		1000 hPa Air-mass	
Temp.	11.0 ˚C	Temp.	12.2 ˚C
Humi.	57 %	Humi.	77 %
Wind.	335/013 KT	Wind.	250/009 KT
FL (gpm)	2090	FL (gpm)	1837
850EQT (K)	290	850EQT (K)	303
T/P (gpm)	11264	T/P (gpm)	11005
LCL (gpm)	1238	LCL (gpm)	619
CCL (gpm)	2887	CCL (gpm)	797
LFC (gpm)	----	LFC (gpm)	1808
HEL (gpm)	----	HEL (gpm)	2999
M/W (gpm)	11628	M/W (gpm)	13169
SSI(850-500)	12.9	SSI(850-500)	3.6
SSI(925-500)	8.7	SSI(925-500)	3.9
SSI(925-700)	7.7	SSI(925-700)	0.1
LI (000-500)	8.7	LI (000-500)	3.5
LI (925-500)	8.8	LI (925-500)	3.9
K-Index	-49	K-Index	25
TT-Index	20	TT-Index	50
SRH (m2/s2)	38	SRH (m2/s2)	84
CAPE (m2/s2)	-----	CAPE (m2/s2)	13
CIN (m2/s2)	-----	CIN (m2/s2)	26
TPW(mm)	7.8 [72%]	TPW(mm)	18.6[170%]
Cloud	BKN	Cloud	OVC
Upper	449 2	Upper	250 12
Middle	500 1	Middle	711 0
Lower	927 4	Lower	800 1
THCKN (10-7)	2874	THCKN (10-7)	2876
CVT Temp.	25.8	CVT Temp.	14.7
Max Temp.	17.5	Max Temp.	17.2
Min Temp.	5.6	Min Temp.	5.4

[그림 9.5] 백령도 단열선도
(https://www.kma.go.kr/jpn/weather/images/analysischart.jsp?type=S)
(http://weather.uwyo.edu/upperair/seasia.html)

• 상승응결고도(LCL, Lifting Condensation Level): 어느 공기덩어리를 강제로 상승시키면 건조단열감율선과 등혼합비선이 교차하는 고도에서 포화에 도달한다.

• 대류응결고도(CCL, Convective Condensation Level): 등혼합비선과 그 대기의 상태곡선이 교차하는 고도로서 가열된 공기덩어리가 건조단열감율선을 따라 상승했을 때 이 고도에서 주위의 기온보다 높으면 그대로 상승을 계속한다.

• 자유대류고도(LFC, Level of Free Convection): LCL에서 습윤단열감율선을 따라 계속 상승하여 그 대기의 상태곡선과 만나는 고도로서 그 이상의 고도에서는 상승한 공기덩어리의 기온이 주위의 기온보다 높으므로 스스로 상승을 계속한다.

• 평형고도(EL, Equilibrium Level): LFC에서 그 대기의 상태곡선을 따라 계속 상승하다가 습윤단열감율선과 만나는 고도로서 이 고도에서는 주위보다 기온이 낮으므로 더 이상 상승을 할 수 없다.

• 대류가용에너지(CAPE, Convective Available Potential Energy): LFC와 EL 사이에 그 대기의 상태곡선과 습윤단열감율선이 이루는 면적이다. 이 면적이 넓을수록 상승기류가 활발하므로 적란운이 발달하여 강한 뇌우와 폭우가 쏟아진다.

9-3. 안정도의 변화

일반적으로 기온이 높고 습도가 높은 대기가 어떤 외부의 힘에 의해 강제로 상승하게 되면 처음에는 건조단열감율로 기온이 하강하다가 포화에 이르면 습윤단열감율로 하강하므로 주위보다 온도가 높아 계속 상승하는 불안정한 상태가 된다.

상층의 대기가 아주 차가우면 하부의 공기가 상승하여 기온이 하강하더라도 상대적으로 기온이 낮으므로 불안정하게 된다. 경우에 따라서는 층별로 안정 또는 불안정한 대기가 겹쳐있는 경우도 있다.

대기는 끊임없이 이동하므로 안전한 항공기의 운항을 위해서는 가능하면 많은 자료를 수집하여 분석해야 하지만 안정도의 변화를 예상할 수 있는 몇 가지 기준은 다음과 같다.

• 상공에 차가운 공기가 들어오면 기온의 감소율이 커지므로 대기는 불안정하고, 상공에 따뜻한 공기가 들어오면 기온의 감소율이 적어지므로 대기는 안정하다.
• 상하의 공기가 난기류에 의해 혼합되면 혼합층의 기온감소율이 증가되어 건조단열감율에 가까워지므로 대기는 불안정해진다.
• 어느 대기층이 상승하면 팽창에 따라 대기층이 신장되어 기온감소율이 커져서 불안정하게 되고, 하강하면 압축에 의해 대기층이 수축되어 기온감소율이 적어져서 안정된다.
• 낮에 지표의 온도가 상승하면 대기의 기온감소율이 커지므로 대기는 불안정하게 되어 구름이 발생하고, 야간에 지표가 냉각되면 기온감소율이 적어지므로 대기는 안정되므로 안개가 발생할 수 있다.
• 밤낮의 안정성의 변화는 주로 지구 표면의 형태, 위도, 하늘의 상태(구름 및 오염물질), 포함된 수증기의 양 및 풍속의 영향을 받는다.
• 저위도 지역의 육상에서 맑은 하늘이고 건조하며 바람이 약할 때는 기온의 변화가 최대

가 되어 불안정하고, 고위도 지역의 해상에서 구름이 많고 습기가 많은 대기상태에서 바람이 강하면 기온의 변화가 줄어들어 안정된다.

9-4. 온위와 상당온위

고도가 다르면 기압이 다르다. 즉, 높이가 다른 임의의 장소의 열적인 성질을 비교하기 위한 것으로 온위(Potential Temperature)와 상당온위(Equivalent Potential Temperature)가 있다.

9-4-1. 온위

포화하지 않은 임의의 기압과 기온의 공기덩어리를 단열적으로 압축(하강) 또는 팽창(상승)시켜 1,000hPa의 기압면으로 이동시켰을 때의 기온을 절대온도(K)로 표시한 것을 온위라고 한다.

미포화 공기는 하강 또는 상승시켜도 그 공기덩어리의 온위는 변하지 않기 때문에(보존되기 때문에) 고도 또는 장소가 다른 대기의 열적인 성질을 비교하는데 이용한다.

단열선도의 건조단열감율선은 온위가 일정한 등온위선이다. 같은 기단에 속하는 공기덩어리라면 수평면상의 온위는 급격한 변화가 없다고 기대되므로, 어느 수평면상에서 급격히 온위가 변화하는 곳은 다른 종류의 기단이 접촉하고 있다고 생각되어 고층의 전선면을 체크하는데 사용한다.

9-4-2. 상당온위

포화에 이르지 않은 공기덩어리이든, 포화공기이든지 단열적으로 계속 상승시키면 기온이 낮아지고 최종적으로는 수증기가 모두 응결 또는 승화되어 완전히 건조한 공기가 될 것이다. 수증기를 완전히 응결시킨 건조공기를 1,000hPa의 기압면까지 단열적으로 이동시켰을 때의 기온을 절대온도(K)로 표시한 것을 상당온위라고 한다.

온위는 포화에 이르지 않은 공기덩어리를 전제로 하였으나, 상당온위는 상승과정에서 공기를 포화시켜 포함된 수증기의 잠열을 전부 흡수한다는 것을 가정하므로 상당온위가 온위보다는 항상 높다.

성질이 다른 기단은 온도와 습도의 차이가 크므로 수증기를 고려한 상당온위는 온위보다 기단과 전선의 해석에 유효하게 사용된다.

9-5. 안정도 지수

대기의 안정도를 측정하는 지수는 다양하게 개발되어 있다.

LI(Lifted Index), SSI(Showalter's Stability Index), KI(K-Index), CT(Cross Totals), TT(Total Totals), CAPE(Convective Available Potential Energy), SI(S-Index), SWEAT(Severe Weather Threat Index), TI(Thompson Index) 등이 있으나 항공기상에서 주로 참고하는 LI, SSI에 대하여 살펴본다.

9-5-1. LI(Lifted Index)

500hPa 기압면의 기온과 지구 표면의 공기덩어리를 500hPa까지 단열 상승시켰을 때의 기온과의 차이이다.

그림 9.6과 같이 500hPa 기압면의 기온을 관측하니 -18℃이고 지표의 기온이 28℃라면, 지구 표면의 공기덩어리를 500hPa까지 건조단열감율과 포화 후 습윤단열감율에 따라 상승시키면 -11℃이므로 LI값은 -7℃가 된다. LI값이 -7℃이면 매우 불안정한 대기이므로 어떤 힘에 의해 대기가 상승하면 강한 뇌

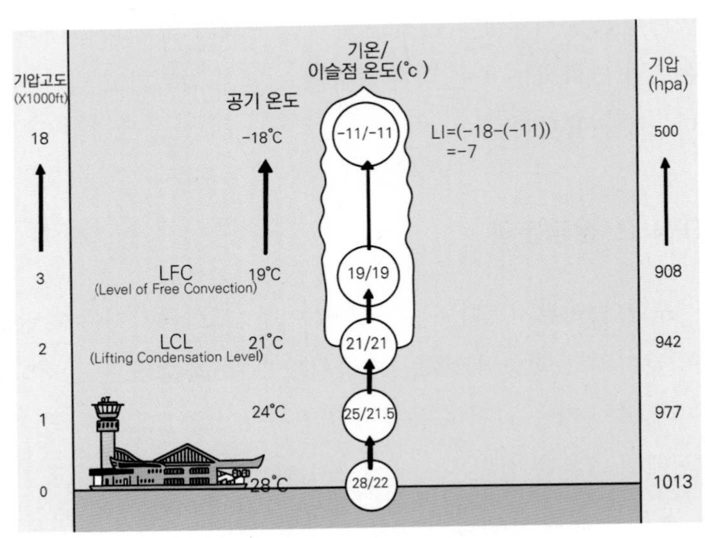

[그림 9.6] LI(Lifted Index)의 계산

우가 발생할 가능성이 있다.

기온과 이슬점 온도가 같아 구름이 생기기 시작하는 고도인 2,000ft를 상승응결고도(LCL, Lifting Condensation Level), 주위의 기온보다 기온이 더 높으므로 스스로 상승하는 고도인 3,000ft를 자유대류고도(LFC, Level of Free Convection)라고 한다.

LI에 따른 안정도의 판단기준

LI	안정도
6 〈 LI	매우 안정
1 〈 LI ≤ 6	약한 안정(뇌우 가능성 희박)
−2 〈 LI ≤ 1	약한 불안정
−6 〈 LI ≤ −2	약한 불안정(뇌우 가능성)
LI 〈 −6	매우 불안정(강한 뇌우 가능성)

9-5-2. SSI(Showalter's Stability Index)

500hPa 기압면의 기온과 850hPa 기압면에 있는 공기덩어리를 단열적으로 500hPa까지 상승시켰을 때 기온과의 차이를 쇼월트지수(SSI)라고 한다. 물론, 850hPa 기압면의 공기덩어리가 상승 중에 포화될 때까지는 건조단열감율로 계산하고 포화에 이르면 습윤단열감율로 기온이 하강한다고 가정하여 계산한다.

500hPa 기압면보다 하층에 있는 대기의 안정도를 예상하는 지수로서 SSI값이 클수록 대기는 안정, 작을수록 대기는 불안정한 상태로 평가할 수 있다.

쇼월트지수는 주로 여름철에 뇌우로 인한 낙뢰가 발생할 가능성이 있는지를 판단하는 기준으로 사용되고 고층일기도를 보고 계산하거나 일기도의 형태로 배포되는 경우도 있다.

SSI에 따른 미국의 안정도 판단기준

SSI	뇌우 가능성
0 〈 SSI ≤ 3	소나기 또는 약간의 낙뢰발생 가능성
−3 〈 SSI ≤ 0	뇌우 가능성 급증
−5 〈 SSI≤ −3	심한 뇌우 가능성
SSI 〈 −5	토네이도의 발생 가능성

9-6. 안정도와 항공기 운항

대기의 안정도에 따라 항공기의 운항에 미치는 영향은 매우 크므로 다음과 같은 판단의 기준을 가지고 대처하는 것이 좋다.

① 뇌우(Thunderstorm)는 항공기 운항에 가장 위험한 기상현상이므로 대기가 불안정하여 뇌우가 발생할 가능성이 있는 지역은 피하여 비행해야 한다.

② 소나기가 내리거나 상층에 수직으로 급격히 발달한 구름은 강한 상승기류나 난기류가 있으므로 그 지역은 피하여 비행해야 한다.

③ 맑은 하늘에 있는 적운은 그 구름의 아래쪽이나 구름 속은 대기가 불안정하므로 피해야 하지만 구름의 위쪽은 일반적으로 안정하다.

④ 수분의 공급이 없는 사막에서 회오리바람(Dust devils)이 발생한다는 것은 건조하지만 대기가 불안정하다는 증거이고 고층까지 불안정한 대기일 가능성이 있으므로 피하여 비행해야 한다.

⑤ 층운형의 구름이 있는 지역은 비교적 대기가 안정하지만 구름의 아래쪽은 시정이 좋지 않는 경우가 있으므로 주의해야 한다.

⑥ 지상부근에서 광범위하게 시정이 좋지 않은 경우에는 안정한 대기이지만 시정이 나빠 이착륙이 어려울 수 있으므로 주의해야 한다.

⑦ 뇌우가 층운형의 구름 속에 숨어 있을 수도 있으므로 광범위하게 발달한 층운형의 속으로 비행하는 경우에는 주의해야 한다.

⑧ 맑은 하늘이지만 이륙 후 상승 중에 일정한 비율로 혹은 급속히 기온이 낮아지면 불안정한 대기이고, 상승 중에 기온이 하강하지 않거나 비교적 하강율이 적으면 안정된 대기이다. 또한, 상승 중에 오히려 기온이 올라가면 역전층이 존재한다고 판단할 수 있다. 어떤 경우에는 불안정한 대기의 상층에 역전층이 존재하는 경우도 있다.

⑨ 날씨는 맑지만 지표부근의 온도가 높고 습도가 높으면 잠재적으로 불안정해질 가능성이 높고 적운형의 구름이 발생할 가능성이 높다고 판단할 수 있다.

10. 구름과 강수현상

구름(Cloud)은 하늘에 떠 있는 작은 물방울 또는 얼음입자의 집합체이고, 이들이 지표면 가까이에 떠다니면서 지상의 수평시정을 1km 미만으로 떨어뜨리는 것을 안개(Fog), 시정이 1km 이상인 것은 박무(Mist)라고 정의한다. 그러므로 안개가 하늘로 올라가면 구름이고 구름이 지면에 붙어 시야를 방해하면 안개 또는 박무이다.

구름과 안개 등은 모두 조종사의 시야를 방해하므로 이착륙은 물론이고 모든 단계의 항공기 운항에 영향을 미치는 매우 중요한 기상현상이다.

구름이 성장하여 중력에 의해 아래로 떨어지는 기상현상을 통틀어 강수현상(Precipitation)이라고 한다.

10-1. 구름의 발생

구름이 만들어지려면 대기 중에 포함되어 있는 수분인 수증기가 포화에 이르러 액체인 물방울 또는 고체인 얼음알갱이로 그 상태가 바뀌어야 한다.

대기의 최대포화수증기량은 기온과 밀접한 관계가 있고 기온이 내려갈수록 급격히 줄어든다. 따라서 대류권에서는 고도가 상승함에 따라 기온이 낮아지므로 포화에 이르지 않은 대기가 상승하여 기온이 낮아져야만 구름이 발생할 수 있다.

즉, 구름은 대기의 상승, 단열팽창, 냉각, 포화의 과정에 의해 발생한다. 그러나 지면의 안개는 대기가 상승하지 않더라도 지면의 냉각에 의해 포화된 결과로 발생한다.

반대로 대기가 하강하면 단열압축에 의해 기온이 상승하므로 최대포화수증기량이 늘어나기 때문에 구름은 수증기로 바뀌어 대기 중으로 사라진다. 따라서 하강기류가 있는 지역에서는 구름이 발생하지 않는다.

10-1-1. 구름의 발생원인

구름은 대류현상에 의한 대기의 상승, 저기압에 의한 대기의 상승, 전선에 의한 대기의 상승, 지형에 의한 대기의 상승, 또는 이들의 원인이 복합적으로 작용하여 구름이 발생한다.

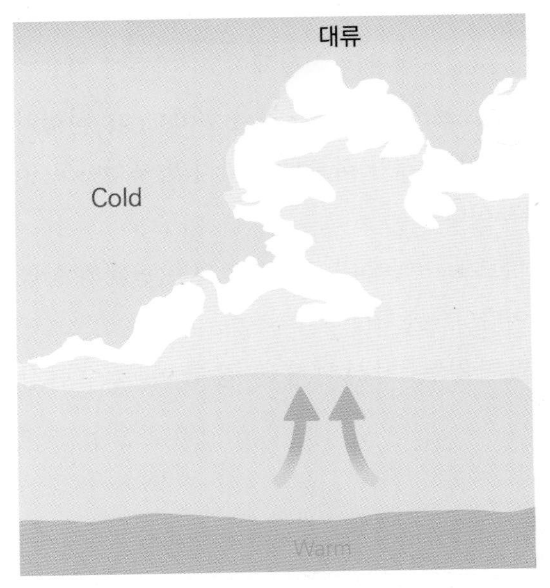

[그림 10.1] 대류에 의한 상승

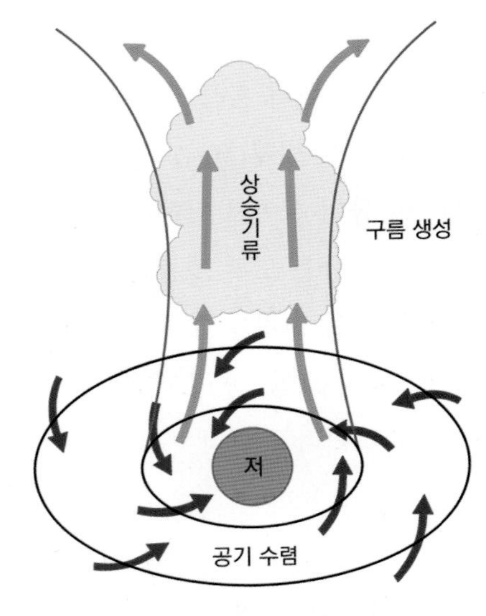

[그림 10.2] 저기압에 의한 상승

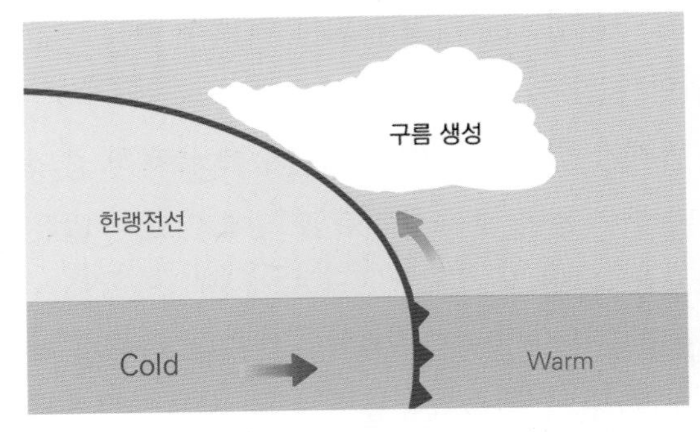

[그림 10.3] 전선에 의한 상승

[그림 10.4] 지형에 의한 상승

10-1-2. 구름의 특성

구름은 주로 수직으로 발달하는 적운형, 수평으로 발달하는 층운형, 고고도에서 발생하는 권운형으로 나눌 수 있다.

(1) 적운형(Cumulus type)의 구름

상하층의 기온의 차이가 클 때 대기가 불안정하여 생성되는 구름이다. 강한 상승기류로 인해 생성된 구름이므로 수직방향으로 발달하는 난기류가 있고 소나기성의 강수를 동반하지만 시정은 양호한 것이 특징이다.

(2) 층운형(Stratus type)의 구름

안정한 대기 중에서 대기의 냉각에 의해 생성되는 구름이다. 주로 수평방향으로 발달하는 구름이고 수직으로는 기류가 안정되어 있다. 난기류는 거의 없고 소나기성이 아닌 강수현상이므로 항공기 운항에 위험하지는 않으나 연무 등으로 인해 시정이 좋지 않다.

(3) 권운형(Cirrus type)의 구름

대기 중에 포함된 수분의 양이 극히 적은 고고도에서 생성되는 구름이다. 기온이 낮아 주로 얼음알갱이로 구성되어 있고 낙하하면서 바람을 따라 흐르는 형태의 구름이다. 기온이 낮은 곳에서 만들어진 구름이므로 수증기량이 적고 대기의 안정도는 양호하므로 구름 속을 비행하더라도 별 문제는 없다.

10-1-3. 구름의 종류

조종사에게 구름은 하늘의 길잡이와 같다고 할 수 있다. 구름의 종류에 따라 대기의 운동상태 및 안정도를 알 수 있기 때문에 사전에 안전한 비행을 계획하여 대처할 수 있다.

구름은 기온이 -4℃ 이상이면 거의 물방울 상태로 존재하고, −20℃ 이하이면 거의 얼음알갱이로 구성되어 있다. 기온이 −4℃보다 낮고 −20℃보다 높으면 작은 물방울과 얼음알갱이가 동시에 존재한다. 대기 중에 정지된 상태로 존재하는 순수한 물은 약 −40℃에 도달할 때까지도 얼지 않는 과냉각수(Supercooled water)로 존재한다고 알려져 있다.

(1) 구름의 10종 분류

미국의 기상청에서는 구름을 27가지로 분류하기도 하지만 세계기상기구(WMO)에서는 다음과 같이 하층운, 중층운, 상층운의 10가지로 분류하고 있다.

WMO-No.407 International Cloud Atlas

(https://cloudatlas.wmo.int/en/clouds-definitions.html)

구분	이름	국제명	기호	높이
상층운	권운 권적운 권층운	Cirrus Cirrocumulus Cirrostratus	Ci Cc Cs	- 극지방 3~8km(10,000~25,000ft) - 온대지방 5~13km(16,500~45,000ft) - 열대지방 6~18km(20,000~60,000ft)
중층운	고적운 고층운 난층운	Altocumulus Altostratus Nimbostratus	Ac As Ns	- 극지방 2~4km(6,500~13,000ft) - 온대지방 2~7km(6,500~23,000ft) - 열대지방 2~8km(6,500~25,000ft) ※ As: 보통 중층에 나타나지만 상층까지 발달하는 경우가 많다. ※ Ns: 보통 중층에 나타나지만 상층 및 하층까지 발달하는 경우가 많다.
하층운	층적운 층운	Stratocumulus Stratus	Sc St	- 지표부근~2km(0~6,500ft) ※ Cu, Cb: 운저가 보통 하층에 있지만 운정은 중·상층까지 발달하는 경우가 많다.
	적운 적란운	Cumulus Cumulonimbus	Cu Cb	

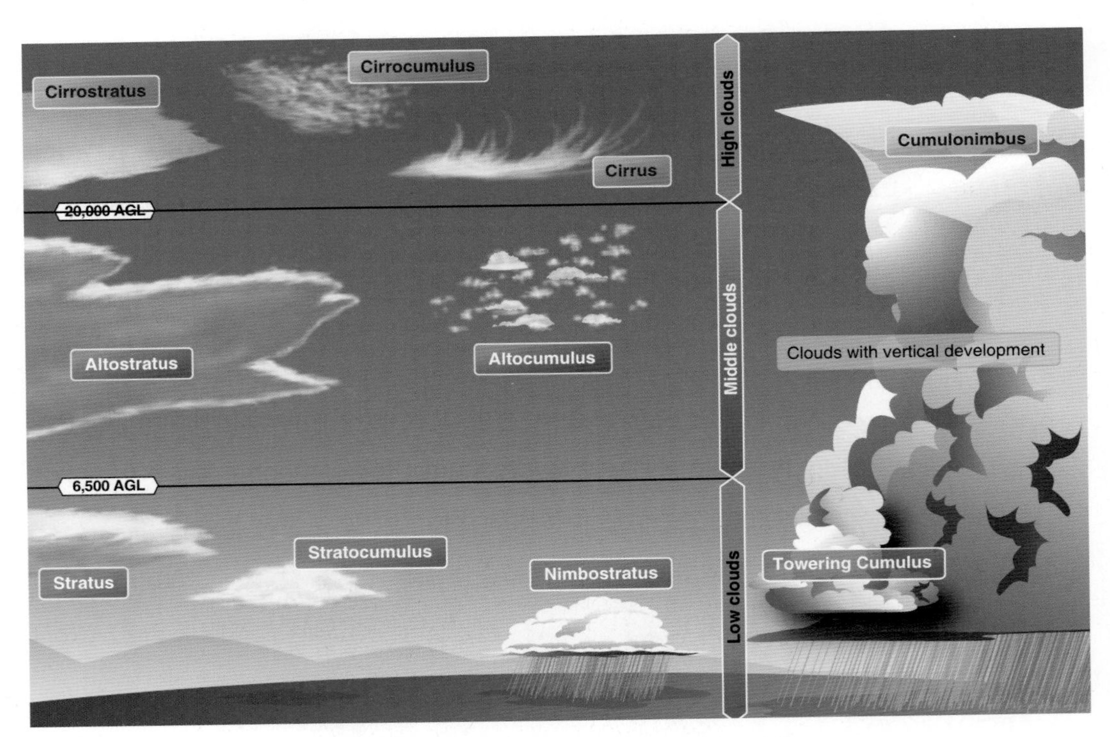

[그림 10.5] 구름의 종류 (FAA-H-8083-25B)

다음은 구름의 전형적인 모양과 그 구름의 특징으로서 WMO의 사진목록에서 인용한다. (https://cloudatlas.wmo.int/en/definitions-of-clouds.html)

① 권운(Ci)

머리빗살 또는 새털처럼 보이고 작은 얼음알갱이가 햇빛에 반사되어 하얗게 보인다. 제트기류의 적도 쪽에서 대기의 상승운동에 따라 공급된 수증기에 의해 발생하는 구름이다. 권운이 있으면 북(남)반구에서는 그 북(남)쪽에 제트기류가 흐르고 있다고 판단할 수 있다. 극히 작은 얼음알갱이이므로 권운 자체가 항공기의 운항에 위험을 주지는 않는다.

[그림 10.6] 권운(Ci, Cirrus)

② 권적운(Cc)

부분적으로 상승기류가 있으므로 두께는 얇지만 적운형이므로 얼룩이나 반점 모양으로 보인다. 잔잔한 파도처럼 흐르면서 하얗게 보이며 극히 작은 얼음알갱이로 이루어져 있다.

[그림 10.7] 권적운(Cc, Cirrocumulus)

③ 권층운(Cs)

두께가 비교적 얇은 층운형의 구름으로서 하얀색으로 넓게 퍼져 있다. 이 구름이 전체의 하늘을 덮고 있는 경우에는 햇빛을 가려 날씨가 흐린 경우가 많다.

[그림 10.8] 권층운(Cs, Cirrostratus)

④ 고적운(Ac)

권적운보다는 크기가 큰 얼룩이나 반점으로 보인다. 양떼가 몰려다니는 것처럼 보인다고 하여 양떼구름이라고도 한다. 부분적인 상승기류에 의해 만들어진 적운형의 구름이고 작은 물방울과 얼음알갱이로 구성되어 있으므로 하얀색 또는 회색으로 보인다. 적운형이므로 피하여 비행하는 것이 좋다.

[그림 10.9] 고적운(Ac, Altocumulus)

⑤ 고층운(As)

전체의 하늘을 덮고 있는 경우가 많고 주로 작은 물방울로 구성되어 있으므로 회색으로 보이며 발달할수록 강수현상이 있을 가능성이 높아진다. 층운형이지만 항공기의 착빙 가능성이 높은 구름이다(그림 10.10).

고적운 또는 고층운의 구름에서 떨어져 나온 물방울이나 얼음덩어리가 낙하하다가 지표면 가까이의 기온이 높으면 증발하여 지표면에는 도달하지 않는 구름을 꼬리구름(Virga)이라고 한다(그림 10.11).

강수가 시작되는 구름층은 수직으로 보이지만 증발이 시작되는 끝부분은 지면과 수평으로 길게 보이므로 붙여진 이름이다. 우리나라에서는 보기 드문 구름이지만 복사열이 강한 내륙지방의 공항에서는 상공에는 강수현상이 있지만 활주로 가까이에는 비가 오지 않는 현

[그림 10.10] 고층운(As, Altostratus)

[그림 10.11] 꼬리구름(Virga)

상이 발생할 수 있다.

⑥ 난층운(Ns)

전체의 하늘을 두껍게 덮고 있는 어두운 회색의 구름으로서 강수현상이 있다. 주로 전선이나 태풍이 통과할 때 발생하는 경우가 많다. 층운형이지만 항공기의 착빙 가능성이 높은 구름이다.

[그림 10.12] 난층운(Ns, Nimbostratus)

⑦ 층적운(Sc)

고적운보다 낮은 고도에서 발생하고 논두렁 모양으로 길게 늘어져 보인다. 주로 작은 물방울로 이루어져 있고 전체하늘을 덮고 있는 경우가 많으나 사이사이 파란 하늘이 보이는 경우도 많다.

[그림 10.13] 층적운(Sc, Stratocumulus)

⑧ 층운(St)

저고도에서 수평으로 발달한 구름이지만 얼룩져 보이는 경우도 많다. 약한 강수현상이 있는 경우도 있고 지표에 접한 경우에는 안개 또는 박무로 부르는 구름이다.

[그림 10.14] 층운(St, Stratus)

⑨ 적운(Cu)

일반적으로 안정한 대기 중에서 지면의 가열에 따른 대류현상으로 발생하는 구름으로서 작은 물방울로 구성되어 있다.

대류현상이 계속되면 대기가 불안정해지면서 상공으로 발달하는 탑상적운(TCu, Towering Cumulus)으로 성장하고 그 성분은 주로 작은 물방울이다.

[그림 10.15] 적운(Cu, Cumulus)

탑상적운(TCu)은 적운(Cu)이 수직으로 강하게 발달하는 구름으로서 계속 발달하면 적란운(Cb)으로 분류한다.

⑩ 적란운(Cb)

적운이 상승기류가 계속되면 잠열의 발생으로 인해 더욱 불안정하게 되어 적란운으로 발전한다. 강하게 발달한 적란운은 지름이 10km에 이르고 상층은 대류권계면에 다다르며 그 상층의 성분은 얼음알갱이가 대부분이므로 햇빛에 반사되어 하얗게 빛이 나고 경계가 뚜렷하다.

[그림 10.16] 적란운(Cb, Cumulonimbus)

수직으로 발달하는 적운 또는 탑상적운도 항공기 운항에 위험한 구름이지만 적란운은 가장 위협적인 구름이다. 강한 상승기류와 하강기류에 의해 난기류, 우박, 천둥번개, 폭우 등이 발생하므로 적란운은 구름의 크기에 상관없이 피하여 비행해야 한다.

(2) 산악파에 의한 구름

높은 산 또는 산맥에 수직으로 강한 바람이 불면 산에 부딪힌 공기가 상승하면서 구름이 생기지만 산의 반대쪽에도 산악파(Mountain wave)의 영향으로 구름이 발생한다. 산악지형의 상공에 발생하는 구름의 형태를 보고 산악파의 강도를 예상할 수 있으므로 항공운항에서는 중요한 구름이다.

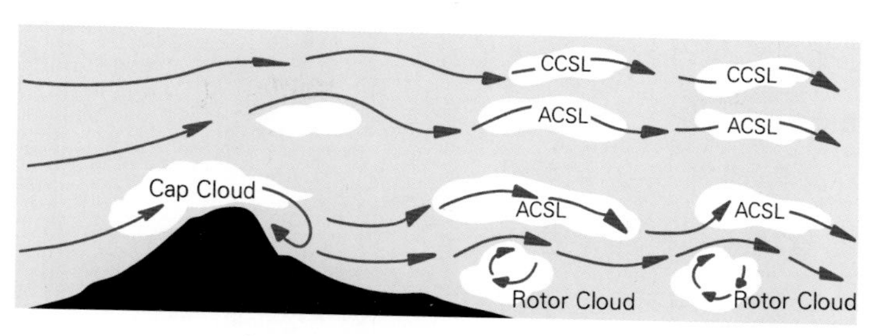

[그림 10.17] 산악파에 의한 구름

산악파로 인한 구름은 그 모양에 따라 다음과 같이 분류한다.

① CCSL: CirroCumulus Standing Lenticular Cloud

② ACSL: AltoCumulus Standing Lenticular Cloud

③ Cap Cloud/Pendant Cloud

④ Rotor Cloud

(3) 항적운

기온이 낮은 고고도를 비행하는 항공기에 의해 발생하는 구름을 항적운(Contrail, Condensation trail) 또는 비행운이라고 한다.

항적운이 발생하는 원인은 다음의 두 가지가 있다.

① 배기가스에 의한 항적운(Exhaust contrail)

제트항공기의 연료가 연소하면 필연적으로 물이 생긴다. 그 이유는 항공유의 주성분인 에탄올(C_2H_6O)과 산소(O_2)가 결합하여 이산화탄소(CO_2)와 물(H_2O)로 전환되기 때문이다($C_2H_6O+3O_2=2CO_2+3H_2O$). 이때 배기가스와 같이 나온 미세한 물방울이 대기를 포화 혹은 과포화시켜서 항적운이 발생한다.

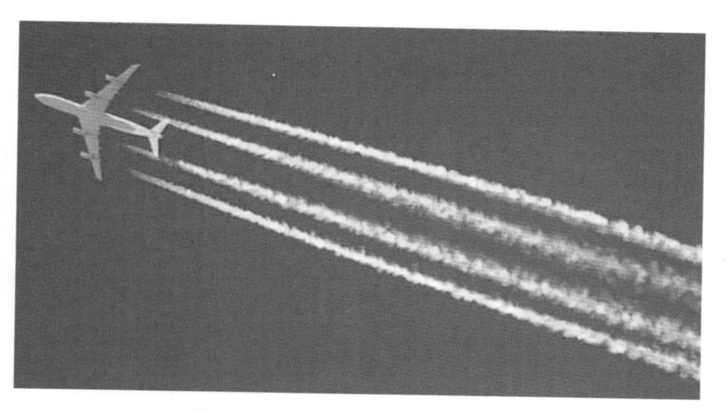

[그림 10.18] 전형적인 항적운
(https://www.britannica.com/science/vapor-trail)

② 공력적 원인에 의한 항적운
(Aerodynamic contrail)

거의 포화에 가까운 대기 중을 비행하는 경우, 항공기의 날개나 엔진의 주변 또는 프로펠라의 주변에는 일시적으로 기압이 저하한다. 기압이 떨어지면 대기가 팽창하므로 기온이 저하되어 포화상태가 되므로 일시적으로 구름이 발생한다.

또한 항공기가 두께가 얇은 구름 속을 비행하는 경우, 항공기의 엔진에서 발생하는 배기가스가 기온을 상승시켜 구름의 일부를 증발시키기 때문에 항공기가 비행한 지역만 구름이 없어지는 현상이 나타난다. 이러한 현상을 항적소산(Distrail, Dissipation trail)이라고 한다.

[그림 10.19] 항적소산
(https://cloudatlas.wmo.int/en/home.html)

10-1-4. 구름과 항공운항

구름이 없는 맑은 하늘에서는 조종사의 눈으로 대기의 상태를 판단할 수 없다. 조종사가 구름의 생성원인, 구름의 종류 및 특성을 알고 있으면 구름을 보고 그 대기의 안정과 불안정 등의 대기상태를 사전에 알 수 있기 때문에 안전운항이 가능하다. 그래서 구름을 하늘의 이정표라고도 한다.

공항주변의 구름상태에 관한 정보는 비행계획 및 실제 이착륙하는 항공기에게 매우 중요하다. 따라서 출발비행장, 목적비행장 및 교체비행장의 구름 상태를 면밀히 파악하여 안전한 이륙 및 상승, 진입 및 착륙의 가능 여부를 파악해야 한다.

또한 적란운과 같이 비행에 매우 위협적인 구름의 존재 여부를 사전에 파악하여 안전운항에 최선을 다해야 한다.

10-2. 강수현상

매일 맑고 쾌청한 날씨만 계속된다면 비행하는데 별 문제는 없겠지만 대기 중에 포함되어 있는 수분은 고체인 얼음, 액체, 그리고 기체로 그 형태를 바꾸면서 다양한 기상현상을 일으킨다.

강수현상(Precipitation)은 액체 또는 고체의 수분이 대기로부터 떨어져 지구 표면에 도달하는 현상으로서 이슬비(Drizzle), 비(Rain), 눈(Snow), 쌀알눈(Snow grains), 얼음알갱이(Ice crystals), 얼음싸라기(Ice pellets), 언 비(Freezing rain), 우박(Hail), 싸락 우박(Small hail), 눈싸라기(Snow pellets) 등이 있다.

10-2-1. 강수의 종류

강수현상이 일어나려면 수증기를 포함한 대기가 그 수증기를 액체 또는 고체인 얼음알갱이인 구름을 만들 수 있는 충분한 상승기류가 있어야 하고 구름의 입자가 무거운 강수의 형태로 성장할 수 있어야 한다.

강수현상으로 발전하기 위해서는 구름의 두께가 최소 4,000ft 이상이어야 한다고 알려져 있다.

항공기상에서 주로 취급하는 강수현상과 그 기호는 다음과 같다.

① 이슬비(DZ, Drizzle): 지름 0.5mm 미만의 작은 물방울이 일정하게 내리는 강수

② 비(RA, Rain): 지름 0.5mm 이상의 물방울 형태의 강수

③ 눈(SN, Snow): 하얀 색의 반투명 6각형의 얼음결정으로 내리는 강수

④ 쌀알눈(SG, Snow grains): 지름 1mm 미만의 백색 또는 투명한 얼음입자로서 일반적으로 층운형의 구름에서 생성되어 내리는 강수

⑤ 얼음알갱이(IC, Ice crystals): 맑은 하늘에 떠 있는 것처럼 보이는 미세한 얼음의 결정체로서 빙정이라고도 한다.

⑥ 얼음싸라기(PL, Ice pellets): 차가운 빗방울이 어는점(Freezing point) 이하의 두터운 층을 낙하하면서 다시 동결하여 형성된 미세한 얼음알갱이

⑦ 언 비(FZRA, Freezing rain): 비교적 두께가 얇은 어는점(Freezing point) 이하의 대기층을 낙하하는 과냉각의 물방울(Supercooled water)로서 항공기에게 위험한 착빙을 일으킨다.

⑧ 우박(GR, Hail): 지름 5mm 이상의 투명 또는 불투명한 얼음입자

⑨ 싸락 우박(GS, Small hail): 반투명의 작은 얼음입자로서 얼음싸라기보다는 입자가 크다.

⑩ 눈싸라기(GS, Snow pellets): 지름 5mm 미만의 얼음입자로서 싸락눈이라고도 한다.

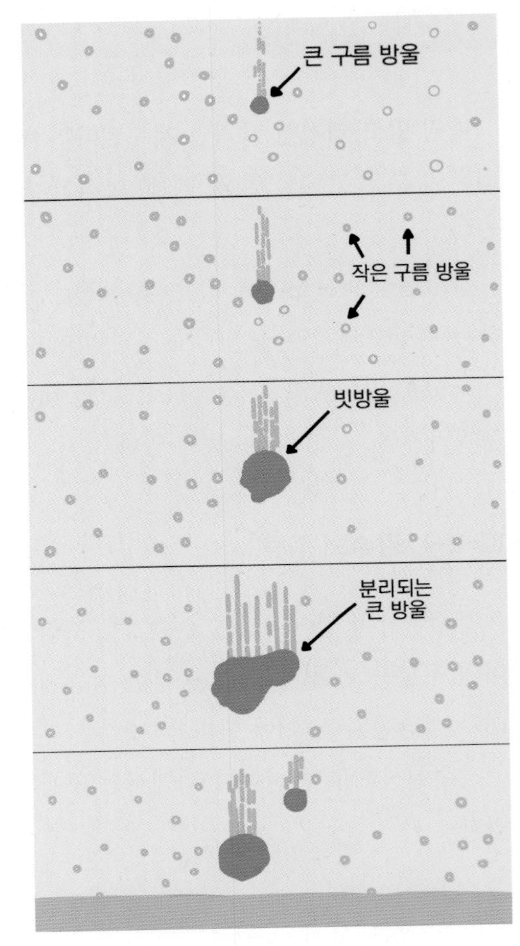

[그림 10.20] 강수의 성장과정

10-2-2. 강수와 항공운항

구름을 구성하는 물방울 또는 얼음알갱이가 성장하여 무거워져서 낙하하는 것이 강수현상이다. 강수현상 그 자체가 항공기의 운항을 위협하는 경우도 있지만 주로 저고도에서 시정을 나쁘게 한다.

① 바람이 육지에서 수면으로 불 때보다 수면에서 육지로 불 때가 대기 중에 포함된 수증기가 많으므로 구름의 양이나 안개 또는 강수가 증가한다.

② 수증기를 많이 포함한 대기가 바람을 타고 경사면을 따라 불어 올라가면 산의 정상에서는 구름의 양이 많아지고 안개나 강수현상이 증가한다.

③ 수온이 높은 호수에 차가운 바람이 불어오면 위쪽의 대기가 불안정하여 소나기가 발생하고, 반대로 수온이 낮은 호수에 따뜻한 바람이 불어오면 안정한 대기이므로 안개가 발생한다.

④ 비가 내릴 때의 구름의 높이는 적어도 4,000ft 이상이고 비의 양이 증가할수록 구름의 두께가 두껍다고 판단해야 한다.

⑤ 항공기의 착빙(Icing)은 기온이 영하인 과냉각수(Supercooled water)의 공역(구름 속, 강수 지역)을 비행할 때 발생한다.

11. 기단과 전선

공기는 열전도율이 매우 낮아 기온, 습도 등 물리적 특성이 다른 공기는 짧은 시간에 서로 열이 전달되기도 어렵고 잘 혼합되지도 않는 성질이 있다. 거대한 대기 집단(기단)의 특성에 따라 기상현상도 다르게 나타나고, 서로 다른 특성을 지닌 대기의 집단이 서로 접속한 지역(전선)에서는 기상현상의 변화가 심하게 일어난다.

11-1. 기단

수평방향으로 적어도 1,000km 이상의 광범위한 지역에서 기온과 습도 등과 같은 대기의 물리적인 특성이 거의 같은 집단을 기단(Air mass)이라고 한다.

기온과 습도가 거의 비슷한 기단이 한 지역에 장시간 정체하거나 또는 천천히 이동하는 경우, 지구 표면에 접한 공기는 표면의 성질을 그대로 전달받게 되어 지구 표면과 같은 성질을 가지게 된다.

극지방과 같은 고위도 지역, 열대지방과 같은 저위도 지역, 대륙, 사막 또는 해양, 고기압 또는 저기압 지역 등과 같이 기단이 형성되는 지역을 기단의 발원지(Source region)라고 한다. 기단이 그 발원지에 머무는 시간이 길수록 그 표면의 특성을 얻을 확률이 높아진다.

11-1-1. 기단의 분류

기단은 발원지의 습도 또는 기온에 따라 분류하고 발원지에서 이동한 지역의 온도에 따른 분류를 추가하기도 한다.

발원지가 대륙이면 건조하고 대양이면 습도가 높을 것이다. 발원지가 극지방에 가까울수록 기온이 낮고 적도에 가까울수록 기온이 높을 것이다. 발원지에서 차가운 지역으로 이동하면 계속하여 기온은 낮아질 것이고 따뜻한 지역으로 이동하면 계속하여 기온은 높아질 것이다.

① 제1분류(소문자): 발원지의 습도에 따른 분류
- 대륙성(c, continental)기단: 건조한 특성이 있다.
- 해양성(m, maritime)기단: 습도가 높다.

② 제2분류(대문자): 발원지의 기온에 따른 분류
- 극(A, arctic)기단
- 한대(P, Polar)기단
- 열대(T, Tropical)기단
- 적도(E, Equatorial)기단

③ 제3분류(소문자): 발원지에서 이동한 지역의 온도에 따른 분류
- 차가운 경우(k, kalt = cold)
- 따뜻한 경우(w, warm)

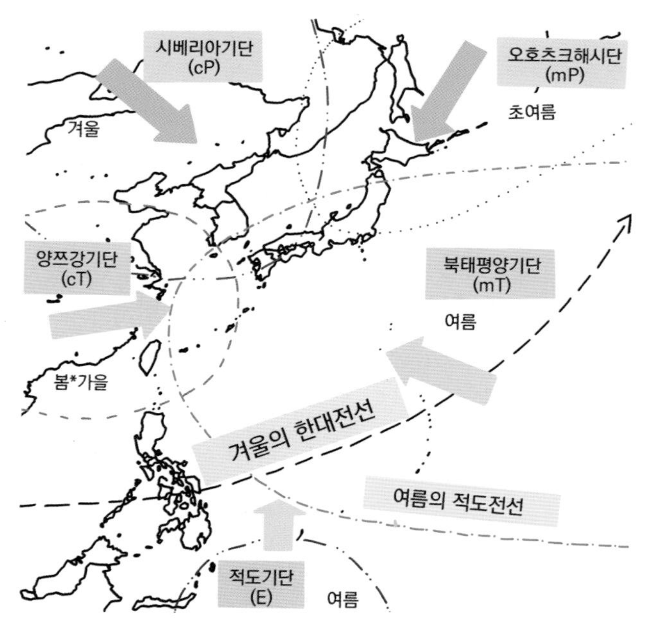

[그림 11.1] 우리나라 주변에 나타나는 기단의 종류

계절별로 우리나라 주변에 영향을 미치는 기단의 종류는 대체로 다음과 같다.

① 겨울에는 주로 대륙성 한대한기단(cPk)인 시베리아 기단의 영향을 받으므로 기온이 낮고 건조하다.

② 초여름 또는 늦은 여름에는 주로 해양성 한대한기단(mPk)인 오호츠크해 기단의 영향을 받으므로 적당한 습도로 선선하다.
③ 여름에는 주로 해양성 적도난기단(mEw) 또는 해양성 열대난기단(mTw)인 북태평양 기단의 영향을 받으므로 기온과 습도가 높다.
④ 봄과 가을에는 대륙성 열대난기단(cTw)인 양쯔강 기단의 영향을 받으므로 습도와 기온이 적당하다.

11-1-2. 기단의 변질

기단이 발원지에서 점차 이동하여 멀어지면 그 이동경로 표면의 특성을 획득하면서 변화하는데 이를 기단의 변질(Air mass modification)이라고 한다.

예를 들어, 차가운 기단이 따뜻한 지구 표면으로 이동하면 아래쪽에서부터 가열되므로 대기가 불안정하게 되어 소나기성의 강수가 발생할 가능성이 높아진다.

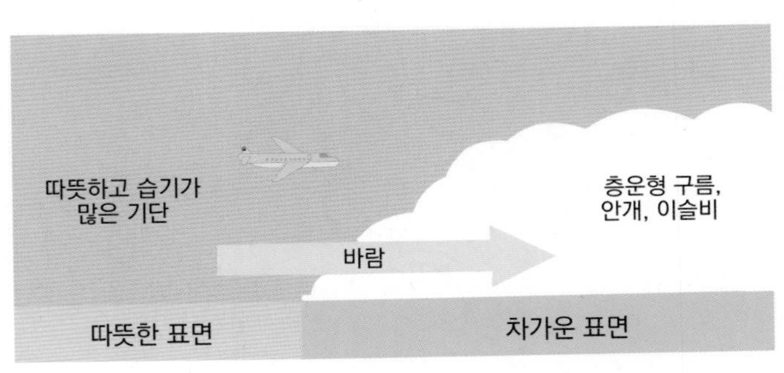

[그림 11.2] 기단의 변질(Air mass modification)

반대로 그림 11.2와 같이 따뜻한 기단이 차가운 지구 표면으로 이동하면 아래쪽에서부터 냉각되므로 안정도는 증가되고 냉각이 계속되어 이슬점 온도에 도달하면 층운이나 안개가 발생할 가능성이 높아진다.

또한, 수면이 공기보다 따뜻하면 증발이 일어나 층운이나 안개가 발생할 가능성이 높아진다.

미국의 5대호와 같은 거대한 호수주변에 나타나는 기상현상을 호수효과(Lake effect)라고 한다(그림 11.3). 주로 가을 또는 겨울에 차갑고 건조한 대기가 상대적으로 따뜻한 호수를 건너면서 변질되어 눈과 같은 강수현상을 일으키기도 한다.

각 기단의 안정도에 따라 기상의 특징이 결정된다. 어느 기단이 성질이 다른 기단의 위로

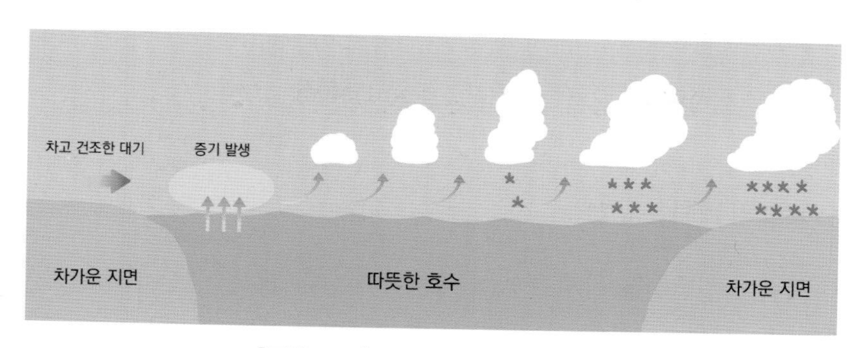

[그림 11.3] 호수효과(Lake effect)

올라가면 고도에 따라 다른 특성을 갖는다.

대기는 고도가 상승함에 따른 기온의 감소율이 클수록 불안정해진다.

불안정한 기단은 적운형(Cumulus type)의 구름, 소나기성 강수, 난기류 등이 발생하지만 시정은 양호하다.

안정한 기단은 층운형(Stratus type)의 구름, 일반적인 강수, 안정된 기류 등이 발생하지만 연무나 연기 등 시정의 악화를 초래한다.

불안정한 기단의 난기류나 뇌우 또는 안정한 기단의 시정장애 등은 항공기의 운항에 위험한 영향을 미친다.

11-2. 전선

기단이 발원지로부터 이동하여 특성이 다른 기단과 만나게 되면 두 개의 기단 사이에 경계가 생기는데 이 경계선을 전선(Front)이라고 한다.

물과 기름을 섞으면 밀도가 낮은 기름은 밀도가 높은 물의 위에 뜨면서 경계층을 이루는 것과 같이, 밀도가 높은 차가운 기단과 상대적으로 밀도가 낮은 따뜻한 기단이 서로 만나면 차가운 기단이 따뜻한 기단의 밑으로 가라앉으면서 경계를 이루게 된다.

두 개의 기단이 접촉하고 있는 곳에서는 공기가 서로 활발하게 혼합되고 있다. 그 혼합층의 높이는 약 1~2km, 폭은 수십 또는 수백km에 이른다. 이 경계층을 전이층(Transition layer) 또는 전선면(Frontal surface)이라고 하며 이 지역을 통틀어 전선대(Frontal zone)라고 한다.

지구 표면과 이동 중인 전선면의 앞쪽이 접한 경계선을 일반적으로 전선이라 하고, 상층의 등압면과 전선면의 앞쪽이 접한 경계선은 상층전선이라고 한다.

11-2-1. 기상요소의 변화

서로 다른 기단이 경계선을 이루고 있기 때문에 전선대에서는 모든 기상요소가 변화하게 된다. 전선에서 나타나는 기상현상은 대기 중에 포함되어 있는 수증기의 양, 상승하는 기단의 안정도, 전선의 경사도 및 이동속도, 상층에 부는 바람의 방향과 속도에 따라 다양하게 나타난다.

전선을 통과하여 비행하는 항공기는 다음과 같은 기상요소의 변화에 주의해야 한다.

(1) 기온

전선은 기단과의 상대적인 기온의 차이에 따라 형성된 지역이므로 전선을 경계로 기온이 현저하게 변하며, 전선대의 폭이 좁을수록 기온의 변화경도가 크다.

안전한 비행을 위하여 전선을 통과한 후에는 최신기압을 입수하여 고도계를 수정하여야 한다. 특히, 기온이 높은 기단에서 낮은 기단 쪽으로 비행할 때는 고도계의 고도보다 더 낮게 비행하게 되므로 저고도로 비행하는 경우에는 매우 위험하다.

(2) 습도

전선을 경계로 이슬점 온도와 습수가 현저하게 변하므로 구름과 강수현상도 전선을 경계로 다르게 나타난다. 특히, 대륙성기단과 해양성기단이 접한 전선에서는 습도의 차이가 심하다.

발원지가 같은 대륙성기단과의 전선이나 해양성기단과의 전선에서도 서로 발원지가 다르기 때문에 습도는 다를 수 있다.

(3) 바람

전선을 경계로 풍향 또는 풍속의 변화, 풍향과 풍속의 변화가 동시에 일어나기도 하지만 풍향의 급격한 변화가 항공기의 운항에 더 위험한 영향을 미친다. 급격한 풍향의 변화에 따라 윈드시어(Wind shear)가 발생할 수도 있으므로 주의해야 한다.

(4) 기압

전선은 저기압을 동반하는 경우가 많고 기압골(Trough)에서 나타나므로 전선을 경계로 기압이 현저하게 변하며, 전선대의 폭이 좁을수록 기압의 변화경도가 크다.

안전한 비행을 위하여 전선을 통과한 후에는 최신기압을 입수하여 고도계를 수정하여야 한다. 특히, 기압이 높은 기단에서 낮은 기단 쪽으로 비행할 때는 고도계의 고도보다 더 낮게 비행하게 되므로 저고도로 비행하는 경우에는 매우 위험하다.

11-2-2. 전선의 종류

전선은 기단의 이동경향에 따라 다음과 같이 크게 네 종류로 나눈다.

일기도에 사용되는 전선의 기호는 컬러로 표시되는 일기도에서는 다음과 같은 색으로 표시하고 흑백으로 표시되는 일기도에서는 모두 검정색으로 표시한다.

전선	기호	정의
한랭전선		차가운 기단이 따뜻한 기단 쪽으로 이동하는 전선
온난전선		따뜻한 기단이 차가운 기단 쪽으로 이동하는 전선
정체전선		거의 움직이지 않고 정체해 있는 전선
폐색전선		한랭전선이 온난전선 또는 정체전선을 추월하여 합쳐진 전선

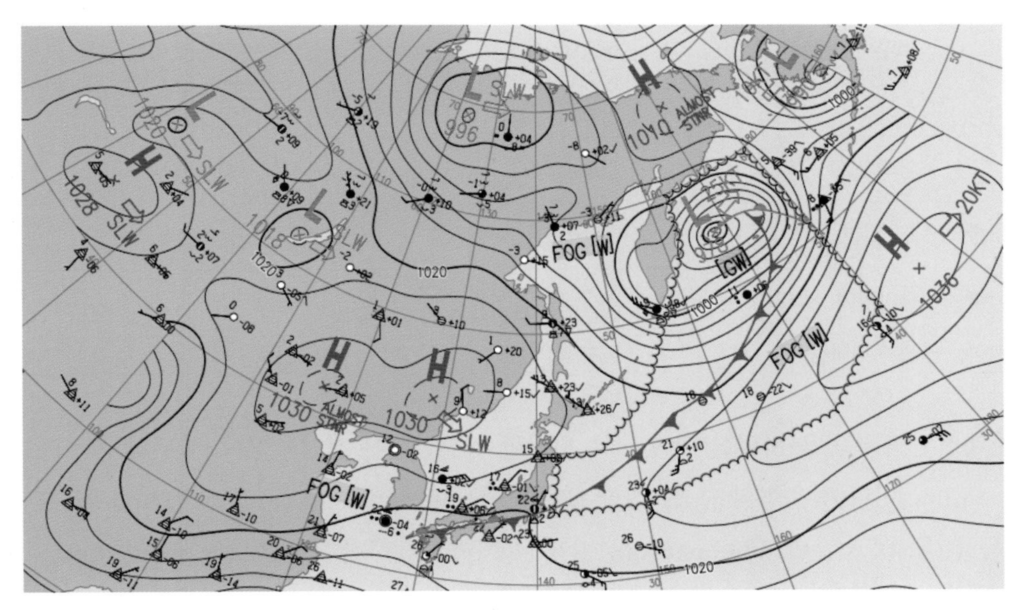

[그림 11.4] 지상일기도의 전선

(1) 한랭전선(Cold front)

상대적으로 차가운 기단이 따뜻한 기단 쪽으로 이동하는 전선면의 앞쪽이 한랭전선이다.

전선의 이동속도는 마찰층의 위쪽으로 고도 약 2,000~3,000ft에 부는 풍속과 같고 일반적으로 약 25kt정도의 속도로 이동하며 북반구에서는 북쪽 또는 북서쪽에서 남쪽 또는 남동쪽으로 이동한다.

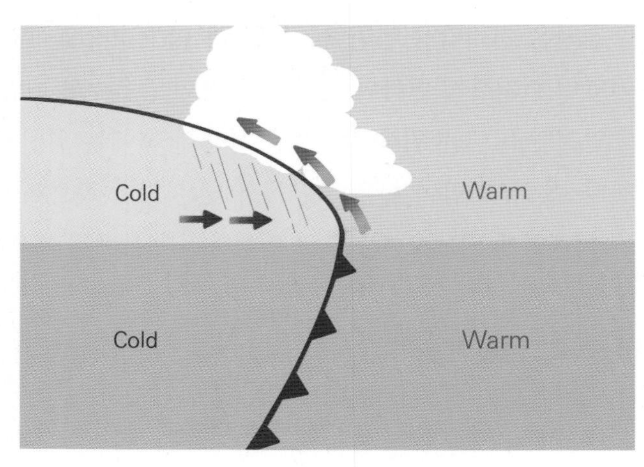

[그림 11.5] 한랭전선의 단면도와 평면도

차가운 기단이 따뜻한 기단의 밑으로 파고들면서 이동하므로 전선의 경사도는 약 1/50~1/150 정도로 온난전선에 비해 가파른 편이고 상승기류가 빠르기 때문에 수직으로 발달하는 적운형의 구름이 발생하고 짧은 시간에 강한 강수가 있거나 천둥번개를 동반한 소나기가 내리는 경우가 많다.

한랭전선에서 나타나는 특징

요소	통과 전	통과 중	통과 후
기압	계속 하강	최저치 도달 후 급상승	계속 상승
바람	(북반구)남동풍 또는 남서풍 (남반구)북동풍 또는 북서풍	돌풍이 불고, 풍향과 풍속이 자주 변화	(북반구)북풍 또는 서풍, 북서풍 (남반구)남풍 또는 서풍, 남서풍
기온	온난함	갑자기 하강	계속하여 하강
이슬점 온도	거의 일정	갑자기 하강	계속하여 하강
구름	Ci와 Cs가 증가 후, Cb 또는 TCu 증가	Cb 또는 TCu 증가	Cu 또는 Sc 후 개임
강수	단기간에 소나기	소나기성의 강한 비 또는 눈, 때로는 천둥번개를 동반한 우박	점차 개임
시정	점차 나빠짐	점차 좋아짐	양호

한랭전선의 부근을 비행할 때 만나는 위험한 기상현상은 전선의 앞쪽에 나타나는 스콜선(Squall line)이나 적운형의 구름, 심한 요란(Severe turbulence), 윈드시어(Wind shear), 심한 돌풍(Gust), 뇌우(Thunderstorm), 번개(Lightning), 심한 소나기(Severe shower), 우박(Hail), 착빙(Icing), 토네이도(Tornado) 등이 있으므로 주의해야 한다.

(2) 온난전선(Warm front)

상대적으로 따뜻한 기단이 차가운 기단 쪽으로 이동하는 전선면의 앞쪽이 온난전선이다.

전선의 이동속도는 비교적 느려서 한랭전선의 이동속도의 약 1/2정도이고 평균 약 10kt정도로 북반구에서는 남쪽 또는 남서쪽에서 북쪽 또는 북동쪽으로 이동한다.

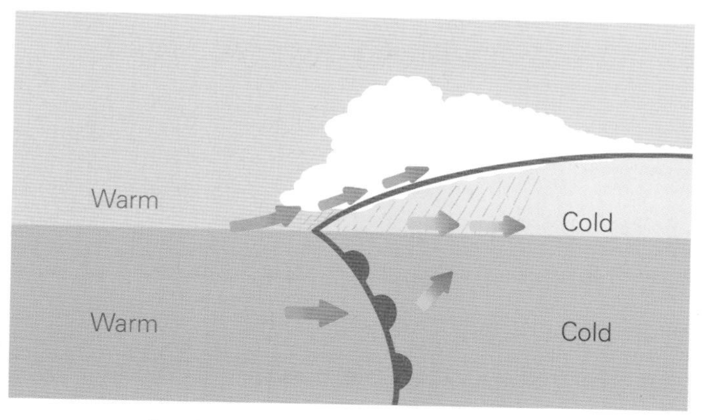

[그림 11.6] 온난전선의 단면도와 평면도

따뜻한 기단이 차가운 기단의 위로 천천히 상승하면서 이동하므로 전선의 경사도는 약 1/100~1/300 정도로 한랭전선에 비해 완만하다. 구름과 강수현상은 주로 전선의 앞쪽에 발생한다.

온난전선에서 나타나는 특징

요소	통과 전	통과 중	통과 후
기압	하강	변화 없음	약간 상승 후 하강
풍향	(북반구)남풍 또는 남동풍 (남반구)북풍 또는 북동풍	자주 바뀜	(북반구)남서풍 또는 남풍 (남반구)북서풍 또는 북풍
기온	서늘하다 점차 따뜻해짐	서서히 상승	따뜻하게 변한 후 일정
이슬점 온도	서서히 상승	일정	상승 후 일정
구름	점차 Ci, Cs, As, Ns, St, 안개순으로 나타남, 여름철에는 때때로 Cb 발생	층운형의 구름	점차 개임
강수	약한 비 또는 눈	이슬비	이슬비 후 점차 개임
시정	점차 나빠짐	점차 좋아짐	대체로 양호

온난전선의 부근을 비행할 때 만나는 위험한 기상현상으로는 광범위한 지역에 걸쳐 안개 또는 박무가 발생하고 낮은 구름으로 인한 시정장애가 일반적이다. 차가운 기단의 기온이 어는점 이하일 때는 언 비(Freezing rain)나 얼음싸라기(Ice pellets)가 내리고, 여름철에는 천둥번개(Thunderstorm), 겨울철에는 심한 착빙(Severe icing)도 발생할 수 있으며, 하층의 윈드시어(Low level wind shear)는 온난전선의 앞쪽에서 6시간 이상 지속되기도 하므로 주

의해야 한다.

(3) 정체전선(Stationary front)

두 기단의 세력이 비슷하여 서로 균형을 이루어 크게 움직이지 않고 정체해 있다고 하여 정체전선이다. 상공의 바람은 전선을 경계로 서로 반대 방향으로 평행하게 불고, 지상풍은 저위도에서는 서풍, 고위도에서는 동풍이지만 명료하게 구분되지 않는 경우가 많다.

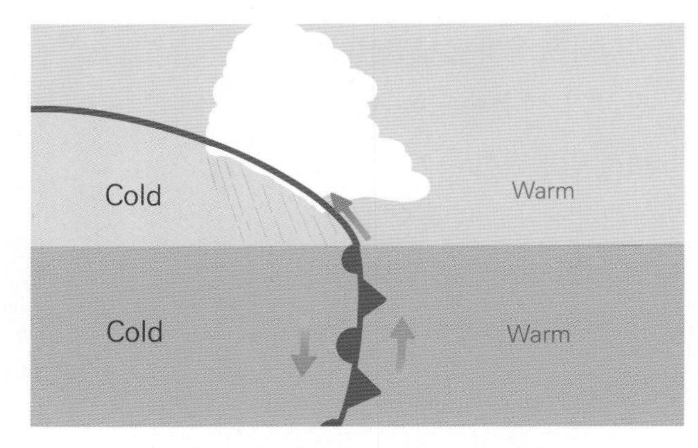

[그림 11.7] 정체전선의 단면도와 평면도

전선의 경사도는 완만하나 두 기단의 밀도차이나 바람의 분포에 따라 다르고 일반적으로는 온난전선의 특징과 유사하지만 장시간에 걸쳐 강수현상이 있는 것이 특징이다.

정체전선은 이동하지 않고 정체되어 있으므로 전선의 부근에는 주로 강수현상이 지속적으로 나타난다. 우리나라의 초여름에는 정체전선이 발생하여 남북으로 서서히 이동하거나 정체하면서 많은 비를 내리게 하므로 장마전선이라고도 한다. 이 전선이 북쪽으로 완전히 이동하면 본격적인 여름에 접어든다.

정체전선에서 나타나는 특징

요소	상태
기압	전선의 위치가 기압의 곡(Trough)이므로 최저치이다.
바람	풍속은 약하고 풍향은 명확하게 구분되지 않는 경우가 많다.
기온	저위도 쪽은 고온, 고위도 쪽은 저온이다
이슬점 온도	온난전선과 같다.
구름	온난전선과 같지만 주로 고위도 쪽에 층운형이 발생한다.
강수	온난전선과 같지만 주로 고위도 쪽에 약한 비가 내린다.
시정	온난전선과 같지만 주로 고위도 쪽이 낮고, 저위도 쪽의 시정은 좋다.

(4) 폐색전선(Occluded front)

온대성 저기압이 발달하는 과정의 마지막 단계로 저기압에 동반된 한랭전선과 온난전선

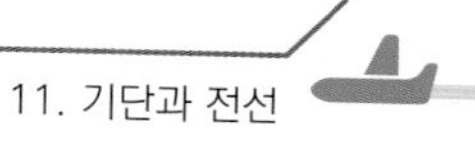

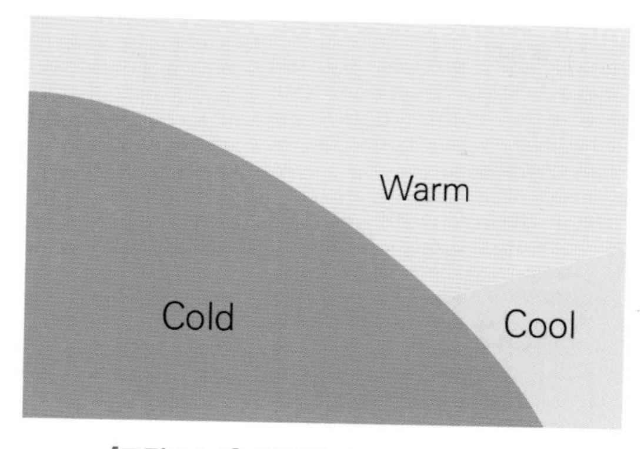

[그림 11.8] 한랭형폐색전선의 단면도

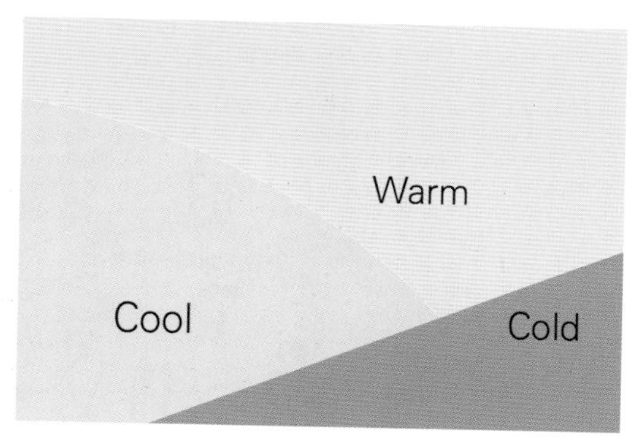

[그림 11.9] 온난형폐색전선의 단면도

이 합쳐져 폐색상태가 된 전선을 말한다. 한랭전선의 이동속도가 온난전선보다 빠르기 때문에 한랭전선이 온난전선을 추월하면서 폐색된 전선이다.

한랭전선 뒤쪽의 차가운 기단이 온난전선 앞쪽의 찬 공기보다 차가운 경우를 한랭형 폐색전선, 반대일 경우를 온난형 폐색전선이라고 한다.

대륙의 동쪽과 해양에서는 겨울철에는 한랭형이, 여름철에는 중립형이나 온난형 폐색전선이 많이 발생한다.

한랭형 폐색전선의 초기에는 구름과 강수 및 폭풍우의 범위가 넓게 나타난다.

폐색전선은 한랭전선과 온난전선을 합친 전선이므로 전선의 이동속도와 따뜻한 기단의 안정도에 따라 기상현상이 다르게 나타난다.

(5) 건조선(Dry line)

건조선은 전선과 유사한 개념으로서 2개의 기단이 기본적인 성질은 동일하지만 각각의 기단에 포함되어 있는 수증기양의 차이로 인해 생긴 경계선을 말하고 이슬점 온도전선(Dew point front)이라고도 한다.

미국의 텍사스 서부나 뉴멕시코의 북쪽 지방은 건조선이 존재하는 경우가 많다. 멕시코만에서 만들어진 수분이 많은 기단과 멕시코 남서쪽의 사막지대에서 만들어진 건조한 공기가 만나서 만들어 진다.

습기가 많은 대기층은 안개나 저층운이 발달하고 그 반대쪽은 건조하기 때문에 맑은 하늘이 나타난다. 봄부터 초여름 사이에 텍사스(Texas), 오클라호마(Oklahoma), 캔자스(Kansas) 지방에서 자주 발생하는 스콜선이나 토네이도는 이 건조선이 원인이다.

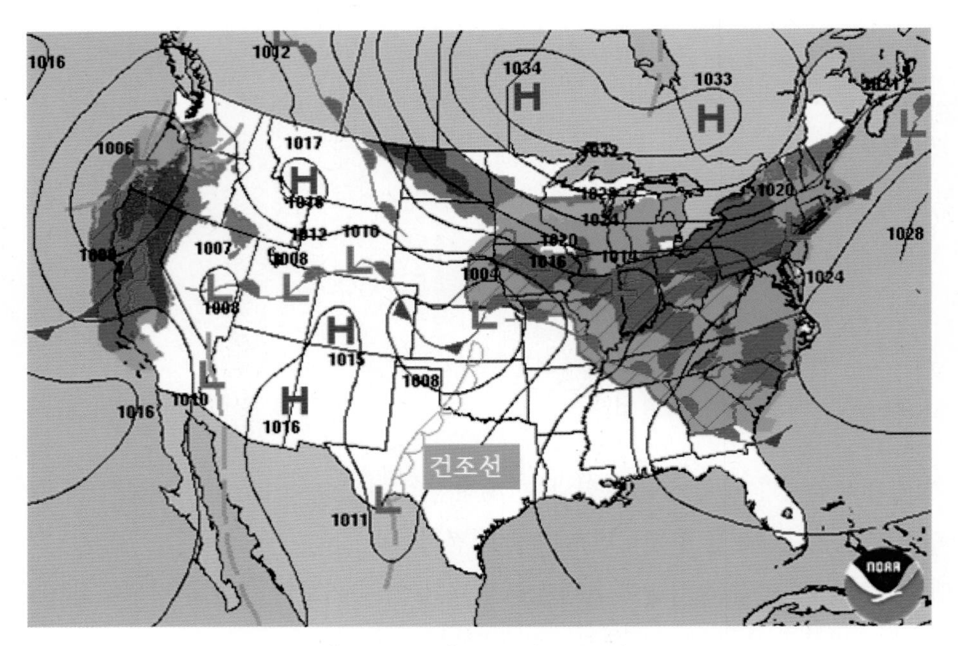

[그림 11.10] 건조선(Dry line)

11-2-3. 전선파동

열대지방에서 발생한 저기압이 전선을 동반하지 않고 태풍으로 발전하는 것과 같이 동일한 기단 중에 고립해 있는 저기압은 전선을 동반하지 않는다. 따라서 전선은 주로 중위도 지역에서 남북간의 기온(밀도)의 차이가 원인이 되어 발생한다.

온대지방에서는 남북간의 기온차이에 따라 정체전선이 발생하고 그 전선이 파동(Wave cyclone model)을 이루면서 저기압이 발생하고 점점 발달하다가 소멸되는 과정이 반복되면서 다양한 기상현상이 반복적으로 나타난다.

① 첫 번째 단계는 성질이 다른 두 기단이 부딪치면서 정체전선이 발생하는 단계이다.

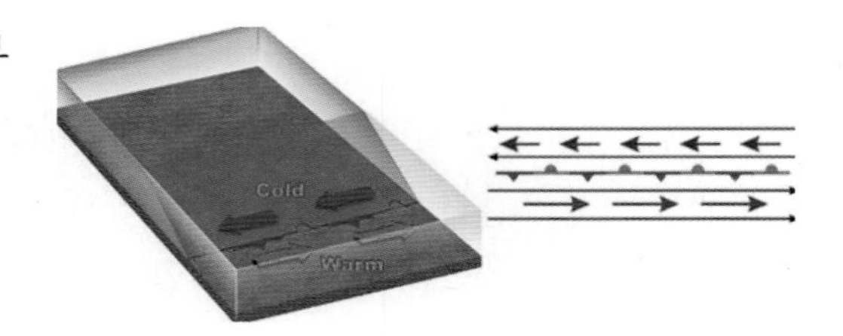

② 저기압의 동쪽으로 따뜻한 공기가 이동하면서 온난전선이, 서쪽으로는 차가운 공기의 세력이 강해지면서 한랭전선이 형성된다.

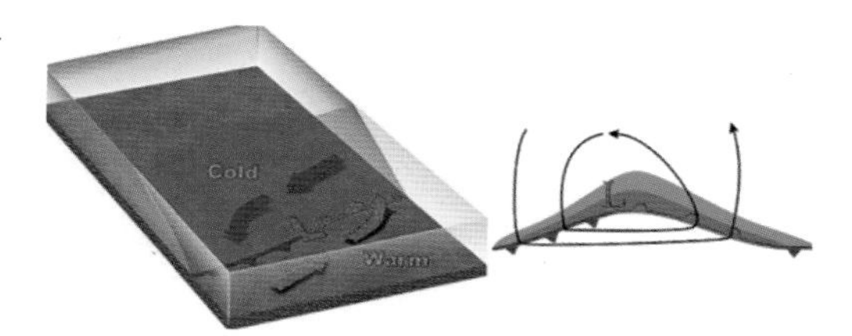

③ 전선의 파동이 점점 커지게 되는 단계로서 한랭전선이 온난전선보다 빠르게 이동하면서 저기압이 점점 발달한다.

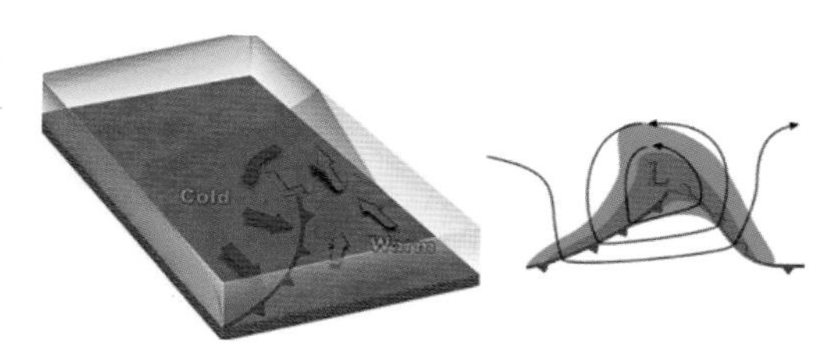

④ 한랭전선의 이동속도가 더욱 빨라지면 한랭전선과 온난전선의 간격이 점점 좁아지면서 저기압이 가장 발달하는 단계가 된다.

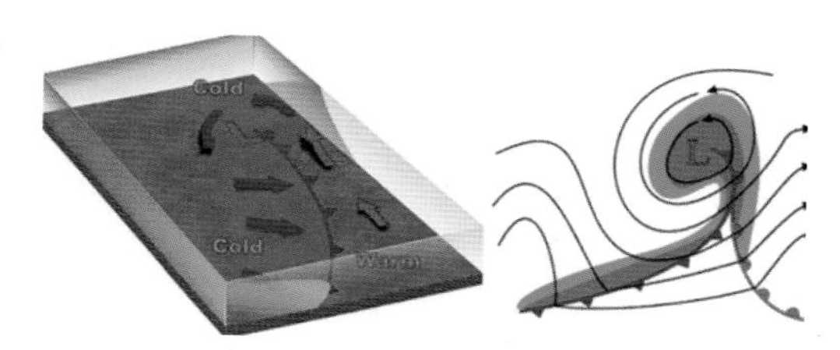

⑤ 한랭전선이 온난전선을 추월하면서 폐색되므로 따뜻한 공기는 상공으로 밀려 올라가게 되어 그 힘이 약해지면 저기압은 점차 소멸된다.

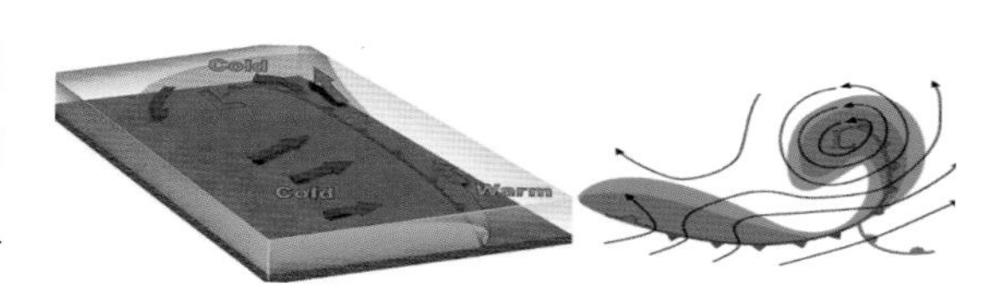

11-2-4. 기후학적 전선

지구대기의 대순환과 관련하여 입체적으로 전선을 분류하면, 극기단과 한대기단을 경계로 북(남)극전선(Arctic front), 한대기단과 중위도기단 사이에 한대전선(Polar front), 중위도기단과 열대기단의 경계에 나타나는 아열대전선(Subtropical front)으로 나눌 수 있다.

극전선은 지구 표면의 기온차이 때문에 지구 표면 가까이에서는 뚜렷하게 나타나지만 대류권계면까지 이어지지는 않는다. 반면에 아열대전선은 대류권계면 가까이에서는 뚜렷하게 나타나지만 하강하면서 기압이 올라가고 혼합되기 때문에 지구 표면까지 이어지지는 않는다.

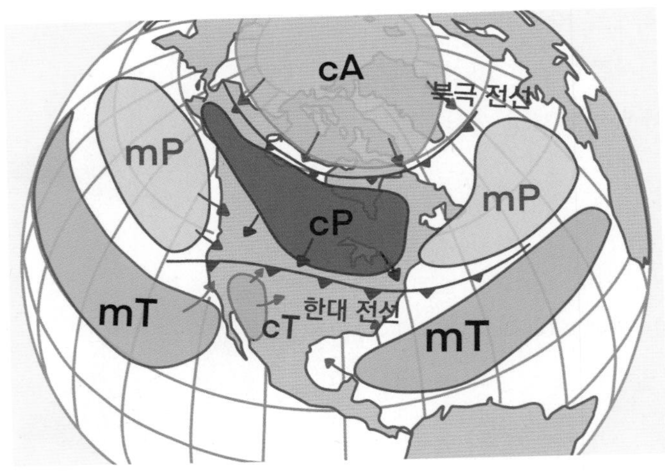

[그림 11.11] 극전선과 한대전선
(https://en.wikipedia.org/wiki/Arctic_front)

한대전선은 대규모의 성질이 다른 극순환과 페렐순환의 상승기류로서 지구 표면으로부터 대류권계면까지 뚜렷한 전선대를 형성한다. 한대전선은 풍속의 차이가 심하고 저위도 쪽으로 강한 제트기류가 흐르고 있기 때문에 항공기가 고고도에서 한대전선의 가까이를 비행하는 것은 강한 난기류로 인해 대단히 위험하다.

11-2-5. 전선과 비행계획

전선 가까이를 비행하는 것은 다양한 기상변화로 인해 언제나 위험하며 전선대의 기상현상은 급격히 변화하는 경우가 많다.

비행을 계획하는 단계부터 각종 기상자료를 수집하여 전선의 존재를 파악하여야 하겠지만, 조종사는 현재의 기상과 예보를 염두에 두고, 예보가 어떻게 틀렸는지, 앞으로 어떻게 변할지를 추측하는 것이 위험한 기상을 회피하는 데 아주 중요하다.

항공운항을 담당하는 관계자는 안전한 운항을 위해 전선의 위치, 형태, 이동속도 및 대기의 안정도에 따라 어떻게 변하는지를 항상 파악해야 한다.

제트엔진의 항공기가 개발되어 고고도를 비행하기 시작한 1960~1970년대에는 특히 고고도의 한대전선과 제트기류 부근을 비행하면서 많은 사고가 발생하였다.

그 이후 항공기의 운항편수는 급격히 증가하였지만 사고는 오히려 감소하고 있는 것은 난기류가 감소 또는 약해졌거나 항공기의 기체가 강해진 이유가 아니고, 고층의 전선대와 난기류의 위치를 사전에 예상하는 기상학적 기술이 발달하면서 위험한 지역을 피하여 비행을 계획하기 때문이다.

AVIATION

WEATHER

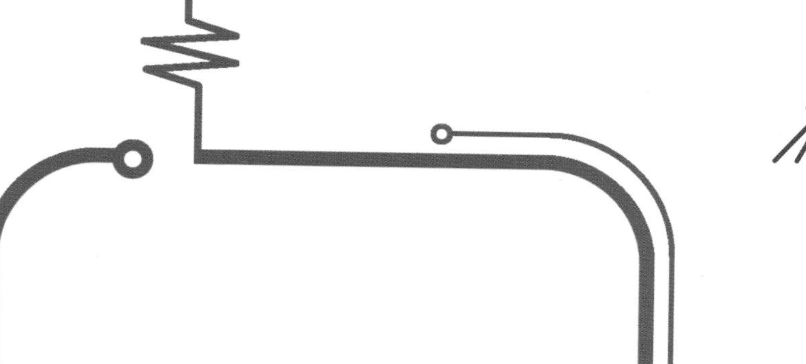

위험기상

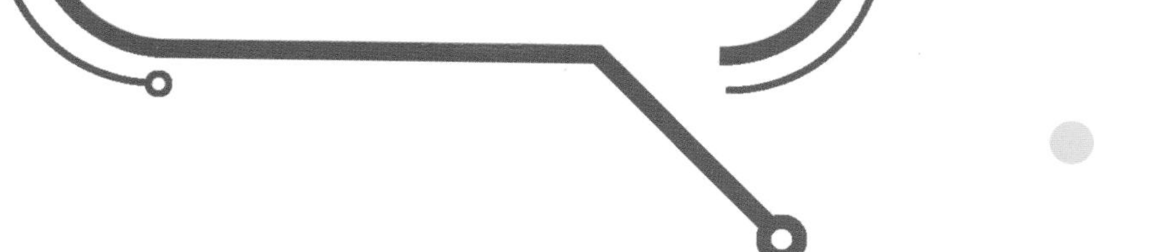

12. 시정장애현상

시정(Visibility)은 대기의 혼탁정도를 나타내는 기상요소로서, 밝은 배경에서는 지표면에 위치한 적절한 크기의 검은색 물체를 보고 식별할 수 있는 최대의 거리와 어두운 배경에서는 약 1,000칸델라의 밝기를 보고 식별할 수 있는 최대의 거리 중 더 긴 거리로 정의한다.

모든 공항은 그 공항에 설치되어 있는 항행안전시설이나 공항주변의 장애물 또는 항공기에 탑재되어 있는 항법장비 등에 따라 이륙 또는 착륙을 허용할 수 있는 시정이 당국에 의해 정해져 있다.

그러나 모든 조건이 충족되더라도 시정장애를 일으키는 기상현상에 따라 이착륙에 제한을 받는다. 시계가 차단되면 조종사의 감각에 혼란을 일으켜 방향 또는 상하의 식별을 어렵게 하여 사고가 발생할 수 있기 때문이다.

12-1. 비행방식과 기상조건

이착륙뿐 아니라 모든 단계의 비행방식에는 지상의 장애물 또는 다른 비행기 등을 직접 조종사의 눈으로 확인하면서 비행하는 시계비행방식(VFR, Visual Flight Rules)과 항공기에 장착된 계기와 지상 또는 인공위성 등 외부의 항행안전시설을 이용하여 비행하는 계기비행방식(IFR, Instrument Flight Rules)으로 나눈다.

기상상태가 좋아 조종사의 눈으로 보면서 비행이 가능한 상태를 시계비행기상상태(VMC, Visual Meterological Conditions)라 하고 시계비행기상상태에서는 시계비행방식(VFR)으로, 계기비행기상상태(IMC, Instrument Meterological Conditions)에서는 반드시 계기비행방식(IFR)으로 비행해야 한다. 그러나 시계비행기상상태(VMC)에서 더 안전한 계기비행방식(IFR)으로 비행하는 것은 문제가 되지 않는다.

이렇게 기상조건에 따라 두 가지의 운항방식으로 나누는 이유는 기상으로 인한 사고를 미연에 방지하기 위함에 있다.

12-2. 시정장애현상의 종류

시정장애를 일으키는 기상현상은 안개(Fog), 박무(Mist), 연무(Haze), 연기(Smoke), 강수(Precipitation), 눈보라(Blowing snow), 먼지폭풍(Duststorm), 모래폭풍(Sandstorm), 화산재(Volcanic ash), 낮은 층운(Low level stratus) 등 다양하다.

12-2-1. 안개(Fog)

이착륙에 영향을 미치는 가장 대표적인 기상현상은 안개다.

안개란 지표면 부근에서 미세한(지름이 0.01~0.1mm) 물방울 또는 얼음조각(빙정)이 떠다닐 때의 지상시정이 1km 미만인 경우를 말한다.

지표에 접하여 있지 않으면 구름(Cloud)이라고 하고 지상의 시정이 1km 이상이면 박무(Mist)라고 한다. 안개는 습수(Spread)가 0℃일 때 발생하지만 2℃ 이상의 경우에도 발생하므로 습수가 3℃ 이하이면 안개의 발생을 예상해야 한다.

안개의 종류는 안개가 발생하는 원인에 따라 복사무(Radiation fog), 이류무(Advection fog), 활승무(Upslope fog), 증기무(Steam fog), 강수무(Rain induced fog)가 있고, 황사나 공장지대 등과 같이 분진 등의 응결핵이 풍부하면 안개의 발생을 촉진시킨다.

(1) 복사무(Radiation fog)

지면의 복사냉각에 의해 지면에 접한 공기가 이슬점 온도 이하로 냉각되어 발생하는 안개로 방사무라고도 한다. 따라서 복사무가 발생하면 접지역전이 생기게 된다.

복사무는 발생하는 장소에 따라 지무(Ground fog), 곡무(Valley fog), 분지무(Basin fog), 역전무(Inversion fog), 빙무(Ice fog)로 나누기도 한다.

김포국제공항에 안개가 발생하여 지연운항 등 항공기 이착륙에 지장을 주는 안개가 바로 복사무이고 드골공항(CDG), 히드로공항(LHR), 코펜하겐공항(CPH), 로마공항(ROM), 로스엔젤레스공항(LAX), 앵커리지공항(ANC), 나리따국제공항(NRT) 등에서 자주 발생한다.

복사무가 발생할 조건은 지면의 복사냉각이 활발할 수 있도록 구름이 없는 맑은 하늘이어야 하고 상대습도가 높고 바람이 없는 안정된 대기상태이어야 하며, 해가 진 야간에서 일출 직전까지 주로 발생한다.

[그림 12.1] 김포국제공항의 안개(http://res.heraldm.com/content/image)

반대로 일출에 의해 기온이 올라가거나 풍속이 5kt 이상으로 증가하면 빠르게 해소된다.

빙무(Ice Fog)는 기온이 -32℃ 이하로 낮은 경우 대기 중에 포함되어 있던 수증기가 얼음으로 승화하여 발생하는 안개로서 복사무의 일종이다. 주로 극지방에서 발생하지만 겨울철에 중위도 지역에서도 발생한다. 빙무가 발생한 지역에서 태양을 향하여 비행하면 얼음알갱이에서 반사된 빛으로 인해 앞을 볼 수 없는 경우가 있다.

(2) 이류무(Advection fog)

수증기가 많은 공기가 상대적으로 더 차가운 수면 또는 지표면의 위로 이동할 때 하층의 기온이 이슬점 온도 아래로 냉각되면서 발생하는 안개로서, 주로 바다에서 만들어져 육지로 이동하는 경우가 많으므로 해무(Sea fog)라고도 한다.

바다로 둘러싸인 인천국제공항에 안개가 발생하여 지연운항 등 항공기 이착륙에 지장을 주는 안개가 바로 이류무이고 치도세공항(CTS), 샌프란시스코공항(SFO), 뉴욕공항(NYC), 홍콩공항(HKG) 등에서 자주 발생한다.

이류무는 습도가 높은 공기가 차가운 수면이나 지표면으로 이동할 때 발생하며 풍속이 약 15kt까지는 점점 강해지고 복사무보다 광범위하게 발생하며 지속시간도 긴 특징이 있다.

반대로 풍속이 15kt 이상으로 강해지면 지표면에서 이탈하여 층운이나 층적운으로 변하거나 풍향이 반대로 바뀌면 해소된다.

[그림 12.2] 인천국제공항의 안개(https://img.sbs.co.kr/newimg)

(3) 활승무(Upslope fog)

습도가 높고 안정된 기단이 산의 경사면을 따라 상승하면서 단열냉각될 때 기온이 이슬점온도 이하로 하강하면서 발생하는 안개로서, 상승풍이 중단되면 안개는 해소된다. 복사무와는 달리 구름이 있는 날에도 상승기류에 따라 발생할 수 있다.

[그림 12.3] 북한산의 안개 (kr.Freepik.com)

(4) 증기무(Steam fog)

차가운 기단이 상대적으로 따뜻한 수면으로 이동할 때 수면에서 증발이 일어나면서 발생되는 안개이다. 이류무와는 기온의 조건이 반대이고 이류무는 안정층이나 증기무는 상층의 기온이 낮은 불안정층이므로 저고도에서 난기류나 착빙이 일어날 수 있다.

(5) 강수무(Rain induced fog)

비교적 온도가 높을 때 비가 차가운 공기층을 통과해 낙하하는 경우 차가운 공기가 포화에 도달하여 발생하는 안개로서 전선무(Frontal fog)라고도 한다.

온난전선에서 주로 발생하지만 이동하는 한랭전선에서도 발생할 수 있고 광범위하며 장시간 지속된다. 강수와 착빙, 난기류, 뇌우 등이 동시에 발생하는 경우가 많아 위험한 안개이다.

12-2-2. 박무(Mist)

아주 작은 물방울이나 얼음알갱이가 공기 중에 부유하는 것으로 시정이 1km 이상인 것을 말하며 공항관측에서는 시정이 5km까지만 보고한다. 안개처럼 습하고 차갑게 느껴지지는 않지만 습도는 80% 이상이다.

12-2-3. 연무(Haze)

눈에 보이지 않는 미세한 소금입자 또는 기타 건조한 미립자가 공기 중을 떠다니며 시정을 나쁘게 하는 현상이고 공항관측에서는 시정이 5km 이하인 경우에만 보고한다.

12-2-4. 연기(Smoke)

대기가 안정할 때 주로 공장지대에서 발생하는 연소의 부산물로서 유독물질을 포함하고 있다. 접지역전이 발생하는 야간이나 아침에 발생하는 경우가 많지만 하루 종일 발생하는 경우도 있다.

12-2-5. 강수(Precipitation)

비(Rain), 이슬비(Drizzle), 눈(Snow)과 같은 강수현상도 시정을 저하시킬 수 있다. 물방울의 지름이 0.5 mm 이상을 비, 0.5 mm 미만을 이슬비로 분류하며, 이슬비가 비보다는 시정을 나쁘게 한다. 이슬비는 안정한 대기에서 내리기 때문에 안개, 박무, 연무, 연기와 공존하면서 시정악화를 초래하는 경우가 많다. 이슬비가 비로 바뀌면 물방울의 크기가 커지므로 시정은 올라간다. 강한 눈은 시정을 아주 나쁘게 하지만 비로 인한 시정은 호우가 아니면 운항에 큰 지장을 주지는 않는다.

12-2-6. 강풍으로 인한 시정장애현상

먼지, 모레, 눈 등이 바람에 날려 지표로부터 2m 이상 떠다니는 것을 Blowing, 2m 이하로 떠다니는 것을 Low drifting이라고 한다.

Low drifting은 조종사의 눈높이보다 낮으므로 시정장애를 일으키지는 않는다.

Blowing은 시정이 5km 이하인 경우에만 보고한다. 강풍으로 인해 쌓여 있던 눈이 날려 올라가는 현상(Blowing snow), 국지적으로 모래가 날려 올라가는 현상(Blowing sand) 또는 먼지가 높게 날려 올라가는 현상으로서 대기가 불안정한 경우에는 약 15,000ft까지 영향을 미치며 시정을 매우 나쁘게 하는 현상(Blowing dust) 등이 있다.

강한 바람에 의해 빠르게 상승된 먼지입자의 집합은 먼지폭풍(Duststorm)이라고 하며, 보통 뜨겁고 건조하며 강한 바람이 부는 조건, 특히 구름이 없는 강하게 발달하는 한랭전선의 전면에서 발생하고 먼지 입자의 지름은 일반적으로 0.08mm 미만이며 모래보다 훨씬 더 높이 상승할 수 있다.

[그림 12.4] Haboob(FAA AC 00-6B)

강한 바람에 의해 빠르게 상승된 모래 입자의 집합은 모래폭풍(Sandstorm)이라고 하며, 모래 폭풍의 전면 부분은 넓고 높은 벽과 같은 모양을 갖는다. 상승하는 모래의 높이는 풍속이 강할수록 대기가 불안정할수록 증가한다.

북아프리카, 아라비아 사막, 인도의 평원에서 부는 강한 먼지폭풍 또는 모래폭풍을 Haboob라고 한다.

12-2-7. 화산재(Volcanic ash)

화산의 분출로 발생하는 화산재는 계기비행기상상태(IMC)에서는 눈에 보이지 않을 수도 있고 보이더라도 화산재와 일반적인 구름을 구별하기 어려운 경우가 많다.

엔진에 화산재가 빨려 들어가면 엔진이 정지할 수도 있으므로 대단히 위험하다. 엔진뿐 아니라 여압 및 유압계통, 각종계기 및 전자장비, 데이터 시스템 등에 치명적인 오작동을 일으킬 수 있고 시정을 매우 나쁘게 하는 위험한 기상현상이다.

WMO와 ICAO에서는 전 세계에 9개의 화산재 경보센터(VAAC, Volcanic Ash Advisory Center)를 지정하여 화산재의 이동 상태를 감시하고 있다.

12-3. 시정과 실링

시정(VIS, Visibility)과 실링(CIG, Ceiling)은 항공기 이착륙의 가능여부를 판단하는 중요한 변수이다.

이륙은 활주로의 중심선을 유지하면서 가속하여 하늘로 올라가는 과정이므로 일정한 시정만 확보되면 가능하다. 그러나 착륙은 항공기의 속도를 줄이면서 고도를 낮추어 활주로에 접지해야 하고, 접지한 이후에도 정확히 활주로의 중심선을 유지해야 하므로 이륙보다 더 어려운 과정이기 때문에 안전한 착륙을 위해 일정한 시정과 실링이 동시에 확보되어야 한다.

12-3-1. 시정의 종류

시정의 국제적인 정의는 앞에서 언급하였으나 이착륙에 중요한 용어로서 실무적으로는 약간의 차이를 두고 다양한 용어가 사용되고 있다.

① 비행시정(Flight visibility) 비행 중인 조종사가 전방을 볼 수 있는 최대의 거리이다.
② 지상시정(Ground visibility) 지상에서 관측한 수평거리로서 일반적으로 시정이라고 하면 지상시정을 말한다.
③ 탁월시정(Prevailing visibility) 공항을 대표하는 시정으로서 우시정 또는 우세시정이라고도 한다. 공항 지표면의 절반 또는 지평원의 절반 이상의 범위에 걸쳐 가장 높게 관측된 시정 값이고, 범위는 연속적으로 연결되어 있지 않아도 된다.(248p 참조).
④ 방향시정(Sector visibility) 탁월시정으로 표현되지 않는 특정 방향의 시정을 말한다.
⑤ 최단시정(Minimum visibility or Lowest visibility or Shortest visibility) 최저시정 또는 최소시정이라고도 한다. 수평방향의 시정이 방향에 따라 다른 경우에 가장 낮게 관측된 방향의 시정을 말한다. 국제기준은 탁월시정을 보고하고 어느 조건의 경우에는 최단시정을 같이 보고하도록 되어 있다.(248p 참조).
⑥ 경사거리시정(Slant range visibility) 조종사가 상하의 경사진 거리를 확인할 수 있는 최대의 거리를 말하고 주로 착륙을 위해 강하할 때 경사시정이 좋아야 하며 일반적으로 경사시정이라고 한다.
⑦ 수직시정(VV, Vertical Visibility) 비행장 표면으로부터 수직방향의 최대가시거리를 말하고 차폐상태의 경우 수직시정이 실링 값이다.
⑧ 활주로가시거리(RVR, Runway Visual Range) 활주로의 중심선에 있는 항공기의 조종사가 활주로 표면의 표지나 활주로의 윤곽을 나타내는 조명(활주로등) 또는 활주로 중심선을 표시하는 조명(활주로 중심선등)을 볼 수 있는 최대의 거리를 말한다.(252p 참조).
⑨ 지상시정환산치(CMV, Converted Meteorological Visibility) 계기접근을 위한 비행장의 최저기상조건은 RVR로 설정되어 있으나 RVR을 이용할 수 없는 경우는 관측된 지상시정 값에 항공등화의 운용상태와 주 · 야간별로 일정한 배율을 곱하여 얻어지는 값을 말한다. CMV는 CAT Ⅰ APP절차(APV, Baro-VNAV APP포함) 또는 비정밀 접근절차(Non-precision approach procedure)에서만 사용한다.

12-3-2. 실링

실링(Ceiling)에 대하여 WMO에서 정한 기준은 없으며 미국과 한국공군에서 특정 운저고도를 명시하기 위해서 사용한다(262p 참조).

실링은 하층으로부터의 운량을 순차적으로 합계하여 처음으로 운량이 $\frac{5}{8}$ 이상이 되는 최저운층의 운저고도 또는 수직시정(VV)을 말한다.

지표면 가까이에서 가장 자주 발생하는 구름은 층운(St)이다. 안개가 지표면으로부터 상승하면 층운이 되고 안개와 층운이 같이 존재하기도 한다. 그러므로 층운이 낮게 깔려 있으면 안개와 함께 이착륙하는 조종사의 시야를 방해한다. 층운은 안정층에서 발생하는 구름이므로 층운 속으로 비행해도 난기류는 없으나 비행시정은 앞을 볼 수 없을 정도로 나쁘다.

특히, 착륙하는 활주로 방향에 낮게 깔린 층운으로 인해 실링이 최저강하고도(MDA, Minimum Descent Altitude) 또는 결심높이(DH, Decision Height)보다 낮으면 착륙이 불가능할 수도 있다.

그림 12.5와 그림 12.6은 인천국제공항의 계기접근절차 중에서 ILS Z RWY 15L 접근절차의 단면도(Profile view)이다.

그림 12.5와 같이 실링층의 경계가 선명하고 실링이 최저강하고도 또는 결심높이보다 높은 경우, 구름을 벗어나는 순간부터는 시정이 제한되지 않으므로 착륙하는데 문제는 없다.

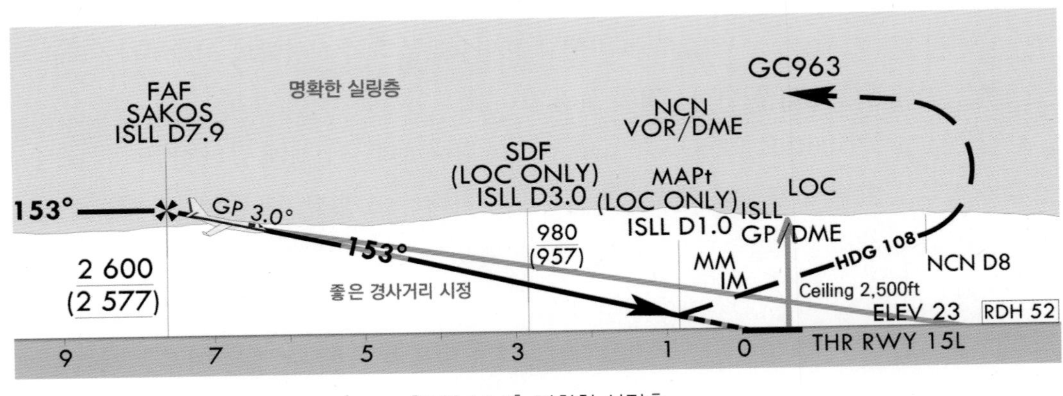

[그림 12.5] 명확한 실링층

그러나 그림 12.6과 같이 층운이 지표면에 닿아 있거나 먼지 등과 같은 구름 이외의 물질들로 인해 실링을 구분할 수 없는 경우에는 조종사의 시야가 차단되어 착륙이 불가능할 수도 있다. 이와 같이 불명확한 실링층으로 인해 수직시정(VV)을 제한하는 현상을 차폐현상 또는 천공불명(Obscuration 또는 Obscuring phenomena)이라 하고, 위쪽에 일부의 구름 또는 하늘이 보이는 현상은 부분차폐(Partial obscuration)라고 한다.

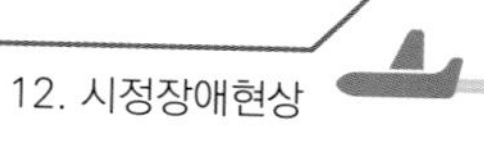

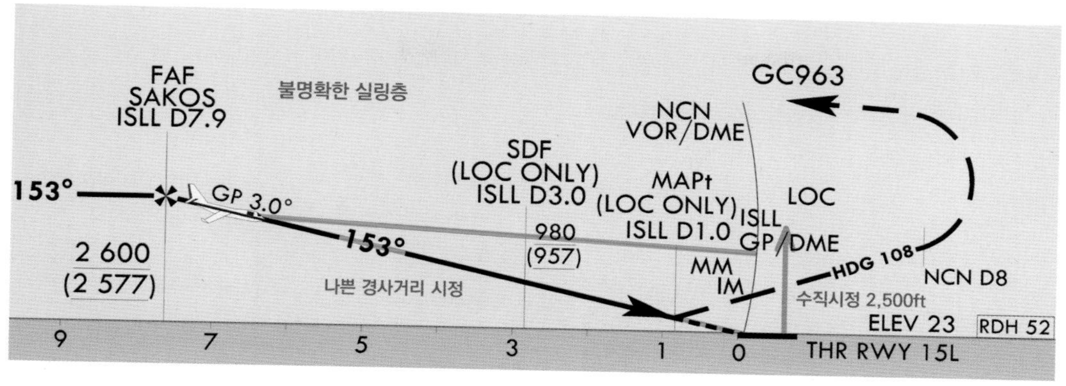

[그림 12.6] 불명확한 실링층

시정장애로 인한 사고사례

2002년 4월 15일 김해국제공항에 착륙하던 중국국제항공 CA129편(북경출발 보잉 767 항공기)이 안개로 인한 시정장애로 추락하여 탑승객 166명 중(승무원 11명, 승객 155명), 37명(승무원 3명, 승객 34명)만 생존하고 129명(승무원 8명, 승객 121명)이 사망하였다.

김해국제공항의 활주로 방향은 정남북 방향인 36L/R-18L/R로 놓여 있기 때문에 북풍이 불면 남쪽에서 착륙하므로 별다른 어려움이 없지만 제한치 이상의 남풍이 불면 북쪽에서 남쪽으로 착륙해야 한다.

그러나 북쪽에는 신어산(630m), 돗대산(381m) 등의 높은 산이 있어 먼 거리에서 고도를 낮추어 가면서 착륙할 수 없기 때문에 공항의 남쪽 또는 서쪽에서 조종사의 눈으로 활주로를 확인한 후, 활주로의 서쪽방향으로 선회하여 북쪽에서 착륙해야 한다.

김해국제공항의 북쪽은 높은 산이 있고 남쪽은 바다이기 때문에 육지와 바다의 비열의 차이로 인해 해륙풍이 탁월한 지역이다.

아침부터 정오까지는 차가운 육지 쪽에서 남쪽으로 북풍이 주로 분다. 그러나 오후가 되면 육지는 비열이 낮아 기온이 빨리 상승하지만 바닷물은 비열이 상대적으로 높으므로 기온이 천천히 상승하기 때문에 바다 상공의 기압이 높아서 남풍으로 바뀐다.

기압의 배치로 인한 남풍 또는 지형적인 특성으로 인해 남풍의 풍속이 강해지면 배풍(Tail wind)으로 착륙할 수 있는 기준을 초과하게 되어 선회접근(Circling approach)으로 착륙해야 한다. 이와 같이 선회접근으로 착륙하기 위해서는 적어도 4,800m 이상 충분한 시정이 확보되어야 한다.

이 사고는 항공 · 철도사고조사위원회(ARAIB, Aviation and Railway Accident

Investigation Board)의 조사결과 선회 접근하던 중 북쪽에 발생한 안개 속에서 활주로를 확인하지 못하고 추락한 사고로 밝혀졌다.

김해 돗대산 추락현장

(http://planecrashinfo.com/picturesindex.htm)

13. 난기류

일반적으로 액체 또는 기체의 흐름은 유속이 일정한 층류(Laminar flow)와 공간적으로나 시간적으로 불규칙한 난류(Turbulent flow)로 나눈다. 난류는 장애물과 같은 고체의 가까이에서 생기기도 하고 자유대기의 공간에서 생기기도 한다.

항공운항에서는 짧은 거리에서 풍향과 풍속의 변화에 따라 대기의 흐름이 현저하게 변하는 기상현상을 난기류(Turbulence)라고 하고, 난기류가 발생하는 지역을 비행할 때 대기흐름의 변화(대기 가속도의 변화)를 받아 항공기가 흔들리는 현상도 난기류(Aircraft Turbulence 또는 Turbulence)라고 한다.

항공기는 이륙부터 착륙할 때까지 전 과정에서 난기류의 영향을 받는다. 난기류는 승무원이나 승객이 거의 느끼지 못할 정도로 약한 경우도 있지만 항공기의 파손과 같은 구조적인 변화를 일으키거나 승객이 부상을 입을 정도의 난기류도 있으며 심한 경우에는 난기류로 인해 항공기가 추락하기도 한다.

난기류가 항공기의 운항에 영향을 미치는 정도는 항공기 주위의 풍속, 항공기의 크기 및 중량, 항공기의 속도 및 자세 등에 따라 다르다.

난기류가 발생하는 원인은 대류현상으로 인한 난기류, 윈드시어에 의한 난기류, 항공기에 의한 난기류와 같이 자유대기 공간에서 생기는 난기류, 지형 또는 건물 등과 같은 지구 표면의 장애물에 의한 난기류로 구분하지만 각각의 원인들이 복합적으로 작용하여 발생하는 경우가 대부분이다.

13-1. 대류현상으로 인한 난기류

지구 표면을 이루고 있는 물질은 각각 비열이 다르기 때문에 열의 방출량도 각각 다르다. 건물, 포장도로, 암석, 모래 등과 같이 대량의 열을 방출하는 지역도 있고 삼림, 강, 바다 등과 같이 상대적으로 열의 방출이 적고 오히려 열을 흡수하여 보존하는 지역도 있다.

[그림 13.1] 대류현상으로 인한 난기류

결과적으로 태양 복사 에너지에 의해 지구 표면이 가열되면 열의 방출량이 많은 지역은 상승기류가 생기고 반대로 열의 방출량이 적은 지역은 상승기류가 생긴 지역을 메우기 위해 하강기류가 발생한다. 따라서 지구 표면을 이루고 있는 물질이 다양하므로 상승기류와 하강기류도 불규칙하게 발생한다.

이와 같이 지구 표면을 이루고 있는 물질의 가열에 의해 불규칙하게 발생하는 대류현상으로 인한 난기류를 대류성 난기류(Convective turbulence 또는 Thermal turbulence)라고 한다. 대류성 난기류는 국지적으로 발생하며 주로 저고도에서 발생한다.

대류성 난기류가 발생하는 지역을 비행할 때에는 다음과 같은 점에 주의해야 한다.

① 상승기류가 발생하면 구름이 생기기 때문에 특히 맑은 날 오후에 적운형의 구름이 있으면 그 지역은 대류현상으로 인한 상승기류가 활발하여 대류성 난기류가 존재한다고 추정하고 그 지역을 피하여 비행하거나 또는 통과하여 비행해야 하는 경우에는 사전에 필요한 안전조치를 하여 난기류에 대비해야 한다.

② 광활한 육지와 바다 또는 호수의 수면이 접하고 있는 지역은 특히 대류현상이 활발하므로 난기류가 발생할 수 있고 해륙풍도 뚜렷하게 나타날 수 있다.

③ 상대적으로 차가운 대기가 따뜻한 지구 표면 상공으로 이동하면 상하의 기온차이가 커지므로 하층의 대기가 불안정하게 되어 고고도까지 대류성 난기류가 발생할 수 있다. 이와 같은 현상은 계절에 관계없이 한랭전선이 통과한 이후에도 나타날 수 있다.

④ 착륙을 위한 최종접근 구역에 나무나 풀 등이 없어 상승기류가 활발한 지역에서는 활주로의 접지지점을 초과할 수 있고(Ballooning effect), 반대로 최종접근 구역에 호수나 논과 같이 수면이 넓으면 하강기류가 활발하여 활주로 접지지점 이전에 접지할 수 있으므로 주의해야 한다(Sinking effect).

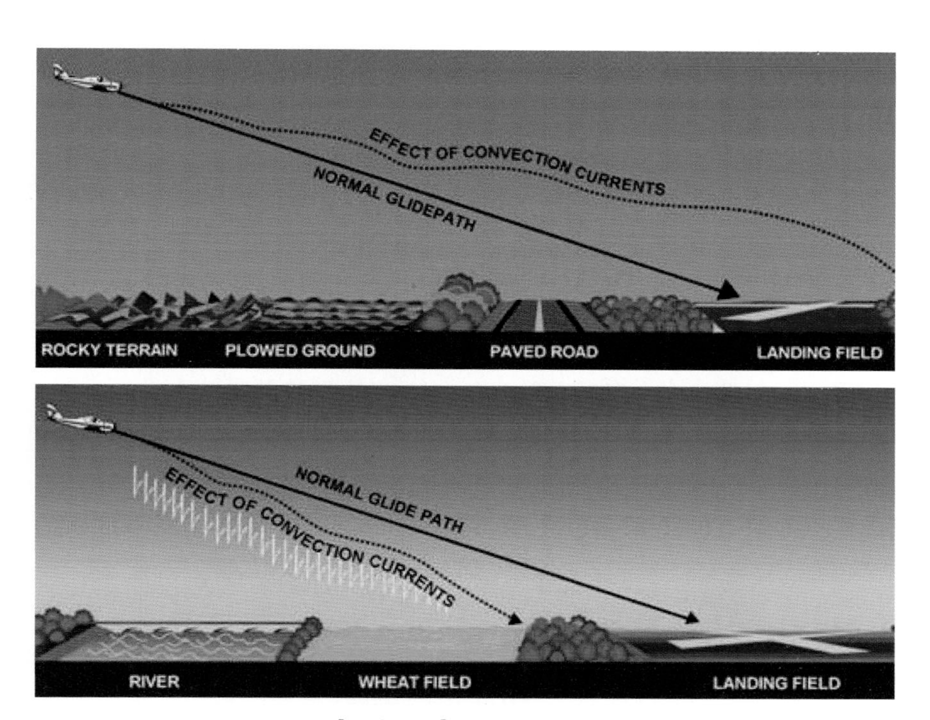

[그림 13.2] 난기류의 영향
(https://www.weather.gov/source/zhu/ZHU_Training_Page/turbulence_stuff/turbulence/turbulence2.JPG)

⑤ 난기류에 조우하면 일반적으로는 항공기의 대기속도(Air speed)를 줄여야 항공기에 전달되는 충격을 줄일 수 있다. 그러나 착륙을 위해 저고도에서 접근 중에 대류성 난기류에 조우하면 항공기의 속도가 낮으므로 오히려 속도를 증가시켜야 실속의 위험에서 탈출할 수 있다.

⑥ 특히 여름철 도심에 가까운 공항에서는 활발한 대류현상에 의해 고고도까지 상승기류가 발생할 수 있고 탑상적운(TCu) 또는 적란운(Cb)이 발생할 수도 있다.

13-2. 윈드시어에 의한 난기류

대기 중의 두 지점에서 상승 또는 하강기류를 제외한 수평적인 공기의 흐름인 풍속벡터의 차이를 윈드시어 또는 바람시어(Wind Shear)라고 한다. 다시 말해 단위 거리 또는 단위 고도당 풍향 및 풍속의 변화율을 윈드시어라고 하고 풍향과 풍속이 다른 두 종류의 바람사이에서 발생한다.

같은 고도의 두 지점간의 윈드시어는 수평 윈드시어(HWS, Horizontal Wind Shear), 동일한 지점의 고도가 다른 지점간의 윈드시어는 수직 윈드시어(VWS, Vertical Wind Shear)라고 한다.

예를 들어 동일한 고도이지만 수평적으로 60NM 떨어진 지점간의 풍속의 차이가 20kt이라면 수평 윈드시어가 20kt/60NM이라고 하고, 동일한 지점이지만 고도 500ft와 1,500ft의 풍속의 차이가 10kt이라면 수직 윈드시어가 10kt/1,000ft라고 표현한다.

2개의 풍속벡터가 다른 기류는 접촉 지역의 공기 마찰에 의해 소용돌이가 생기면서 서로 혼합하게 된다. 이와 같이 유도된 소용돌이와 혼합 지역을 시어 지역(Shear zone)이라고 한다. 이 풍속벡터는 풍향 또는 풍속도 영향을 미치고 풍향과 풍속이 동시에 영향을 미칠 수도 있다.

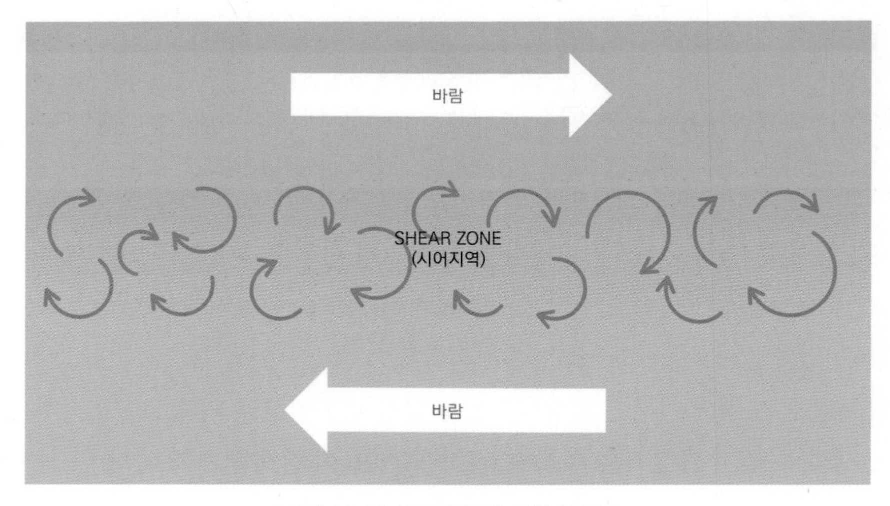

[그림 13.3] 윈드시어에 의한 난기류

저고도에서 발생하는 저층윈드시어(LLWS, Low Level Wind Shear)는 항공기의 이착륙에

매우 위험한 영향을 미친다. 저고도에서는 항공기의 대기속도(AS, Air Speed)가 느리므로 풍속의 변화에 따라 양력이 급변하여 실속에 빠질 수 있기 때문이다.

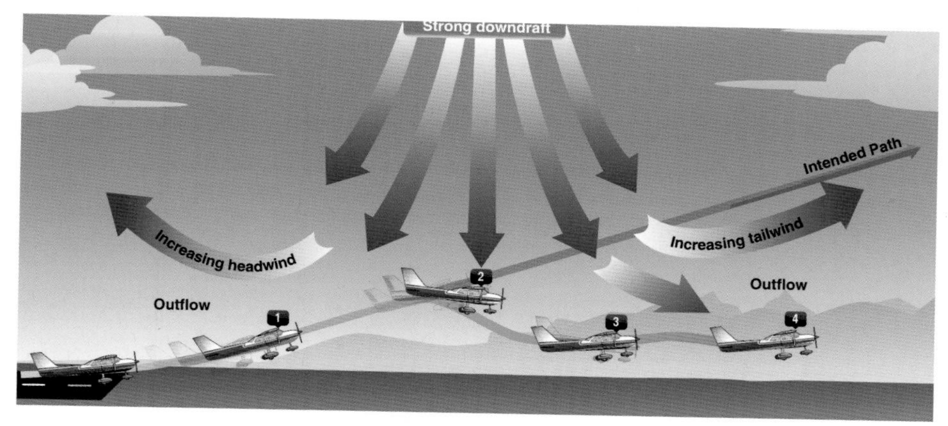

[그림 13.4] 저층 윈드시어에 의한 난기류(FAA-H-8083-25B)

영문 Wind Shear에 대한 용어 사용

- 우리나라에서는 윈드시어, 바람시어, 급변풍이 혼용되고 있다.
- 2015년에 한국기상학회와 기상청에서 발간한 최신 대기과학용어사전에는 수직 또는 수평방향으로 풍향과 풍속차이를 '윈드시어(wind shear)'라고 정의하고 있다.
- 윈드시어 또는 바람시어로 사용되던 용어가 2019년 4월 19일 개정 시행된 기상법 시행령 제10조(항공기에 대한 예보 및 특보) ②항의 공항 · 항공로 및 비행정보구역에 대한 항공특보의 발표기준으로 '급변풍(Wind Shear)'이 추가되었다.
- 항공기상청-항공날씨-항공기상 용어사전에는 저층바람시어경고장비(LLWAS ; Low Level Windshear Alert System)의 정의에서 아직도 '바람시어'와 '윈드시어'를 같이 사용하고 있다.
- 그러나 2020년 9월 29일에 개정된 항공기상청의 '공항경보 및 급변풍경보지침'에서는 그동안 사용하던 '윈드시어'를 '급변풍'으로 개정하여 사용한다고 밝히고 있다.
- 우리나라의 항공사는 모두 국제운송사업자로서 국제선 운항이 많고 국제적으로는 영문을 그대로 사용하는 경우가 일반적이므로 본 장에서는 윈드시어(Wind Shear)를 그대로 사용하고 제4장 항공기상정보에서는 항공기상청의 관측 및 예보지침과의 혼돈을 피하기 위해 '급변풍'으로 편집함을 밝혀둔다.

우리나라도 항공기상청에서 저층윈드시어를 감시하기 위한 장비인 저층바람시어경고장비(LLWAS, Low Level Windshear Alert System)를 인천국제공항에 12개소, 제주국제공항에 11개소, 양양공항에 8개소를 설치하여 실시간으로 감시하고 있다.

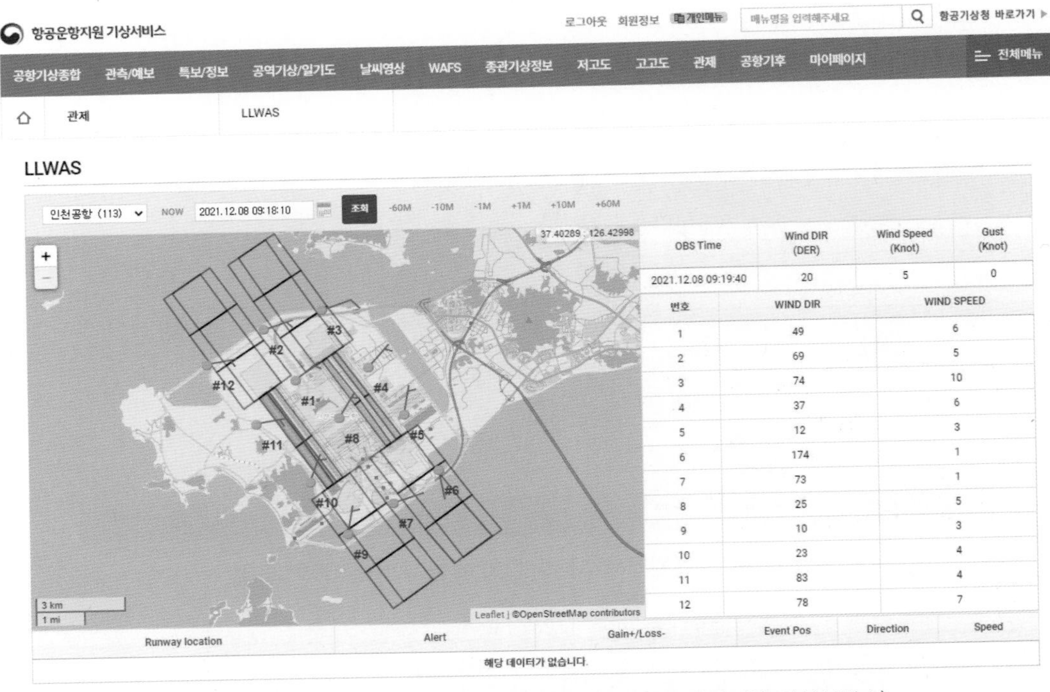

[그림 13.5] 인천국제공항 LLWAS(항공기상청 항공운항지원 기상서비스)

ICAO에서는 1967년부터 고도 100ft(30m)당 풍속의 변화에 따라 4단계로 윈드시어의 강도를 구분하고 있다(ICAO Doc 9817 Manual on Low-Level Wind Shear).

강도구분	기준
Light	0~4kt/100ft
Moderate	5~8kt/100ft
Strong	9~12kt/100ft
Severe	13kt~/100ft

윈드시어에 의한 난기류는 저고도의 기온역전에 의한 난기류, 뇌우에 의한 저고도 난기류, 전선에 의한 난기류, 고고도의 제트기류에 의한 난기류 등이 있다.

13-2-1. 기온 역전에 의한 난기류

맑은 날 야간에 바람이 약하면 지구 표면의 복사냉각에 따라 접지역전이 생긴다. 기온의 역전층은 안정한 대기층이기 때문에 대류는 억제되지만 역전층의 상단에서는 경계층의 상하간에 윈드시어가 발생하는 경우가 많다.

접지역전의 경우는 지구 표면에 가까울수록 바람이 약하지만 역전층의 바로 위쪽은 바람이 강하기 때문에 경계층에서는 난기류가 발생한다. 역전층을 통과하여 상승하거나 반대로 상층에서 역전층으로 하강하는 항공기는 윈드시어지역의 상하에 발생하는 회오리바람에 의한 난기류에 조우하거나 풍속의 변화에 의한 양력의 변화로 인해 난기류를 경험할 수 있다.

접지역전에 의한 난기류는 주로 이착륙하는 저고도의 낮은 대기속도(AS)에서 경험할 수 있으므로 다음과 같은 점에 주의하여야 한다.

① 이륙하는 항공기의 방향이 역전층의 풍향과 같은 방향인 경우에는 역전층의 경계를 통과하는 순간 갑자기 배풍으로 바뀌므로 항공기의 진대기속도(TAS)가 감소하기 때문에 순간적으로 이륙안전속도(V_2) 이하가 되어 실속에 빠질 수 있다.

② 착륙을 위해 강하하는 항공기가 역전층의 위쪽에서 바람을 향하여 진입하면 역전층의 경계를 통과하는 순간 갑자기 배풍으로 바뀌므로 항공기의 진대기속도(TAS)가 감소하기 때문에 이 경우에도 실속에 빠질 수 있다.

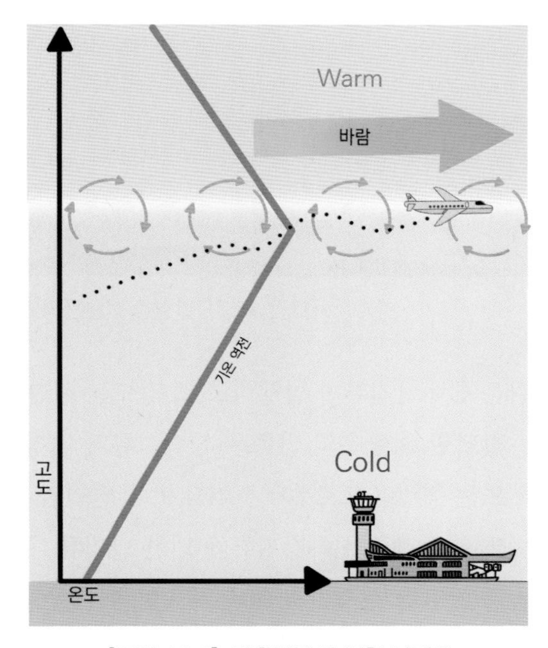

[그림 13.6] 기온역전에 의한 난기류

③ 맑은 날 아침에 지상풍이 약하여 접지역전이 예상될 때, 고도 2,000~4,000ft의 풍속이 25kt 이상이면 난기류나 풍속의 갑작스런 변화로 인한 실속에 빠질 수 있으므로 상승속도나 진입속도를 사전에 증가시킬 필요가 있다.

④ 기온 역전층에서는 윈드시어에 의한 난기류, 진대기속도(TAS)의 급변 또는 기온의 상승에 의한 성능저하를 예상해야 한다.

13-2-2. 적란운에 의한 난기류

적란운에 의한 뇌우(Thunderstorm)에 관해서는 별도의 절에서 자세히 다루지만 모든 적

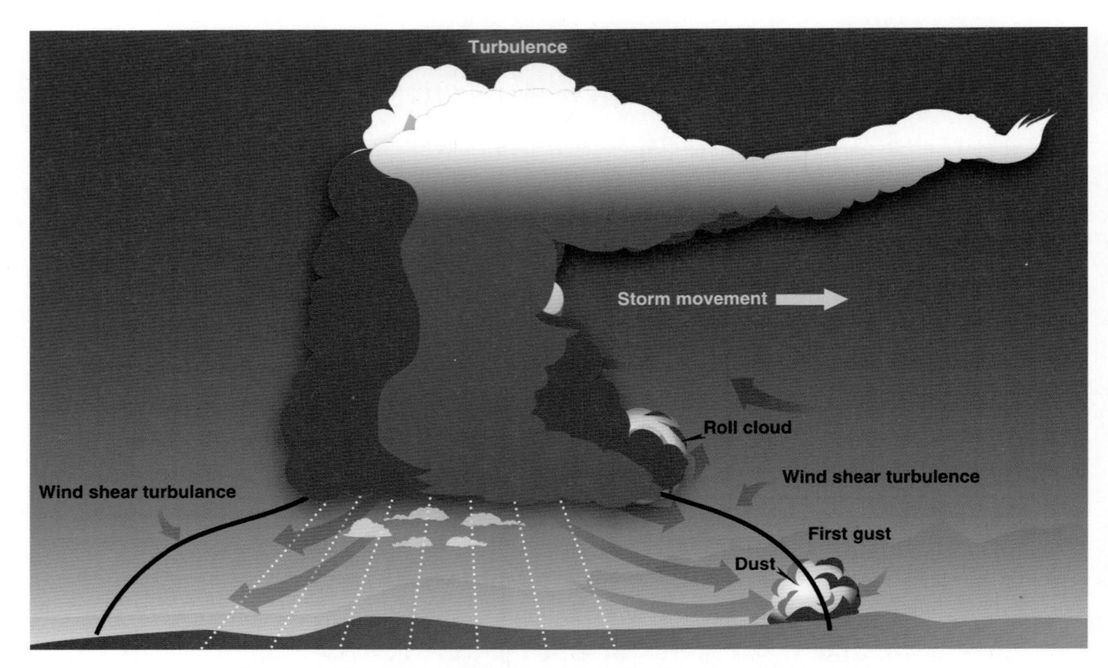

[그림 13.7] 발달한 적란운의 전형적인 형태(FAA-H-8083-25B)

란운에서 난기류가 발생하고 그 강도는 심한 경우에는 항공기를 파괴할 정도로 위험하다.

발달한 적란운의 안쪽은 상승기류와 하강기류에 의한 난기류가 발생하고 위쪽으로 수천 ft 또는 적란운으로부터 20NM 이상 떨어진 곳에서도 난기류를 경험할 수 있다.

① 상승기류와 하강기류에 의한 난기류

발달한 성숙기의 적란운의 안쪽에는 60kt 이상의 상승기류와 동시에 25kt 이상의 하강기류가 동시에 존재한다고 알려져 있다. 이와 같은 적란운을 횡단하여 비행하거나 상승 또는 하강하면 심한 난기류에 조우할 수 있다.

② 돌풍전선에 의한 난기류(Gust front)

적란운의 아래쪽에는 차가운 하강기류가 바깥쪽으로 퍼져나가면서 상대적으로 따뜻한 대기층과 경계를 이루는 일종의 국지적인 한랭전선이 형성되는데 이것을 돌풍전선이라고 한다.

그 높이는 약 500~1,000m에 이르고 적란운의 중심으로부터 20km가 넘는 경우도 있다고 한다. 돌풍전선이 다가오면서 최초로 부는 돌풍을 초기돌풍(First gust)이라고 한다. 적란운이 공항에 접근할 때 돌풍전선이 통과하는 경우는 풍향 및 풍속의 급변, 심한 난기류가 발생하므로 이착륙하는 항공기에게는 대단히 위험한 영향을 미칠 수 있다.

13-2-3. 전선에 의한 난기류

한랭전선과 온난전선의 전선면에서는 풍향과 풍속의 변화에 따라 난기류가 발생한다. 따라서 전선면을 통과하여 비행하는 경우에는 구름 외에도 윈드시어에 의한 난기류와 진대기속도(TAS)의 급변에 주의해야 한다. 전선을 경계로 5℃ 이상의 기온차이가 있거나 전선의 이동속도가 30kt 이상이면 윈드시어에 의한 난기류를 경계해야 한다고 알려져 있다.

13-2-4. 제트기류에 의한 난기류

대류권의 편서풍대에 존재하는 제트기류에는 제트기류의 중심축으로 멀어질수록 풍속은 약해지지만 풍속의 변화가 심하기 때문에 윈드시어에 의한 난기류가 심하게 나타난다. 특히 청천난기류(CAT, Clear Air Turbulence)는 항공기 운항에 대단히 위험한 현상이고 제트기류와 산악파가 그 원인이므로 별도로 자세히 다룬다.

13-3. 항공기에 의한 난기류

항공기의 양력은 날개의 위쪽과 아래쪽의 압력의 차이에 따라 발생한다. 상대적으로 압력이 높은 날개 아래쪽의 공기가 날개를 위쪽으로 밀어 올리면서 양력이 발생하지만 날개의 양 쪽 끝에서는 날개 아래쪽에서 가속된 공기가 날개의 뒤쪽으로 회오리를 일으킨다.

그림 13.8과 같이 왼쪽 날개의 끝에서는 시계방향, 오른쪽 날개의 끝에서는 반시계방향으

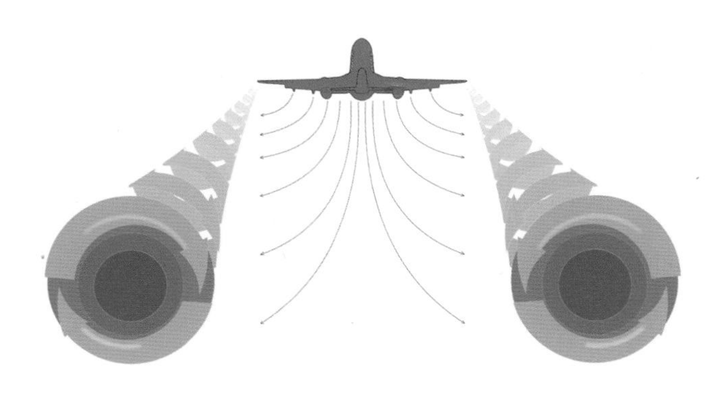

[그림 13.8] 항공기에 의한 난기류

로 회전하게 되고 그 강도는 항공기의 중량에 비례한다.

이와 같이 항공기의 뒤쪽에 발생하는 난기류를 항적 난기류(Wake turbulence)라고 한다.

13-3-1. 항적 난기류의 영향

항적 난기류는 앞쪽에 비행하는 항공기가 소형기인 경우에는 별 문제가 없겠지만 동일기종 이상이라면 다음과 같은 점에 주의하여야 한다.

① 항적 난기류는 날개가 양력을 발생하고 있을 때에만 발생한다.

이륙부터 착륙까지의 모든 단계에서 항적 난기류가 발생하지만 지상에서 이동하는 중에는 발생하지 않는다. 특히 이륙 또는 착륙하기 전에 선행 항공기의 이륙지점(Rotation point) 또는 착륙지점(Touchdown point)에 주목할 필요가 있다.

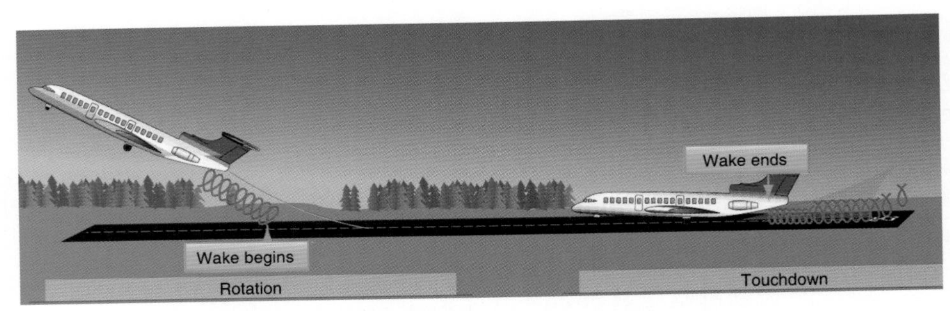

[그림 13.9] 이착륙시의 항적 난기류(FAA-H-8083-25B)

② 항적 난기류는 비행경로의 아래쪽으로 가라앉고 바람을 따라 흐른다.

대형항공기의 경우는 분당 수백 ft의 비율로 아래쪽으로 가라앉지만 시간이 경과하고 거

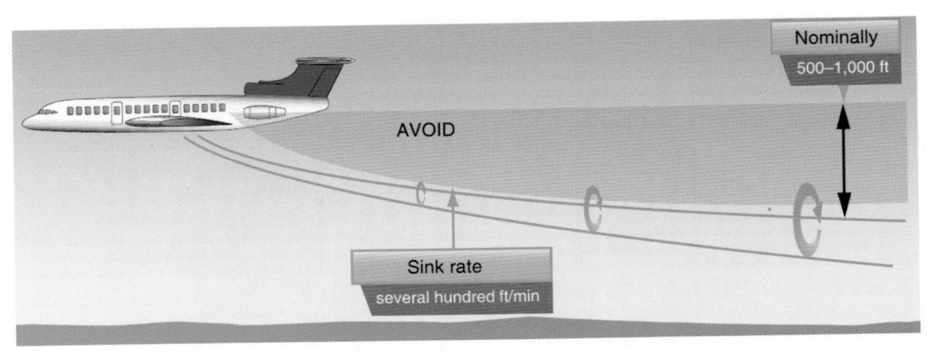

[그림 13.10] 순항 비행 중의 항적 난기류(FAA-H-8083-25B)

리가 멀어짐에 따라 점차 하강 속도는 감소한다. 주변 대기의 조건에 따라 항적 난기류는 수직 또는 수평방향으로 바람을 따라 흘러가거나 흩어지게 된다. 선행기의 항적 난기류를 피하기 위해서는 선행기보다 위쪽으로 비행하면 영향을 받지 않는다.

③ 항적 난기류는 바람이 없으면 지구 표면으로부터 100~200ft의 고도까지 하강하여 2~3kt의 속도로 옆으로 퍼져 나간다.

그러나 3kt정도의 횡풍성분이 있는 약한 바람만 불어도 항적 난기류는 활주로 위에 정체한다.

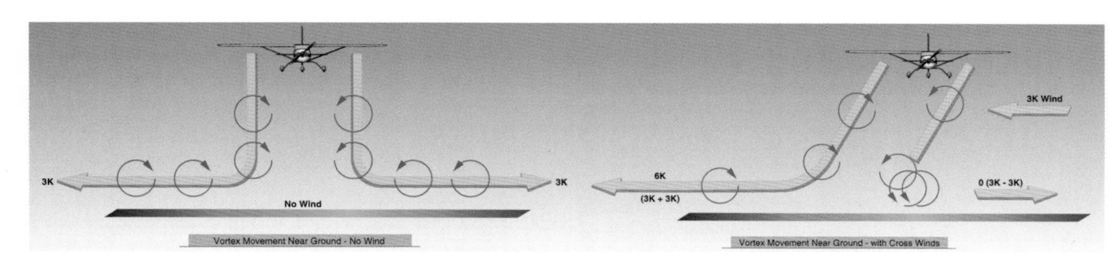

[그림 13.11] 저고도에서의 항적 난기류(FAA-H-8083-25B)

특히, 약한 배풍이 45도 각도에서 불어오는 경우에는 먼저 착륙한 항공기의 항적 난기류가 착륙지점(Touch point)의 앞쪽까지 침입하기 때문에 세심한 주의가 필요하다.

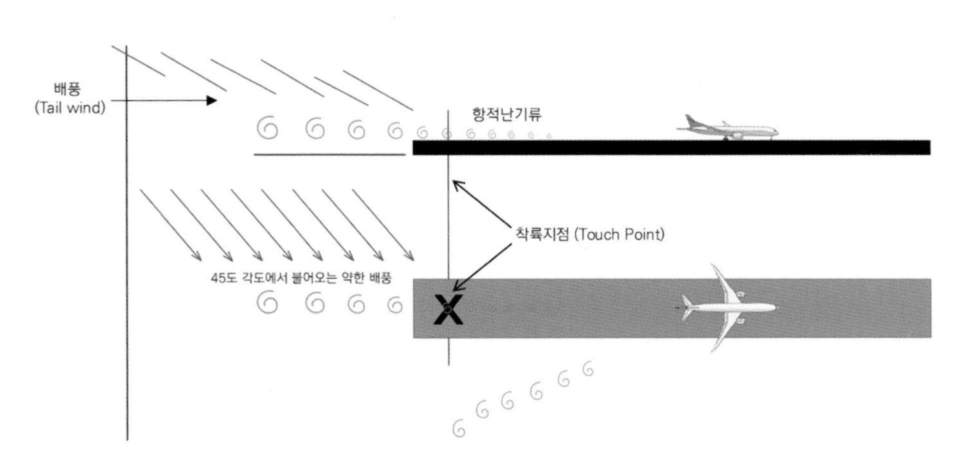

[그림 13.12] 배풍시의 항적 난기류의 영향(FAA AIM)

13-3-2. 항적 난기류의 분류

항적 난기류는 앞쪽에서 비행하는 항공기에서 발생한 난기류로 인해 뒤따르는 항공기가 영향을 받는 것이므로 항공기 사이의 간격이 충분히 확보되어야 안전하다. 항공기간의 종적 분리(Longitudinal separation)의 책임은 항공교통관제사가 담당하고 있으므로 안전한 항공교통관제업무를 위해 항공사에서는 출발 전에 해당 항공기의 항적 난기류 등급을 항공교통업무 비행계획서(ATS Flight plan)에 기입하여 항공교통관제기관에 제출하도록 ICAO에서 규정하고 있다.

(1) 국제민간항공기구(ICAO)의 분류

ICAO PANS ATM(ICAO Doc 4444 Air Traffic Management)에서는 항공기의 최대이륙중량(Maximum certificated take-off mass)에 따라 항공기의 난기류 등급을 3가지로 구분한다.

등급	최대이륙중량
L(Light)	7,000kg 이하
M(Medium)	7,001~136,000kg
H(Heavy)	136,000kg 이상

(2) 항적 난기류 등급의 재분류(RECAT, Re-category)

초대형 항공기인 A380기종의 등장으로 강력한 항적 난기류로 인해 뒤따르는 항공기의 거리를 기존의 "H" 등급의 종적분리를 적용할 수 없게 되었다. 또한 항공수요의 증가로 인하여 제한된 활주로에 이착륙 항공기의 수가 늘어나면서 안전하면서도 원활한 소통을 위해 기존의 3가지 등급을 세분화할 필요가 생기게 되었다.

유럽항행안전기구(EUROCONTROL), 유럽항공안전국(EASA), 에어버스사, 미연방항공청(FAA), 국제민간항공기구(ICAO)가 공동으로 실험에 참여하여 최대이륙중량(MTOW, Maximum Take-Off Weight)과 날개의 폭을 기준으로 6개 등급으로 나누었다.

ICAO 등급	재분류 등급(RECAT)	최대이륙중량(MTOW)/날개의 폭(Wing span)
H(Heavy)	A(Super Heavy)	300,000lbs 이상/245ft 초과
	B(Upper Heavy)	300,000lbs 이상/175ft 초과~245ft까지
	C(Lower Heavy)	300,000lbs 이상/125ft 초과~175ft까지
M(Medium)	D(Upper Medium)	300,000lbs 미만/125ft 초과~175ft 또는 날개폭 90ft 초과~125ft까지의 모든 항공기
	E(Lower Medium)	41,000lbs 이상/65ft 초과~90ft까지
L(Light)	F(Light)	41,000lbs 미만/125ft 이하 또는 최대이륙중량 15,500lbs 미만의 모든 항공기

현재는 유럽을 비롯하여 미국 등 주로 항공기가 붐비는 공항에서 적용하고 있다. 항적 난기류 등급의 세분화에 따라 대기시간이 줄어 비행시간이 단축되고 운항정시성이 증대되며 결과적으로 이착륙 횟수가 늘어나 활주로 용량 및 공항 운영의 효율성이 증대되고 있다.(FAA AC 90-23G Aircraft Wake Turbulence).

13-4. 장애물에 의한 난기류

지형이나 건물 등이 바람의 흐름을 방해하여 나타나는 난기류로서 역학적 난기류(Mechanical turbulence)라고도 한다.

건물이나 나무, 바위 등과 같은 불규칙한 지형에 의해 소규모로 발생하는 난기류도 있지만 높은 산이나 산맥 등에 의해 발생하는 난기류는 대류권계면까지 영향을 미칠 정도로 대규모이며 항공기를 파괴시킬 정도로 위협적이다.

역학적 난기류가 발생하는 조건 및 특징은 다음과 같다.

① 장애물을 통과하는 풍속이 빠를수록, 장애물의 굴곡이 심할수록 난기류는 강해진다.

② 난기류는 바람이 장애물을 통과한 후에 나타나고 영향을 미치는 범위는 풍속과 대기의 안정도에 따라 다르다. 대기가 불안정하면 난기류의 크기는 크지만 빨리 소멸되고, 안정한 대기일수록 소멸되지 않고 멀리까지 영향을 미친다.

[그림 13.13] 높은 산에서 발생하는 난기류(FAA-H-8083-25B)

③ 풍향과 풍속에 따라 활주로 주변의 건물로 인해 활주로에 난기류가 발생할 수 있다. 이착륙하는 항공기는 저속이므로 난기류로 인해 실속에 빠질 위험이 있으므로 주의하여야 한다.

[그림 13.14] 건물에서 발생하는 난기류(FAA-H-8083-25B)

④ 저고도에서는 언제 어디서나 지구 표면의 장애물에 의한 난기류는 발생할 수 있다. 특히, 바람이 강한 날 산악지형 상공을 저고도로 비행하는 것은 난기류에 조우할 가능성이 높으며 가능하면 고도를 높여서 비행해야 한다.

13-5. 산악파에 의한 난기류

장애물에 의한 난기류의 일종이지만 높은 산이나 산맥에 의해 발생하는 난기류는 고고도를 운항하는 항공기에까지 매우 위험한 영향을 미치기 때문에 산악파(Mountain wave 또는 Standing wave)에 의한 위험기상으로 따로 분류한다.

산악파가 발생하는 기본원리는 강한 바람이 산에 부딪히면 위쪽으로 상승하게 되고, 산의 정상에서 상승한 공기는 중력에 의해 다시 하강하게 된다. 그러나 하강하는 힘에 의해 원래의 고도보다 더 아래로 하강하게 되면서 공기가 압축되므로 압축에 의해 기온이 올라가면서 팽창하게 된다. 팽창하면 밀도가 낮아 가벼워지므로 다시 상승하는 과정을 반복하면서 파도와 같은 형태로 멀리 퍼져 나가는 것이 산악파이다.

따라서 산악파는 불안정한 대기보다 안정한 대기일수록 더 높고 멀리 퍼져 나간다. 안정한 대기는 복원력을 촉진시켜 파동을 만들어 내지만 불안정한 대기는 복원력을 방해하므로 산악 주변의 대기가 불안정하면 산악파가 발생하지 않거나 빨리 소멸된다.

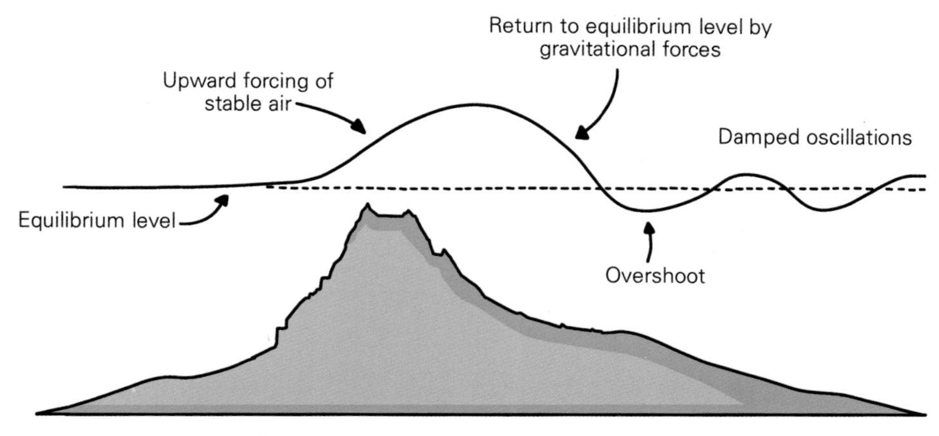

[그림 13.15] 산악파의 단면(FAA AC 00-57)

산악파에 의한 난기류로 인해 수많은 항공사고가 발생하였다.

다음 표는 1964년 1월부터 1993년 3월까지 주로 산악주변을 비행할 때 발생한 사고사례이다(FAA AC 00-57 Hazardous Mountain Winds And Their Visual Indicators).

대부분의 사고는 극히 좁은 지역에서 순간적으로 발생하였다. 사고발생 전후에 같은 장소의 근처를 비행하던 다른 항공기는 난기류가 발생하지 않았기 때문이다.

사고사례에서 추정할 수 있는 것과 같이 산악파는 주로 늦은 가을에서 초봄에 걸쳐 바람이 강할 때 주로 발생하였다.

Event	Date	Location	Comments
Accident	31Mar93	Anchorage, AK	B-747 turbulence. Loss of engine.
Accident	22Dec92	West of Denver, CO	Loss of wing section and tail assembly(two-engine cargo plane). Lee waves present.
Accident	09Dec92	West of Denver, CO	DC-8 cargo plane. Loss of engine and wing tip. Lee waves present.
Unknown Cause; Accident	03Mar91	Colorado Springs, CO	B-737 crash.
Accident	12Apr90	Vacroy Island, Norway	DC-6 crash.
Severe Turbulence	24Mar88	Cimarron, NM	B-767, +1.7G. Mountain Wave
Severe Turbulence	22Jan85	Over Greenland	B-747, +2.7G
Severe Turbulence	24Jan84	West of Boulder, CO	Sabreliner, +0.4G, -0.4G
Severe Turbulence	16Jul82	Norton, WY	DC-10, +1.6G, -0.6G

Severe Turbulence	03Nov75	Calgary, Canada	DC-10, +1.6G
Accident	02Dec68	Pedro Bay, AK	Fairchild F27B, Wind rotor suspected.
Accident	06Aug66	Falls City, NB	BAC111, Wind rotor suspected.
Accident	05Mar66	Near Mt. Fuji, Japan	B-707, Wind rotor suspected.
Accident	01Mar64	Near Lake Tahoe, NV	Constellation, Strong lee wave.
Accident	10Jan64	East of Sangre de Cristo Range, CO	B-52, Wind rotor suspected.

13-5-1. 산악파의 종류

산악파는 수직 상공으로 발달하는 산악파(Vertically propagating mountain wave)와 산을 넘어 올가미 형태를 이루며 지표면과 수평으로 퍼져나가는 산악파(Trapped lee mountain wave)로 나눈다.

일반적으로 산악파는 산맥정상의 풍향이 산맥에 직각이고 풍속은 20kt 이상일 때 발생하며 풍속이 강할수록 파동의 진폭은 크고 안정한 대기일수록 강하게 발생한다.

① Vertically propagating mountain wave

산 정상으로부터 고도 6,000ft의 풍속이 산 정상 풍속의 1.6배 이하로서 산꼭대기 위쪽 대기의 수직 윈드시어가 비교적 약하고, 대기의 안정도가 비교적 강할 때 발생한다.

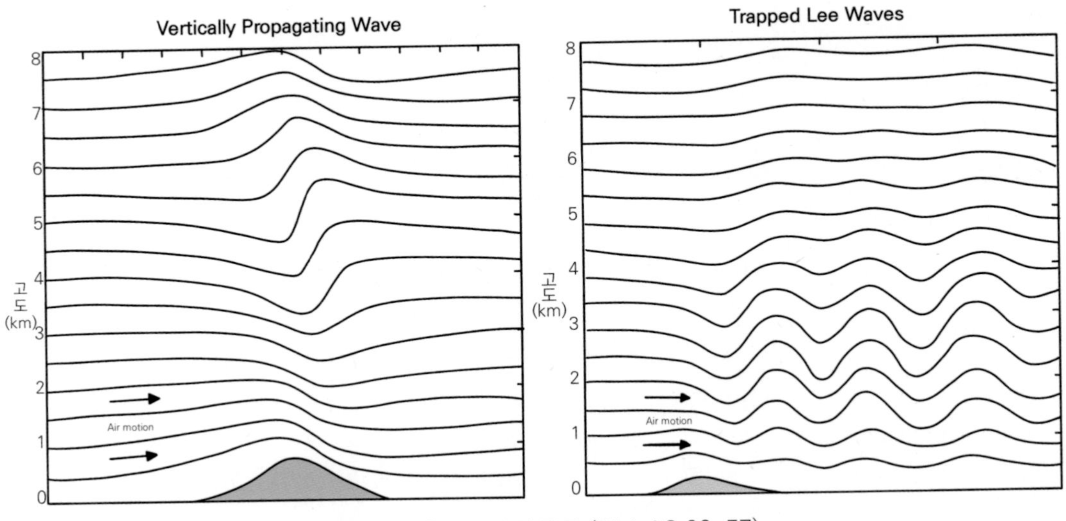

[그림 13.16] 산악파의 종류 (FAA AC 00-57)

② Trapped lee mountain wave

산의 위쪽 대기의 수직 윈드시어는 어느 정도 강하고, 대기의 안정도는 비교적 약하여 상공으로 파동이 전파되기 어려울 때 발생한다.

13-5-2. 산악파에 의한 구름

산의 위쪽의 대기에 수분이 충분히 포함되어 있어 습도가 높을 때는 구름이 발생하지만 건조한 대기일 경우에는 구름이 생성되지 않는다. 따라서 산악지방 상공을 비행할 때 상공에 구름이 없다고 하여 산악파가 없다고 단정할 수는 없고 풍향과 풍속 및 대기의 안정도에 따라 산악파의 발생 가능성을 판단해야 한다.

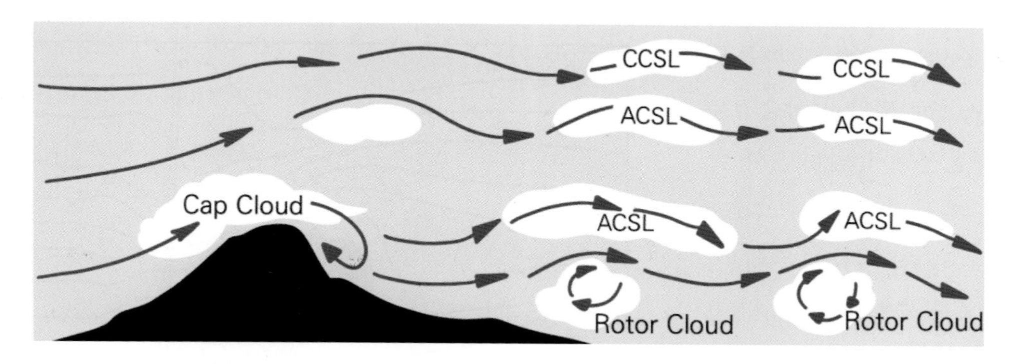

[그림 13.17] 산악파에 의한 구름의 종류 (FAA AC 00-6B)

① 렌즈형의 구름(Standing lenticular cloud)

대기의 파동으로 인해 상승기류가 있는 지역에서 발생하는 적운형의 구름이고 하강기류에서는 구름이 소멸되므로 렌즈 모양으로 보인다. 대류권계면에 가까운 고고도에서 발생하는 CCSL(CirroCumulus Standing Lenticular)과 중간 고도에서 발생하는 ACSL(AltoCumulus Standing Lenticular)이 있다. 파동에 따라 2~3개의 구름이 층을 이루어 발생하기도 한다.

② 회전구름(Rotor cloud)

렌즈형 구름의 아래쪽에 대기가 회전하면서 상승할 때 발생하는 구름이다. 운저고도는 산정상과 비슷하거나 낮고 대기가 상하로 회전하기 때문에 이 지역은 반드시 피해서 비행해야 한다. 건조한 대기에서는 구름이 발생하지 않으므로 회전구름이 없더라도 강한 난기류가 있으니 피해야 한다.

③ 모자구름(Cap cloud 또는 Pendant cloud)

산 정상을 향해 상승하는 대기에서 만들어진 구름이 산을 넘어 하강하는 기류에서는 소멸되므로 산 정상에만 걸려 있는 층적운(Sc)이다. 여러 층을 이루고 있는 경우도 있다.

13-5-3. 산악파에 의한 난기류 지역

산 정상의 풍속이 20kt 이상이면 난기류가 발생할 가능성이 있고 40kt 이상이면 위험하다고 판단해야 한다. 렌즈형이나 회전구름이 있으면 산악파가 발생하고 있다는 증거이다.

(1) Vertically propagating mountain wave의 경우

위쪽으로 갈수록 파동의 진폭이 증가되다가 상승기류와 하강기류가 만나면서 파동이 부서지는 현상(Wave breaking)이 발생하는데 이 지역에서 강한 난기류가 발생한다. 이 지역은 일반적으로 고도 20,000~39,000ft 사이에서 발생하는 경우가 많다.

또한 파동의 파괴 결과로 인해 산의 경사면을 따라 하강하는 기류가 100kt 이상의 강한 돌풍을 생성시켜 저층 난기류의 원인이 되기도 한다.

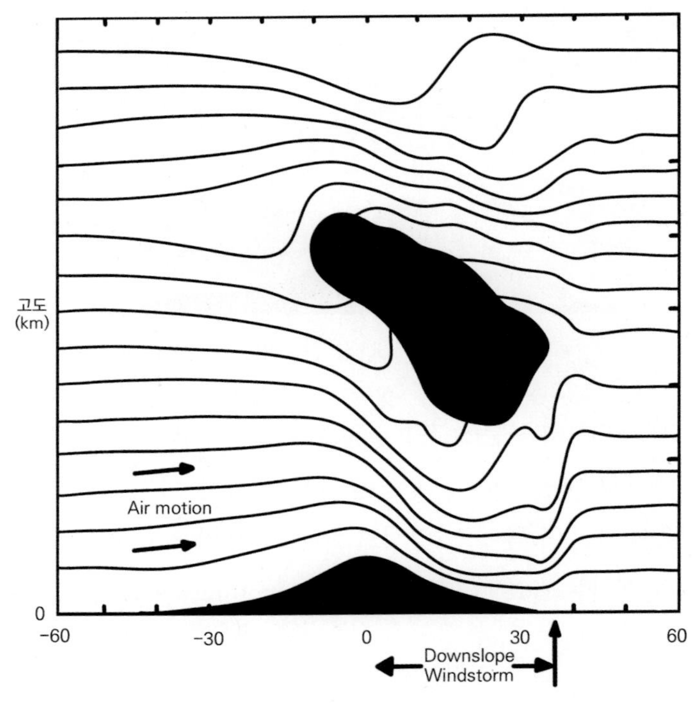

[그림 13.18] Vertically Propagating Mountain Wave (FAA AC 00-57)

이 강한 하강기류가 지면에 부딪혀 튀어 오르는 점프현상이 발생하여 고도 10,000ft 정도까지 난기류가 발생하기도 한다. 이 점프 지역은 때때로 매우 격렬하고 불규칙적인 회전구

름(Ragged rotor clouds)을 길게 선을 이루어 발생시키기도 한다. 점프 지역은 산에서 멀어질수록 난기류의 강도가 약해지기는 하지만 완전히 없어지지는 않는다.

(2) Trapped lee mountain wave의 경우

고고도까지는 난기류가 발생하지 않지만 지표면으로부터 렌즈형 구름의 아래까지는 바람의 변화가 심하고 돌풍을 동반한 난기류가 발생하기 쉽다. 특히, 렌즈형 구름의 바로 아래에는 수평 및 수직 윈드시어가 있고, 중규모의 난기류(Moderate turbulence)가 발생한다는 조종사보고(PIREP, Pilot Report)도 있다.

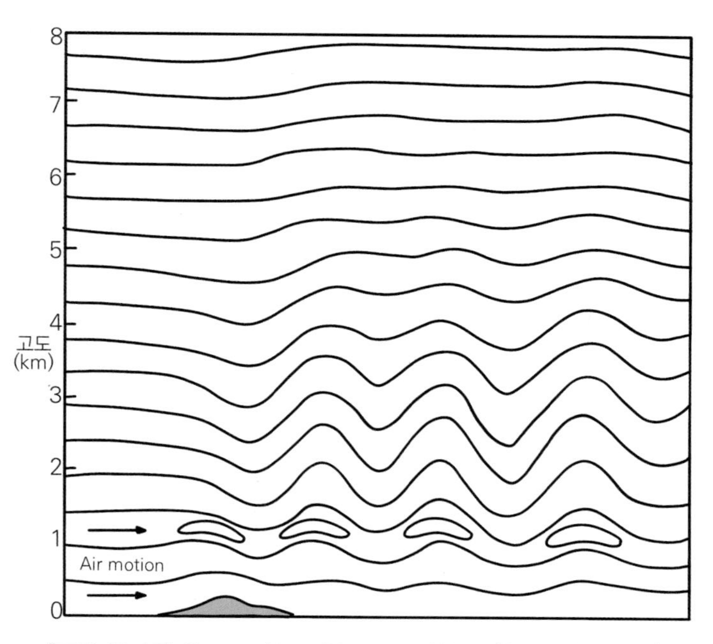

[그림 13.19] Trapped Lee Mountain Wave(FAA AC 00-57)

산악파를 발생시킨 산으로부터 첫 번째의 렌즈형 구름의 아래쪽에 특히 난기류가 강하게 발생한다. 렌즈형 구름의 안쪽에는 위보다는 아래쪽에 난기류가 있고, 모양이 평탄한 구름보다 울퉁불퉁한 모양일수록 난기류가 심하다.

(3) 회전 지역의 경우

산악파에 의해 기류가 회전하는 지역은 강렬한 윈드시어와 난기류가 발생하는 경우가 많고 특히 산악파를 발생시킨 산으로부터 첫 번째의 회전 지역은 가장 강한 난기류가 있으니 절대로 피해야 하는 지역이다.

회전구름을 멀리서 보면 작은 적운(Cu)처럼 보이기 때문에 착각하기 쉽다. 따라서 산악파가 있을 때는 산맥의 정상으로부터 20NM 이내에서 산의 정상보다 낮은 지역에는 회전 지역이 있다고 가정해야 한다.

13-6. 청천난기류

구름이 없는 지역에서 항공기에게 격렬한 진동을 일으키는 갑작스런 심한 난기류를 청천난기류(CAT, Clear Air Turbulence)라고 정의한다(FAA AC 00-30C Clear Air Turbulence Avoidance).

고고도 비행을 하지 않던 1950년대까지는 적운(Cu)이나 적란운(Cb)과 같은 대류성의 구름이나 산악파가 없으면 난기류는 없을 것이라고 판단했으나 고고도로 비행이 가능한 제트 항공기가 출현한 후 구름도 없는 맑은 하늘의 예상하지 않았던 지역에서 난기류를 경험하게 되었다.

일반적으로는 윈드시어로 인해 주로 15,000ft 이상의 고고도에서 발생하는 난기류를 청천난기류라고 하지만, 포괄적으로는 대류성의 구름이 아닌 고고도에서 발생하는 난기류를 모두 포함한다.

즉, 권운(Ci)의 안쪽이나 렌즈운의 안쪽이나 주변 또는 뇌우(TS, Thunderstorm)의 주변에서 발생하는 난기류도 청천난기류로 분류한다. 그러나 일반적으로 적란운, 저고도의 기온역전, 강한 지상풍 또는 국지적인 지형특성에 의해 발생된 난기류는 청천난기류로 분류하지 않는다(FAA AC 00-30C Clear Air Turbulence Avoidance).

청천난기류(CAT)가 발생하는 주원인은 제트기류와 고고도의 산악파이다.

산악파에 의한 난기류는 이미 다루었기 때문에 제트기류에 의한 난기류에 대하여 자세히 살펴본다.

13-6-1. 제트기류와 청천난기류

청천난기류의 대부분은 주로 제트기류의 주변에서 발생한다.

그림 13.20은 북반구에서 발생하는 제트기류의 단면도이다. 왼쪽이 북극 쪽이고 오른쪽은 적도 쪽이며, 실선은 등풍속선(Isotach), 점선은 등온선(Isotherm), 등풍속선이 밀집한 지역은 전선대(Frontal zone)이다.

우리나라 상공에서는 11월경부터 3월경까지 제트기류가 가장 강하고 한겨울에는 북위 30도 지역까지 남하하기도 한다. 강하게 발달하는 제트기류는 중심 풍속이 250kt 이상을 기록하는 경우도 있다.

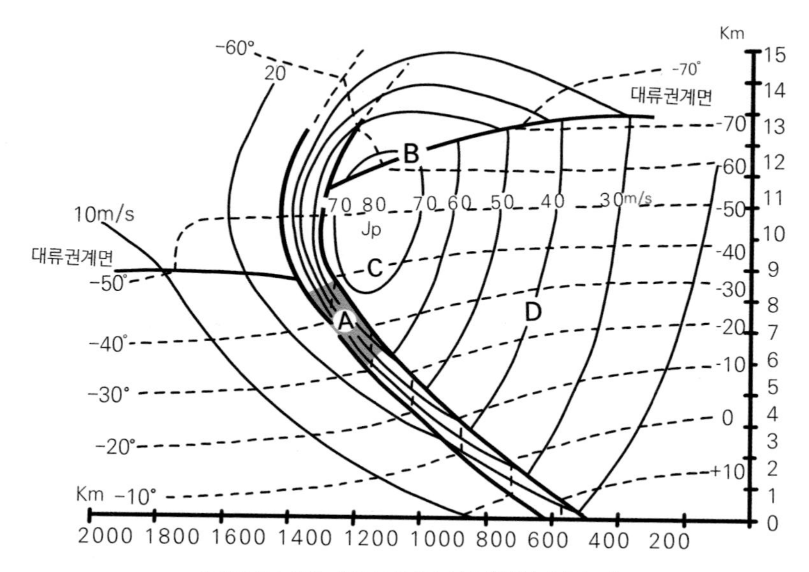

[그림 13.20] 윈드시어의 분포(일본 AIM-J)
A: 10kt/1,000ft 이상, B: 10kt/1,000ft, C: 6~10kt/1,000ft, D: 2~5kt/1,000ft

제트기류 중심의 아래쪽인 그림의 A지역에 청천난기류가 가장 강하다. 등풍속선이 조밀하므로 윈드시어가 가장 높게 나타나기 때문이다. 윈드시어가 1,000ft당 20kt 이상이면 대형기도 조종이 불가능한 상태에 빠질 수 있다.

전선대의 최대 두께는 약 5,000~7,000ft에 이르지만 한대 제트기류(Jp)와 아열대 제트기류(Js)가 합류하는 지역에서는 전선대의 두께와 폭이 더 넓어지므로 청천난기류가 발생하는 지역도 더 넓어진다.

대류권계면의 위쪽인 성층권의 그림 B 지역과 A~B 지역 사이의 전선대에서도 청천난기류가 자주 보고되지만 등풍속선이 조밀하지 않은 C~D 지역은 청천난기류의 발생이 상대적으로 적은 지역이다. 그러나 어떤 지역도 풍속이 110kt를 초과하는 경우에 청천난기류가 발생한다.

제트기류에 동반되어 발생하는 청천난기류는 일반적으로 바람이 부는 방향으로 100~300NM(160~480km)에 걸쳐 폭 50~100NM(80~160km), 두께는 약 5,000ft에 이르고 짧은 경우는 30분, 길게는 하루 동안 지속되기도 한다.

산악파와 제트기류가 만나면 상승효과로 인해 청천난기류는 더욱 강해질 수 있다. 따라서 산악 지역 상공에서 제트기류를 횡단하여 비행하는 경우에는 구름이 없더라도 청천난기류가 발생할 수 있다고 예측해야 한다.

13-6-2. 청천난기류 발생가능 기준

1969년 ICAO의 제6차 항행위원회(ICAO 6th Air-Navigation Conference of April/May)에서 고고도에서는 다음 중 하나의 조건만 충족하더라도 청천난기류가 발생할 수 있다는 기준을 승인하였다.

① 풍속이 110kt 이상
② 수직 윈드시어(Vertical Wind Shear)가 5kt/1,000ft 이상
③ 수평 윈드시어(Horizontal Wind Shear)가 20kt/60NM 이상
④ 수평 온도경도(Horizontal Temperature Gradient)가 5℃/120NM 이상

13-6-3. 청천난기류가 발생하기 쉬운 상층구조

청천난기류를 예측하기는 매우 어렵지만 상대적으로 차가운 대기층과 따뜻한 대기층의 경계가 뚜렷한 겨울철에 주로 발생하며 동시에 다음과 같은 지역에서 주로 발생한다.

① 상층의 기압골 중에서 제트기류의 차가운 대기층
② 상층의 강한 저기압 또는 기압골이나 기압능에서 예리한 커브를 그리는 등고선의 윈드시어 지역
③ 상층의 강한 차가운 대기의 이류가 있거나 따뜻한 대기의 이류가 있는 지역

청천난기류가 발생하기 쉬운 지역으로 알려져 있는 구체적인 상층의 구조는 다음과 같다.
(パイロットの専門教育のための航空気象講義ノート인용)

① 제트기류의 주변에서 상층 기압골(Trough)에 의한 차가운 대기의 이류가 있을 때(고층 등압면 일기도, 실선은 등고선, 점선은 등온선, 붉은 점선은 CAT발생 예상 지역) 발생하기 쉽다.

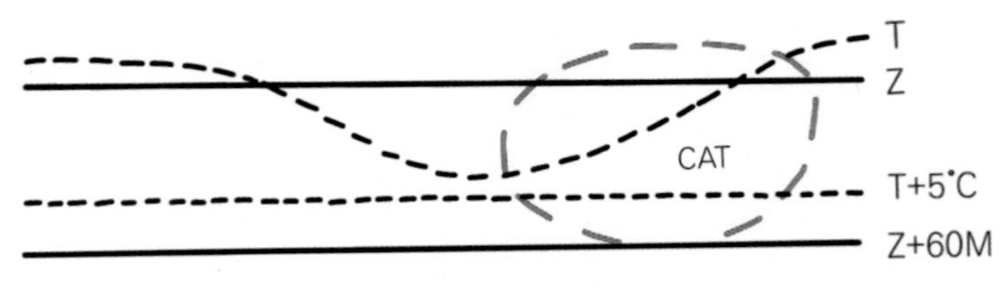

[그림 13.21] 온도 Trough의 전면 지역

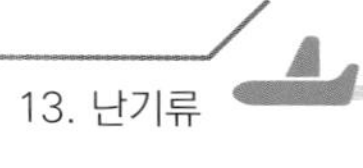

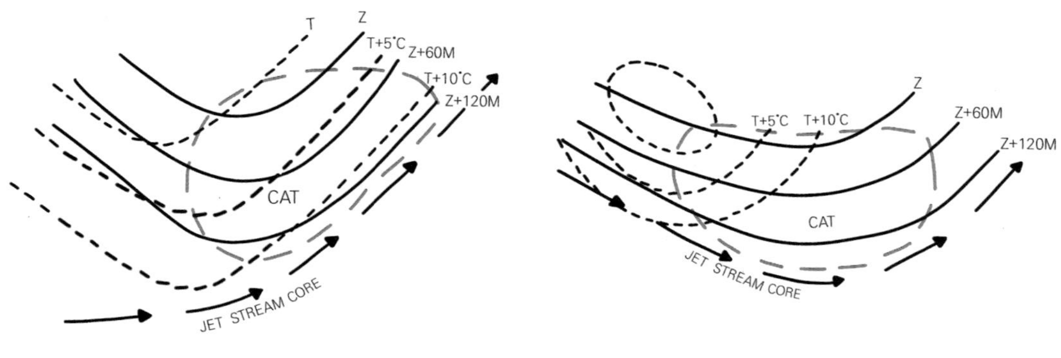

[그림 13.22] 상층 Trough의 전면 또는 온도 Trough의 전면

[그림 13.23] 상층 Trough의 후면 또는 강한 차가운 이류의 전면

② 상층의 고기압에서 기압능이 증폭되어 굴곡진 지역에서 발생하기 쉽다.

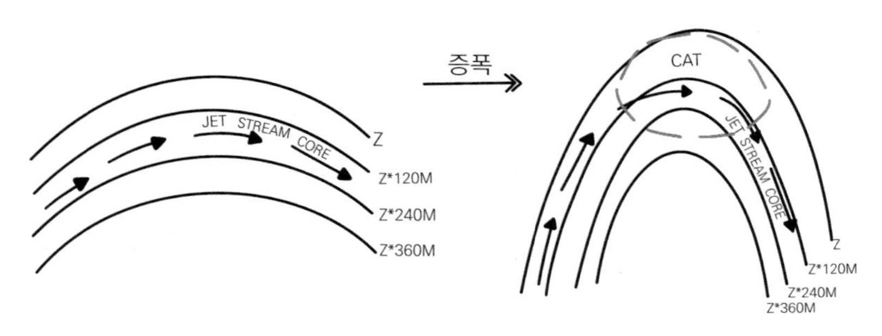

[그림 13.24] 상층 Ridge

③ 제트기류를 따라 급속히 발달 중인 지상 저기압의 북쪽 또는 북동쪽에서 권계면의 위쪽으로 2,000ft에서 아래쪽으로 7,000ft 사이에서 청천난기류가 발생하기 쉽고, 지상의 저기압이 1시간에 1hPa의 비율로 깊어지면 중간(Moderate) 또는 강한(Severe) 청천난기류가 발생하기 쉽다.

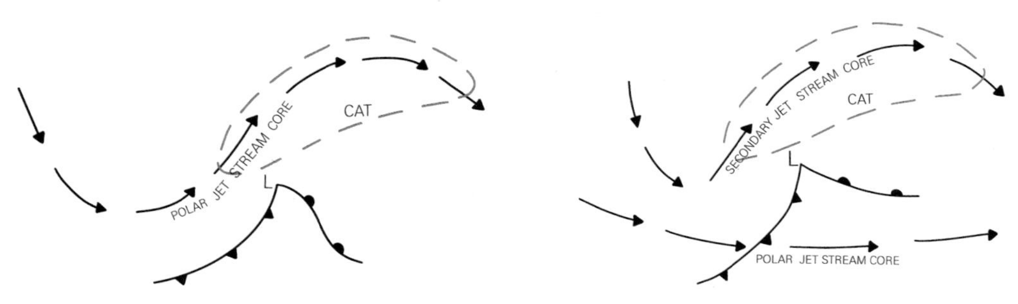

[그림 13.25] 발달 중인 지상저기압에 동반된 지역

④ 고층일기도에서 2개의 제트기류의 축이 서로 500km 이내에 있을 때, 이 합류 지역에 청천난기류가 발생할 확률이 높다. 또한 이 두 개의 제트기류의 축에 둘러싸인 수직방향의 대기층 내에서도 발생하기 쉬우며 대부분의 경우에 중간(Moderate) 정도의 청천난기류가 발생한다. 그러나 이 합류 지역에서 1,000ft당 10kt 이상의 수직윈드시어의 경우는 중간(Moderate) 정도, 14kt 이상에서는 강한(Severe) 청천난기류가 발생한다.

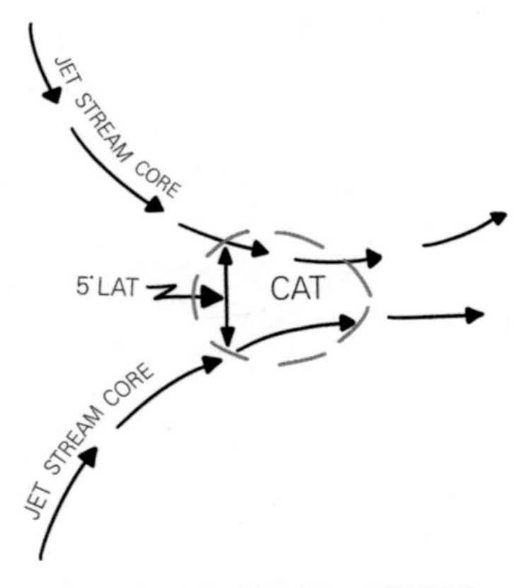

[그림 13.26] 합류하는 제트기류

⑤ 고층일기도에서 저기압이 발생하고 있을 때, 권계면 위쪽으로 2,000ft에서 아래쪽으로 7,000ft 사이에서 청천난기류가 발생하기 쉽지만 중간(Moderate) 이상의 청천난기류가 발생하는 경우는 희박하다

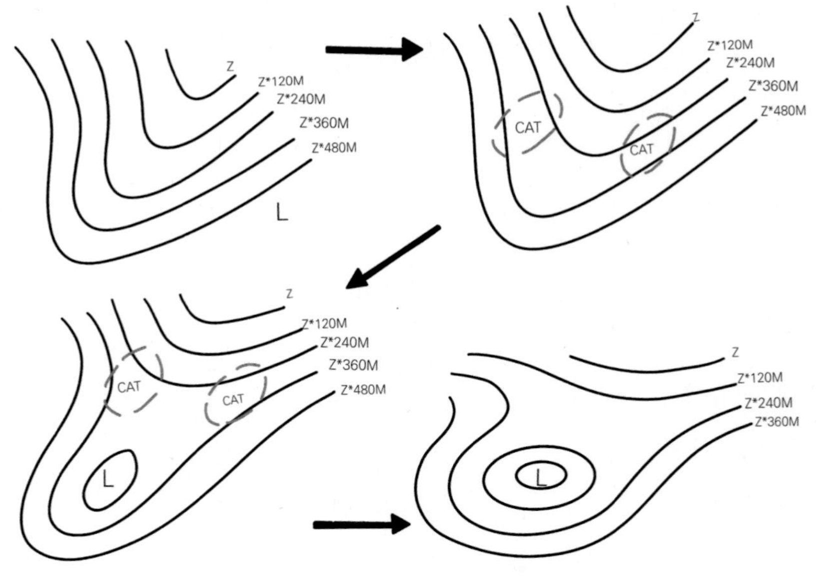

[그림 13.27] 상층의 저기압에 동반

⑥ 절리저기압(Cutoff low pressure)의 절리부분에서는 저기압의 주위를 흐르는 제트기류의 흐름방향이 반대가 되면서 고기압성으로 흐른다. 이 경우, 절리저기압의 절리부분에서 풍속이 최대인 고도의 위아래로 각각 약 4,000ft, 또는 권계면의 위쪽으로 2,000ft

에서 아래쪽으로 7,000ft 사이에서 청천난기류가 발생하기 쉽다. 이 부근의 풍속이 120kt를 초과하면 중간(Moderate) 또는 강한(Severe) 청천난기류가 발생하기 쉽다.

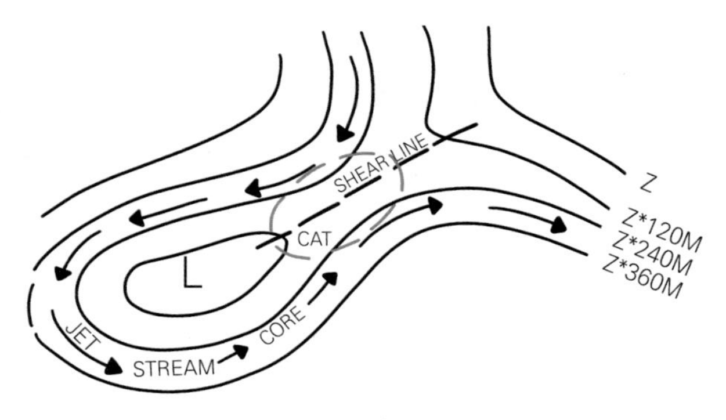

[그림 13.28] 절리저기압의 절리부분

⑦ 1개의 제트기류가 남북으로 2개로 분리되어 흐르기 시작하는 장소에서는 지상에 전선계가 존재하면 청천난기류가 발생할 가능성이 증가한다. 수평방향의 넓이는 북쪽과 남쪽의 강풍 지역의 사이, 수직방향의 높이는 권계면 위쪽으로 2,000ft에서 아래쪽으로 7,000ft 사이에서 주로 발생한다.

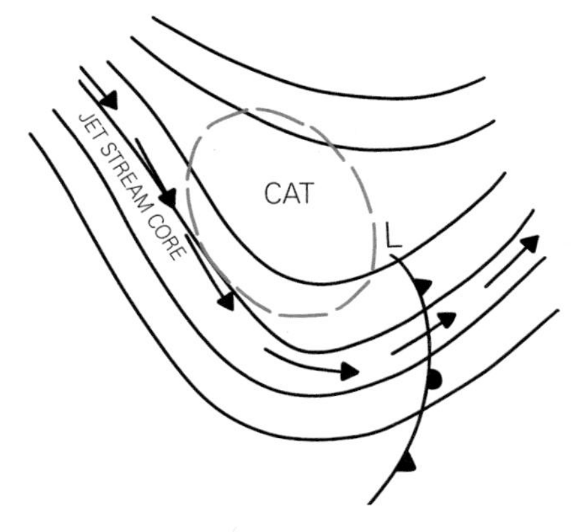

[그림 13.29] 상층제트의 분류패턴이 형성되는 지역

⑧ 수평방향으로 약 250km, 수직방향으로는 권계면의 위쪽으로 2,000ft에서 아래쪽으로 7,000ft 사이에서 주로 발생하고, 강도는 중간(Moderate) 이하의 청천난기류가 발생한다.

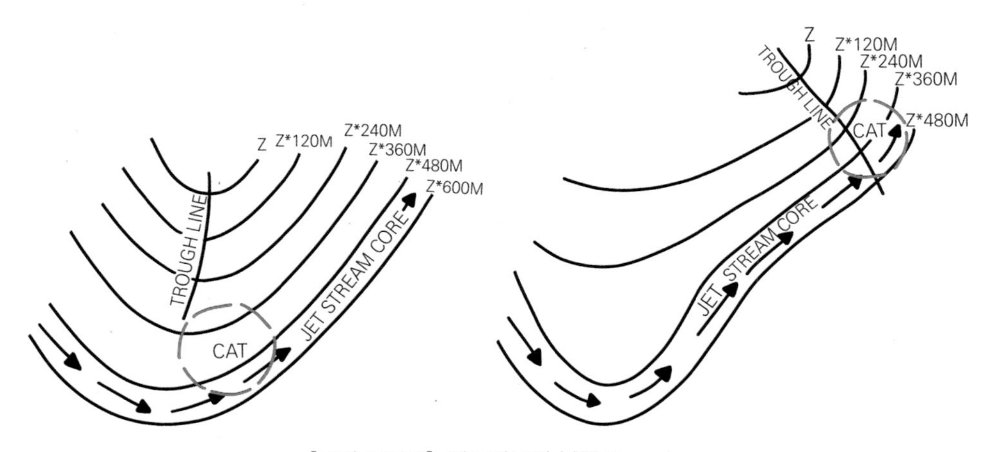

[그림 13.30] 제트기류의 북쪽 Trough

⑨ 제트기류의 극대치인 JET Streak이 상층 기압골의 후면에 있을 때 그 Streak의 출구에서 청천난기류가 발생하기 쉽다. 청천난기류의 예상범위는 수평방향으로는 제트기류의 Streak로부터 기압골의 축까지를 포함하고 중심을 따뜻한 지역에 두고 타원형으로, 수직으로는 권계면의 위쪽으로 2,000ft에서 아래쪽으로 7,000ft 사이에서 주로 발생한다.

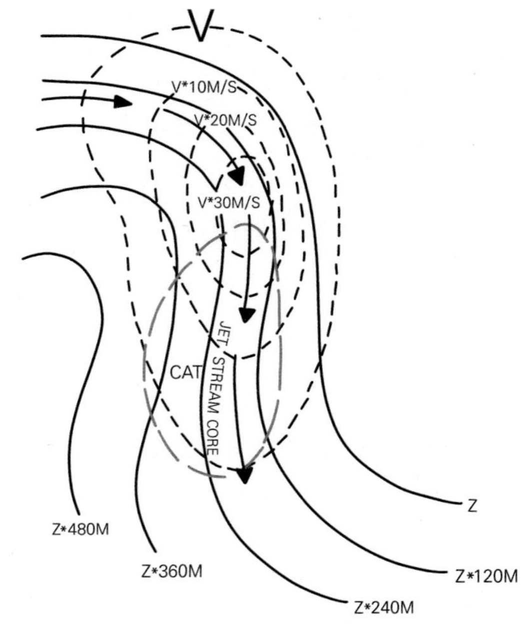

[그림 13.31] 상층 기압골의 후면 최대 강풍축

13-7. 난기류의 강도

난기류는 항공기의 운항에 매우 위험한 기상현상이므로 난기류에 조우했을 경우 조종사는 반드시 보고하도록 ICAO에서 규정하고 있다.

13-7-1. ICAO의 분류

ICAO에서는 난기류를 다음과 같이 3단계의 강도로 분류하고 중간(Moderate) 정도 이상의 난기류에 조우하면 위치, 시간, 고도 등을 포함하여 즉시 항공교통관제기관에 보고하도록 규정하고 있다(ICAO PANS ATM).

강도	현상
약한정도 Light	별도 기준 없음
중간정도 Moderate	항공기의 자세 및(또는) 고도가 중간정도의 변화가 있지만 항공기의 조종은 가능한 상태이다. 일반적으로 대기속도(AS)의 작은 변화가 있고, 항공기의 중량중심에서의 중력가속도는 0.5~1.0g의 변화가 있고, 기내를 걷기는 어려운 상태이다. 안전벨트가 꽉 조이는 정도이고 기내의 물체가 흔들리는 정도이다.
심한정도 Severe	항공기의 자세 및(또는) 고도가 급격하게 변하고 짧은 순간 동안 항공기의 조종이 불가능한 상태이다. 일반적으로 대기속도(AS)가 크게 변화고, 항공기의 중량중심에서의 중력가속도는 1.0g를 초과하는 상태이다. 안전벨트가 강하게 압박하는 정도이고 기내의 물체가 떨어지는 정도이다.

13-7-2. 미국 연방항공청(FAA)의 분류

FAA에서는 난기류를 다음과 같이 4단계의 강도로 구분하고 난기류에 조우하면 위치, 시간, 구름, 고도, 기종 등을 포함하여 즉시 항공교통관제기관에 보고하도록 규정하고 있다 (FAA AIM).

강도	항공기 상태와 보고기준	기내상황
약한정도 Light	• 고도 및(또는) 자세(pitch, roll, yaw)가 일시적으로 약하게 비정상적인 변화를 일으키는 난기류로서 Light Turbulence라고 보고한다. • 고도 또는 자세의 변하는 거의 없으나 약간의 흔들림 정도인 경우에는 Light Chop라고 보고한다.	탑승자는 안전벨트나 어깨끈에 약간의 부담을 느낄 수 있고 고정되지 않은 물건은 약간 움직일 수 있는 정도이다. 기내식 서비스는 진행할 수 있을 정도로 걷기에는 거의 어려움이 없는 상태이다.
중간정도 Moderate	• Light Turbulence와 비슷하지만 강도가 더 큰 난기류로서, 고도 및(또는) 자세의 변화는 있지만 항공기는 계속하여 조종이 가능한 상태이다. 일반적으로 지시대기속도(IAS)의 변화가 있는 정도로서 Moderate Turbulence라고 보고한다. • Light Chop와 비슷하지만 좀 더 강도가 큰 난기류로서 고도 또는 자세의 변하는 거의 없으나 순간적인 충격이 발생하는 경우에는 Moderate Chop라고 보고한다.	탑승자는 안전벨트나 어깨끈이 꽉 조이는 부담을 느낄 수 있고 고정되지 않은 물건은 떨어질 수 있는 정도이다. 기내식 서비스와 걷기는 어려운 상태이다.
심한정도 Severe	• 고도 및(또는) 자세가 크게 갑작스런 변화를 일으키는 난기류로서 일반적으로 지시대기속도(IAS)에 큰 변화가 발생한다. 일시적으로 항공기의 조종이 불가능할 수 있는 정도의 난기류로서 Severe Turbulence라고 보고한다.	탑승자는 안전벨트나 어깨끈의 압박을 느끼며 고정되지 않은 물건은 떨어지고, 기내식 서비스와 걷기는 불가능한 상태이다.
심각상태 Extreme	• 항공기가 격렬하게 흔들리고 조종은 사실상 불가능한 상태의 난기류이다. 항공기가 구조적으로 손상을 입을 수 있는 난기류로서 Extreme Turbulence라고 보고한다.	

난기류로 인한 사고사례

1966년 3월 5일 13시 58분경 일본 동경국제공항에서 이륙하여 홍콩으로 향하던 현재 영국항공의 전신인 BOAC911편(보잉 707항공기)이 후지산의 산악파로 인해 14시 15분경 16,000ft 상공에서 추락하여 탑승객 124명(승무원 11명, 승객 113명) 전원이 사망하였다.

후지산의 높이는 3,776m(12,388ft)로 높기 때문에 강한 바람이 산에 부딪히면 산악파와 청천난기류가 강하게 발생한다.

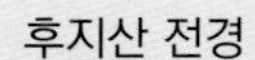

후지산 전경

14. 착빙

항공기의 표면에 얼음이 부착되는 현상을 착빙(Icing)이라 하고, 착빙은 항공기의 운항에 매우 위험한 영향을 미치는 기상현상이다.

착빙은 항공기의 중량증가, 양력감소, 추력저하, 항력증가 등 항공기의 공기역학적인 효율을 저하시킬 뿐 아니라, 엔진의 성능저하, 통신의 장애, 항법계기의 오차, 조종면이나 브레이크 또는 착륙장치의 조작을 곤란하게 할 수도 있다.

항공기는 이륙할 때 가장 많은 양력이 필요하다. 실험에 의하면 날개의 앞쪽이나 위쪽의 표면에 서리나 얼음 또는 눈이 거친 사포(Sand paper) 정도의 아주 얇게 쌓인 상태로 이륙하더라도 양력(Lift)은 약 30% 정도 감소하고 항력(Drag)은 최대 40%까지 증가하였고, 더 두꺼운 착빙은 항력을 80% 이상까지 증가시켰다고 한다.

그림 14.1은 착빙이 양력계수(C_L)와 항력계수(C_D)에 미치는 영향을 나타내고 있다. 날개의 착빙은 받음각(AOA, Angle Of Attack)이 증가함에 따라 양력계수는 훨씬 빨리 줄어들고 항력계수는 반대로 훨씬 빨리 급격히 증가함을 알 수 있다.

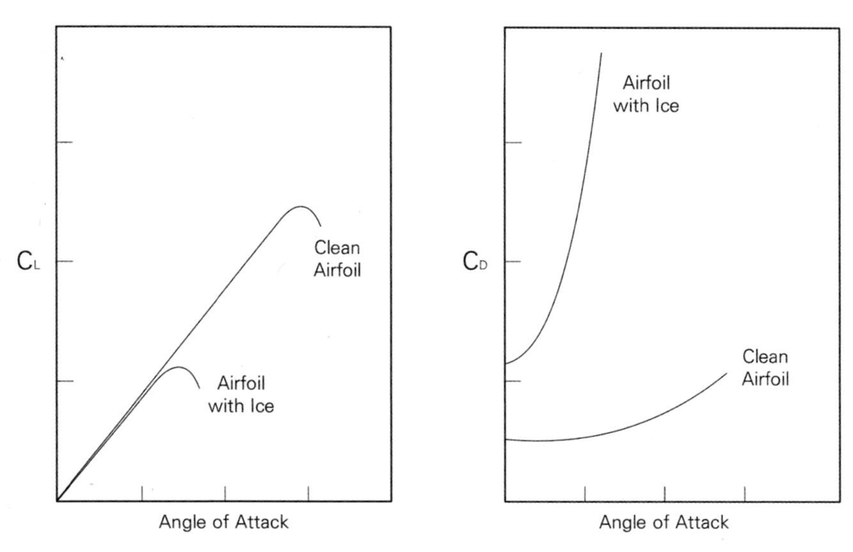

[그림 14.1] 양력계수와 항력계수의 변화(FAA AC 91-74B)

$$L(\text{양력}) = C_L\ (\text{양력 계수}) \times \frac{1}{2}\sigma V^2\ (\text{동압}) \times S(\text{날개의 면적})$$

$$D(\text{항력}) = C_D\ (\text{항력 계수}) \times \frac{1}{2}\sigma V^2\ (\text{동압}) \times S(\text{날개의 면적})$$

위의 식에서 보는 바와 같이 양력은 양력계수(C_L)에 비례하고 항력은 항력계수(C_D)에 비례한다. 그러므로 착빙으로 인해 그림 14.1과 같이 양력계수가 급격히 감소하고 동시에 항력계수는 급격히 증가하면 결과적으로 양력은 급격히 감소하고 반대로 항력은 급격히 증가하여 항공기는 매우 위험한 상태에 빠지게 된다.

이러한 위험성 때문에 거의 대부분의 항공기는 날개 및 엔진의 전면이나 주요 센서 등에 착빙을 방지하기 위한 방빙장치(Anti-icing system)가 장착되어 있다. 그러나 모든 표면에 방빙장치가 장착되어 있는 것은 아니므로 날개 등 기체의 주요 표면에 아주 얇은 얼음이 부착하더라도 빠른 시간 내에 증식하여 항공기의 실속속도(Stall speed)를 증가시키거나 항공기의 안정성 및 조작에 매우 위험한 영향을 미칠 수도 있다.

14-1. 과냉각수

비행 중인 항공기에서 일어나는 착빙의 대부분은 구름 속에 포함되어 있는 과냉각수가 원인이다.

대기 중에 정지된 상태로 떠 있는 순수한 물은 -40℃에 도달할 때까지 얼지 않는데 이것을 과냉각수(Supercooled water)라고 한다. 그 이유는 물방울의 표면장력이 어는 것을 방해하기 때문으로서 물방울이 작고 순수할수록 과냉각될 확률이 높다. 언 비(FZRA, Freezing Rain)나 언 이슬비(FZDZ, Freezing Drizzle)에서는 과냉각된 큰 물방울(SLD, Supercooled Large Drops)로 존재하기도 한다.

구름에 포함되어 있는 과냉각수의 양은 기온에 따라 다르지만 구름의 온도가 0~-10℃ 사이에서는 주로 과냉각수로 존재하고, -10~-20℃ 사이에서는 과냉각수와 얼음알갱이(Ice crystals)가 공존하며, -20℃ 이하의 구름은 주로 얼음알갱이 상태로 존재한다. 그러나 적란운(Cb)과 같이 강하게 발달하는 상승기류에서는 -20℃ 이하에서도 과냉각수로 존재하기도 한다.

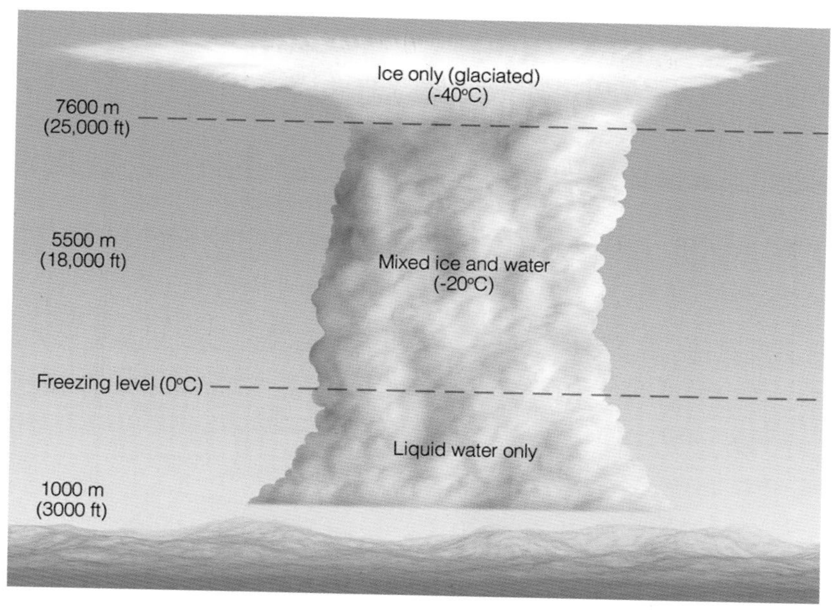

[그림 14.2] 과냉각수의 분포
(https://atmos.washington.edu/~hakim/101/snowflakes/ahrens_0520.jpg)

과냉각수에 진동이 가해지면 쉽게 고체인 얼음으로 그 상태를 변화시키므로 과냉각수의 구름 속을 비행하면 급속히 착빙이 일어난다.

14-2. 착빙의 종류

비행 중인 항공기에 일어나는 착빙은 기체의 외부표면 또는 구조물에 일어나는 착빙과 엔진의 공기 흡입부분에 일어나는 착빙으로 나눈다.

14-2-1. 기체구조의 착빙(Structural icing)

기체의 외부표면이나 구조물에 과냉각된 물방울(Supercooled water droplets)이 부딪혀 얼어붙어서 발생한 착빙이다. 작고 뾰족한 물체일수록 물방울이나 얼음이 잘 부착된다.

따라서 착빙은 피토트관(Pitot tube)이나 각종 안테나, 엔진 또는 날개의 앞부분과 같이 주로 항공기의 앞쪽의 작고 좁은 지점에 발생한다. 또한 항공기 뒤쪽의 날개가 앞날개보다 작고 얇기 때문에 착빙이 일어나기 쉽다.

착빙의 형태는 대기의 조건이나 비행의 상태에 따라 다르며 다음과 같이 나눈다.

(1) 투명형 착빙(Clear or Glaze type icing)

우빙형이라고도 하며, 크기가 큰 과냉각 물방울(SLD, Supercooled Large Drops)이 비교적 느린 속도로 얼어 생기는 투명하고 광택이 있는 형태의 착빙으로서 얼음의 밀도가 높고 단단하며 투명하다. 이 모양의 착빙은 기온이 어는점에 가까운 비교적 따뜻한 기온(0~-10℃)에서 물방울의 양이 많고 물방울의 크기가 크며 항공기의 속도가 빠를 때 형성된다.

[그림 14.3] 투명형 착빙(FAA AC 91-74B)

투명형 착빙은 어는 비(FZRA) 또는 적운(Cu)형의 구름과 같이 크기가 큰 과냉각 물방울(SLD)이 많은 대기층에서는 더욱 단단하고 크게 성장하면서 날개의 아래위로 뿔과 같은 모양이 되므로 날개의 아래위로 흐르는 공기의 흐름을 방해하기 때문에 항공기 운항에 가장 위험한 착빙이다.

조종사가 눈으로 볼 수도 없는 위치이고 제·방빙장치의 뒤쪽까지 번져 나가기 때문에 제거하기도 어렵다. 특히, 크기가 큰 과냉각 물방울(SLD)은 날개의 위아래에 울퉁불퉁한 고르지 않은 표면의 착빙을 만들어 내고 뒤쪽까지 퍼져 나가기 때문에 날개의 공기역학적 특성을 저하시켜 난기류를 발생시킨다. 극단적인 경우에는 이 난기류로 인하여 위험할 정도의 불안정한 비행조건을 만들 수 있다.

(2) 수빙형 착빙(Rime type icing)

크기가 작은 과냉각 물방울이 항공기에 충돌할 때 순간적으로 얼어서 형성된 거칠고 우윳빛의 불투명한 착빙이다. 급속한 동결로 인해 얼음 속에 기포가 형성되어 불투명하고 표면이 거칠며 구멍이 많고 부서지기 쉽다.

[그림 14.4] 수빙형 착빙
(FAA AC 91-74B)

수빙형의 착빙은 기온이 낮고(-15~-20℃) 과냉각수의 양은 적으며 물방울의 크기가 작은

층운형(St)의 구름에서 주로 발생하고 보통 날개의 앞쪽이나 돌출된 지점에 생성된다.

(3) 혼합형 착빙(Mixed type icing)

두 가지 형태가 혼합된 형태의 착빙으로서 수분의 양과 온도 및 물방울의 크기에 따라 상대적으로 투명한 층과 불투명한 층이 혼합되어 있다.

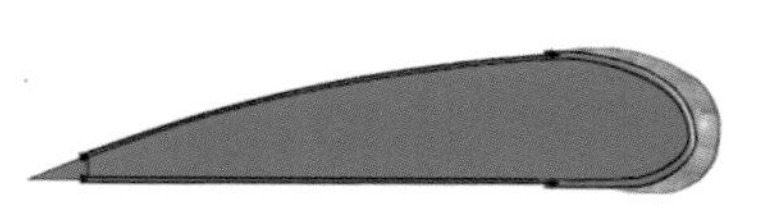

[그림 14.5] 혼합형 착빙
(FAA AC 91-74B)

항공기의 표면을 따라 퍼질 수 있고 제·방빙장치로 제거도 어려워 투명형의 착빙과 같이 항공기 조작과 성능의 문제를 일으킬 수 있는 위험한 착빙이다.

14-2-2. 흡기계통의 착빙(Induction icing)

흡기계통에 착빙이 되면 엔진의 혼합 가스나 공기의 흐름을 어렵게 하여 엔진의 성능이 저하되고 최악의 경우에는 엔진이 정지되는 경우도 발생할 수 있다.

소형 항공기는 왕복엔진을 장착한 경우가 많고 중·대형기 또는 고속항공기는 터보팬(Turbo-fan) 제트엔진을 장착한 경우가 대부분이다.

(1) 왕복엔진

왕복엔진은 공기와 연료를 기화기(Carburetor)에서 혼합한 가스를 엔진에서 압축한 후 폭발시켜 추진력을 얻는 원리이다. 이 혼합 가스가 엔진입구에서 단열팽창에 의해 온도가 내려가는 현상 또는 연료가 증발할 때 발생하는 잠열에 의해 온도가 내려가는 현상 때문에 공기 중에 포함된 수증기가 얼어서 벽에 부착하는 착빙이 발생하는데 이를 기화기 착빙(Carburetor icing)이라고도 한다.

착빙으로 인해 엔진에 들어가는 가스의 양이 줄어들기 때문에 엔진의 출력이 감소한다. 이러한 현상은 기온이 약 -10~25℃ 사이이고 구름이나 안개 또는 강수현상이 있는 지역을 비행할 때 발생하기 쉽다.

그러나 엔진의 배기가스의 열을 이용하여 기화기를 가열하여 얼음을 녹이는 등 방빙장치를 이용하여 사전에 결빙을 방지할 수 있다.

(2) 제트엔진

엔진의 입구에서 일시적으로 공기의 압력이 낮아지면서 단열팽창에 따라 기온이 내려가기 때문에 공기 중에 포함된 수증기가 얼어붙어 생기는 착빙이다.

엔진으로 들어가는 공기의 양이 감소하거나 공기의 흐름을 방해하여 엔진에 진동을 일으키기도 하고 얼음 조각이 엔진에 빨려 들어가 엔진 내부를 손상시킬 수도 있다.

이러한 현상을 방지하기 위해 제트엔진의 앞쪽에는 제·방빙시스템이 장착되어 있어 사전에 착빙을 방지한다. 그러나 제·방빙장치의 뒤쪽으로 흘러간 수증기가 얼어붙는 현상(Runback icing)으로 인해 엔진이 위험에 빠질 수 있다.

14-3. 착빙의 조건

항공기 착빙의 대부분은 구름이나 강수현상이 있는 지역을 비행할 때 과냉각 물방울이 항공기의 표면에 충돌하여 발생한다. 이러한 항공기의 착빙은 기온, 대기 중에 포함되어 있는 수분, 과냉각 물방울의 크기에 따라 결정된다.

항공기의 속도가 증가할수록 착빙이 가속되지만 또한 속도가 빨라질수록 항공기 표면과 공기의 마찰에 의한 열이 발생하므로 착빙을 방해한다.

일반적으로 항공기의 대기속도(Air speed)가 575kt를 초과하면 착빙은 무시할 수 있다고 알려져 있지만 민간항공기의 대기속도는 500kt 이내가 대부분이므로 가속하여 착빙을 방지할 수는 없다.

14-3-1. 기온

착빙은 일반적으로 구름입자의 대부분이 과냉각수로 존재하는 외기의 온도(OAT)가 +2~-20℃일 때 가장 쉽게 일어난다. +2℃까지도 착빙이 일어나는 이유는 항공기의 공기 역학적인 특성에 따라 일시적으로 단열팽창에 의해 기체 주위의 공기가 압력이 내려가고 이로 인해 기체표면에서는 약 2℃ 정도 기온이 내려가기 때문이다.

0℃ 전후에서 특히 위험한 착빙이 일어나는 경향이 있다. 과냉각수가 기체의 표면에 충돌한 후 착빙될 때 따뜻한 물방울이 뒤쪽으로 퍼져나가면서 투명한 얼음(Clear Ice)이 형성되

고 계속 성장하여 뿔 모양의 착빙이 일어나 공기의 흐름을 방해한다.

-20℃ 근처에서는 과냉각수가 기체의 표면에 충돌과 동시에 얼어붙어 형성되는 수빙형(Rime ice) 착빙이 발생한다.

또 다른 현상으로는 기온이 낮은 지역을 장시간 비행한 항공기는 항공기 표면이 상당 기간 0℃ 이하의 차가운 상태로 유지된다. 따라서 기온이 높아져도 항공기 표면의 온도가 낮기 때문에 착빙이 형성될 수 있다는 것을 조종사는 인식하고 있어야 한다.

14-3-2. 수분

비행 중인 항공기에 착빙이 생기기 위해서는 공기 중에 충분한 양의 액체 상태의 수분 입자(SLWC, Supercooled Liquid Water Content)가 포함되어 있어야 한다. 기체 상태의 수증기나 눈과 얼음알갱이와 같은 고체 상태의 수분은 착빙을 일으키지 않는다.

공기 중에 충분한 양의 액체 상태의 수분은 눈에 보이므로 구름이나 비와 같은 눈에 보이는 수분(Visible moisture)이 있으면 착빙이 일어난다고 예상할 수 있다. 따라서 공기 중에 포함된 액체 상태의 수분이 많을수록 빠른 속도로 기체 표면에 착빙이 축적되므로 위험하다.

적운(Cu)형의 구름이 층운(St)형의 구름보다 액체 상태의 수분을 더 많이 포함하고 있으므로 적은 양의 구름에서도 착빙은 일어난다.

14-3-3. 물방울의 크기

물방울의 크기가 작으면 기체 주위의 공기를 따라 기체에 부딪히지 않고 뒤쪽으로 흘러가지만 상대적으로 크기가 큰 물방울은 관성이 크므로 기체표면에 충돌하기 쉽다. 따라서 물방울의 크기가 큰 지역을 비행할수록 착빙의 위험도 커지게 된다.

어느 지역에 포함되어 있는 물방울의 지름이 큰 순서대로 나열했을 때 전체 물방울 부피의 절반인 물방울의 반지름을 중간 부피의 반지름(MVD, Median Volume Diameter)이라고 한다. 이 MVD가 0.05mm보다 큰 과냉각수를 과냉각 큰 물방울(SLD, Supercooled Large Droplets)이라고 한다.

과냉각 큰 물방울(SLD)은 크기가 크므로 방빙장치로 보호되지 않은 지점(Unprotected surface)인 뒤쪽까지 퍼져나가 착빙을 일으킬 수 있다.

과냉각 큰 물방울(SLD)이 많은 지역은 짧은 시간만 비행하더라도 항공기의 모든 부분에 착빙이 발생할 수 있으므로 위험하다.

14-4. 착빙의 환경

구름, 비, 전선, 산악지형, 계절 등에 따라 다양한 형태의 착빙이 일어날 수 있다.

14-4-1. 구름과 착빙

대류, 저기압, 전선, 지형 등에 따라 상승한 대기는 단열팽창에 의해 수증기가 응결하여 구름이 만들어진다. 이때의 물방울은 그 크기가 20μm 정도로 매우 작으므로 약한 기류에도 쉽게 위로 떠올라 간다. 상승하는 기류가 수분이 많으면 물방울은 점점 커지게 되어 구름의 위쪽에 가장 많은 액체의 수분입자(LWC, Liquid Water Content)가 분포하게 된다.

구름의 유형에 따라 착빙이 일어나는 조건이 다르고 항공기에 미치는 위험도 달라진다.

(1) 층운형(Stratus type)의 구름

층운형의 구름은 구름층의 범위는 넓지만 상승하는 과정이 느리므로 액체수분입자(LWC)의 양은 비교적 적다. 층운형의 구름은 구름의 수직 두께가 3,000ft 이상인 경우는 거의 없기 때문에 고도를 변경하여 착빙 지역을 쉽게 탈출할 수 있으나, 수평방향으로 발달한 구름이므로 같은 고도로 우회하여 탈출하기는 어렵다.

고고도에 분포하는 층운형의 구름은 대부분 -20℃ 이하로서 주로 얼음알갱이의 형태로 존재하므로 착빙이 일어나지 않는다.

호수 상공에서 발달한 층운은 수분의 공급이 풍부하여 액체수분입자(LWC)의 양이 많아 높은 고도까지 발달하는 경우도 있다(예, 미국 5대호 상공의 층운).

(2) 적운형(Cumulus type)의 구름

적운형의 구름은 활발한 상승기류로 인하여 액체수분입자(LWC)의 양이 많고 크기도 크기 때문에 층운형의 구름에 비해 착빙의 강도가 다양하게 나타난다.

소규모의 적운은 착빙의 강도도 적고 쉽게 피할 수 있지만 강하게 발달하는 탑상적운(TCu) 또는 적란운(Cb)에서는 강한 착빙이 일어날 수 있다. 탑상적운(TCu) 또는 적란운(Cb)의 경우는 상승기류의 속도가 매우 빠르고 다량의 수분을 포함하고 있어서 -40℃에서도 액체수분입자(LWC)가 존재한다. 적운형의 구름은 수분입자가 많은 상층에서 투명형(Clear ice) 또는 혼합형(Mixed type ice)의 착빙을 일으킬 수 있다.

적운형의 구름은 수직으로 고고도까지 발달하는 구름이므로 고도를 변경하여 탈출하기 어려우므로 착빙 지역을 우회해야 한다.

(3) 기타의 구름

산의 경사면을 따라 상승하여 만들어진 지형성 구름(Orographic cloud)은 주로 적운형의 구름이므로 많은 양의 액체수분입자(LWC)를 포함하고 있기 때문에 착빙의 위험이 있다.

구름의 위쪽이 물결치는 모양인 파동형 구름(Wave cloud)은 많은 양의 액체수분입자(LWC)를 포함하고 있으므로 물결 모양의 구름위로 비행하는 것은 착빙의 위험이 있다.

고고도에 주로 얼음알갱이로 구성된 권운형 구름(Cirrus type cloud)은 일반적으로 착빙의 위험은 없으나 항공기 또는 공기 역학적으로 발생한 열에 의해 녹은 수분입자가 표면을 퍼져 나가는 착빙(Runback icing)을 일으킬 수 있다.

14-4-2. 비 또는 이슬과 착빙

항공기가 언 비(FZRA) 또는 언 이슬비(FZDZ) 지역을 비행하면 항공기의 제·방빙장치가 없는 표면까지 광범위하게 착빙을 일으키므로 바로 그 지역을 탈출해야 한다.

(1) 언 비(Freezing rain)

비의 온도가 0℃ 이하인 비를 언 비 또는 동우(Freezing rain)라고 하고 코드로는 FZRA로 표시한다. 액체 상태로 내리던 비가 차가운 대기층을 통과하면서 과냉각수의 차가운 비로 변한 것이다.

이 비가 지표면에 닿거나 물체에 부딪히면 유리면과 같은 코팅된 모양으로 얼어붙게 된다. 지표면 가까이의 대기층이 0℃ 이하이고 상층은 따뜻한 역전현상이 있거나 전선에 의해 발생한다.

비는 물방울의 지름이 0.5mm 이상인 것으로 정의하는데 일반적으로는 2mm 정도이지만 6mm까지 큰 경우도 있으나 낙하 중에 다시 잘게 나누어진다. 구름을 구성하는 물방울의 지름은 일반적으로 0.02mm이므로 비의 지름과는 약 100배 차이가 나고 부피와 질량은 약 100만 배나 큰 차이가 난다.

그러므로 언 비(FZRA)에서 발생하는 항공기 표면의 착빙은 구름 등에서 일어나는 다른 착빙보다 훨씬 넓은 범위에 걸쳐 형성된다.

(2) 언 이슬비(Freezing drizzle)

언 이슬은 물방울의 지름이 0.5mm보다 작고 0.05mm 이상으로서 코드는 FZDZ로 표시한다. 언 비(FZRA)와 같은 과정에서 만들어지기도 하지만 일반적으로는 구름 속에서 미세한 크기의 과냉각수가 서로 충돌-융합하는 과정(Collision-coalescence process)에서 형성된다. 다양한 통계가 있지만 일부의 연구에 따르면 상공의 언 이슬비(FZDZ)는 시간 비율로 약 80% 이상이 비대류성 구름의 충돌-융합과정에서 형성된다고 한다.

이러한 언 이슬비(FZDZ)는 주로 구름의 위쪽에 과냉각상태로 모여 있고 어떤 종류의 구름에도 존재한다.

구름을 구성하는 물방울의 입자보다 약 10배 이상 크기가 크고 질량도 1,000배 이상 무거우므로 구름 속에서 일어나는 착빙보다 훨씬 넓은 범위에 걸쳐 착빙이 일어난다. 과냉각 상태의 구름 속에 이 언 이슬이 있으면 항공기는 착빙으로 인해 급속히 실속속도와 항력이 증대하거나 롤 조작(Roll control)에 이상이 생길 수 있다.

14-4-3. 전선에서의 착빙

온난전선에서는 상대적으로 따뜻한 기단이 차가운 기단의 위로 천천히 상승하여 층운형의 구름을 만들고, 한랭전선에서는 상대적으로 차가운 기단이 따뜻한 기단 아래로 파고들어 따뜻한 기단을 위쪽으로 급속히 밀어 올리면서 액체수분입자(LWC)가 많은 적운형의 구름을 만들어 낸다.

위험한 착빙을 일으키는 언 비(FZRA)와 언 이슬비(FZDZ)와 같은 과냉각 큰 물방울(SLD)이 전선의 주변에서 관측된다.

전선대에는 위험한 착빙뿐 아니라 바람시어 등의 위험도 있기 때문에 가능하면 전선대의

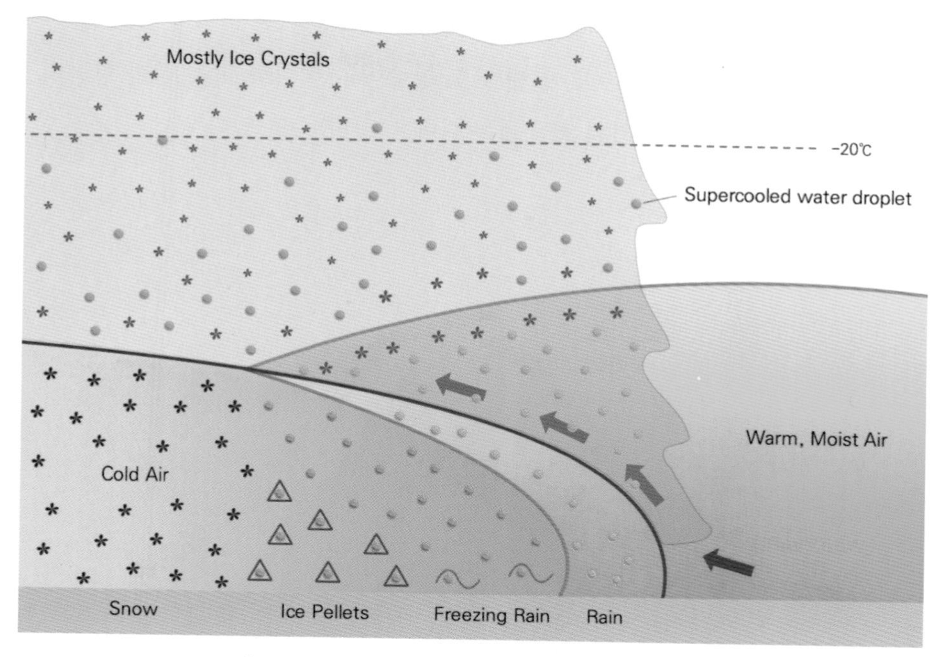

[그림 14.6] 전선에서의 착빙(FAA AC 00-6B)

비행은 피하는 것이 안전하다. 그러나 전선을 피할 수 없는 경우에는 전선을 따라 비행하는 것보다 착빙의 시간을 최대한 줄이기 위해 전선을 횡단하는 경로로 비행하는 것이 좋다.

14-4-4. 산악 지역의 착빙

산악 지역은 다른 지역에 비해 착빙이 일어나기 쉽고 착빙의 강도도 강하다. 산악 지역에서는 산에 부딪힌 공기가 경사면을 따라 급속히 강제 상승되기 때문에 상승기류에는 크기가 큰 과냉각수가 많이 포함되어 있는 구름이 만들어진다.

착빙은 일반적으로 바람이 불어오는 쪽에서 정상까지에서, 산의 정상에서부터 고도 약 5,000ft 사이에서 발생하지만 상승기류가 활발하여 적운형의 구름이 발달하면 더 높은 고도까지 착빙이 일어날 수 있다.

특히, 산악 지역에 전선이 통과하는 경우에는 전선에 의한 상승기류와 지형의 경사면에 의한 상승기류가 서로 합쳐져 보다 강한 상승기류가 발생하기 때문에 착빙이 급속히 진행될 수 있으므로 매우 위험하다.

산악 지역에서의 착빙이 더 위험한 이유는 조종사가 착빙 지역을 벗어나기 위해 기온이 높은 저고도로 강하하려고 해도 산 때문에 불가능하기 때문이다. 반대로 고도를 높여 위험 지역을 탈출하려고 하더라도 배풍으로 인해 고도 상승이 어렵거나 또는 심한 항공기 착빙으로 인해 고도를 유지하기조차 어려워 결국에는 산에 추락할 수도 있다.

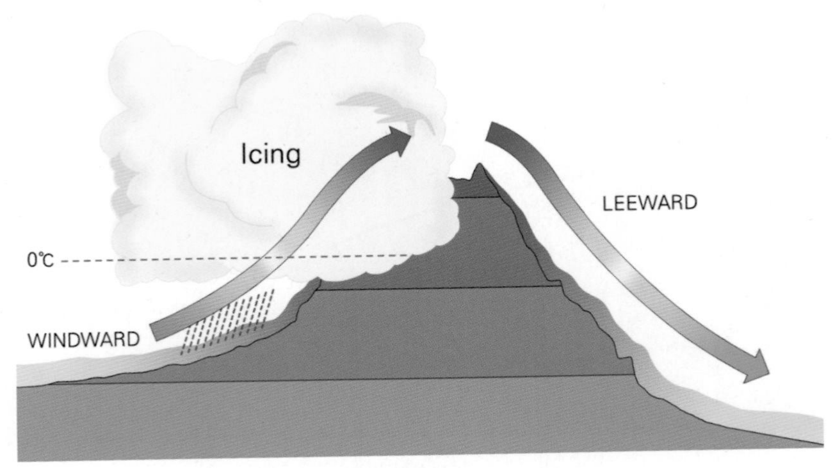

[그림 14.7] 산악 지역의 착빙(FAA AC 00-6B)

14-4-5. 계절과 착빙

착빙은 어느 계절이나 발생하지만 온대지방에서는 겨울에 가장 많이 발생한다. 겨울에는 동결고도(Freezing level)인 0℃의 고도가 지표면에 가깝기 때문에 착빙을 피하기 위한 0℃ 이상의 지역을 찾기가 어렵다. 또한 저기압에 의한 상승기류도 겨울에 더 활발하기 때문에 구름에 의한 착빙이 더 강하게 발생한다.

여름에는 동결고도가 약 16,000ft 이상으로 높아지지만 적운형의 구름이 발달하여 착빙이 강하게 발생하기 때문에 고도를 상승하여 탈출하기도 쉽지 않다.

극지방에서는 주로 봄과 가을에 착빙이 발생하기 쉽다. 겨울에는 기온이 아주 낮기 때문에 착빙을 일으킬 수 있는 수분이 대기 중에 거의 포함되어 있지 않고, 구름이 생기더라도 주로 작은 규모의 층운이다.

14-5. 착빙의 강도

14-5-1. 국제민간항공기구(ICAO)의 분류

ICAO에서는 착빙을 다음과 같이 3단계의 강도로 구분하고 중간(Moderate) 정도 이상의 착빙에 조우하면 위치, 시간, 고도 등을 포함하여 즉시 항공교통관제기관에 보고하도록 규정하고 있다(ICAO PANS ATM).

강도	현상
약한정도 Light	별도 기준 없음
중간정도 Moderate	항공기의 방향 및(또는) 고도를 변경해야 할지를 고려해야 하는 정도의 착빙이 발생하고 있다.
심한정도 Severe	항공기의 방향 및(또는) 고도를 즉각적으로 변경해야 할 정도의 착빙이 발생하고 있다.

14-5-2. 미국연방항공청(FAA)의 분류

미국 연방항공청에서는 착빙을 다음과 같이 4단계의 강도로 분류하고 착빙에 조우하면 위치, 시간, 고도, 기종, 지시대기속도(IAS), 기온(OAT) 등을 포함하여 즉시 항공교통관제기관에 보고하도록 규정하고 있다(FAA AIM).

강도	항공기 상태와 보고
추적관찰 Trace	얼음을 감지할 수 있고 얼음이 수증기로 승화되는 비율보다 쌓이는 비율이 약간 높은 상태이다. 이 상태가 1시간 지속되지 않는다면 제·방빙장치를 작동시키지 않아도 되는 상태이다.
약한정도 Light	이 환경에서 1시간이상 비행하면 얼음의 축적으로 문제가 발생할 수 있다. 제·방빙장치를 가끔씩 사용하면 얼음을 제거하거나 방지할 수 있고 계속 사용하면 문제가 되지 않을 정도의 상태이다.
중간정도 Moderate	짧은 시간이라도 잠재적으로 위험하므로 제·방빙장치를 사용하거나 이 지역을 탈출할 필요가 있는 상태이다.
심한정도 Severe	이 환경에서는 제·방빙장치를 사용하더라도 착빙의 위험을 줄이거나 제어하지 못할 정도이므로 이 지역을 즉각적으로 탈출하여야 하는 상태이다.

착빙으로 인한 사고 사례
(http://planecrashinfo.com/)

1989년 3월 10일 캐나다 남동쪽 Thunder Bay공항에서 Dryden공항에 착륙한 후 목적지인 Winnipeg James Armstrong Richardson국제공항으로 가기 위하여 이륙하던 Air Ontario항공 1363편(기종 Fokker 28-1000)이 날개에 쌓인 눈으로 인한 양력 감소로 추락하여 탑승객 69명(승무원 4명, 승객 65명) 중, 45명이 생존하고 24명(승무원 3명, 승객 21명)이 사망하였다.

Dryden공항에 착륙할 당시 보조동력장치(APU, Auxiliary Power Unit)가 고장났고 공항에 지상동력장치(GPU, Ground Power Unit)가 없었기 때문에 엔진을 정지하지 않은 채로 연료를 주입하기로 결정하였다.

이때 눈이 내려 날개에 쌓이고 있었지만 제설을 하지 않고 출발하기로 결정하였고 그 결과 이륙 시의 양력은 급격히 감소하고 항력은 급격히 증가하여 결국 추락하는 사고로 이어졌다.

사고현장사진(https://en.wikipedia.org/wiki/Air_Ontario_Flight_1363)

15. 뇌우

적란운(Cb, Cumulonimbus)에서 발생하는 번개(Lightning)와 천둥(Thunder)을 동반한 국지적인 강풍(Storm)을 뇌우(Thunderstorm)라고 하고, 일반적으로 강한 돌풍이나 폭우뿐 아니라 우박이 동반되기도 한다.

뇌우는 항공기의 운항에 매우 위험한 기상현상이므로 공항이나 공항 주변에 강한 뇌우가 발생하면 이착륙을 중단하여야 한다. 뇌우는 일반적으로 범위가 넓고 고고도까지 발달하므로 고도를 변경하거나 우회하여 비행하기도 매우 어렵지만 반드시 피하여야 하는 기상현상이다.

Thunderstorm에 대한 용어 사용

- 우리나라에서는 뇌전, 뇌우, 천둥번개가 혼용되고 있다.
- 2015년에 한국기상학회와 기상청에서 발간한 최신 대기과학용어사전에는 천둥과 번개를 동반하는 폭풍우를 '뇌우(Thunderstorm, 雷雨)'라고 정의하고 있다.
- 기상법 시행령 제10조(항공기에 대한 예보 및 특보) ②항의 공항 · 항공로 및 비행정보구역에 대한 항공특보의 발표기준에서는 '뇌전(雷電)'으로 사용해 오다가, 2019년 7월 2일에 개정된 시행령에서 '천둥번개'로 변경되었다. 이후, 항공기상청 항공기상관측지침과 예보지침에서도 '천둥번개(TS, Thunderstorm)'로 변경하여 사용하고 있다.
- 항공기상청-항공날씨-항공기상 용어사전에는 아직도 번개와 천둥을 동반하는 급격한 방전현상을 '뇌전(TS, Thunderstorm)'이라고 정의하고 있다.
- 영문의 Thunderstorm을 뇌우라고 한 것은 일본에서 번역한 용어를 우리나라에서 받아드린 것으로 추정한다. 일본에서는 아직도 천둥과 번개를 동반한 강한 바람과 비를 뜻하는 뇌우를 공식용어로 사용하고 있다.
- 우리나라의 항공사는 모두 국제운송사업자이고 항공기상 용어는 영문을 그대로 사용하는 경우가 일반적이므로 본 장에서는 뇌우(Thunderstorm)를 그대로 사용하고 제4장 항공기상정보에서는 항공기상청의 관측 및 예보지침과의 혼돈을 피하기 위해 '천둥번개'로 편집함을 밝혀둔다.

15-1. 뇌우의 발생조건

뇌우는 적란운에서 발생하기 때문에 적란운이 만들어지기 위한 조건이 충족되어야 한다.

많은 양의 수증기를 포함하고 있는 공기덩어리가 어느 고도까지 상승하면 포화에 이르러 구름이 만들어진다. 이 구름에서 잠열이 방출되면 상승하는 공기가 주위보다 온도가 높아져서 상승이 계속된다.

상승, 잠열방출, 상승의 과정이 계속되면서 적란운으로 성장하기 위해서는 다음 3가지 조건이 충족되어야 한다.

① 대기 중에 물을 증발시킬 수 있는 수분 공급원이 풍부하여 하층의 대기가 많은 양의 수증기를 포함하고 있어야 한다.
수증기의 양이 많아야 상승하면서 응결할 때 수증기가 액체로 상태를 바꾸면서 많은 양의 잠열을 방출할 수 있다.

② 하층대기에 열을 많이 공급할 수 있거나 상층에 차가운 공기의 유입이 많아 전체적인 대기의 수직분포가 적어도 조건부 불안정한 상태이어야 한다.
상층과 하층간의 기온의 차이가 심한 불안정한 상태일수록 하층의 따뜻한 공기가 부력을 받아 상층으로 빠르게 상승할 수 있기 때문이다.

③ 공기덩어리를 강제로 상승시킬 수 있는 환경이어야 한다.
상승기류가 발생할 수 있는 경우는 다음과 같은 현상들이 있다.
적란운이 발생하여 뇌우로 발달하기 위해서는 다음 중 적어도 한 가지 이상의 환경이

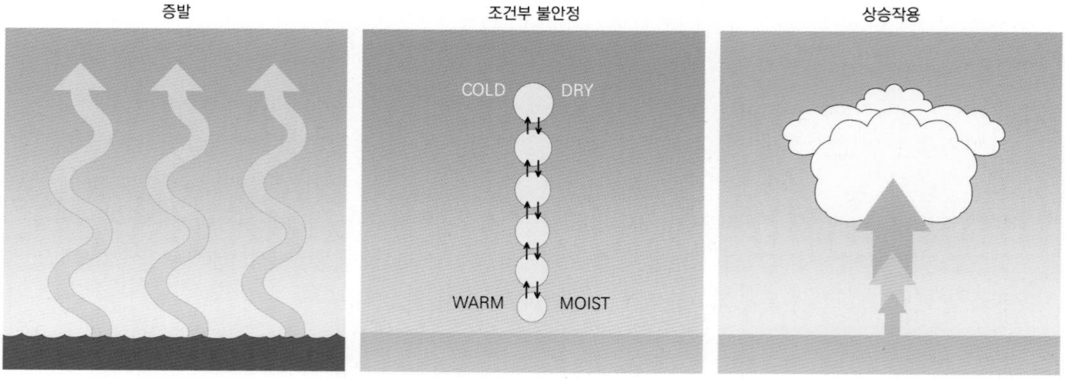

[그림 15.1] 뇌우의 발생조건

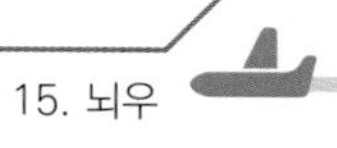

있어야 한다.

- 지구 표면의 가열에 의한 대류현상
- 하층대기의 수렴을 위한 저기압의 발달
- 경사면에서의 강제상승
- 전선에 의한 따뜻한 기단의 상승

우리나라에서 발생하는 낙뢰의 횟수를 보면 수도권에서 가장 많이 발생한다. 그 이유는 수분을 공급할 수 있는 한강이 중심에 있고, 도시 지역의 특성상 비열이 낮은 시멘트 또는 아스팔트와 건물이나 도로가 많아 쉽게 불안정한 대기층이 만들어 지며, 중위도 지역의 특성상 저기압을 동반한 전선대가 자주 통과하고, 관악산이나 북한산과 같은 높은 산이 중심에 있기 때문에 바람이 산에 부딪혀 상승기류가 가속되기 때문이다.

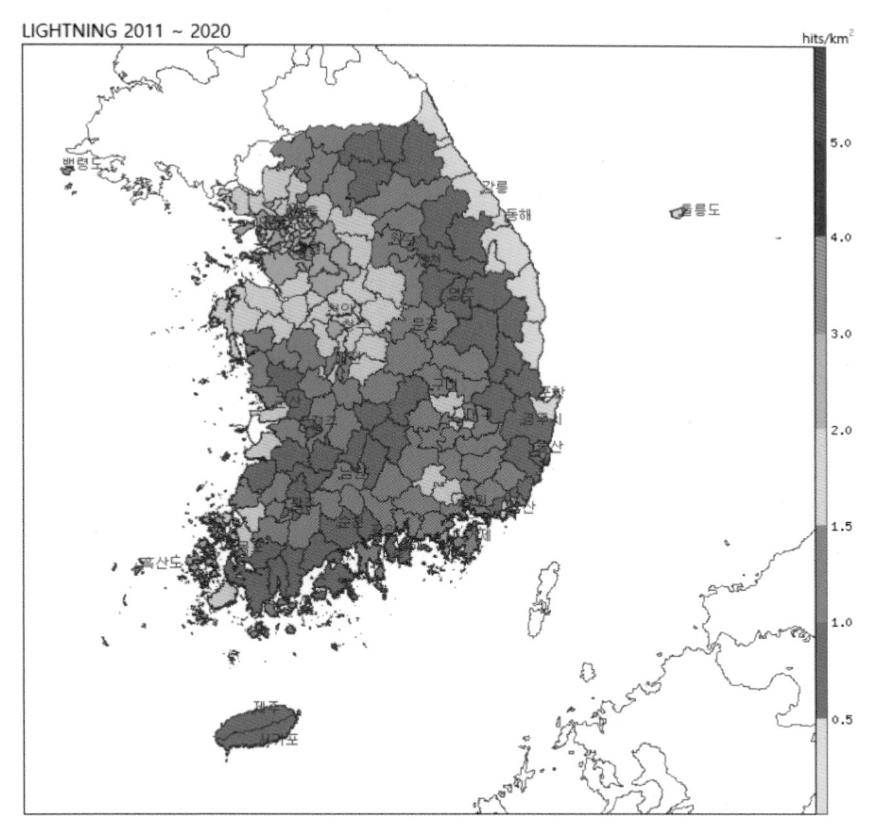

[그림 15.2] 시 · 군 · 구별 연평균 낙뢰 횟수 분포(2011~2020년)
(기상청 기상레이더센터 낙뢰연보 2020년)

15-2. 뇌우의 발달과정

뇌우가 발생할 수 있는 조건이 충족되면 상승기류가 시작되고, 수증기의 응결로 인해 적운이 발생하면서 잠열이 방출되면 공기가 가열되어 상승기류가 가속되면서 적란운으로 발전한다. 발달한 적란운은 성숙단계를 거쳐 계속해서 상승할 수 있는 에너지가 공급되지 않으면 쇠약해지다가 소멸된다.

뇌우의 일생(Life cycle)은 짧게는 15분에서 1시간까지가 일반적이지만 계속하여 적운이 만들질 수 있는 환경에서는 6시간까지 계속되는 경우도 있다.

	Cumulus stage	Mature stage		Dissipating stage	Others
	0℃	(early stage) 0℃	(ending stage) 0℃	0℃	Ci Ac−As Sc−Cn
Conditions/ Appearance	Birth, Rapidly Cumulating	Part of the Clould top is fluctuated	Anvil (false Ci)	Fluctuated entirely	Decomposing, dissipating
Precipitation	Quite a few			Remnant	
Electric Discharge	Commenced when the temperature of the cloud top reaches -20℃			Violent electrical discharge may occur	
Turbulence	∧ ∧ ~ ∧	∧ ~ ∧		∧~ (∧)	
Icing	Ψ ~ Ψ	Ψ ~ Ψ			

[그림 15.3] 뇌우의 발달과정(일본 AIM-J)

15-2-1. 발달기(Cumulus stage)

수직으로 발달하는 적운(Cu)이 발생하여 구름의 꼭대기가 계속 위쪽으로 성장해 가는 단계이다.

잠열의 방출로 인해 구름 내부의 기온은 주위보다 높고 구름의 내부는 상승기류만 존재한다. 이때 상승기류의 성장속도는 1분에 약 3,000ft(30kt) 이상이므로 적운의 위쪽으로 비행하는 것은 매우 위험하다.

또한, 강력한 상승기류로 인해 0℃ 이하의 고도까지 작은 물방울이 상승하기 때문에 구름을 통과하여 비행하면 난기류뿐 아니라 착빙의 위험성도 높아진다. 구름을 이루고 있는 입자는 매우 작고 일부의 입자가 비의 굵기로 성장하지만 강력한 상승기류 때문에 강수현상은 없는 단계이다.

15-2-2. 성숙기(Mature stage)

강력한 상승기류와 하강기류가 공존하는 단계로서 강수현상이 시작된다.

계속된 상승기류는 대류권의 상층까지 도달하고 구름의 내부에는 물방울, 얼음알갱이, 눈 등이 형성되면서 무거워진 입자는 낙하를 시작한다. 무거운 입자의 낙하속도는 상승기류를 이기고 주위의 공기를 아래로 잡아당기면서 하강기류가 발생한다. 따라서 하강기류는 적란운의 중간층 정도부터 시작되고 위쪽은 전부 상승기류이다.

상승기류는 강한 안정층인 대류권계면에 막혀 더 이상 성장하지 못하고 옆으로 퍼져 나간다. 적란운의 꼭대기에 주로 얼음알갱이로 이루어진 수평으로 퍼져 있는 구름의 모양이 대장간의 모루를 닮았다고 하여 모루구름(Anvil cloud)이라고 한다.

하강기류는 단열압축에 의해 기온이 올라가지만 적란운 내부의 하강기류는 외부보다 기온이 낮다. 하강하던 눈이나 얼음알갱이, 우박 등이 0℃보다 기온이 높은 하층에서 녹거나 증발하면서 대기의 열을 흡수하기 때문이다. 따라서 적란운의 하층에는 비, 눈, 우박 등의

[그림 15.4] 성숙기 뇌우의 이동(FAA AC 00-24C)

강수현상뿐 아니라 차갑고 무거운 하강기류가 쏟아진다.

적란운 하층의 강력한 하강기류를 다운버스트(Downburst)라고 하는데 하강속도는 1분에 약 2,500ft(25kt)를 초과할 정도로 강력하며 규모가 더 작고 순간적으로 발생하는 하강기류를 마이크로버스트(Microburst)라고 한다.

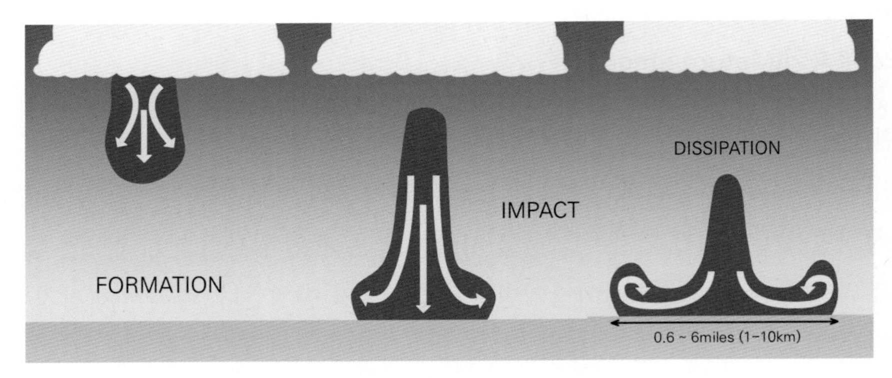

[그림 15.5] 다운버스트의 발달과정(FAA AC 00-6B)

차갑고 무거운 하강기류가 지구 표면에 부딪히면 표면 가까이에 있던 상대적으로 따뜻한 공기와 경계층이 형성된다. 이 경계면에서는 강력한 돌풍이 발생하면서 빠른 속도로 이동하는데 이 부분을 돌풍전선(Gust front 또는 First gust)이라고 한다.

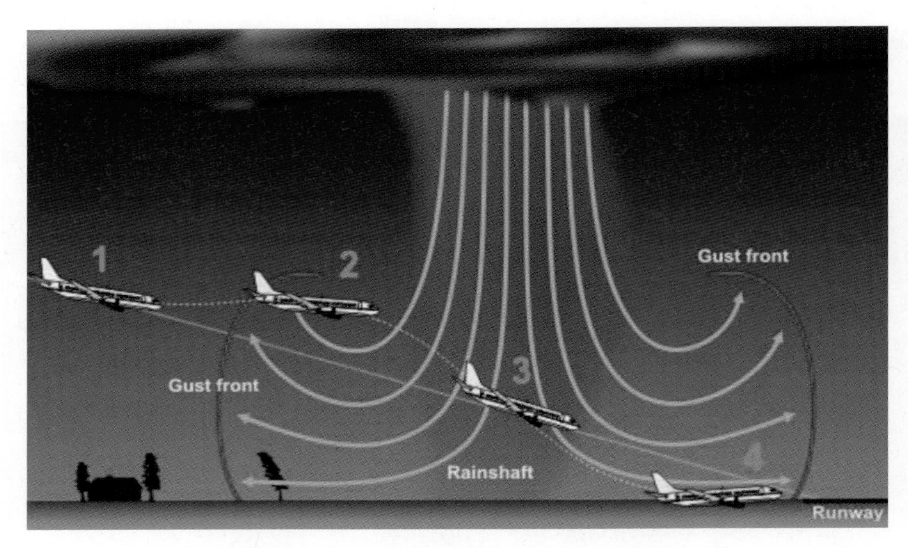

[그림 15.6] 성숙기의 마이크로버스트(FAA AC 00-24C)

성숙기의 적란운에는 1분에 약 6,000ft(60kt) 이상의 상승기류가 발생하기도 한다. 상승기

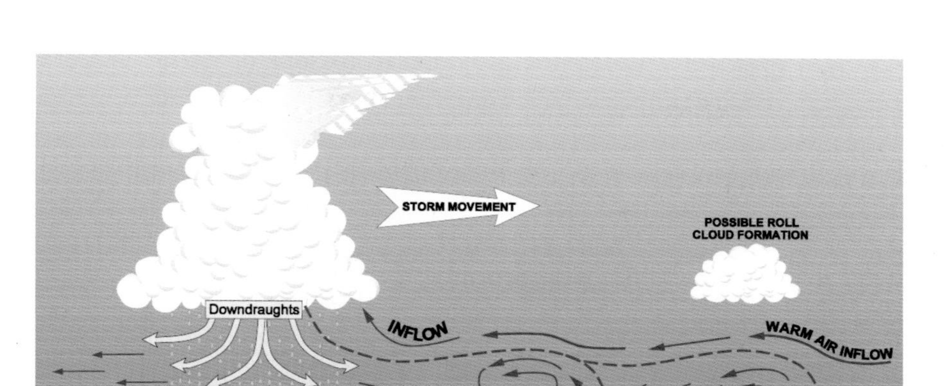

[그림 15.7] 돌풍전선(EASA ATPL Ground Training Series Meteorology)

류와 하강기류가 공존하기 때문에 위험한 난기류가 발생하기도 하지만 착빙, 번개, 우박, 돌풍 등 항공기 운항에 가장 위험한 현상들이 한꺼번에 발생하므로 반드시 피하여 비행해야 한다.

15-2-3. 소멸기(Dissipating stage)

상승기류가 소멸되고 모두 하강기류로 바뀌는 단계이다. 상승기류가 소멸되면 뇌우는 급속하게 약해지면서 강수현상도 점차 약해지다가 그치고 위험하지 않은 구름만 남게 된다.

15-3. 뇌우의 분류

일본에서는 상승기류가 발생한 원인에 따라 여름철에 하층 대기의 열적인 불안정에 따라 발생하는 열뇌(熱雷) 또는 기단뇌(氣團雷, Air mass Thunderstorm), 기단의 경계면인 전선에 의해 발생하는 계뇌(界雷) 또는 전선뇌(前線雷, Frontal Thunderstorm), 태풍이나 한랭저기압 등 저기압에 의해 발생하는 와뇌(渦雷, Vortex Thunderstorm)로 나눈다.

그러나 미국이나 유럽에서는 짧은 시간에 소멸되는 약한 뇌우인가 또는 뇌우가 생성과 소멸을 반복하면서 오랫동안 지속되는가에 따라 단일 뇌우, 다중 뇌우, 초대형 뇌우의 3가지로 분류한다. 연구 결과 지속 여부의 차이는 주로 내부의 수직 윈드시어(VWS)의 유무에 따라 다르다는 것이 밝혀지고 있다. 내부에 수직 윈드시어가 있으면 장시간 지속되고 없으면 단시간에 소멸된다.

그러나 어떤 종류의 뇌우라도 항공기 운항에는 위협적이므로 피하여 비행해야 한다.

15-3-1. 단일 뇌우(Single cell Thunderstorm)

일반적으로 짧은 시간에 소멸되므로 일반세포 뇌우(Ordinary Thunderstorm) 또는 국지적인 대기의 불안정으로 하나의 기단에서 발생하는 뇌우이므로 기단뇌우(Air mass Thunderstorm)라고도 한다.

기온과 습도가 높은 여름철의 오후에 발생하는 경우가 일반적이고 하나의 뇌우만 발생하는 경우도 있지만 여러 개의 뇌우가 여기저기서 동시에 발생하는 경우도 있다.

그러나 각각 개별적인 뇌우이므로 수명은 30분 이내이며 길어도 60분 이내에 소멸되는 것이 일반적이다.

15-3-2. 다중 뇌우(Multi-cell Thunderstorm)

수직 윈드시어(VWS)로 인해 뇌우가 중첩되어 발생과 소멸이 반복되므로 장시간 지속되는 뇌우이다. Multi-cell Cluster Thunderstorm과 Multi-cell Line Thunderstorm으로 나누는 경우도 있다. Multi-cell Line Thunderstorm이 곧 스콜선(Squall line)이다.

적어도 2~4개의 뇌우가 무리를 지어 생성, 발달, 소멸이 순차적으로 일어나는 것을 Multi-cell Cluster Thunderstorm이라고 한다.

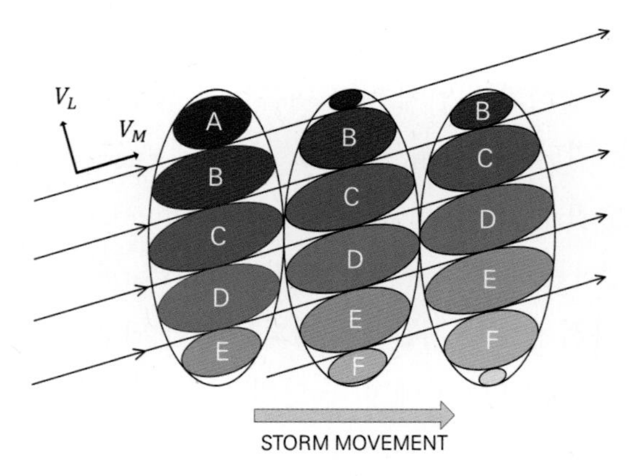

[그림 15.8] Multi-cell Cluster Thunderstorm Model(일본 AIM-J)

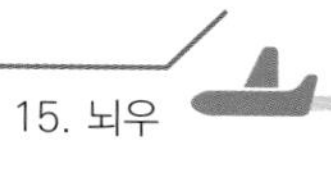

그림 15.8은 15분 주기로 생성과 소멸을 반복하는 Multi-cell Cluster Thunderstorm 모델이다. 북쪽의 A는 소멸하고 있는 반면, 남쪽의 F는 생성단계의 뇌우이다. 각각의 뇌우는 중층에서 부는 바람(Vm)의 방향으로 이동한다.

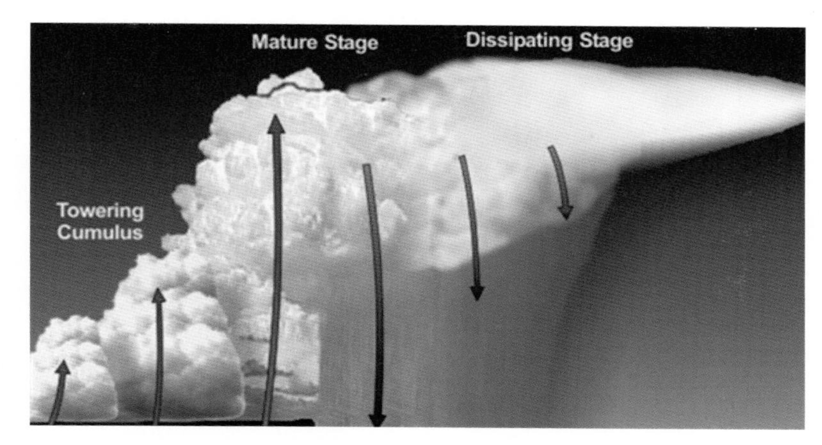

[그림 15.9] Multi-cell Cluster Thunderstorm(FAA AC 00-6B)

뇌우가 몇 시간동안 연속적으로 줄지어 일어나는 것을 Multi-cell Line Thunderstorm이라고 하고 미국에서 주로 발생하는 토네이도(Tornado)의 약 25%정도가 이 스콜선에서 시작된다. Multi-cell Line Thunderstorm은 Super-cell Thunderstorm으로 발전하여 오랫동안 지속되기도 한다.

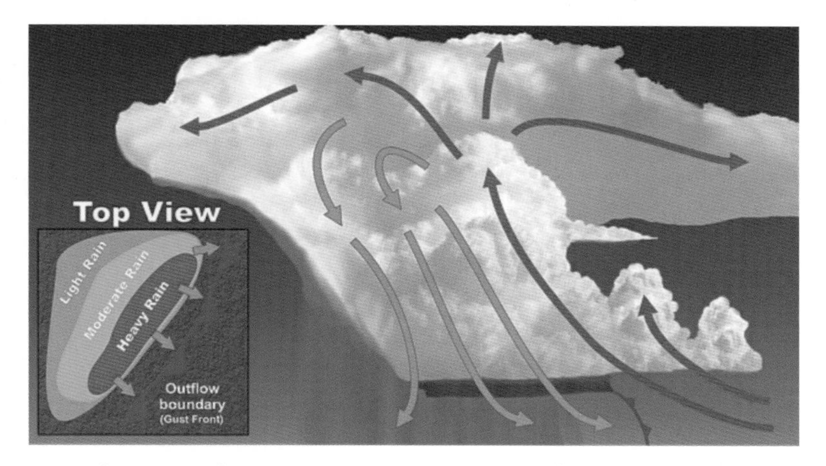

[그림 15.10] Multi-cell Line Thunderstorm(FAA AC 00-6B)

15-3-3. 초대형 뇌우(Super-cell Thunderstorm)

크기가 10~40km에 이를 정도로 아주 큰 하나의 뇌우로서 장시간 지속된다. 상승기류인 지역과 하강기류인 지역이 뚜렷하게 분리되어 있기 때문에 하강기류가 상승기류를 소멸시키지 않으므로 오랜 시간동안 지속된다. 주로 미국의 중서부 지역과 같이 광대한 육지에서 발생한다.

[그림 15.11] Super-cell Thunderstorm(FAA AC 00-6B)

고온이고 습도가 높은 공기가 강한 상승기류가 되어 권계면에 도달하여 수평으로 흘러가고, 중간층의 공기는 하층 공기의 흐름과 90도 각도로 진입하여 상승기류를 우회하여 상층에서 낙하하는 물방울 입자에 휩쓸려 낙하한다.

상승기류와 하강기류가 섞이지 않고 분리되므로 장시간 지속되고 하층, 중층, 상층의 바람의 방향이 각각 다르기 때문에 전체적으로 나선형을 이루면서 이동한다.

초대형 뇌우의 전형적인 구조와 발달과정은 다음 그림 15.12와 같다.

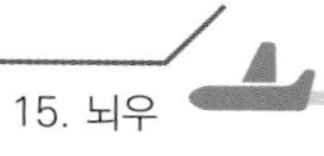

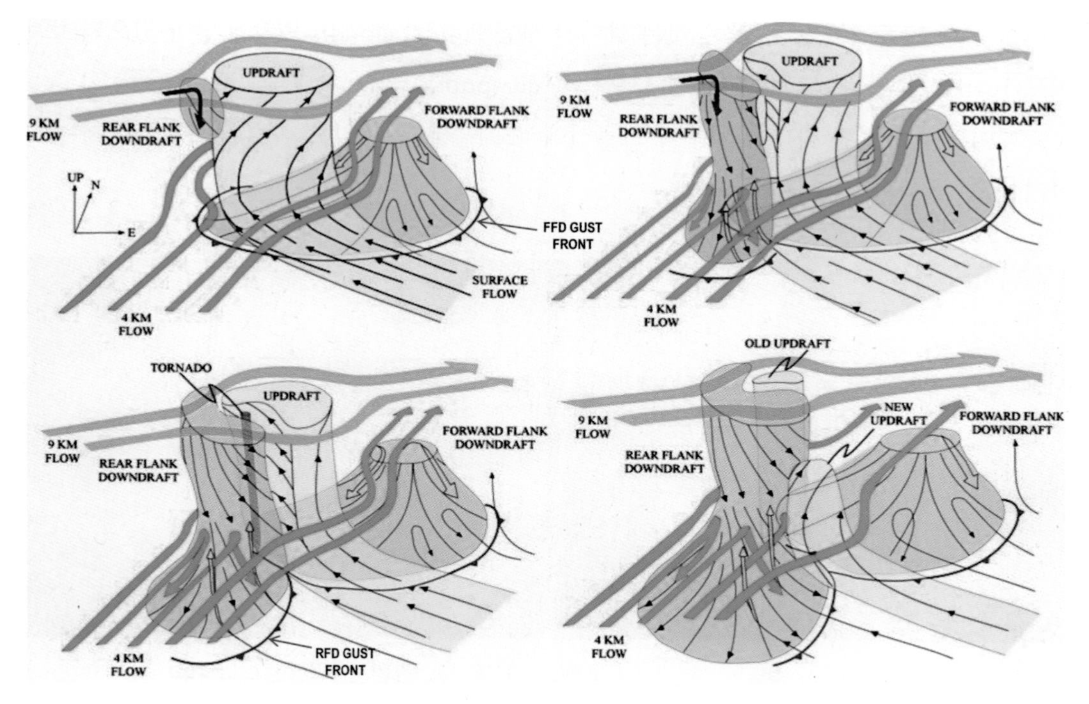

[그림 15.12] Super-cell Thunderstorm Structure and Evolution
(www.weather.gov/media/lmk/soo/Supercell_Structure.pdf)

15-4. 뇌우에 동반되는 위험기상

뇌우는 항공기의 운항에 매우 위험한 기상현상이다. 뇌우에는 항공기 운항에 위험하다고 알려져 있는 거의 모든 기상현상을 포함하고 있다. 그러므로 어떤 형태의 뇌우도 항공기의 운항에는 위험하다는 인식이 필요하다.

15-4-1. 토네이도(Tornadoes)

매우 강력한 뇌우는 엄청난 힘으로 구름의 아래쪽에서 소용돌이를 치면서 공기를 끌어당긴다. 이 소용돌이의 풍속은 200kt를 초과하기도 한다. 소용돌이 내부의 기압은 매우 낮아서 적란운의 아래에서 지표면으로 깔때기 모양의 구름(Funnel-shaped cloud)이 만들어진다.

이 구름이 지표면에 닿지 않은 것은 깔때기 구름(Funnel cloud), 육지에 닿아 있으면 토네이도(Tornado), 바다에 닿아 있으면 용오름(Waterspout)이라고 한다.

토네이도는 고립된 하나의 뇌우나 스콜선에서도 발생할 수 있고 격렬한 난기류에서 발생하기 쉽다.

[그림 15.13] 울릉도 인근바다 용오름(2011.10.11.)(강원지방기상청 보도자료)

항공기가 소용돌이 속으로 들어가면 통제력을 상실하거나 구조적 손상을 입을 수 있다. 소용돌이는 구름의 외부까지 확장될 수 있기 때문에 눈에 보이지 않는 소용돌이에 조우할 위험도 있다.

15-4-2. 난기류(Turbulence)

모든 뇌우에서 위험한 난기류가 발생하며 심할 경우 항공기를 파괴할 수도 있다. 구름의 내부에서는 상승기류와 하강기류의 경계에서 난기류가 가장 심하고 외부에서는 폭풍 지역으로부터 수천피트 상공까지, 수평으로는 최대 20마일까지도 난기류가 발생한다. 또한 상층의 모루구름의 끝에서 20마일 이상 떨어진 곳까지 청천난기류(CAT)가 발생할 수도 있다.

뇌우에서 일정한 고도를 유지하는 것은 거의 불가능하다. 일정한 고도를 유지하려고 하면 오히려 난기류의 충격을 더 증가시킬 수 있으므로 항공기의 자세만 유지하려고 하는 편이 충격을 줄일 수 있다.

저고도의 난기류 지역은 돌풍전선(Gust front)과 관련이 있다. 돌풍의 앞쪽 가장자리에 발생하는 회전구름(Roll cloud)이나 선반구름(Shelf cloud)이 있는 지역이 극심한 난기류가 발

[그림 15.14] 회전구름(Roll cloud)
(https://www.weather.gov/lub/events-2007-20070925_rollclouds)

[그림 15.15] 선반구름(Shelf cloud)
(https://www.weather.gov/media/dmx/Spotter/2020SpotterWeb.pdf)

생하는 위쪽 끝이다. 돌풍전선은 강수현상이 있는 지역보다 약 15마일 이상 훨씬 앞쪽에서 이동하면서 지상풍의 빠르고 급격한 변화를 일으킨다.

뇌우에서는 급격한 하강기류로 인해 가장 강한 바람시어인 마이크로버스트(Microburst)가 발생할 수도 있다.

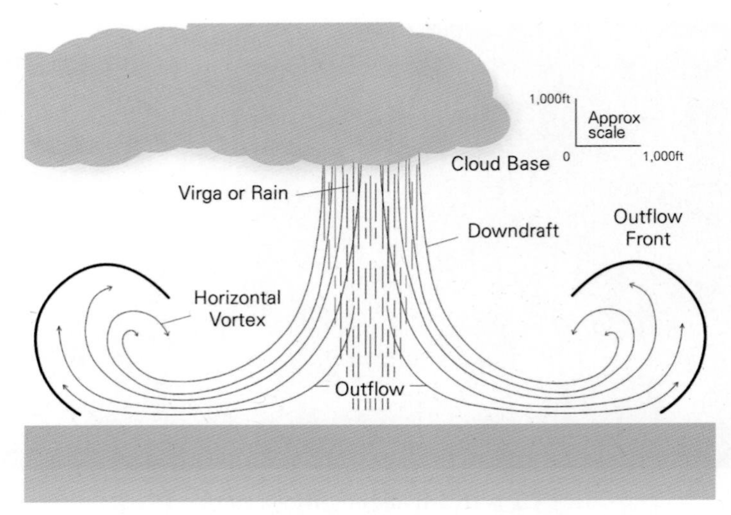

[그림 15.16] 마이크로버스트의 구조(FAA AC 00-54)

15-4-3. 착빙(Icing)

뇌우의 상승기류는 상대적으로 크기가 큰 물방울을 밀어 올려 -15℃까지는 과냉각수를 만들어 내고 남은 수증기는 얼음알갱이로 승화시킨다.

뇌우의 0~-10℃ 사이에서는 과냉각수의 크기가 크고 많기 때문에 주로 투명형 착빙(Clear ice)이 빠른 속도로 발생하고, 더 높은 고도의 저온에서는 과냉각수의 크기가 작기 때문에 수빙형 착빙(Rime ice)이 발생하지만 혼합형(Mixed ice)과 투명형 착빙(Clear ice)이 동시에 발생하기도 한다.

15-4-4. 우박(Hail)

동결고도(Freezing level) 이상에서는 과냉각수가 얼기 시작하고 한 방울이 얼면 그 얼음알갱이에 과냉각수가 달라붙어 점점 커지게 된다. 때로는 거대한 크기의 얼음덩어리로 성장하는데 뇌우의 상층인 고고도에 강한 상승기류가 있을 때 발생한다. 뇌우의 이동으로 인해 폭풍의 중심에서 약간 떨어진 곳이나 멀리 떨어진 맑은 하늘에서 떨어질 수도 있다.

우박이 0℃ 이상의 대기층을 통해 떨어지는 경우는 지표면 가까이에서 비로 변할 수 있다. 그러므로 비가 온다고 하여 상층에 우박이 없다는 것은 아니다.

조종사는 큰 적란운의 가장 위쪽의 모루구름 아래에는 우박이 있다고 예상해야 한다. 지

름이 0.5인치 보다 큰 우박은 몇 초안에 항공기를 크게 손상시킬 수 있다.

15-4-5. 낮은 실링과 시정(Low ceiling and Visibility)

뇌우 구름 내부의 시정은 거의 제로에 가깝고 구름의 아래쪽도 강수와 먼지 등으로 인해 실링과 시정이 제한될 수 있다.

뇌우에서 발생하는 난기류, 우박, 번개와 함께 실링이 낮고 시정이 나쁘면 정밀한 계기비행은 사실상 불가능할 수 있다.

15-4-6. 기타

뇌우에는 다음과 같은 종류의 직접적인 위험도 발생할 수 있다.

① 고도계의 영향

뇌우가 접근하면 기압이 급격히 떨어지다가 돌풍이 시작되고, 차가운 하강기류와 폭우가 쏟아지면 기압은 다시 급격히 상승하기도 하고, 뇌우가 지나가면 원래의 기압으로 돌아온다. 이 기압의 변화주기는 약 15분 정도로 짧을 수도 있으므로 고도계를 즉각 수정하지 않으면 약 100ft 이상의 오차가 발생할 수 있다.

② 낙뢰(Lightning)

낙뢰는 항공기에 구멍을 내거나 통신 및 전자 장비를 손상시킬 수 있다. 강한 빛으로 인해 조종사의 눈을 일시적으로 멀게 할 수도 있다.

③ 강수정전(Precipitation static)

항공기의 금속부분에 일어나는 코로나방전으로 인해 항공기의 수신기에 심한 잡음을 일으킨다. 항공기가 구름, 강수 지역, 고농도의 고체입자가 떠 있는 지역 등을 비행할 때 마찰에 의해 발생하고 뇌우 주위에서 자주 발생한다. 낮에는 잘 보이지 않지만 야간에는 약하게 볼 수 있다.

[그림 15.17] 강수정전(FAA-H-8083-15B)

④ 엔진의 강수흡입(Engine water ingestion)

강수의 하강속도보다 상승기류의 속도가 빠른 뇌우의 아래쪽에서는 고농도의 물방울이 그대로 엔진에 흡입될 수 있다. 강수의 흡입이 엔진의 한계를 초과하면 엔진 정지 또는 엔진의 구조적인 손상을 일으킬 수 있다.

뇌우로 인한 사고사례
(항공철도사고조사위원회 항공기사고조사 보고서)

2006년 6월 9일 17시 40분경, 제주국제공항을 출발하여 김포국제공항으로 향하던 아시아나항공 OZ8942편(A321항공기, 승무원 6명, 승객 200명)이 착륙을 위해 고도를 강하하던 중 안양 VOR(관악산 상공의 항로용 항행안전시설)로부터 남동쪽으로 약 20NM지점, 고도 약 11,500ft상공에서 뇌우에 진입하였고, 뇌우 속에 포함되어 있던 우박과 충돌하여 항공기 전방 레이돔(Radome)이 이탈되고 조종실의 방풍창(Windshield) 표면이 깨지는 사고가 발생하였다.

파손된 항공기 전면

공항기상레이더(TDWR) 3km높이의 구름사진

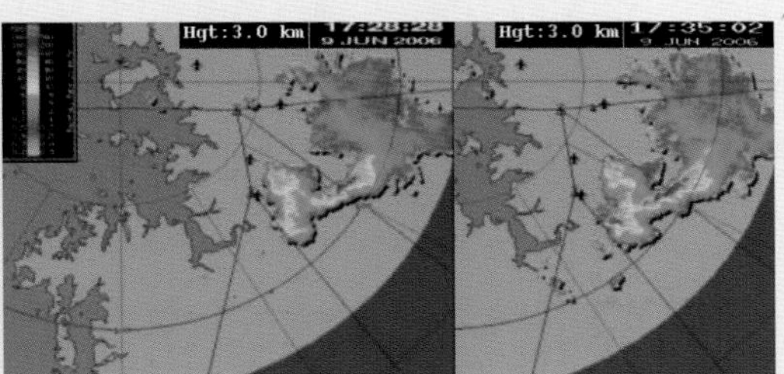

사고 당시의 인천국제공항 공항기상레이더(TDWR, Terminal Doppler Weather Radar)로 관측한 기상상태는 그림과 같다. 오른쪽 그림의 가장 붉은 지점이 강한 우박이 내리는 지역이고 항공기가 이 지역에서 우박과 충돌하였다.

우박과 충돌하여 정상적인 전방 시야 확보가 불가능할 정도로 방풍창이 파손되었고, 자동추력장치, 자동비행장치, 비행지시장치가 작동하지 않았으며, 조종석 좌우측의 속도계는 서로 다르게 지시되었다. 또한 레이돔의 이탈로 인해 교신이 어려울 정도의 심한 소음에 노출되었고, 항공기도 좌측으로 경사지는 현상이 있었다.

전방의 시야가 차단되었기 때문에 정상적인 착륙이 어렵게 되어 김포국제공항 활주로(14R)에 착륙접근을 시도했으나 2번이나 실패하고 3번째의 시도 끝에 가까스로 착륙에 성공하였다.

아무리 규모가 작은 뇌우도 항공기의 운항에 매우 위험하므로 뇌우에 근접하여 비행하거나 횡단하여 비행하는 것은 최대한 피해야 한다는 교훈을 준 항공기사고였다.

16. 태풍

북서 태평양에서 발생하는 열대저기압의 지상의 최대풍속이 34kt(17m/s) 이상인 것을 태풍(Typhoon)으로 정의한다.

열대저기압(Tropical cyclone)이란 저위도 지역인 열대 또는 아열대지방의 해상에서 대류현상에 따라 발생하는 저기압을 말한다.

열대저기압과 온대저기압의 차이는, 물론 발생하는 지역에 따른 차이이지만 온대저기압은 남북의 온도 차이가 그 에너지의 원천이지만 열대저기압은 수증기에 의한 잠열(Latent heat)이 에너지원이다. 따라서 열대저기압은 수평방향의 온도 차이가 거의 없기 때문에 전선을 동반하지 않고 바닷물의 온도가 높아 수증기를 계속하여 흡수할 수 있는 조건에서 발달한다.

태풍은 강풍과 폭우, 해일 등으로 많은 피해를 주는 기상현상이지만 항공기의 운항에도 매우 위협적이다.

[그림 16.1] 태풍의 위성사진 이미지(https://www.weather.gov/jetstream/tc)

16-1. 열대저기압의 발생조건

열대지방에서는 다음과 같은 조건들이 충족하면 저기압이 발생하여 태풍으로 발달할 수 있다.

① 바닷물의 온도가 26~27℃ 이상인 바다에서 발생한다. 에너지의 원천이 대기가 상승할 때 발생하는 잠열이므로 많은 수증기가 공기 중으로 공급될 수 있는 하층의 기온이 높고 수분의 공급원이 풍부한 바다일수록 발생하기 쉽다. 따라서 해면수온이 낮은 남대서양이나 남태평양 동부에서는 저기압이 발생하지 않는다.

② 코리오리의 힘이 작용하는 지역에서 발생한다. 코리오리의 힘은 적도지방은 0이고 극지방으로 갈수록 강해진다. 그러므로 회전력이 거의 발생하지 않는 위도 5° 이하의 지역에서는 저기압이 발생하지 않는다.

③ 위도 5~25° 지역의 열대수렴대(ITCZ, Intertropical Convergence Zone) 또는 편동풍의 파동 지역에서 발생한다. 열대저기압의 씨앗이 될 수 있는 적란운이 발생하기 쉬운 지역이어야 한다. 열대수렴대와 편동풍의 파동이 동시에 겹치는 지역은 상호작용에 의해 적란운이 더 발달하기 쉽다.

④ 상층과 하층의 풍속의 차이가 적은 지역에서 발생한다. 적란운의 발달에 따라 방출되는 잠열이 상공으로 방출될 수 있어야 계속하여 상승기류가 형성될 수 있기 때문이다. 잠열이 방출될 때 상층에서 강한 바람에 의해 밀려가면 상층으로 밀어 올리는 힘이 약해지기 때문이다.

16-2. 열대저기압의 분류

열대저기압은 WMO에서 정한 기준이 있으나 각 지역별로 명칭과 기준에 약간의 차이가 있다.

열대저기압의 분류

<table>
<tr><th colspan="3">국제기준(WMO)</th><th colspan="3">지역별 명칭</th></tr>
<tr><th>이름</th><th>기호</th><th>최대풍속</th><th>북서태평양</th><th>대서양·북동태평양</th><th>인도양·남태평양</th></tr>
<tr><td>Tropical Depression</td><td>TD</td><td>33kt(17m/s) 미만</td><td>열대저기압</td><td>Tropical Depression</td><td>Tropical Depression</td></tr>
<tr><td>Tropical Storm</td><td>TS</td><td>34~47kt (17~24m/s)</td><td rowspan="3">태풍</td><td rowspan="2">Tropical Storm</td><td rowspan="3">Cyclone</td></tr>
<tr><td>Severe Tropical Storm</td><td>STS</td><td>48~63kt (25~32m/s)</td></tr>
<tr><td>Typhoon</td><td>TY</td><td>64kt(33m/s) 이상</td><td>Hurricane</td></tr>
</table>

태풍이 주로 발생하는 지역은 그림 16.2와 같다.

① 북대서양 서부, 서인도제도 부근 ② 북태평양 동부, 멕시코 앞바다 ③ 북태평양의 동경 180°의 서쪽에서 남중국해 ④ 인도양 남부(마다가스카르에서 동경 90°까지 및 오스트레일리아 북서부) ⑤ 벵골만과 아라비아해, ①, ②, ③지역은 7~10월에 많이 발생하며, ④, ⑤지역은 4~6월과 9~12월에 많이 발생한다.

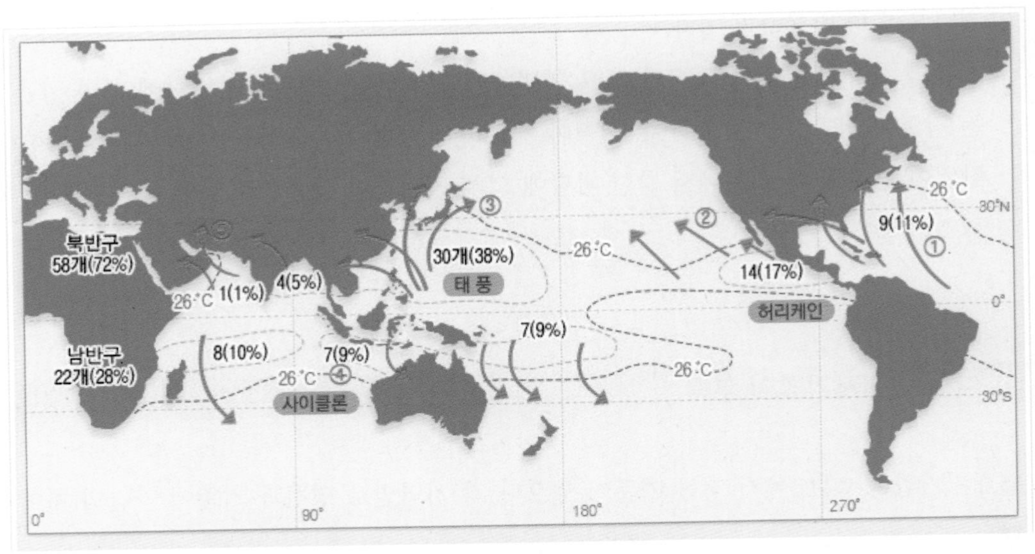

[그림 16.2] 열대저기압의 발생지역(https://www.weather.go.kr/weather/typoon/knowledge_01.jsp)

16-3. 태풍의 강도와 크기

태풍은 중심 부근의 최대풍속(10분간 평균)에 따라 강도를 구분하고, 강풍 반지름(중심으로부터 15m/s이상의 바람이 부는 곳까지의 거리)을 기준으로 크기를 분류한다.

기상청에서는 2019년 3월 29일 이후부터 강도 '약'은 '-'로 표기하고, 2020년 5월 15일 이후부터는 강도 '초강력'을 신설하여 태풍의 강도를 분류하고 있다.

또한 2020년 5월 15일 이후부터 강풍(15m/s) 반지름과 폭풍(풍속 25m/s) 반지름으로 나누어 정보를 제공하고, 강풍 반지름에 따라 태풍의 크기를 분류하고 있다.

태풍의 강도

태풍의 강도	최대풍속
-	17m/s(61km/h, 34kt) 이상 ~ 25m/s(90km/h, 48kt) 미만
중(normal)	25m/s(90km/h, 48kt) 이상 ~ 33m/s(119km/h, 64kt) 미만
강(strong)	33m/s(119km/h, 64kt) 이상 ~ 44m/s(158km/h, 85kt) 미만
매우 강(very strong)	44m/s(158km/h, 85kt) 이상 ~ 54m/s(194km/h, 105kt) 미만
초강력(super strong)	54m/s(194km/h, 105kt) 이상

태풍의 크기

태풍의 크기	강풍 반지름
소형(small)	300km 미만
중형(medium)	300km 이상 ~ 500km 미만
대형(large)	500km 이상 ~ 800km 미만
초대형(extra-large)	800km 이상

16-4. 태풍의 구조와 특징

16-4-1. 바람

북반구의 경우 지표면의 마찰층에서는 바람이 저기압성의 반시계방향으로 회전한다. 그러나 상승기류에 의해 적란운이 형성되면서 상층에 도달한 뒤에는 고기압성의 시계방향으로 회전하면서 불어 나간다.

기압의 차이에 의해 기압경도가 강해진 대기는 중심에서 회전하면서 상승하고 강력한 회전운동의 결과 태풍의 눈(Eye)이 뚜렷하게 나타나기도 한다. 태풍 눈의 벽(Eye wall)의 안쪽에는 하강기류에 의해 구름이 없고 거의 바람이 불지 않는다.

북반구의 경우 태풍 진행방향의 오른쪽은 태풍의 반시계방향의 바람과 태풍을 이동시키는 힘이 합쳐지므로 풍속이 가장 강하게 부는데 이 지역을 위험반원(Dangerous semicircle)이라고 한다.

한편 이동방향의 왼쪽은 태풍의 반시계방향의 바람과 태풍을 이동시키는 힘이 반대방향이므로 힘이 상쇄되어 오른쪽보다 상대적으로 약한 바람이 부는데 이 지역을 가항반원(Navigable semicircle)이라고 한다.

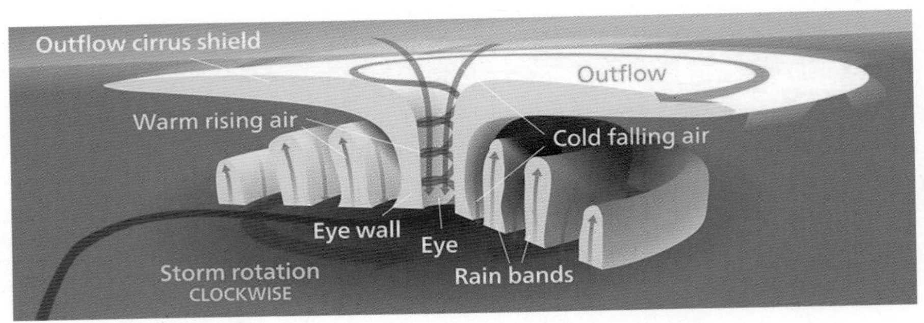

[그림 16.3] 태풍의 구조(https://armorscreen.com/everything-need-know-hurricanes/)

16-4-2. 구름과 비의 분포

지표면과 가까운 마찰층 내에서는 태풍의 중심으로 흘러가던 공기가 중심에서 수십 km 떨어진 지점에서는 회전하는 원심력에 의해 더 이상 중심으로 흘러 들어가지 못하고 상승하면서 적란운을 발생시킨다. 이 지역이 벽이 되어 강한 바람과 폭우가 쏟아진다.

중심으로부터 약 200~600km 정도 더 먼 지역에서도 상승기류로 인해 적란운이 형성되어 불연속적으로 강한 비가 쏟아지고 때로는 용오름(Waterspout)이 발생하기도 한다. 이 지역을 소용돌이 강우지역(Spiral rain band)이라고 하며 이 강우 지역 사이에는 하강기류로 인해 구름이 없는 지역도 있다.

눈의 벽(Eye wall) 안쪽으로는 반대쪽의 강한 상승기류에 의해 일부 약한 하강기류가 발생하므로 구름이 거의 없고 바람도 약하다. 그래서 이 지역을 태풍의 눈(Eye)이라고 한다.

눈의 크기는 반지름이 약 10~30km이지만 발생 초기의 약한 태풍에서는 눈이 없는 경우가 많다.

대류권 상층에 도달한 상승기류가 바깥쪽으로 불어나가는 곳에서는 권층운(Cs)이 생기고 대류권 중간층에서는 주로 고층운(As)이 생긴다.

16-4-3. 기온의 분포

상승기류에 의해 구름이 만들어지면서 방출되는 잠열로 인해 중심부근의 대류권 상부에

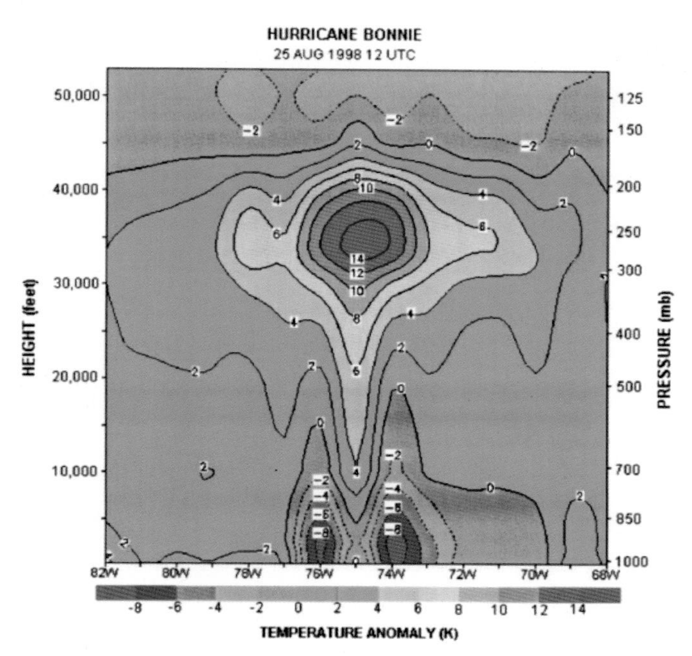

[그림 16.4] 열대저기압의 고도별 기온분포
(Article in Bulletin of the American Meteorological Society June 2000)

는 기온이 아주 높다.

다음 그림은 1998년 8월 25일 발생한 허리케인 Bonnie를 AMSU(Advanced Microwave Sounding Unit)로 관측한 기온을 묘사한 단면도이다.

그림에서 보면 30,000~40,000ft 상공의 기온이 평균보다 최대 14℃ 이상 편차(Temperature anomaly)가 있는 것을 알 수 있다.

기온편차란 기준 값 또는 장기간의 평균에서 벗어난 기온 값을 말하는 것으로 양수이면 관측된 온도가 기준 값보다 더 높고, 음수이면 관측된 온도가 기준 값보다 더 낮다는 뜻이다.

16-4-4. 기압

태풍은 저기압이므로 중심의 기압이 낮을수록 세력이 강하다. 태풍이 가장 발달하였을 때의 중심의 기압은 약 960hPa 이하인 경우도 종종 발생한다. 그러나 북서 태평양에서 발생한 태풍 중 중심기압의 최저기록은 1979년 제20호 태풍으로서 중심기압이 870hPa을 기록하였다.

태풍으로 인한 사고 사례

태풍은 폭풍과 폭우로 인해 매년 많은 피해를 주기 때문에 재해를 극복하기 위한 각종 관측과 예측기술의 발달을 가져오고 있다. 특히, 최신 기상위성을 이용하여 24시간 실시간으로 열대저기압의 발생 초기부터 이동상황을 감시하면서 사전에 재해를 방지하기 위한 노력을 하고 있다.

항공운항 현장에서도 다양한 기상정보를 이용하여 비행계획단계부터 태풍의 진로를 감시한다. 위험이 예상되면 항로를 변경하거나 출발을 지연시키기도 하고 때로는 피해를 줄이기 위해 운항의 취소를 결정하기도 한다.

그러나 역사적으로는 태풍의 내부에서 일어나는 기상현상을 직접 체험하기 위해 항공기로 태풍의 내부와 상공을 비행하는 시도를 하였고 그 결과 현재와 같은 지식을 축척하게 되었다고 할 수 있다.

1974년 10월 12일 태풍 23호 BESS의 내부를 직접 관측하기 위해 괌의 미 공군 제54 기상정찰비행대 소속 EDWARD R. BUSHNELL 대위 외 5명이 기상 관측기인 WC-130기를 타고 필리핀의 클라크 공군기지를 출발하였다. '우리는 태풍 눈의 벽을 빠져 나와 중심부근의 층적운을 선회하면서 상승하여 상층을 관측하고 태풍을 빠져 나가고 있다.'라는 보고를 끝으로 22:00경 통신이 두절되었다. 항공기 잔해의 일부를 수거하였으나 탑승자 6명 전원이 실종되어 사망처리 되었다.

이 사고로 확인된 것은 고도 1만 피트 이상에는 심한 난기류가 없는 태풍도 있지만 매우 심한 난기류가 있는 경우도 있다. 그러나 고도 1만 피트 이하의 저고도에서는 항상 심한 난기류가 있으니 주의해야 한다는 것이다.

추락한 항공기와 동일기종 WC130-H

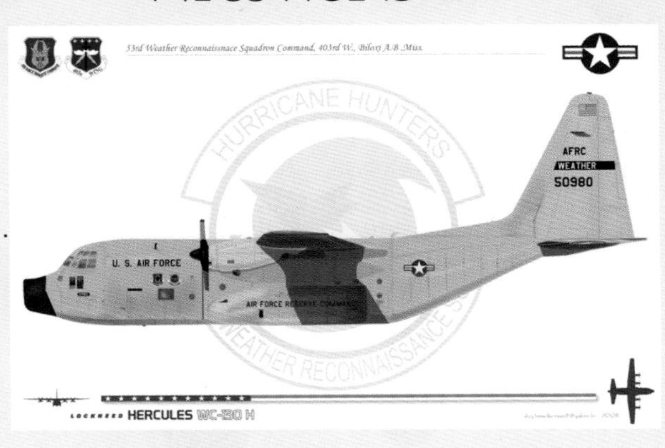

IV

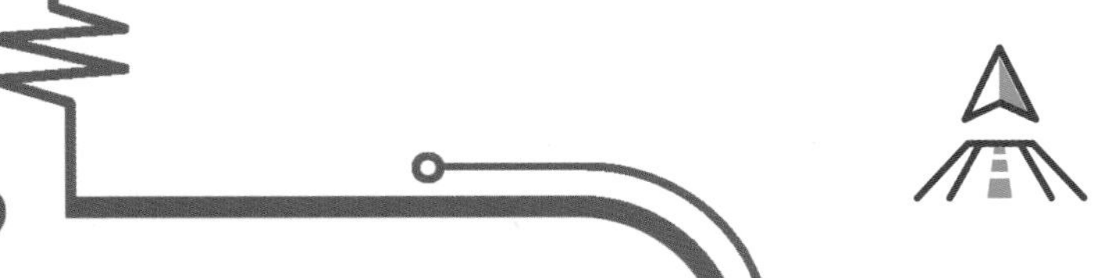

항공기상 정보

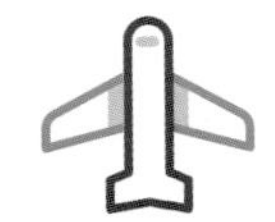

17. 항공기상 업무기관

국제민간항공기구(ICAO)에서는 국제적인 항행의 안전(Safety)하고 질서(Regularity) 있고 효율(Efficiency)적인 운항을 지원하기 위해 국가 또는 지정된 기관에서 항공사, 운항승무원, 항공교통관제기관, 탐색 및 구조업무기관, 공항운영자 등에게 항공기상정보를 제공하도록 규정하고 있다.

항공기 운항에 영향을 미치는 기상정보는 크게 관측정보와 예상정보로 나눌 수 있다.

정해진 시간에 국제적인 기준에 따라 관측한 기상요소가 관측정보이고, 관측된 기상정보를 물리학적인 해석과 예보관의 지식 및 경험을 바탕으로 예측한 기상요소가 예상정보이다. 이러한 관측정보와 예상정보는 국제적인 형식에 따라 항공기를 운항하는 항공사 또는 항공기상 수요자들에게 전파된다.

기상정보를 생산하여 전파하는 기관은 주로 해당 국가 기관에서 담당하지만 장거리 항법이 일반화됨에 따라 안전운항과 질서 있는 운항을 위해 일부의 업무는 ICAO에서 지정한 국제기구에서 담당하기도 한다.

17-1. 국가 기상업무기관

ICAO에 가입한 국가는 국제적인 항행에 필요한 기상정보를 제공하기 위한 조직을 설립하여 공항의 기상현상을 관측하고 예보하여 항공기상 수요자에게 제공하여야 한다.

우리나라는 기상청 산하의 항공기상청이 2001년 인천국제공항의 개항과 함께 출범하여 항공기상의 책임 운영기관으로서 항공기상업무를 총괄하고 있다.

항공기상청은 우리나라 전체의 항공기상업무를 총괄하면서 인천국제공항의 관측과 예보업무를 담당하고 5개의 기상대(김포공항, 제주공항, 무안공항, 울산공항, 김해공항)와 2개의 기상실(여수공항, 양양공항)을 파견하여 운영하고 있다.

기타 국방부에서 운영하는 군공항의 기상업무는 각 군의 자체에서 담당하지만, 민간항공

기가 운항하는 군공항의 경우 군공항으로부터 기상정보를 받아 항공기상청에서 국제적인 형식으로 변환하여 전파한다.

17-2. 세계공역예보센터

17-2-1. 설립배경과 역사

1960년대에 이르러 항공기와 항법기술이 발달함에 따라 장거리비행이 늘어나게 되면서 항공기의 운항에 필요한 항공로의 기상예보도 광역화가 필요하게 되었다.

ICAO는 1970년에 항공기의 운항이 빈번한 지역을 중심으로 17개의 공역예보센터(AFC, Area Forecast Center)를 지정하는 제도를 도입하였으나 지역별 기상예보 품질의 차이와 지역 중심주의로 인해 성과를 거두지 못하였다.

이러한 문제점을 극복하기 위해 ICAO는 1974년 몬트리올에서 개최한 제8회 항공회의의 권고에 따라 1978년부터 1981년까지 항공위원회에 공역예보패널을 설치하여 연구한 끝에 세계공역예보체계(WAFS, World Area Forecast System)를 위한 초안을 완성하였다.

국제민간항공기구(ICAO)와 세계기상기구(WMO)의 협력으로 조직한 세계공역예보체계(WAFS)는 미국의 워싱턴과 영국의 런던에 세계공역예보센터(WAFC, World Area Forecast Center)를 지정하고 항공기 운항에 필요한 전 지구의 공역예보의 기초자료를 규격화된 표준자료로 작성하여 전 세계의 국가기관 및 항공기상 자료 수요자에게 배포하도록 하여 1984년 11월 22일부터 시행하였다.

17-2-2. 운영형태

미국 워싱턴의 세계공역예보센터(WAFC)는 미국의 해양대기청(NOAA, National Oceanic and Atmospheric Administration)산하의 미국의 기상국(NWS, National Weather Service)에서, 영국 런던의 세계공역예보센터(WAFC)는 영국의 기상청(UKMO, United Kingdom Meteorological Office)에서 세계공역예보체계(WAFS)의 규정에 따라 각각 전 세계의 기상예보를 생산하여 배포하고 있다.

2개의 WAFC를 지정하여 운영하는 이유는 어느 한 쪽의 센터가 그 기능을 수행할 수 없는 문제가 발생할 경우, 다른 센터에서 그 기능을 수행하도록 하여 중단 없이 전 지구의 공역예보 자료를 생산하여 배포하도록 하기 위함이다.

일상적인 운항에서 어느 기관의 예보자료를 사용할지에 대한 선택은 항공사가 자체적으로 판단한다.

각 기상예보자료는 미국과 영국에서 소유하고 있는 각각의 인공위성 통신망을 이용하여 배포하였으나 2010년부터는 인터넷으로도 배포하고 있다.

17-2-3. 기상예보자료의 종류

ICAO에서는 다음과 같은 기상예보자료를 WAFC에서 생산하여 배포하도록 규정하고 있다.

① 상층풍(Upper wind)
② 상층 기온 및 습도(Upper-air temperature and humidity)
③ 비행면의 지위고도(Geopotential altitude of flight levels)
④ 대류권계면의 비행면과 기온(Flight level and temperature of tropopause)
⑤ 최대풍의 풍향, 풍속, 비행면(Direction, speed and flight level of maximum wind)
⑥ 적란운(Cumulonimbus clouds)
⑦ 착빙(Icing)
⑧ 난기류(Turbulence)
⑨ 위험기상의 예보(Forecasts of significant weather phenomena)

이 기상정보들은 대부분의 국가기관에서 수신하여 배포하고 있다.

우리나라는 항공기상청에서 운영하는 항공운항지원 기상서비스(https://global.amo.go.kr/comis4/uis/common/index_acwis.do)에서 확인할 수 있다.

17-3. 화산재 경보센터

17-3-1. 설립배경과 역사

1982년 6월 24일 영국항공(BA) 소속 보잉 747 항공기가 런던을 출발하여 인도의 뭄바이 공항에 착륙한 후, 승무원 및 승객 263명을 태우고 다시 이륙하여 말레이시아의 쿠알라룸푸르 공항으로 비행 중이었다.

인도양 상공을 비행하던 중 항공기의 레이더상으로 구름은 관측되지 않았으나 갑자기 엔진 1개가 정지하였고 이어서 모든 엔진이 정지하였다. 위급한 상황에서 바다에 비상착륙을 결정하고 활공하던 중 엔진정지 약 14분 만에 엔진의 시동을 거는데 성공하였고, 인도네시아 자카르타의 한림공항에 무사히 비상착륙하였다.

착륙시의 공항은 매우 양호한 기상상태였으나 조종석의 유리창은 화산재로 인해 앞이 보이지 않았기 때문에 계기를 이용해 착륙하였다.

이 사고는 조사결과 인도네시아의 갈룽궁(Mount Galunggung)화산이 폭발하였고 주변 상공을 비행 중이던 항공기의 엔진에 화산재가 빨려 들어가 엔진이 정지하였던 것이다.

화산폭발로 인한 화산재는 항공기 운항에 매우 위험한 영향을 미친다. 화산재가 엔진에 들어가 엔진이 정지하는 치명적인 피해는 물론이고, 화산재가 조종석의 유리창을 덮어 조종사의 시야를 방해하고, 또한 광범위하게 확산된 화산재가 공항의 운영을 마비시키기도 한다.

2010년 4월 14일 유럽의 북쪽 아이슬란드의 화산 폭발로 인해 유럽전역의 공항에서 18일 동안 약 63,000편의 항공기가 결항되어 수백만 명의 여객이 피해를 받기도 하였다. 인천국제공항에서 유럽으로 출발하려던 항공기가 며칠 동안 결항하여 수천 명의 승객이 인천국제공항의 청사에서 대기하였다.

1982년 영국항공의 비행 중 엔진정지 사고로 인해 화산재가 항공기 운항에 매우 위험한 기상현상이라는 것을 인식한 ICAO는 WMO와 협력하여 화산재에 대한 피해를 방지하기 위해 화산재 경보센터(VAAC, Volcanic Ash Advisory Center)를 설립하기로 하였다.

17-3-2. 화산재 확산 감시체제

ICAO는 1993년 전 세계에 9개의 VAAC를 지정하여 화산의 폭발과 화산재의 확산을 감시하기로 하였다. 아시아 태평양 지역은 일본의 기상청이 지정되었고, 1997년 3월부터 동경 화산재 경보센터(Tokyo VAAC)에서에서 24시간 연속적으로 화산재의 확산을 감시하고 확산 예상정보를 제공하고 있다.

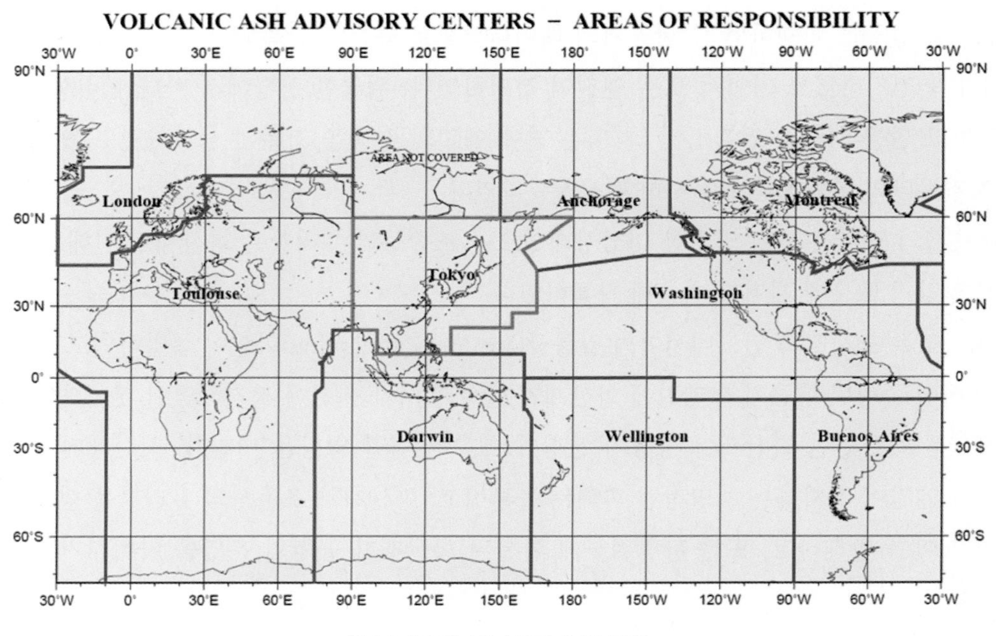

[그림 17.1] VAAC별 책임 지역
(https://ds.data.jma.go.jp/svd/vaac/data/Inquiry/vaac_operation.html)

17-4. 열대저기압 경보센터

열대지방에서 발생한 저기압은 폭우를 동반한 강한 바람의 태풍으로 발전할 가능성이 크고 이 태풍은 항공기의 운항에 매우 위험한 영향을 줄 수 있다.

태풍은 폭풍, 폭우, 해일 등으로 인해 많은 인명피해와 재산상의 피해를 가져오기 때문에 WMO는 적도를 중심으로 6개 지역으로 나누어 열대저기압을 감시하도록 지역특별기상

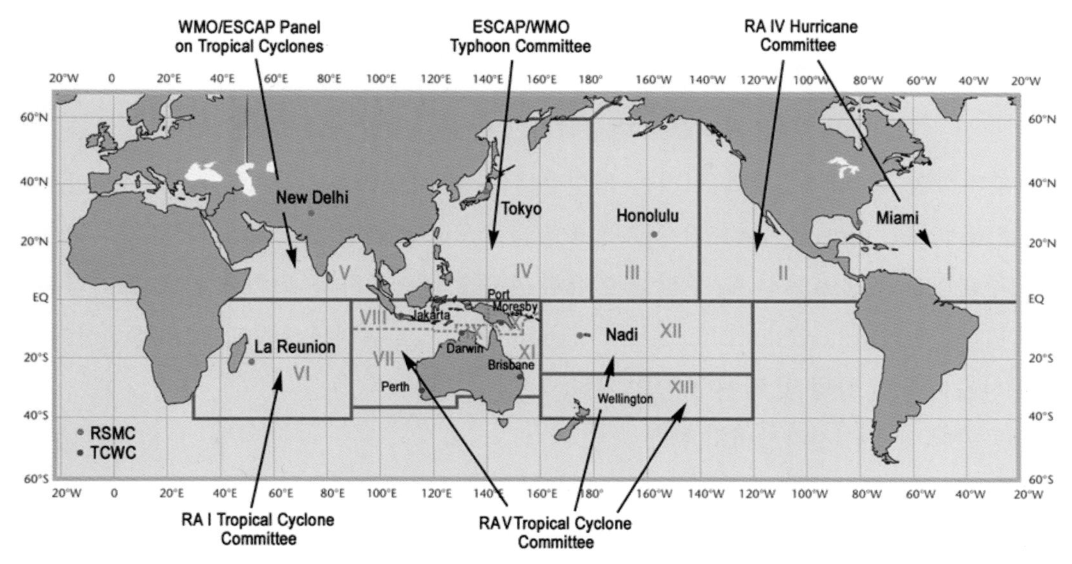

[그림 17.2] TCAC별 책임 지역(https://www.nhc.noaa.gov/aboutrsmc.shtml)

센터(RSMC, Regional Specialized Meteorological Center with Activity Specialization for Tropical Cyclone Forecasting)를 두고 다시 세분하여 13개 지역에서 열대저기압을 감시하고 있다.

ICAO에서는 열대저기압 경보센터(TCAC, Tropical Cyclone Advisory Center)를 지정하여 열대저기압의 위치, 예상 이동방향과 속도, 중심기압, 최대 지상풍에 관한 정보를 각 기상관측소, 세계공역예보센터(WAFC), 국제 항공기상(OPMET, Operational Meteorological) 데이터뱅크에 제공하도록 하고 있다.

우리나라는 일본기상청의 동경 열대저기압 경보센터(Tokyo TCAC)의 관할 지역에 속하지만 우리나라에 영향을 미치리라고 예상되는 태풍은 기상청 날씨누리(https://www.weather.go.kr/w/index.do)에서도 감시정보를 발표한다.

17-5. 우주기상센터

우주기상이란 태양과 지구의 자기권, 전리권, 열권에서 나타나는 현상이 지구주변의 환경에 잠재적으로 영향을 미치는 과정을 말한다.

지자기 폭풍(Geomagnetic storms), 전리층 폭풍(Ionospheric storms), 태양 폭발에 의한 전파 정전(Solar flare radio blackouts), 태양복사 폭풍(Solar radiation storms)과 같은 우주기상 현상은 짧은 시간에 순간적으로 발생하기도 하고 며칠씩 계속하기도 한다.

우주기상이 항공기 운항에 미치는 영향은 다음과 같다(ICAO Doc 10100 Manual on Space Weather Information in Support of International Air Navigation).

① 고주파(HF)의 음성통신, 고주파를 이용한 항공교통관제사와 조종사 간의 데이터통신(CPDLC, Controller Pilot Data Link Communications), 위성통신 등과 같은 통신장애

② 위성을 이용한 항법 및 감시 성능의 저하

③ 항공기에 탑재된 전자장비의 장애

④ 승무원 및 승객의 방사선 노출과 관련된 문제

ICAO에서 별도로 지정한 우주기상센터(SWXC, Space Weather Center)는 없으므로 항공사는 각 국가의 우주기상센터에서 제공하는 경보를 참고하여 운항을 계획한다.

우리나라는 2011년에 설립된 과학기술정보통신부 산하 우주전파센터(https://spaceweather.rra.go.kr/)에서 예보와 경보를 발령하고 있고, 미국은 해양대기청(NOAA) 산하의 우주기상예보센터(https://www.swpc.noaa.gov/)에서 담당하고 있다.

18. 항공기상정보의 종류

관측정보는 현재 발생하고 있는 기상현상을 관측하여 국제적인 규정에 따라 일정한 형식으로 항공기상 수요자에게 통보되는 정보다. 사용자는 특정한 시간에 발생한 기상현상이라는 것을 전제로 운항의 계속 등을 판단하는 자료로 사용한다.

예보는 발생한 기상현상을 물리학적인 이론이나 예보관의 경험 및 지식을 바탕으로 앞으로의 기상현상을 예측하여 국제적인 규정에 따라 일정한 형식으로 항공기상 수요자에게 통보되는 정보다. 이러한 항공기상정보는 항공사 등 수요자들이 항공기의 안전하고 경제적인 운항을 위해 비행을 계획하거나 비행 중인 항공기를 통제하는 중요한 정보로 사용된다.

항공기상 특보는 현재 발생하고 있거나 앞으로 예상되는 항공기 운항에 특별한 영향을 미칠 수 있는 기상현상에 대한 정보로서 안전한 비행을 위해 매우 중요한 정보라고 할 수 있다.

항공기상정보의 종류

구분	항공기상정보
관측정보	• 정시관측보고(Routine observations and reports) • 특별관측보고(Special observations and reports) • 수시관측보고(Provisional observations and reports)
예보	• 공항예보(TAF, Terminal aerodrome forecasts) • 착륙예보(Landing forecasts) • 이륙예보(Forecasts for take-off) • 중요기상예보(Significant weather forecasts)
항공기상특보	• SIGMET정보(SIGMET Information) • AIRMET정보(AIRMET Information) • 공항경보(Aerodrome warnings) • 급변풍경보(Wind shear warnings and alerts)

18-1. 관측정보

공항의 관측정보에는 지상풍(Surface wind)의 풍향(Wind direction)과 풍속(Wind speed), 시정(Visibility), 활주로가시거리(Runway visual range), 현재일기(Present weather), 구름의 양(Cloud amount)과 형태(Cloud type) 및 높이(Cloud height), 기온(Air temperature), 이슬점 온도(Due-point temperature), 기압(Pressure) 등이 포함되어야 하고 ICAO에서 정한 기준에 따라 관측하여 보고한다.

18-1-1. 정시관측보고(Routine observations and reports)

정시관측보고란 기상업무를 수행하는 기관이 공항의 기상현상을 매일 24시간 동안 1시간 간격으로 관측하여 보고하는 기상정보를 말한다. 그러나 기상업무기관, 항공교통업무기관 및 관련 운항자간에 별도로 협의하여 정하는 경우에는 24시간 관측하지 않거나 또는 30분 간격으로 관측하여 보고할 수도 있다.

인천국제공항의 경우에는 항공기상청에서 지역항공협정에 따라 매 30분 간격으로 정시관측보고를 하고 있다.

공항의 정시관측보고는 공항 정시관측보고(METAR)와 국지 정시관측보고(MET REPORT)로 나눈다.

① 공항 정시관측보고(METAR)는 항공기의 운항을 위한 비행계획(Flight planning), VOLMET 또는 D(Data link)-VOLMET의 방송을 위해 관측하여 보고하는 기상정보로서 해당 공항을 포함하여 전 세계로 제한 없이 배포되는 기상정보다.

예) METAR RKSS 160200Z 35005KT 2500 -SN BKN030 OVC070 M05/M09 Q1018=

공항 정시관측보고는 항공기 운항에 매우 중요한 기상정보이므로 국제적인 보고형식 및 보고기준 등에 대하여 제19절 공항 정시관측보고와 공항 특별관측보고에서 자세히 다룬다.

VOLMET(VOice Language METeorological report)

지상에서 비행 중인 항공기에게 특정 공항의 기상정보를 제공하는 방송을 말한다.

데이터통신장비가 항공기에 탑재되지 않았던 음성통신시대에 장거리를 비행 중인 항공기에게 장거리통신인 HF(High Frequency) 주파수를 이용하여 일부 공항의 METAR 등을 음성으로 제공하였다.

데이터통신이 발달한 현재도 데이터통신 장비가 탑재되지 않은 항공기 또는 장비의 고장으로 인해 음성통신만 가능한 경우를 대비하여 VOLMET방송은 계속하고 있다.

태평양 지역은 4개 방송국(호놀룰루 3개, 동경, 홍콩, 오클랜드)에서 공통주파수(2863/6679/8828/13282Khz)로 6개 지역으로 나누어 5분 간격으로 방송하고 있다.

예) 동경 VOLMET방송국은 매시 10분에 방송을 시작하여 반복적으로 방송하다가 15분이 되면 홍콩에서, 20분이되면 오클랜드에서, 25분이 되면 호놀룰루에서 알래스카 및 밴쿠버지역지역, 30분이되면 호놀룰루에서 하와이 지역, 35분이 되면 호놀룰루에서 미국 서해안 지역에 대한 기상정보를 순차적으로 각 5분간 연속적으로 방송하고, 다시 40분이 되면 동경에서 방송한다.

- H+00,30 Honolulu: Hawaii 지역 4개 공항
- H+05,35 Honolulu: 미국 서해안 7개 공항
- H+10,40 Tokyo: 7개 공항(인천국제공항 포함)
- H+15,45 Hong Kong: 대만, 필리핀 지역 7개 공항
- H+20,50 Auckland: 남태평양 지역 7개 공항
- H+25,55 Honolulu: Alaska 지역, Vancouver

동경 VOLMET방송국은 1959년 4월에 일본 치바에서 첫 방송을 시작하였으나 1981년 9월에 나가사키로 이전 했다가, 2009년 3월 4일 가고시마로 이전하여 방송하고 있다.

D-VOLMET방송국은 데이터통신으로도 방송하고 있기 때문에 데이터통신 장비가 장착된 항공기는 동일한 내용을 문자로 수신하여 프린트하여 확인할 수 있다.

② 국지 정시관측보고(MET REPORT)는 주로 이착륙하는 항공기를 위한 ATIS(Automated Terminal Information Service) 또는 D(Data link)-ATIS의 방송을 위해 관측하여 보고하는 기상정보로서 해당 공항 내에만 배포된다.

예) MET REPORT RKSS 160200Z WIND 35005KT VIS 2500M LGT SN CLD BKN 3000FT OVC 7000FT T M05 D M09 QNH 1018HPA=

ATIS(Automated Terminal Information Service)

지상에서 이륙 또는 착륙을 준비 중인 항공기를 위해 해당 공항의 기상정보, 비행장의 상태, 항행안전시설의 상황 등의 정보를 녹음하여 특정 주파수로 반복하여 방송하는 것을 말한다.

각 공항마다 정해진 주파수로 조정하면 음성 방송을 들을 수 있고, 데이터통신으로 방송하는 공항은 데이터통신 장비를 이용하여 동일한 내용을 문자로 수신하여 프린트하여 확인할 수 있다.

인천국제공항의 ATIS 주파수는 도착항공기용과 출발항공기용으로 분리하여 운영하고 있다. (ARR 128.4, 230.25MHz, DEP 128.65, 344.2MHz).

우리나라는 다음 국제공항의 경우 전화로도 방송하고 있으므로 사전에 기상정보 등을 확인하려는 항공종사자는 언제든지 전화로 확인할 수 있다.

- 인천국제공항: 032-743-2676
- 김포국제공항: 02-2660-2676
- 제주국제공항: 064-797-2676

18-1-2. 특별관측보고(Special observations and reports)

특별관측보고는 정시관측보고 사이에 지상풍, 시정, 활주로가시거리, 현재일기 또는 구름이 기준 값 이상의 변화가 있을 때 관측하여 보고하는 것을 말한다. 특별관측보고를 해야 하는 기준은 ICAO에서 따로 정하지 않고 기상업무기관이 항공교통업무기관 및 관련 운항자들과 협의하여 정하도록 하고 있다.

공항의 특별관측보고도 정시관측보고와 연계하여 공항 특별관측보고(SPECI)와 국지 특별관측보고(SPECIAL)로 나눈다.

① 공항 특별관측보고(SPECI)는 공항 정시관측보고(METAR) 사이에 기준 값 이상의 변화가 있을 때 보고하는 것이므로 항공기의 운항을 위한 비행계획, VOLMET 또는 D-VOLMET의 방송을 위해 해당 공항을 포함하여 전 세계로 제한 없이 배포하는 기상정보다.

인천국제공항의 경우, 공항 정시관측보고(METAR)가 30분 간격으로 보고되지 않는 경우에는 반드시 보고하여야 한다는 ICAO의 규정에 근거하여 METAR를 30분 간격으로 보고하고 있기 때문에 지역항공협정에 따라 공항 특별관측보고(SPECI)는 생략하고 있다.

그러나 항공 운항자의 입장에서는 빈번하게 이착륙하는 공항의 경우 안전한 운항을 위해 공항정시간측보고(METAR)는 1시간 간격으로 보고하고 공항 특별관측보고(SPECI)를 해 주는 것이 유익할 수 있다.

예) SPECI RKSS 030829Z 09010KT 050V110 2500 RA BR SCT009 BKN025 OVC080 21/20 Q1004 NOSIG=

공항 특별관측보고(SPECI)의 보고형식은 공항 정시관측보고(METAR)와 동일하므로 보고기준 등에 대하여 제19절 공항 정시관측보고와 공항 특별관측보고에서 자세히 다룬다.

② 국지 특별관측보고(SPECIAL)는 국지 정시관측보고(MET REPORT)와 같이 주로 이착륙하는 항공기를 위한 ATIS 또는 D-ATIS의 방송을 위해 관측하여 보고하는 기상정보이고 해당 공항 내에만 배포된다.

18-1-3. 수시관측보고(Provisional observations and reports)

항공교통업무기관의 요청이 있을 때 관측을 실시하여 해당 공항 내에만 통보하는 관측보고를 말한다.

항공기 사고가 발생하였을 때의 관측보고는 수시관측보고에 해당된다. 항공기상업무기관이 항공기 사고를 목격하였거나 항공교통업무기관으로부터 사고발생을 통지 받았을 때에는 정시관측에 준하는 모든 요소에 대해 관측을 실시하고 보충정보란에는 사고(Accident)의 머리글자인 "ACCID"를 기입하여 통보한다.

그러나 다음의 경우에는 항공기 사고관측을 생략할 수 있다고 항공기상청에서 규정하고 있다.

항공기 사고관측을 하고자 하는 시각과 정시관측 및 특별관측 시각이 거의 같은 시간대로 중복되고 있을 때 또는 사고발생 시각과 사고발생을 통지 받은 시간 사이에 정시관측 및 특별관측을 이미 완료하였을 때에는 정시 및 특별관측으로 사고관측을 대체하고, 보충정보란에 "ACCID"로 기록해야 한다.

18-2. 예보

공항예보, 착륙예보, 이륙예보는 이착륙하는 항공기를 위한 특정 공항의 기상현상에 대한 예보이고, 중요기상예보는 주로 항로비행을 하는 항공기를 위한 해당 비행정보구역(FIR, Flight Information Region)에 대한 예보다.

항공사에서는 항공기상업무기관에서 발행하는 예보를 근거로 항공기의 안전하고 경제적인 운항을 위해 운항규정에서 정한 기준에 따라 운항을 계획하거나 운항의 중단 또는 계속 여부를 종합적으로 판단한다.

18-2-1. 공항예보(TAF, Terminal Aerodrome Forecasts)

공항예보에는 지상풍(Surface wind), 시정(Visibility), 일기(Weather), 구름(Cloud) 등이 포함되어야 하고 ICAO에서 정한 기준에 따라 발행한다.

공항예보는 공항의 기준점(ARP, Airport Reference Point)으로부터 8km 이내에 예상되는 기상현상에 대하여 국제적인 기준(ICAO)에 따라 발행되며, 항공고정통신망(AFTN, Aeronautical Fixed Telecommunication Network)을 통해 국내·외로 교환된다.

우리나라의 경우, 국방부에서 관할하는 군 공항의 예보는 군에서 발행한 예보를 항공기상청에서 국제적인 기준으로 변환하여 발행한다.

공항예보는 예보의 유효시간 1시간 이전의 지정된 시간에 발행해야 하고, 유효시간은 6~30시간으로 해야 하며, 예보의 유효시간이 12시간 미만의 경우는 3시간마다 예보를 발행하고, 12~30시간동안 유효한 공항예보는 6시간마다 발행해야 하며, 예보의 유효기간은 지역항행협정으로 정하도록 ICAO에서 권고하고 있다.

우리나라는 항공기상청에서 일 4회(05, 11, 17, 23UTC) 발행하며 발행시각 1시간 이후부터 30시간 동안 유효한 공항예보를 국제기준에 따라 발행하고 있으나 중국과 같이 24시간 유효한 공항예보를 발행하는 나라도 많이 있다.

새로 발행된 예보는 이전에 발행된 동일 지역, 동일 유효시간에 대한 예보를 대체하기 때문에 유효한 공항예보는 언제나 하나만 존재한다.

예) TAF RKSI 052300Z 0600/0706 06007KT 6000 FEW030 BKN180
TX29/0605Z TN22/0620Z TX27/0704Z
BECMG 0602/0603 29010KT 9999
BECMG 0613/0614 20006KT
BECMG 0617/0618 4000 BR FEW010 BKN025 BKN120
BECMG 0621/0622 16006KT 6000 NSW
TEMPO 0704/0706 -RA=

공항예보는 항공기 운항에 매우 중요한 기상정보이므로 국제적인 보고형식 및 보고기준 등에 대하여 제20절 공항예보에서 자세히 다룬다.

18-2-2. 착륙예보(Landing forecasts)

착륙예보는 1시간 이내에 착륙하는 항공기에게 필요한 기상현상의 변화 경향을 지역항행협정에 따라 발행하도록 하고, 예보의 유효시간은 2시간 이내이어야 한다고 ICAO에서 규정하고 있다.

착륙예보는 현재의 기상현상에 대한 2시간 이내의 변화경향을 예보한 것이므로 경향예보(Trend forecasts)라고도 한다.

또한, 착륙예보는 별도의 예보로 발행하는 것이 아니고 공항의 정시관측보고나 특별관측보고에 추가하여 발행하도록 규정하고 있다.

항공기상청에서는 지상풍(Surface wind), 시정(Visibility), 일기(Weather), 구름(Cloud) 중 1개 이상의 요소에 대한 중요한 변화를 포함하여 정시관측보고(METAR) 및 특별관측보고(SPECI)의 관측전문에 포함하여 발행하고 있다.

예) METAR RKPC 060300Z 24022G33KT 9999 FEW030 BKN200 30/24 Q1008 WS R07 R25 NOSIG=

예문의 NOSIG가 착륙예보이고 국제적인 보고형식 및 보고기준 등에 대하여 19-2-12 경향예보에서 자세히 다룬다.

18-2-3. 이륙예보(Forecasts for take-off)

이륙예보는 이륙하는 항공기를 위해 지원하는 기상정보로서 기상업무기관과 운영자의 합의에 따라 이륙예보를 발행하여야 하고, 예상출발 3시간 전에 지상풍(Surface wind)의 풍향(Wind direction) 과 풍속(Wind speed)의 변화, 기온(Temperature) 및 기압(Pressure) 등을 제공해야 한다고 ICAO에서 권고하고 있다.

우리나라의 경우 매 정시에 3시간 동안 유효한 이륙예보를 이륙이 예상되는 활주로의 지상풍과 기온 및 기압을 포함하여 항공기상청의 항공운항지원 기상서비스에서 제공하고 있다.

18-2-4. 중요기상예보(Significant weather forecasts)

항공기상청에서는 다음과 같은 기준으로 중요기상예보를 발표하고 있다.

중요기상예보는 비행정보구역(FIR) 내 항로상에 영향을 미칠 수 있는 기상현상을 저고도(10,000ft 이하), 중고도(FL100~FL250), 고고도(FL250~FL630)로 나누어 일기도의 형태로 발표하고 있으므로 항공기상청의 항공운항지원 기상서비스에서 확인할 수 있다.

저고도 및 중고도 중요기상예보는 항공기상청에서 작성하고 발표시각은 일 4회(05, 11, 17, 23UTC)이고, 유효시각(12, 18, 00, 06UTC) 전후 약 3시간 동안에 예상되는 기상현상이 포함되어 있다.

고고도 중요기상예보는 WAFC에서 예보한 자료를 받아 일 4회(00, 06, 12, 18UTC) 발표하고, 유효시각(00, 06, 12, 18UTC) 전후 약 3시간 동안에 예상되는 기상현상이 포함되어 있다.

고고도 중요기상예보는 제43절 WAFS 고고도 중요기상 예상도(SWH)에서 자세히 다룬다.

(1) 저고도 중요기상예보에 포함되는 기상요소

① 저고도 비행에 영향을 미칠 것으로 예상되고, SIGMET정보의 발표의 근거가 되는 열대저기압(태풍), 화산재, 방사능 구름 등

② 풍속 30KT(15m/s) 이상의 지상풍

③ 지상 시정이 5,000m 미만으로 예상될 때 시정장애의 원인이 된 기상현상과 함께 표기

④ 천둥번개, 심한(Severe) 모래폭풍, 먼지폭풍, 화산재 등의 중요기상

⑤ 산악차폐

⑥ 구름까지의 높이(운고)가 1,000ft(300m) 미만이고, 운량이 BKN 이상의 구름, 또는 적란운(Cb), 또는 탑상적운(TCu)

⑦ 보통(Moderate) 또는 심한(Severe) 착빙

⑧ 보통(Moderate) 또는 심한(Severe) 난기류

⑨ 보통(Moderate) 또는 심한(Severe) 산악파

⑩ 기압중심과 전선(예상 이동경로와 발달 등)

⑪ 빙결고도

⑫ 해수면 온도 및 상태

⑬ 화산분출(화산명 포함)

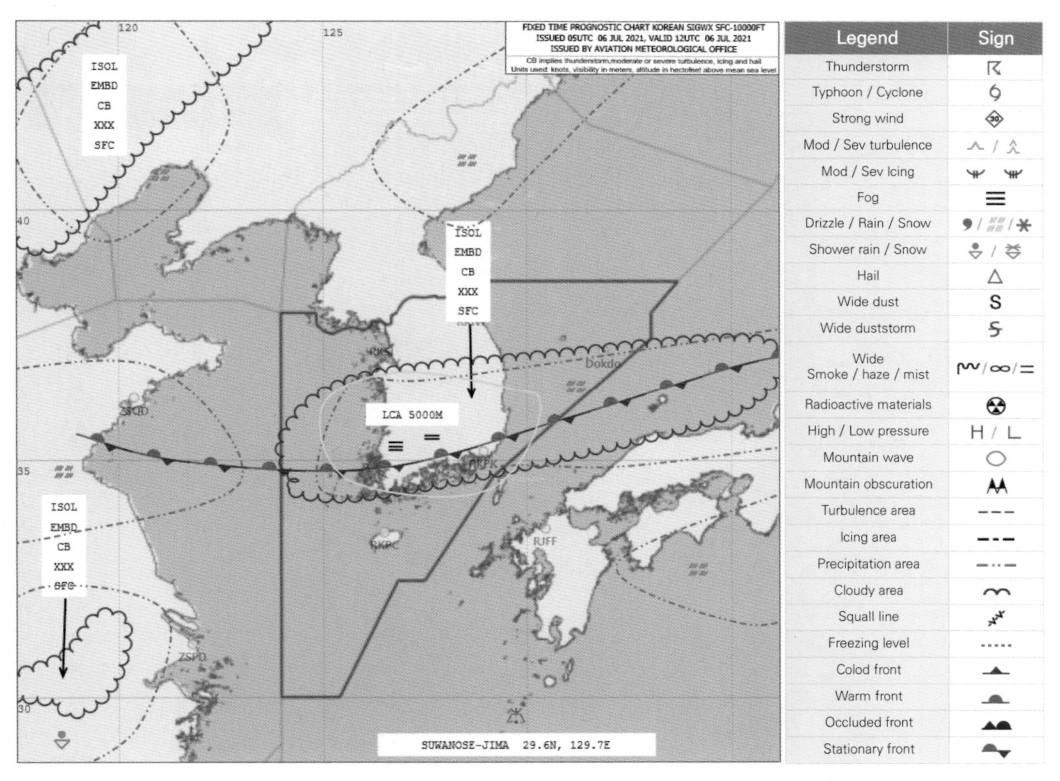

[그림 18.1] 저고도 중요기상예보(항공기상청의 항공운항지원 기상서비스)

(2) 중고도 및 고고도 중요기상예보에 포함되는 기상요소

① 태풍

② 심한(Severe) 스콜라인

③ 보통(Moderate) 또는 심한(Severe) 난기류

④ 보통(Moderate) 또는 심한(Severe) 착빙

⑤ 넓게 퍼진 모래폭풍 또는 먼지폭풍

⑥ 천둥번개와 관련된 적란운

⑦ 권계면의 비행고도

⑧ 제트기류

⑨ 항공기 운항에 중요한 화산분출 및 화산재 구름

⑩ 대기 중으로 방출된 방사성 물질

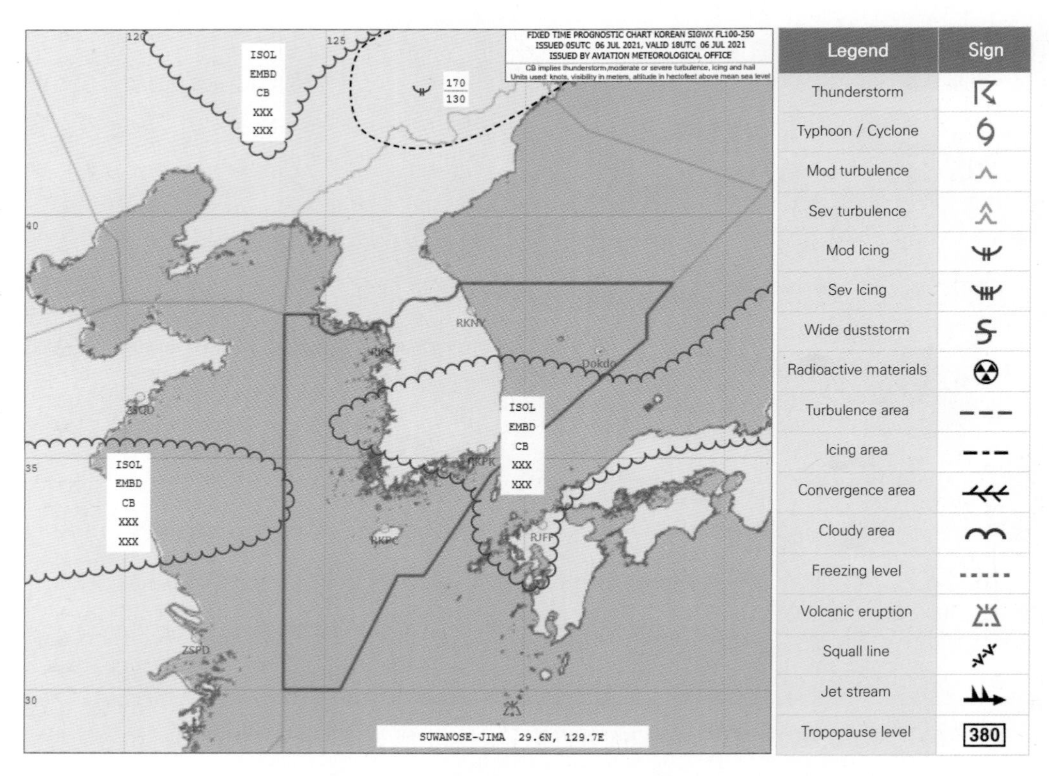

[그림 18.2] 중고도 중요기상예보(항공기상청의 항공운항지원 기상서비스)

18-3. 항공기상특보

항공기상특보(Aeronautical Meteorological Warnings)란 공항에 계류 중인 항공기를 포함한 지상의 모든 항공기 또는 공항시설, 운항 중인 항공기의 안전운항에 영향을 미칠 수 있는 기상현상을 항공기상기관에서 국제적으로 합의된 약어를 사용하여 서술한 정보를 말한다.

항공기상청에서는 텍스트형태의 항공기상특보를 그림이나 기호를 포함한 일기도 형태와 같이 발표하기도 한다.

18-3-1. SIGMET정보(SIGnificant METeorlogical Information)

항공기 운항의 안전에 영향을 미칠 수 있는 특정 항로상의 기상현상과 대기 중에 기타의 다른 현상이 발생하고 있거나 또는 발생하리라고 예상될 때 항공기상기관에서 발행하는 정보를 말한다.

항공기 운항의 안전에 영향을 미칠 수 있는 기상현상이란, 천둥번개 또는 우박을 동반한 천둥번개, 열대저기압, 심한(Severe) 난류, 심한(Severe) 착빙, 강한 모래폭풍 또는 먼지폭풍, 심한(Severe) 산악파, 화산재, 방사성 구름 등을 말한다.

SIGMET정보는 유효기간이 시작되기 4시간 이내에 발행되어야 하고 화산재 구름이나 열대저기압과 같은 위험한 기상현상은 가능하면 빨리 발행되어야 하지만 적어도 12시간 전에는 발행되어야 한다고 ICAO에서 규정하고 있다. 또한 화산재 구름이나 열대저기압에 대한 SIGMET정보는 최소 6시간마다 최신정보를 발표해야 한다고 규정하고 있다.

SIGMET정보의 유효시간은 4시간을 넘지 않아야 하지만 화산재 구름이나 열대저기압과 같은 위험한 기상현상의 경우에는 6시간을 초과하지 않아야 한다. 또한 그 현상이 이미 나타나지 않거나 발생이 예상되지 않을 경우에는 취소해야 한다.

다음 SIGMET정보의 예는 해당일 2번째로 발표한 정보로서 인천 비행정보구역에 천둥번개가 발생하리라고 예상되는 지역을 위도와 경도로 표시하고, 최고 고도와 이동방향 및 속도 등을 텍스트를 포함하여 그림으로 발표하고 있다.

예) RKRR INCHEON FIR EMBD TS OBS N3322 E12400-N3404 E12829-N3619 E13046-N3640 E12752-N3608 E12400-N3322 E12400 TOP FL330 MOV ENE 15KT NC=

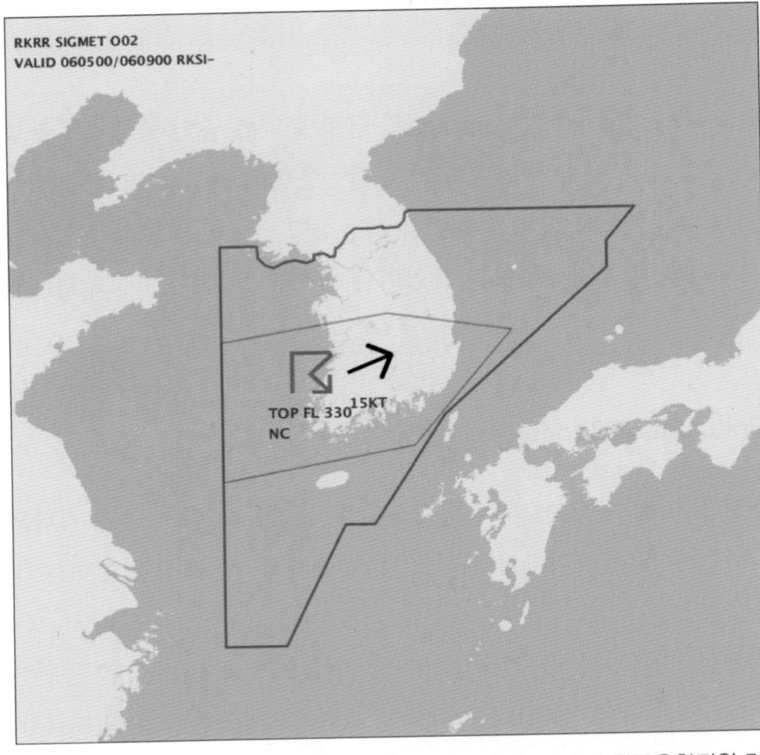

범례	기호	구역
천둥번개/우박을 동반한 천둥번개		—
열대저기압		
심한 난류		—
심한 착빙		—
강한 모래폭풍 또는 먼지폭풍		—
심한 산악파		—
화산재		—
방사성 구름		—

※ 인천비행정보구역에 대한 「열대저기압 SIGMET 정보」는 대한민국 태풍정보를 기초로 발표합니다. 도쿄 열대저기압주의보센터(TCAC)에서 제공하는 태풍정보와 다를 수 있음을 알려드립니다.

[그림 18.3] SIGMET정보(항공기상청의 항공운항지원 기상서비스)

18-3-2. AIRMET정보(AIRman's METeorological Information)

비행고도가 10,000ft 이하의 저고도를 운항하는 항공기의 안전에 영향을 미칠 수 있는 특정 항로상의 기상현상이 발생하고 있거나 또는 발생하리라고 예상될 때 항공기상기관에서 발행하는 정보를 말한다.

저고도를 운항하는 항공기의 안전에 영향을 미칠 수 있는 기상현상이란, 천둥번개, 보통(Moderate)의 난류, 적란운, 탑상적운, 구름, 지상 풍속, 지상 시정, 보통(Moderate)의 착빙, 보통(Moderate)의 산악파, 산악의 차폐현상 등을 말한다.

AIRMET정보의 유효시간은 4시간을 넘지 않아야 하며 그 현상이 이미 나타나지 않거나 발생이 예상되지 않을 경우에는 취소해야 한다.

다음 AIRMET정보의 예는 해당일 2번째로 발표한 정보로서 인천 비행정보구역에 비, 안개, 박무가 발생하리라고 예상되는 지역을 위도와 경도로 표시하고, 그 강도 등을 텍스트를

포함하여 그림으로 발표하고 있다.

예) RKRR INCHEON FIR SFC VIS 5000M RA FG BR OBS WI N3713 E12427-N3335 E12437-N3341 E12744-N3703 E13216-N3739 E13122-N3520 E12734-N3712 E12629-N3713 E12427 STNR NC=

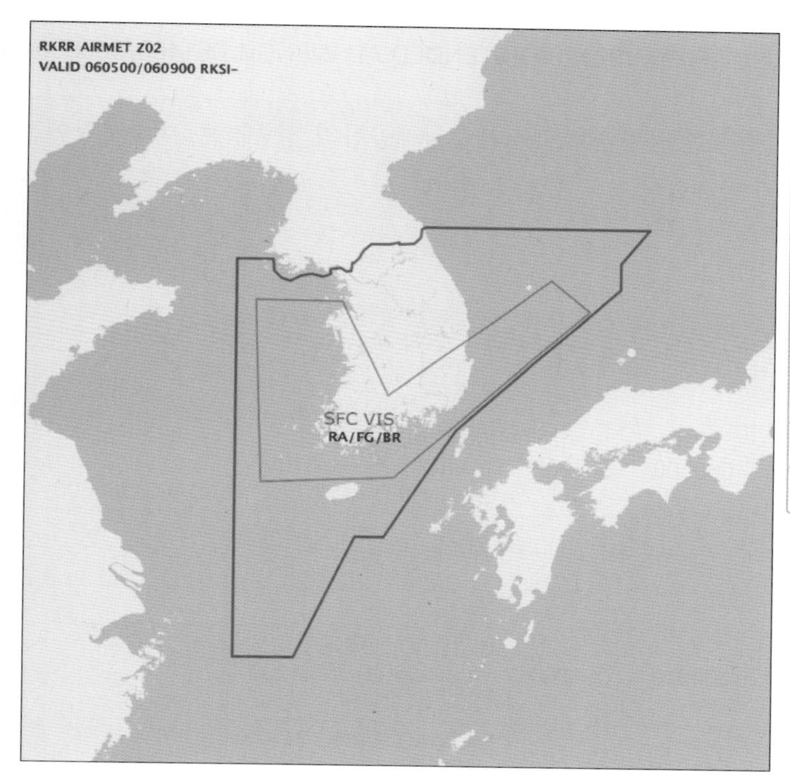

범례	기호	구역
천둥번개		—
보통난류		—
적란운(CB)	CB	—
탑상운(TCU)	TCU	—
구름(CLD)	CLD	—
지상풍속	◇	—
지상시정	SFC VIS	—
보통착빙		—
보통산악파		—
산악차폐		—

[그림 18.4] AIRMET정보(항공기상청의 항공운항지원 기상서비스)

18-3-3. 공항경보(Aerodrome warnings)

공항경보란 공항에 계류 중인 항공기를 포함하여 지상에 있는 항공기, 공항 시설 및 업무에 영향을 미칠 수 있는 기상현상에 대하여 항공기상기관에서 간결한 형식으로 제공하는 것을 말한다.

공항경보는 발표기준에 해당되는 기상현상이 더 이상 발생하지 않거나 또는 발생하지 않을 것으로 예상되는 경우 해제한다.

공항경보를 발표하는 기상현상은 태풍, 황사, 구름고도, 저시정, 강풍, 호우, 대설, 천둥번개, 어는 강수, 서리, 지진해일, 화산재 침전물, 유독화학물질, 기타 ICAO Annex 3 Appendix 5에서 언급한 기상현상 등이다.

다음과 같이 제주국제공항에 강풍경보가 발표되었다면, 원래 5일 14UTC부터 6일 05UTC까지 강풍이 예상되었지만 다시 6일 12UTC까지 경보가 연장되었다는 뜻이다.

예) RKPC AD WRNG 1 VALID 060500/061200 EXTENDED AD WRNG 1 051400/060500=

다음은 항공기상청에서 발표한 공항경보로서 제주국제공항의 강풍경보, 여수공항에는 천둥번개경보와 호우경보가 발표되어 있는 경우의 예이다.

공항경보

공항명	경보	연장/해제	시작(UTC)	끝(UTC)	내용
인천	-				
김포	-				
제주	강풍	연장	060500	061200	RKPC AD WRNG 1 VALID 060500/061200 EXTENDED AD WRNG 1 051400/060500=
무안	-				
울산	-				
양양	-				
여수	천둥번개	-	060910	061200	RKJY AD WRNG 5 VALID 060910/061200 TS FCST INTSF=
여수	호우	연장	060300	060900	RKJY AD WRNG 2 VALID 060300/060900 EXTENDED AD WRNG 5 052300/060300=
김해	-				
청주	-				
대구	-				
광주	-				
포항	-				
사천	-				

[그림 18.5] 공항경보(항공기상청의 항공운항지원 기상서비스)

18-3-4. 급변풍경보(Wind shear warnings and alerts)

급변풍경보란 이착륙하는 항공기에 위험한 영향을 미칠 수 있는 활주로 표면으로부터 고도 1,600ft(500m) 사이에 급변풍(WS, Wind Shear)이 관측되거나 예상되는 경우에 발표되는 정보를 말한다.

항공기상청에서는 저층바람시어경고장비(LLWAS, Low Level Windshear Alert System) 또는 공항기상레이더(TDWR, Terminal Doppler Weather Radar)와 같은 급변풍 탐지장비를 활용하여 바람의 변화경향(Loss 또는 Gain)이 15kt 이상으로 관측 또는 지속적으로 발생하고 있거나 발생이 예상될 때 발표하고 있다.

접근 또는 이륙하는 항공기의 조종사로부터 급변풍이 발생한다는 보고를 받은 경우 해당 항공기의 기종을 포함하여 급변풍경보를 발표하기도 한다.

급변풍 탐지장비가 없는 군 공항의 경우는 공항기상관측장비(AMOS, Aerodrome Meteorological Observation System) 기반의 급변풍 탐지시스템을 통해 15kt 이상의 정풍 또는 배풍의 변화가 수반되어 급변풍이 최근 60분 동안 5회 이상 탐지되거나 또는 예상될 경우 군과 협의 후 급변풍경보를 발표하고 있다.

ICAO에서는 최소한 1분마다 급변풍 경보를 업데이트하고 정풍(Head wind)과 배풍(Tail wind)의 변화가 15kt 미만으로 변화하면 취소하도록 권장하고 있다.

다음과 같이 제주국제공항에 급변풍경보가 발표되었다면, 6일 처음으로 발표한 급변풍경보로서 6일 1220UTC에 활주로 25쪽에 급변풍이 관측되었고 6일 1230UTC부터 1530UTC까지 급변풍이 예상된다고 6일 1230UTC에 발표한 경보라는 뜻이다.

예) RKPC WS WRNG 1 061230 VALID 061230/061530 WS APCH RWY25 OBS AT 1220=

19. 공항 정시관측보고(METAR)와 공항 특별관측보고(SPECI)

공항 정시관측보고(METAR)와 특별관측보고(SPECI)에 관한 개요는 앞 장의 항공기상정보의 종류에서 다루었다. 그러나 이착륙하는 공항의 실제 기상은 안전하고 효율적인 이착륙은 물론, 이착륙 중량, 이착륙 거리, 이착륙 속도 등을 계산하는데 반드시 필요하며 실무적으로 매우 중요한 기상정보이므로 본 장에서 보다 자세하게 다룬다.

19-1. 기상통보 코드의 종류

일상생활에서는 날씨를 말할 때 '북풍이 강하다', '비가 많이 온다', '구름이 없고 맑은 하늘이다' 등으로 표현하지만, 관측한 기상정보를 관련기관이나 수요자에게 통보할 때는 정확한 기상 값이 전달되어야 하므로 사전에 약속한 코드를 이용한다.

WMO에서는 필요한 목적에 따라 기상통보용 코드를 개발하였고, 기상업무를 수행하는 조직에서는 각 목적에 맞는 코드로 수요자에게 통보한다.

다음 표는 WMO의 기상통보용 코드집(Manual on Codes WMO No306)에서 정한 코드의 일부를 발췌한 목록이다.

WMO 306코드. 코드(Form of Message)번호, 코드명칭, 코드내용

FM 12 SYNOP	Report of surface observation from a fixed land station
FM 13 SHIP	Report of surface observation from a sea station
FM 15 METAR	**Aerodrome routine meteorological report**
FM 16 SPECI	**Aerodrome special meteorological report**
FM 20 RADOB	Report of ground radar weather observation
FM 32 PILOT	Upper-wind report from a fixed land station
FM 33 PILOT	SHIP Upper-wind report from a sea station

FM 35 TEMP	Upper-level pressure, temperature, humidity and wind report from a fixed land station
FM 36 TEMP	SHIP Upper-level pressure, temperature, humidity and wind report from a sea station
FM 39 ROCOB	Upper-level temperature, wind and air density report from a land rocketsonde station
FM 41 CODAR	Upper-air report from an aircraft
FM 51 TAF	**Aerodrome forecast**
FM 53 ARFOR	Area forecast for aviation
FM 54 ROFOR	Route forecast for aviation

공항기상과 관련된 코드로는 이 중 기상관측정보로서 FM(Form of Message) 15, 16, 예보로서 FM 51에 대한 이해가 필요하다. FM 15와 FM 16의 코드 형식은 동일하고 코드 명칭만 다르다.

19-2. 공항관측보고의 통보형식

각 공항의 기상업무기관에서는 ICAO에서 정한 기준에 따라 관측한 각 기상 값을 WMO No306의 코드로 변환하여 항공고정통신망(AFTN)을 통해 각 기관이나 수요자에게 통보한다.

WMO의 기상통보용 코드집(WMO-No. 306 Manual on Codes) International Codes Volume I.1의 Annex II to the WMO Technical Regulations. Part A-Alphanumeric Codes에서 정한 FM 15-XV METAR Aerodrome routine meteorological report (with or without trend forecast) 또는 FM 16-XV SPECI Aerodrome special meteorological report (with or without trend forecast)의 코드형식은 다음과 같다.

METAR와 SPECI의 코드형식

{**METAR** or **SPECI**} **COR** CCCC YYGGgg**Z** **NIL** **AUTO** dddff**G**f_mf_m {**KT** or **MPS**} $d_nd_nd_n$**V**$d_xd_xd_x$

{VVVV or **CAVOK**} $V_NV_NV_NV_ND_V$ **R**D_RD_R/$V_RV_RV_RV_R$i w′w′ {$N_SN_SN_Sh_Sh_Sh_S$ or **VV**$h_Sh_Sh_S$ or **NSC** or **NCD**}

T′T′/T′$_d$T′$_d$ **Q**$P_HP_HP_HP_H$ **RE**ww {**WS R**D_RD_R or **WS ALL RWY**}

{(TTTTT or **NOSIG**)} TTGGgg dddff**G**f_mf_m {**KT** or **MPS**} {VVVV or **CAVOK**} {w′w′ or **NSW**} {$N_sN_sN_sh_sh_sh_s$ or **VV**$h_sh_sh_s$ or **NSC**}

(**RMK**..........)

진한 글씨체는 변경할 수 없는 고정된 코드형식이고 일반 글씨체는 관측한 값으로 대체되는 코드이다.

공항관측보고의 통보형식에 사용되는 코드나 각 요소에 대한 설명은 공항예보(FM 51)와 거의 같이 사용되므로 본 절에서 자세히 분석한다.

인천국제공항 METAR의 예

METAR RKSI 070730Z 33007KT 9999 FEW013 SCT035 BKN200 26/23 Q1005 NOSIG=

여수공항 SPECI의 예

SPECI RKJY 070716Z 17008KT 4800 -RA BR SCT012 BKN020 OVC090 25/24 Q1006 NOSIG=

① 공항관측보고는 통보의 종류(Identification of the type of report)(M), 관측지점의 명칭(Location indicator)(M), 관측시간(Time of the observation)(M), 자동관측여부(Identification of an automated pr missing report)(C), 지상풍(Surface wind)(M), 시정

(Visibility)(M), 활주로가시거리(Runway visual range)(C), 현재일기(Present weather)(C), 구름(Cloud)(M), 기온 및 이슬점 온도(Air and Due-point temperature)(M), 기압(Pressure values)(M), 보충정보(Supplementary information)(C), 기타 정보(Remark)(C), 경향예보(Trend forecast)(O)의 순으로 구성되어 있다.

② 각 항목별로 'M' 항목은 반드시 포함해야 하는 항목(Mandatory), 'C' 항목은 기상조건 또는 관측방법에 따라 조건부로 포함하는 항목(Conditional), 'O' 항목은 포함해도 되고 않아도 되는 옵션항목(Optional)이다.

19-2-1. 통보의 종류(Identification of the type of report)

● 코드형식

METAR or SPECI } COR	Type of report(M)

● 통보의 예

METAR RKSI 080100Z 29004KT 220V330 9999 FEW003 SCT030 BKN100 25/22 Q1006 NOSIG=
SPECI RKPC 070213Z 29006KT 230V330 9999 FEW010 BKN025 OVC100 26/25 Q1009 NOSIG RMK TS E13 MOVD NE=

① METAR는 공항의 정시관측보고, SPECI는 공항의 특별관측보고임을 표시하는 기상통보 코드의 이름이다. 만약 이미 통보한 내용에 오류가 발견되어 수정하여 통보하는 경우에는 METAR COR 또는 SPECI COR의 형식으로 시작한다.

② METAR에 대한 약어의 기원은 프랑스어 'MÉTéorologique'(기상), 'Aviation'(항공), 'Régulière'(정시)에서 유래되었다고 하는 설이 있으나, 세계기상기구(WMO)에서는 'Aerodrome Routine Meteorological Report', 미국 해양대기청(NOAA), 미국 연방항공청(FAA), 영국 기상청(UKMO)에서는 'Aviation Routine Weather Report'로 쓰고 있다. ICAO 약어집(ICAO Doc 8400)에서는 WMO와 같이 METAR는 'Aerodrome routine meteorological report', SPECI는 'Aerodrome special meteorological report'라고 기술하고, 음성으로 통신 시에는 약어 그대로 METAR와 SPECI를 사용하도록 규정하고 있다.

19-2-2. 관측지점의 명칭(Location indicator)

● 코드형식

CCCC	ICAO location indicator(M)

● 통보의 예

METAR **RKPC** 080200Z 26010KT 6000 -RA BKN030 OVC120 29/26 Q1007 NOSIG=

① 비행계획이나 항공기상 등, 항공기 운항과 관련된 업무에서는 ICAO에서 정한 4자리의 지점코드를 사용한다.
ICAO Doc 7910 Location Indicators에서는 지점명칭을 부여하는 기준을 다음과 같이 규정하고 있다.

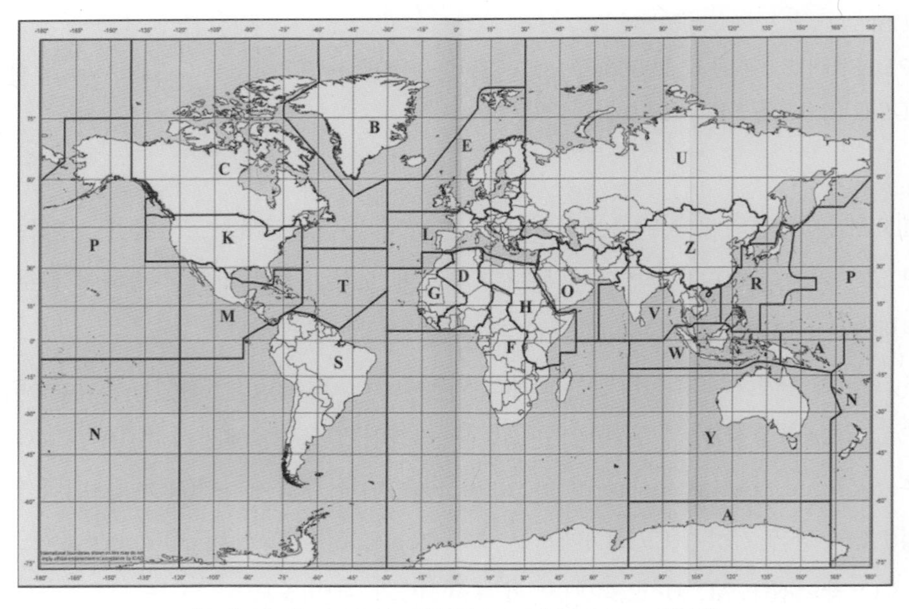

[그림 19.1] ICAO의 지역 구분 코드(ICAO Doc 7910)

첫 번째 코드는 항공고정업무(Aeronautical Fixed Service)의 지역별 코드에 따라 사전에 지정되어 있다. 우리나라를 포함하여 동남아시아 지역은 'R'로 지정되어 있다.

두 번째 코드는 항공고정업무의 통신센터에 배당되어 있는 국가(State) 또는 지역(Territory) 코드를 사용한다. 우리나라는 'K'로 지정되어 있다.

세 번째 코드는 해당 국가의 항공고정업무의 구성에 따라 할당한다. 우리나라의 경우, 서울/인천 지역은 'S', 강원 지역 'N', 경기/충청 지역 'T', 경상/제주 지역 'P', 전라 지역은 'J'를 사용한다.

네 번째 코드는 해당 국가에서 지정하고 공항이 위치한 지역의 명칭에 따라 정한다.

② 여객 및 화물운송 등, 항공운송분야에서는 국제항공운송협회(IATA)에서 지정한 3자리의 코드를 사용한다.

- 인천국제공항 RKSI(ICAO) ICN(IATA)
- 동경국제공항 RJAA(ICAO) NRT(IATA)
- 뉴욕국제공항 KJFK(ICAO) JFK(IATA)
- 북경국제공항 ZBAA(ICAO) PEK(IATA)

19-2-3. 관측시간(Time of the observation)

● 코드형식

YYGGgg**Z**	Day and actual time of the observation in UTC(M)

● 통보의 예

METAR KJFK **080251Z** 19008KT 9SM FEW250 25/23 A2995 RMK AO2 SLP140 T02500228 51010=

① METAR는 관측시간의 날짜(YY), 시간(GG), 분(gg)이 각각 2자리로 표시되며, 마지막에 국제협약시(UTC, Coordinated Universal Time)를 의미하는 'Z'가 공백 없이 붙는다.

② SPECI는 본문에 통보된 기상현상의 변화가 발생한 시각이 통보한다.

19-2-4. 자동관측여부(Identification of an automated or missing report)

● 코드형식

AUTO or NIL	Automated or missing report identifier(C)

● 통보의 예

METAR RKTL 080700Z **AUTO** 36006KT 340V040 9999 FEW006/// SCT072/// BKN200///
24/22 Q1007
METAR KOKC 011955Z **NIL**

① 'AUTO' 는 사람이 개입되지 않고 본문의 모든 기상 값이 자동관측시스템에 의해 관측되었을 경우에 표시하는 코드다. 그러나 자동관측시스템을 이용한 관측은 공항이 운영되지 않는 시간 동안 또는 기상업무기관과 관련기관이 합의한 시간 동안만 가능하다. 자동관측시스템 사용에 대한 내용은 ICAO Doc 9837 Manual on Automatic Meteorological Observing Systems at Aerodromes 에 상세히 규정되어 있다.

② METAR 또는 SPECI의 관측값 중 하나라도 사람이 개입한 경우는 'AUTO' 코드는 표시되지 않는다. 또한, 자동관측되어 통보된 METAR 또는 SPECI를 수정한 경우는 'AUTO' 대신 'COR'로 대체되어 통보한다.

③ 'NIL'은 어떤 이유로 관측해서 통보되어야 하는 시간대임에도 본문의 내용이 빠져있는 경우(Missing)에 표시되는 코드다. 따라서 NIL 이후에는 아무런 내용 없이 비어 있다.

19-2-5. 지상풍(Surface wind)

지상풍은 풍향 및 풍속의 현저한 변화뿐 아니라 평균풍향과 풍속을 관측하여 풍향은 진북을 기준으로, 풍속은 m/s 또는 kt 단위로 보고한다.

● 코드형식

$$dddff\mathbf{G}f_mf_m \begin{Bmatrix} KT \\ or \\ MPS \end{Bmatrix} d_nd_nd_n\mathbf{V}d_xd_xd_x$$

Wind direction(M), Wind speed(M), Significant speed variations(C), Units of measurement(M), Significant directional variations(C).

풍향(ddd), 풍속(ff), 현저한 풍속의 변화가 관측되면 순간최대풍속(Gust)의 지시자 'G'에 이어 풍속(f_mf_m), 풍속의 단위(KT 또는 MPS), 관측시간 동안 풍향이 현저하게 변하면 풍향의 양쪽 끝단의 사이에 'V'를 넣어 풍향의 변화경향($d_nd_nd_nVd_xd_xd_x$)의 순서로 보고한다.

● 통보의 예

METAR RKPC 070300Z **23016G27KT** 200V260 9999 SCT030 OVC100 30/27 Q1008 WS R07 R25 NOSIG=

(1) 관측과 통보기준

① 지상풍은 활주로 표면으로부터 10±1m(30±3ft) 높이에 설치된 풍향 및 풍속계로 관측한다.

② 풍향(Wind direction)은 진북이 기준이이고, 진북(True north)을 기준으로 측정된 풍향 값을 10° 단위로 반올림하여 3 단위의 숫자로 통보한다. 활주로의 방위는 자북(Magnetic north)이 기준이다.

③ 풍속(Wind speed)은 KT(knot) 또는 MPS(m/sec) 단위로 관측하여 통보한다.

④ 하나의 활주로만 있는 공항은 그 활주로를 대표하는 풍향과 풍속, 2개 이상의 활주로가 있는 공항의 경우에는 전체 활주로를 대표하는 풍향과 풍속을 통보한다.

⑤ 풍향과 풍속은 10분간의 평균값으로 보고한다. 그러나 10분간에 풍향 또는 풍속이 현저하게 불연속적인 변화가 관측된 경우는 불연속적인 변화가 발생한 이후의 평균값을 보고하므로 이 경우는 10분보다 짧을 수 있다.

- 현저한 불연속적인 변화란, 변화 전 또는 변화 후의 풍속이 10kt 이상인 바람이 돌발적으로 30° 이상으로 풍향이 변화되어 2분 이상 지속되거나, 10kt 이상의 풍속변화가 적어도 2분 이상 유지되는 경우를 말한다.

• 항공교통업무기관에서 이착륙하는 항공기에게 직접 불러주는 풍향 및 풍속은 2분간의 평균값이다.

⑥ 순간최대풍속(Gust)은 3초간의 평균 풍속이다.

(2) 전문의 해석

① 지상풍은 기본적으로 관측시간 직전 10분간의 평균값이고, 평균풍향이 100° 미만인 경우는 앞자리에 '0'이 추가되며 정확히 북풍일 때에는 000이 아니고 360으로 통보한다. **예) 00010KT (x), 36010KT (o).**

② 풍속의 단위는 KT 또는 MPS를 사용할 수 있지만 대부분의 국가에서 KT를 사용하고 중국 등 일부 국가에서만 MPS를 사용한다. **예) 18002MPS.**

③ 풍속이 1kt 미만(Calm)으로 바람이 약할 때에는 풍향은 000로 통보한다. **예) 00000KT.**

④ 풍속이 100kt 이상으로 강할 때에는 풍향과 풍속의 사이에 plus를 뜻하는 지시자 'P' 다음에 99를 사용한다. **예) 330P99KT.**

⑤ 순간최대풍속(Gust)이 관측되는 경우는 10분 동안의 평균풍속으로부터 순간최대풍속의 변동이 10kt 이상일 때만 통보하며, 평균풍속에 이어 Gust를 뜻하는 지시자 'G'를 넣고 순간최대풍속을 표시한다. 순간최대풍속이 여러 번 관측되었더라도 그 중 가장 최대인 풍속을 표시한다. **예) 15008G20KT.**

⑥ 10분 동안에 풍향이 60° 이상 180° 미만으로 변하고 평균풍속이 3kt 이상일 때에는 양쪽 끝의 풍향 사이에 variable을 뜻하는 지시자 'V'자를 넣어 평균풍향과 풍속의 뒤에 추가로 표시한다. **예) 17004KT 090V220.**

⑦ 10분 동안에 풍향이 60° 이상 180° 미만으로 변하지만 평균풍속이 3kt 미만으로 약할 때에는 variable을 뜻하는 지시자 'VRB'자를 풍향으로 대체하여 표시한다.
예) VRB02KT.

⑧ 10분 동안에 풍향의 변동이 180° 이상으로 심하게 변할 때에는 양쪽 끝의 풍향에 관계없이 'VRB'자를 풍향으로 대체하여 표시한다. **예) VRB04KT.**

⑨ 관측한 풍향 및 풍속 값이 일시적으로 누락되거나 또는 해당 값이 일시적으로 오류가 발생한 경우에는 같은 수의 '/'로 통보한다. **예) ///10MPS, 240//KT, /////KT.**

(3) 공항 특별관측보고(SPECI) 기준

항공기상청에서 정한 SPECI를 보고하는 기준은 다음과 같다.

① 10분간의 평균풍향이 가장 최근에 보고한 풍향보다 60° 이상 변화하고, 변화 전 또는 변화 후의 평균풍속이 10kt(5m/s) 이상일 때에는 SPECI를 보고한다.

- 10009KT → 17010KT (○)

☞ 풍향의 변화가 70°이고, 평균풍속이 변화 후에 10kt 이상

- 17011KT → 10009KT (○)

☞ 풍향의 변화가 70°이고, 평균풍속이 변화 전에 10kt 이상

- 10010KT → 17011KT (○)

☞ 풍향의 변화가 70°이고, 평균풍속이 변화 전과 후에 모두 10kt 이상

- 10004KT → 17009KT (×)

☞ 풍향의 변화가 70°이지만, 평균풍속이 변화 전과 후에 모두 10kt 미만

② 평균풍속이 가장 최근에 보고한 평균풍속보다 10kt(5m/s) 이상 변화할 때에는 SPECI를 보고한다.

10004KT → 11015KT (○)

③ 순간최대풍속(Gust)이 가장 최근에 보고한 값보다 10kt(5m/s) 이상 변화하고, 변화 전 또는 후의 평균풍속이 15kt(7.7m/s) 이상일 때에는 SPECI를 보고한다.

- 10006G16KT → 10016G26KT (○)

☞ Gust가 16kt에서 26kt로 10kt 이상 증가

- 10006KT → 10016G26KT (○)

☞ Gust가 관측되지 않았다가 26kt이고, 변화 후의 평균풍속이 16kt

- 10016KT → 10016G26KT (○)

☞ Gust가 관측되지 않았다가 26kt이고, 변화 전과 후의 평균풍속이 16kt

- 10006G16KT → 10015G25KT (×)

☞ 변화 후의 평균풍속은 15kt이지만 Gust가 10kt 이상 증가하지 않음

19-2-6. 시정(Visibility)

시정을 m 또는 km 단위로 관측하여 보고해야 한다.

시정이란 다음의 2가지 거리 중 더 큰 값으로 정의한다.

- 지면 가까이에 놓여있는 적당한 크기의 검은 물체를 밝은 배경에서 관측했을 때 볼 수 있고 인식할 수 있는 최대 거리
- 조명이 없는 배경에서 약 1,000 칸델라(cd) 밝기의 주변 불빛을 볼 수 있고 식별할 수 있는 최대 거리

● 코드형식

VVVV $V_NV_NV_NV_ND_V$ or CAVOK	Prevailing or minimum visibility(M), Minimum visibility and direction of the minimum visibility(C).

우세시정으로 최대시정거리(VVVV)만 보고하지만, 필요하면 방위(D_V)를 포함한 최단거리($V_NV_NV_NV_ND_V$)를 추가하여 보고한다. 또는 시정, 현재일기, 구름이 항공기 운항에 전혀 제한이 없는 경우에 'CAVOK'코드를 사용한다.

● 통보의 예

METAR RKPC 041300Z 07003KT 360V130 **3500** +RA BR SCT005 BKN025 OVC080 23/22 Q1011 NOSIG=
SPECI KJFK 082137Z 01011KT **21/2SM** -TSRA BR FEW008 BKN025CB OVC100 23/22 A2997

(1) 관측과 통보기준

① 시정은 우세시정(Prevailing visibility)을 기준으로 관측하고 통보하도록 ICAO에서 권고하고 있다.
우세시정(우시정 또는 탁월시정이라고도 한다.)이란, 공항의 절반 또는 지평원의 절반 이상에 걸쳐 나타나는 시정 값을 뜻하고, 영역의 범위는 연결되어 있지 않은 구역들을 포함할 수 있다.
그러나 유럽 등 일부의 국가에서는 최단시정(Lowest visibility)으로 관측하고 통보하는 경우도 있다. 최단시정이란 가장 짧은 시정거리이므로 경우에 따라 우세시정과 최단시

정과는 차이가 심하다.

최단시정으로 통보하는 공항에서는 통보된 시정 값보다는 실제로는 더 좋은 시정일 수 있으므로 이착륙하는 항공기 입장에서는 여유가 있지만 비행을 계획하는 단계에서는 제약이 있을 수 있다.

우세시정과 최단시정의 차이

방향별 시정 (km)	10 / 2 / 4	10 / 2 / 3 / 6	10 / 2 / 3 / 6	10 / 2
우세시정(km)	4	6	6	6
최단시정(km)	2	2	2	2

② 시정은 관측자가 직접 관측할 수도 있고 계기를 이용하여 관측할 수도 있지만 공항과 그 인접 지역을 대표하도록 관측해야 한다.

③ 시정을 계기를 이용하여 관측하는 경우에는 활주로 표면으로부터 약 2.5m(7.5ft) 높이에 설치하여 관측하고 적어도 1분 단위로 갱신되어야 한다.

④ 시정은 m 또는 km 단위로 관측하여 통보한다. 그러나 대부분의 국가는 m 단위로 통보하지만, 미국은 SM(Statute mile)로 통보한다.

⑤ 시정은 10분간의 평균값으로 보고한다. 그러나 10분간에 시정이 현저하게 불연속적인 변화가 관측된 경우는 불연속적인 변화가 발생한 이후의 평균값이 보고되므로 이 경우는 10분보다 짧을 수 있다.

• 현저한 불연속적인 변화란, 시정이 급격하고 지속적으로 변화되어 SPECI 보고의 기준에 도달하거나 경과하여 적어도 2분 이상 지속되는 경우를 말한다.

⑥ 시정의 보고단위는 다음과 같지만, 측정한 시정 값이 950m 등과 같이 다음의 각 보고단위와 일치하지 않는 경우에는 낮은 쪽으로 절삭되어(rounded down) 900m로 통보한다.

• 800m 미만인 경우 50m 단위

• 800m 이상 5km 미만인 경우 100m 단위

• 5km 이상 10km 미만인 경우 1km 단위

• 10km 이상인 경우 CAVOK를 사용할 조건일 때를 제외하고는 '9999'

(2) CAVOK

'Ceiling And Visibility OK'의 약어로서 시정이 10km 이상으로 아주 좋으면서 활주로가시거리(RVR), 현재일기(Present weather), 구름의 양(Cloud amount), 구름의 종류(Cloud type), 구름의 고도(Height of cloud base) 등, 기상조건이 매우 양호하여 항공기의 이착륙에 전혀 지장이 없을 때 사용하는 코드이다. 'Ceiling'에 대하여는 구름 편에서 자세히 설명한다.

METAR 또는 SPECI 에서 'CAVOK'의 코드를 사용할 수 있는 조건은 다음과 같은 조건이 동시에 만족되어야 한다.

① 시정 10km 이상이고,

② 운항에 영향을 미칠 수 있는 중요한 구름(Cloud of operational significance)이 없으며,

③ 강수현상(Precipitation), 시정에 장애를 주는 대기물 현상(Hydrometeors) 및 먼지현상(Lithometeors), 기타 천둥번개(Thunderstorm) 등의 운항에 위험한 영향을 미칠 수 있는 기상현상이 없을 때 'CAVOK'코드가 사용된다.

위 ②번의 운항에 영향을 미칠 수 있는 구름이란, 활주로로부터 구름까지의 높이(운고)가 5,000ft(1,500m) 또는 그 공항의 가장 높은 최저구역고도(MSA, Minimum Sector Altitude)의 두 값 중, 더 높은 고도 아래쪽에 존재하는 구름을 말한다.

그러나 이보다 더 높은 고도에 적란운(Cb) 또는 탑상적운(TCu)이 존재하면 'CAVOK'의 코드를 사용할 수 없다.

인천국제공항의 경우는 최저구역고도(MSA) 중 가장 높은 고도가 3,900ft이므로 5,000ft 아래쪽에 구름이 없어야 'CAVOK'로 통보된다.

최저구역고도(MSA)란, 항공기가 계기접근절차를 따라 착륙할 때 긴급사태에 처한 경우를 대비하여 공항 기준점(ARP) 또는 특정지점(항행안전무선시설 등)을 중심으로 반지름 46km(25NM)내에 위치한 모든 장애물로부터 300m(984ft)를 더하고 그 값의 높은 쪽 100ft 단위로 설정한 장애물을 회피하기 위한 최소 안전고도이다.

최대 4개의 구역까지 나누지만 각 구역의 고도차이가 100m 또는 300ft 이내이면 통합하여 설정하고, 각 경계선으로부터 9km(5NM)까지의 장애물을 고려하여 설정한다(ICAO Doc 8168 Vol 1-Flight Procedures).

최저구역고도는 다음 그림 19.2와 같이 각 공항의 계기 이륙 및 접근절차에 표시되어 있다.

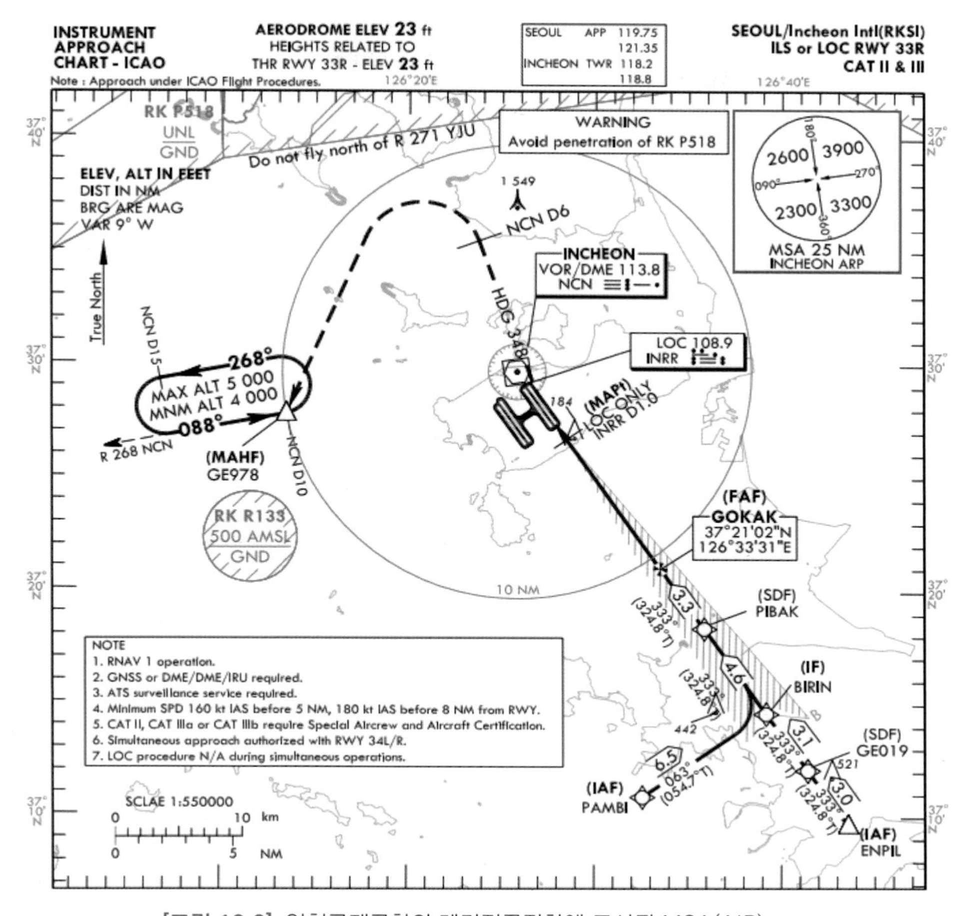

[그림 19.2] 인천국제공항의 계기접근절차에 표시된 MSA(AIP)

(3) 전문의 해석

① 시정은 m 단위가 생략된 4자리의 숫자를 사용한다. 시정이 1,000m 미만인 경우는 앞자리에 '0' 을 추가하여 표시한다. **예) 3500, 0350**

② 미국은 $\frac{1}{2}$, $1\frac{1}{2}$, 5 등의 SM로 단위까지 표시하고 $\frac{1}{4}$SM 미만의 경우는 앞에 Minus의 지시자 'M'을 붙여 M1/4SM로 표시한다. **예) 1/2SM**

③ 시정은 10km 이상이지만 'CAVOK'를 사용할 조건이 아닌 경우는 '9999'으로 표시한다.

④ 최단시정이 1,500m 미만이거나, 또는 최단시정이 우세시정의 50% 미만이고 5,000m 미만일 때에는 우세시정과 최단시정을 모두 표시한다. 이때 최단시정 값에는 가능하면

공항의 위치를 기준으로 8방위(N, S, E, W, NE, NW, SE, SW)의 영문으로 표시한다. **예) 3000 1200SW, 0800 0450W, 6000 3800SE**

⑤ 최단시정이 한 방향 이상에서 관측될 때는 활주로의 연장선 방향과 같이 항공기의 이착륙에 중요한 방향의 최단시정을 표시한다. **예) 4000 1400SW**

⑥ 시정이 급격히 변동하여 우세시정을 결정하기 어려운 경우는 방향표기 없이 최단시정을 4자리의 숫자로 표시한다. 이 경우, 전문의 표시만으로 우세시정인지 최단시정인지를 구분할 수는 없지만 앞에서 언급한대로 그 공항의 어느 방향에도 이 시정 값보다는 시정이 좋으므로 운항 상의 문제는 없다.

⑦ 관측한 시정 값이 일시적으로 누락되거나 또는 해당 값이 일시적으로 오류가 발생한 경우에는 같은 수의 '/'로 통보된다. **예) ////**

(4) 특별관측보고(SPECI) 기준

항공기상청에서 정한 SPECI를 보고하는 기준은 다음과 같다.

정시관측보고 후 시정이 좋아지면서 다음 기준 값 중 하나 이상의 값과 같아지거나 경과할 때, 또는 악화되면서 다음 기준 값 중 하나 이상의 값을 경과할 때 SPECI를 보고한다.

- 기준 값 : 800m, 1,500m, 3,000m 또는 5,000m

19-2-7. 활주로가시거리(RVR, Runway Visual Range)

시정 또는 RVR이 1,500m 미만인 경우에는 RVR을 측정하여 보고해야 한다.

RVR은 활주로의 중심선에 있는 조종사가 활주로 표면의 표식(Markings) 또는 활주로의 윤곽을 나타내거나 활주로의 중심선을 확인할 수 있는 불빛(Lights)을 볼 수 있는 최대거리를 말한다.

RVR을 보고하는 이유는 활주로의 가시거리를 보다 정밀하게 측정하여 조종사에게 제공함으로서 안전하게 이착륙을 할 수 있도록 하는데 목적이 있다.

● 코드형식

$RD_RD_R/V_RV_RV_RV_Ri$	Name of the element(M), Runway(M), Runway visual range(M), Runway visual range past tendency(C)

RVR을 뜻하는 'R'에 이어 해당 활주로번호(D_RD_R), '/', RVR값($V_RV_RV_RV_R$), 변화경향(i)의 순서로 보고한다.

● 통보의 예

METAR RKSS 102200Z 20004KT 1800 **R14R/1400D R14L/1600N** -RA BR SCT012 BKN025 OVC070 24/23 Q1010 NOSIG=

(1) 관측과 통보기준

① 측정대상 활주로

계기접근 등급 Ⅱ 및 Ⅲ(CAT Ⅱ, Ⅲ)로 접근하여 착륙하는 모든 활주로에는 반드시 RVR을 측정하여야 하고, 다음의 경우는 RVR을 측정하도록 권장하고 있다.

- 계기접근 등급 Ⅰ(CAT Ⅰ)의 정밀접근으로 착륙하는 활주로
- 이륙을 위한 활주로이고, 고광도 활주로등 또는 활주로중심선 등이 설치되어 있는 활주로

② 시정 또는 RVR이 1,500m 미만일 때, 위와 같은 측정대상 활주로에는 반드시 RVR을 측정하여 통보해야 한다. 1,500m 이상이지만 해당 공항에 설치되어 있는 장비에 따라 1,800m 또는 2,000m 미만일 때에도 측정하여 통보하는 공항이 많다.

③ 활주로의 접근절차에 따라 적어도 다음과 같은 지점의 RVR을 관측하여 통보해야 한다.

- 비정밀(Non-precision) 접근 또는 계기접근 CAT Ⅰ으로 접근하는 활주로는 착륙지점의 RVR(TDZ RVR, touchdown zone RVR)
- 계기접근 CAT Ⅱ로 접근하는 활주로는 착륙지점 및 중간지점의 RVR(MID RVR, mid-point RVR)
- 계기접근 CAT Ⅲ로 접근하는 활주로는 착륙지점, 중간지점, 끝지점의 RVR(END RVR, stop-end RVR)

④ 측정 위치

- RVR은 조종사의 눈높이를 활주로로부터 약 5m(15ft)라고 가정하고 활주로로부터 약 2.5m(7.5ft)의 높이에서 관측하고, 관측기기는 활주로의 중심선으로부터 120m 이내

의 위치에 설치하도록 권고하고 있다.

- 측정기기의 위치는 활주로의 길이, 안개가 자주 발생하는 위치와 같이 항공기 운항, 기상 및 기후에 따라 다르지만 활주로 양쪽 끝의 RVR(TDZ RVR-STOP END RVR)은 각 활주로 끝으로부터 약 300m 지점, 중간지점의 RVR(MID RVR)은 활주로의 끝으로부터 약 1,000~1,500m 지점에 설치한다.

⑤ RVR 계측기의 출력 값은 적어도 60초마다 갱신되어야 하고, METAR 및 SPECI에는 10분간 평균값을 사용한다. 그러나 10분 동안에 현저한 불연속적인 변화가 관측된 경우는 불연속적인 변화가 발생한 이후의 평균값을 보고하므로 이 경우는 10분보다 짧을 수 있다.

- 현저한 불연속적인 변화란, RVR이 급격하고 지속적으로 변화되어 SPECI 보고의 기준에 도달하거나 경과하여 적어도 2분 이상 지속되는 경우를 말한다.
- 항공교통업무기관에서 이착륙하는 항공기에게 직접 불러주는 RVR 값은 1분간의 평균값이다.

⑥ RVR의 보고단위는 다음과 같지만, 측정한 값이 480m 등과 같이 다음의 각 보고단위와 일치하지 않는 경우에는 낮은 쪽으로 절삭되어(rounded down) 450m로 통보된다.

- 400m 미만인 경우 25m 단위
- 400m 이상 800m 미만인 경우 50m 단위
- 800m 이상인 경우 100m 단위

계기접근절차의 분류(ICAO Annex 6. Operation of Aircraft)

계기접근절차(IAP, Instrument Approach Procedure)는 초기진입지점(IAF, Initial Approach Fix)부터 착륙이 가능한 지점까지 사전에 정해진 경로를 따라 규정된 장애물과의 간격을 확보하면서 항공기에 탑재된 계기를 참조하여 비행하는 일련의 과정을 말한다.

계기접근절차는 항공기 외부로부터 어떤 정보를 제공받으면서 접근하느냐에 따라 비정밀접근절차, 유사정밀접근절차, 정밀접근절차로 구분한다.

- **비정밀접근절차(Non-Precision Approach Procedure)**는 항공기 외부로부터 횡적항법정보(Lateral navigation guidance)만 제공받고, 고도정보는 제공받지 않고 접근하는 2차원(2D, Two-dimensional) 접근절차이다.

- **유사정밀접근절차(Approach Procedure with Vertical guidance)**는 성능기반항법(PBN, Performance Based Navigation)과 같이 항공기 외부로부터 횡적항법정보(Lateral navigation guidance)는 제공받고, 수직항법정보(Vertical navigation guidance)는 항공기에 탑재된 항법장비로 계산하면서 접근하는 3차원(3D, Three-dimensional) 접근절차이다.
- **정밀접근절차(Precision Approach Procedure)**는 항공기 외부로부터 횡적항법정보(Lateral navigation guidance)와 수직항법정보(Vertical navigation guidance)를 모두 제공받으면서 접근하는 3차원(3D) 접근절차이다.

(2) 전문의 해석

① RVR을 나타내는 지시자인 'R'로 시작하고 '활주로 명', '/', m 단위의 4자리 숫자의 'RVR 값' 순서로 표시한다. 이때의 활주로 명은 이착륙에 사용되고 있는 활주로의 이름이고, RVR값은 그 활주로의 TDZ RVR값이다. **예) R14R/1400**

② RVR이 그 공항에서 정한 상한치를 초과할 때는 plus를 뜻하는 지시자 'P'를 붙여 표시한다. **예) R16/P2000**

③ RVR이 50m 미만일 때는 Minus를 뜻하는 지시자 'M'을 붙여 표시한다. 그러나 각 공항의 계기접근절차나 관측시스템에 따라 최솟값은 다를 수 있다. **예) R16/M0050, R34/M0150**

④ 관측시간 직전 10분간의 평균값을 보고하지만, 전반 5분간의 평균값과 후반 5분간의 평균값의 차이가 100m 이상으로 뚜렷하게 변화하는 경향이 있을 때는, 코드 'i'에 상승경향(Upward)을 뜻하는 지시자 'U' 또는 하강경향(Downward)을 뜻하는 'D'를 표시한다. 현저한 변화가 없을 때에는(No change)를 뜻하는 지시자 'N'이 붙고, 변화경향을 결정할 수 없을 때에는 생략된다. **예) R33R/0500U, R15L/1100D**

- 현저한 변화의 기준은 RVR이 급격하고 지속적으로 변화하여 SPECI를 보고해야 할 기준에 도달하거나 경과하여 적어도 2분 이상 지속되는 경우를 말한다.

⑤ 관측한 RVR 값이 일시적으로 누락되거나 또는 해당 값이 일시적으로 오류가 발생한 경우에는 같은 수의 '/'로 통보된다. **예) R16R/////**

(3) 특별관측보고(SPECI) 기준

항공기상청에서 정한 SPECI를 보고하는 기준은 다음과 같다.

정시관측보고 후 RVR이 좋아지면서 다음 기준 값 중 하나 이상의 값과 같아지거나 경과할 때, 또는 악화되면서 다음 기준 값 중 하나 이상의 값을 경과할 때 SPECI를 보고한다.

- 기준 값 : 50m, 175m, 300m, 550m 또는 800m

19-2-8. 현재일기(Present weather)

공항 및 공항주변에 나타나는 항공기의 이착륙에 영향을 미칠 수 있는 기상현상을 관측하여 기호로 보고한다. 공항이란 공항 기준점(ARP)으로부터 반지름 약 8km까지, 공항주변이란 반지름 약 8~16km까지를 말한다.

현재일기에 관한 코드는 간단하지만 내용은 복잡하다. 그러나 실무적으로는 위험기상에서 다른 내용과 중복되기도 하고 다른 기상요소에 비해 항공기 운항에 크게 영향을 미치지 않으므로 전체적인 형식만 이해하면 된다.

● 코드형식

w′w′	Intensity or proximity of present weather(C), Characteristics and type of present weather(M).

일기현상의 강도 및 그 일기현상을 나타내는 수식어, 일기현상(w′w′)의 순서로 보고한다. 하나의 전문에 최대 3개까지 표시할 수 있다. 일기현상은 2자리이지만 수식어가 앞에 추가됨으로 자리 수는 늘어날 수 있다.

● 통보의 예

METAR RKSI 120130Z 15007KT 130V190 5000 **BR** FEW010 BKN025 27/24 Q1010 NOSIG=

(1) 관측과 통보기준

현재일기를 관측하여 통보하는 기준은 다음 표와 같다.

현재일기(WMO No.306 Manual on codes. Table 4678)

수식어(qualifier)		일기현상(weather phenomena)		
강도 또는 인접 (intensity or proximity)	상태 (descriptor)	강수현상 (precipitation)	시정장애현상 (obscuration)	기타 (other)
– 약한(Light)	MI 얕은 (Shallow)	DZ 이슬비 (Drizzle)	BR 박무 (Mist)	PO 먼지 또는 회오리 바람 (Dust/sand whirls)
보통(Moderate) (공란)	BC 산재한 (Patches)	RA 비 (Rain)	FG 안개 (Fog)	SQ 스콜 (Squalls)
+ 강한(Heavy)	PR 부분적인 (Partial)	SN 눈 (Snow)	FU 연기 (Smoke)	FC 깔대기 구름 (Funnel cloud)
VC 인접(Vicinity)	DR 낮게 날린 (Low drifting)	SG 쌀알 눈 (Snow grains)	VA 화산재 (Volcanic ash)	SS 모래폭풍 (Sandstorm)
	BL 높게 날린 (Blowing)	PL 얼음싸라기 (Ice pellets)	DU 먼지 (Widespread dust)	DS 먼지폭풍 (Duststorm)
	SH 소낙성의 (Shower)	GR 우박 (Hail)	SA 모래 (Sand)	
	TS 천둥번개의 (Thunderstorm)	GS 싸락 우박 또는 눈싸라기 (Small hail or snow pellets)	HZ 연무 (Haze)	
	FZ 어는 (Freezing)	UP 알 수 없는 (Unknown)		

※ UP는 자동관측(AUTO)시스템으로 관측하여 강수현상이 구분되지 않을 때만 사용하고, 위 표에 없는 일기현상이 나타난 경우에는 생략된다.

(2) 전문의 해석

① 강도

일기현상 중 강수현상(DZ, RA, SN, SG, PL, GR, GS) 또는 이들 강수현상과 조합된 경우에는 강도를 표시하며, DS는 보통, SS는 강한 강도로 표시한다.

우리나라 항공기상청에서 발표하는 이슬비, 비(소낙성 포함), 눈(소낙성 포함)의 강도 기준은 다음과 같다.

강도구분	이슬비(시정 기준)	비(강수량 기준)	눈(시정 기준)
-(Light)	1,000m 이상	2.5mm/h 미만	1,000m 이상
(Moderate)	500~900m	2.5mm/h~10mm/h 미만	400~900m
+(Heavy)	450m 이하	10mm/h 이상	350m 이하

- 시정 1,000m 미만이고 이슬비의 경우. **예) DZ FG, +DZ FG**
- 이슬비를 제외한 강수현상이 시정 1,000m 미만인 경우는 FG는 제외. **예) -RA**
- 안개가 존재하며 약한 강설일 경우. **예) -SN FG**
- 안개가 존재하지 않으며 강한 강설로 인하여 시정 1,000 m 미만인 경우. **예) +SN**

② 인접

인접이란 공항 기준점(ARP)으로부터 반지름 8~16km 사이를 뜻하며 8km 안쪽은 공항으로 간주한다. 특히, 천둥번개는 공항의 주변에 발생한 경우도 반드시 관측하고 통보해야 한다.

VC는 DS, SS, FG, FC, SH, PO, BLDU, BLSA, BLSN, TS, VA 와 같이 사용되지만, TS, FZ, SH, BL, DR, MI, BC, PR 과 같은 코드가 보고되지 않은 경우에만 사용된다. 예를 들어 VCTS는 가능하지만 TS VCTS는 사용할 수 없다.

③ 상태

- MI, BC, PR은 FG와 같이만 사용된다. **예) MIFG**
- DR은 DU, SA, SN이 바람에 의해 2m 미만의 높이로 날려질 때 사용된다.
- BL은 DU, SA, SN이 바람에 의해 2m 이상의 높이로 날려질 때 사용된다.
- SH는 RA, SN, GS, GR와 같이 사용된다. **예) SHSN**
- TS는 공항에 강수현상이 있을 때는 RA, SN, GS, GR과 같이 사용되지만, 강수현상이 없을 때는 TS만으로도 사용된다. **예) TSSNGS, TS**
- FZ는 FG, DZ, RA와 같이 사용된다. **예) FZRA**

④ 강수현상

- BLSN과 SN이 동시에 관측되면 별도의 군으로 나누어 사용되지만, SN이 구분되지 않으면 BLSN만 사용된다. **예) SN BLSN, BLSN**
- 2종류 이상의 강수현상이 있는 경우는 강도가 강한 순서로 합쳐서 사용된다.
  예) +SHSNRAGS

- 강수현상이 다른 현상(시정장애 현상 등)과 동시에 관측되는 경우는 각각 나누어 사용된다. **예) -DZ FG**

⑤ 시정장애현상

- BR은 시정이 1,000m 이상, 5,000m 이하일 때 사용된다.
- FG는 MI, BC, PR, VC로 수식하는 경우를 제외하고 최단시정이 1,000m 미만인 경우에 사용된다.
- FU, DU, SA, HZ는 시정이 5,000m 이하일 때 사용된다.
- VA는 화산재가 공항에 낙하하는 경우에 사용된다.
- 황사로 인해 시정이 5,000m 이하일 때는 DU를 사용하고 5,000m를 초과할 때는 보충정보(Remarks)란에 RMK ASIAN DUST(HWANGSA)를 추가한다.
- 황사가 박무(BR)를 동반한 경우는 황사를 먼저 표시하고(DU BR), 황사가 연무현상을 동반한 경우는 황사만 표시(DU), 황사가 관측되다가 부분적(PR)으로 시정이 악화되어 최단시정이 1,000m 미만으로 떨어질 경우는 황사와 부분안개를 모두 표시(DU PRFG), 황사가 안개(FG)를 동반한 경우는 안개를 우선적으로 표시한다(FG DU).

⑥ 관측한 현재일기 값이 일시적으로 누락되거나 또는 해당 값이 일시적으로 오류가 발생한 경우에는 같은 수의 '/'로 통보된다. **예) //**

(3) 특별관측보고(SPECI) 기준

항공기상청에서 정한 SPECI를 보고하는 기준은 다음과 같다.

① 다음과 같은 일기현상이 시작 또는 종료되거나 강도의 변화가 발생할 때 SPECI를 통보한다.

- 어는 강수(Freezing precipitation)
- 소낙성을 포함한 보통 또는 강한 강수(Moderate or heavy precipitation)
- 강수현상을 동반한 천둥번개(Thunderstorm)
- 먼지폭풍(Duststorm)
- 모래폭풍(Sandstorm)
- 토네이도(Tornado) 또는 용오름(Waterspout)과 같은 깔때기 구름(Funnel cloud)

② 다음과 같은 일기현상이 시작 또는 종료될 때 SPECI를 통보한다.

- 어는 안개(Freezing fog)
- 낮게 날린 먼지, 모래 또는 눈(Low drifting dust, sand or snow)
- 높게 날린 먼지, 모래 또는 눈(Blowing dust, sand or snow)
- 강수현상을 동반하지 않은 천둥번개(Thunderstorm)
- 스콜(Squall)

19-2-9. 구름(Cloud)

구름은 구름의 양(Cloud amount), 구름의 종류(Cloud type), 구름까지의 높이(Height of cloud base)로 구분하여 관측하고 보고해야 한다. 구름은 해당 공항 및 공항부근의 상태를 대표하는 것이어야 한다.

만일 하늘이 완전히 차폐되어 있어 구름을 관측할 수 없을 때에는 수직시정(VV, Vertical Visibility)을 m 또는 ft 단위로 관측하여 보고해야 한다.

● 코드형식

$N_SN_SN_Sh_Sh_Sh_S$ or $VVh_Sh_Sh_S$ or **NSC** or **NCD**	Cloud amount and height of cloud base or vertical visibility(M), Cloud type(C).

구름의 양($N_SN_SN_S$), 구름까지의 높이($h_Sh_Sh_S$)의 순서로 보고한다. 구름을 관측할 수 없을 정도로 하늘이 차폐되어 있을 때는 'VV'에 이어 구름까지의 높이($h_Sh_Sh_S$)를 보고할 수도 있다. 또한, 구름이 없을 때는 'NSC', 구름을 관측할 수 없을 때는 'NCD'로 보고한다.

● 통보의 예

METAR RKSS 051900Z 22006KT 1200 R14R/P2000N R14L/1900U -RA BR **SCT002 BKN025 OVC070** 11/08 Q1010 NOSIG=

(1) 관측과 통보기준

① 구름의 양(운량)은 다음과 같은 기준에 따라 보고한다.

- 전체 하늘에서 구름이 차지하고 있는 부분을 8등분(okta)하여 관측한다. 구름이 전체 하늘의 $\frac{1}{8}$~$\frac{2}{8}$을 차지하고 있으면 'FEW', 전체 하늘의 $\frac{3}{8}$~$\frac{4}{8}$을 차지하고 있으면 'SCT', 전체 하늘의 $\frac{5}{8}$~$\frac{7}{8}$을 차지하고 있으면 'BKN', 전체 하늘을 차지하고 있으면 'OVC'라는 용어를 사용하여 보고한다.
- 구름까지의 높이가 비슷한 구름이 퍼져 있을 때는 동일한 고도로 간주하여 운량을 보고한다.
- 한개 층의 구름이 적란운(Cb), 탑상적운(TCu), 그 외의 다른 종류의 구름으로 이루어져 있을 때의 구름의 종류는 가장 위험한 구름인 적란운으로 표시하고 운량은 동일고도에 있는 모든 운량의 합으로 보고한다.
- 미국 연방항공청(FAA)에서는 전체 하늘에 구름이 없을(0/8) 경우, 자동관측시스템으로 관측하여 고도 12,000ft 이하에 구름이 없으면 'CLR', 수동으로 관측하여 전체 하늘에 구름이 없으면 'SKC'라는 약어로 보고한다(FAA AC 00-45H Aviation Weather Services).

② 구름의 종류(운형)는 다음과 같은 기준에 따라 보고한다.

- 적란운(Cb)과 탑상적운(TCu) 이외의 구름은 종류를 표시하지 않는다. 과거에는 모든 구름의 종류를 구별하여 보고하던 때가 있었지만 일반적인 구름은 이착륙 시에 시정에 장애를 일으키는 이외의 위험은 없다고 판단하여 따로 구분하지 않는다.

③ 구름은 다음과 같은 기준에 따라 최대 3개의 층으로 나누어 보고한다.

- 제일 아래쪽의 구름층은 보고되어야 할 운량에 관계없이 적절하게 FEW, SCT, BKN 또는 OVC를 모두 사용할 수 있다.
- 아래로부터 두 번째의 구름층(제2층)은 $\frac{3}{8}$ 이상을 가리고 있는 SCT, BKN 또는 OVC로만 보고한다.
- 아래로부터 세 번째의 구름층(제3층)은 $\frac{5}{8}$ 이상을 가리고 있는 BKN 또는 OVC로만 표시한다.
- 항공기 운항에 위험한 영향을 미칠 수 있는 적란운(Cb) 또는 탑상적운(TCu)은 제한 없이 반드시 보고해야 한다.

④ 'CAVOK'를 사용할 때의 실링(Ceiling)에 대한 정의는 각 기관에 따라 표현의 차이가 있지만, 제일 아래층의 운량부터 위쪽으로 순차적으로 합하여 전체 하늘의 절반 이상($\frac{5}{8}$)이 구름으로 덮여 있을 때 그 구름까지의 고도(운고)를 말한다.

실링(Ceiling)에 대한 정의

- **최신 대기과학 용어사전**
  미국 기상관측 관행에 따라 구름의 최하층 혹은 구름차폐현상으로 인한 높이
- **ICAO의 정의**
  The height above the ground or water of the base of the lowest layer of cloud below 6,000 meters (20,000feets) covering more than half the sky.
- **미국 해양대기청(NOAA)의 정의**
  The height of the lowest layer of clouds, when the sky is broken or overcast.
- **미국 연방항공청(FAA)의 정의**
  The height above the earth's surface of the lowest layer of clouds or obscuring phenomena that is reported as "broken", "overcast", or "obscuration", and not classified as "thin" or "partial".

(2) 전문의 해석

① 구름까지의 높이(운고, 운저고도)는 10,000ft(3,000m)까지 100ft(30m) 간격으로 보고한다. 그러나 890ft와 같이 100ft 단위로 관측되지 않는 경우는 낮은 쪽인 800ft로 보고한다.

② 미국은 5,000ft까지는 100ft 간격, 5,001~10,000ft까지는 500ft 간격, 10,000ft이상은 1,000ft 간격으로 보고한다.

③ 강수 또는 시정장애현상으로 하늘이 차폐된 경우에는 수직시정(VV, Vertical Visibility)을 보고한다. 이때 250ft(75m)까지는 50ft(15m), 300ft(90m)부터 2,000ft(600m)까지는 100ft(30m) 간격으로 보고한다. **예)** VV002

④ 수직시정의 관측이 불가능할 때는 ///로 보고한다. **예)** VV///

⑤ 적란운(Cb) 또는 탑상적운(TCu)이 관측되었을 때는 구름의 형태도 포함하여 보고한다. **예)** BKN005CB, SCT035TCU

⑥ 운항에 영향을 미칠 수 있는 구름은 없으나 'CAVOK'로 보고할 수 있는 조건은 아닐 경우에는 'NSC'(Nil Significant Cloud)를 사용하고, 자동관측장비로 구름을 관측하는 경우(AUTO)에 구름이 관측되지 않을 때는 'NCD'(No Cloud Detected)를 사용한다.

⑦ 운량과 운고가 METAR 또는 SPECI에 'FEW012 SCT030 BKN050'과 같이 보고되었다면 다음 그림과 같이 해석하면 된다.

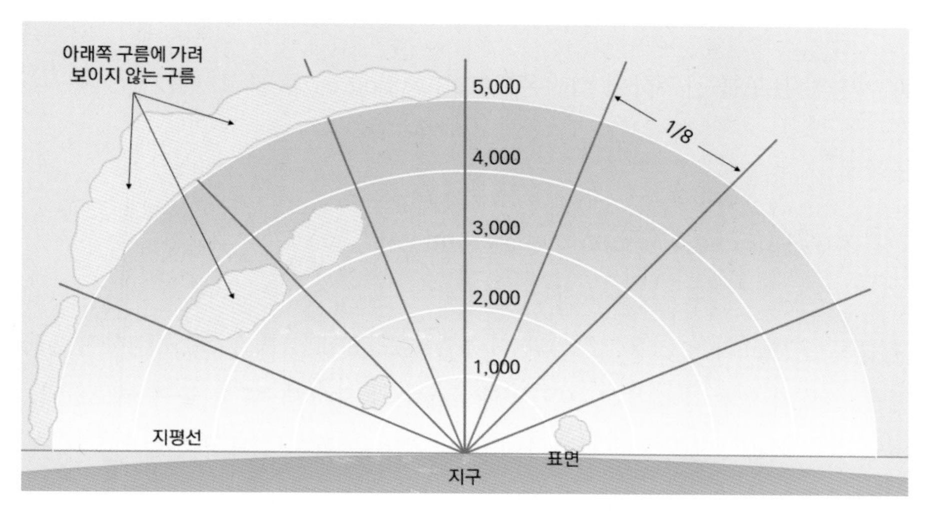

[그림 19.3] 구름상태 이미지(FAA AC 00-45H)

⑧ 관측한 구름 값이 일시적으로 누락되거나 또는 해당 값이 일시적으로 오류가 발생한 경우에는 같은 수의 '/'로 통보된다. **예) ///015, BKN///, VV///, BKN025//, BKN/// TCU, //////CB, //////**

(3) 특별관측보고(SPECI) 기준

항공기상청에서 정한 SPECI를 보고하는 기준은 다음과 같다.

① BKN 또는 OVC인 최하층의 운고가 상승하면서 다음 기준치 중 하나 이상의 값과 같아지거나 경과할 때 또는 하강하면서 다음 기준치 중 하나 이상의 값을 경과할 때 SPECI를 보고한다.

- 기준치 100ft(30m), 200ft(60m), 500ft(150m), 1,000ft(300m), 1,500ft(450m)

② 1,500ft(450m) 미만의 높이에 있는 운량이 SCT 이하에서 BKN 또는 OVC로 변화하거나, BKN 또는 OVC에서 SCT 이하로 변화할 때 SPECI를 보고한다.

③ 하늘이 차폐되고 관측된 수직시정이 호전되면서 다음 기준치 중 하나 이상의 값과 같아지거나 경과할 때 또는 악화되면서 기준치 중 하나 이상의 값을 경과할 때 SPECI를 보고한다.

- 기준치 100ft(30m), 200ft(60m), 500ft(150m), 1,000ft(300m)

19-2-10. 기온 및 이슬점 온도(Air and dew-point temperature)

기온과 이슬점 온도를 관측하여 섭씨온도(Celsius degree)로 보고한다.

● 코드형식

$T'T'/T'_dT'_d$	Air and dew-point temperature(M)

전체 활주로를 대표하는 기온(T′T′)과 이슬점 온도($T'_dT'_d$)를 '/'로 구분하여 2자리 수로 보고하지만, 온도가 영하인 경우는 온도 앞에 minus의 지시자 'M'을 붙여 보고한다.

온도는 소수점 아래 1단위까지 관측하여 가장 가까운 정수로 보고하지만 0.5℃를 포함하는 관측값은 온도가 높은 쪽의 정수로 보고한다.

예) 온도가 10.5℃이고 이슬점 온도가 1.4℃이면, 11/01 로 보고한다.

예) 온도가 M10.5℃이고 이슬점 온도가 M20.6℃이면, M10/M21 로 보고한다.

● 통보의 예

METAR RKSS 070900Z 30011KT 7000 NSC **15/07** Q1012 NOSIG=

관측한 기온 및 이슬점 온도 값이 일시적으로 누락되거나 또는 해당 값이 일시적으로 오류가 발생한 경우에는 같은 수의 '/'로 통보된다. **예) 20///, ///10, /////**

19-2-11. 기압(Pressure values)

공항의 기압을 관측하여 항공기의 기압고도계를 수정할 수 있도록 QNH 기압 값으로 수정하여 hPa(Hectopascal) 단위로 보고한다.

● 코드형식

$QP_HP_HP_HP_H$	Name of the element(M), QNH(M)

QNH기압 값을 나타내는 지시자 'Q'에 이어 4자리의 기압 값으로 보고하고, 소수점 아래의 기압 값은 무조건 버리고 정수로만 보고한다. 예) 기압이 1003.9hPa이면 Q1003 로 보고한다.

미국이나 한국공군에서는 기압의 단위를 inHg를 사용하며 지시자 'A'에 이어 소수점은 생략하고 4자리의 기압 값으로 보고한다. **예) 29.91inHg → A2991**

● 통보의 예

```
METAR RKSS 140700Z 21008KT 170V250 9999 BKN030 31/24 Q1011 NOSIG=
SPECI KLAX 140239Z 26008KT 10SM BKN009 20/18 A2991 RMK AO2 T02000178=
```

관측한 기압 값이 일시적으로 누락되거나 또는 해당 값이 일시적으로 오류가 발생한 경우에는 같은 수의 '/'로 통보된다. **예) Q////, A////**

19-2-12. 보충정보(Supplementary information)

METAR 또는 SPECI의 본문은 기압까지이지만 ICAO는 이륙 후 상승하는 항공기 또는 착륙하는 항공기를 위해 보충정보를 보고하도록 권고하고 있다.

보충정보 중 바다 표면의 온도, 바다상태, 파도높이에 대한 정보(WTsTs/SS′ or WTsTs/HHsHsHs)는 헬리콥터 운항을 지원하기 위해 해상건조물에 설치된 항공기상관측소에서 보고하도록 권고하고 있으므로 여기서는 설명을 생략한다.

또한 활주로 퇴적물에 대한 정보($RD_RD_R/E_RC_Re_Re_RB_RB_R$)는 2021년 11월 3일까지만 보고하기로 규정하고 있다.

● 코드형식

REww { WS RD_RD_R or WS ALL RWY }	Recent weather(C), Wind shear(C)

최근(Recent)을 뜻하는 지시자 'RE'에 이어 최근 기상(**RE**ww), 급변풍(Wind shear)을 뜻하는 지시자 'WS'에 이어 활주로 명(**WS** $\mathbf{RD_RD_R}$) 또는 전체 활주로(**WS ALL RWY**)의 순서로 보고한다.

① 최근 기상(Recent weather phenomena)

이전 정시관측 통보 이후에 다음과 같은 기상현상이 관측되었으나 현재의 관측시간에는 관측되지 않는 경우, 이착륙하는 항공기가 참고할 수 있도록 최근의 기상을 최대 3개까지 보고한다. 국제규정으로 권고는 하고 있으나 최근 기상을 보고하는 경우는 많지 않다.

- 어는 강수(Freezing precipitation)
- 소낙성을 포함한 보통 또는 강한 강수(Moderate or heavy precipitation including showers)
- 날림 눈(Blowing snow)
- 먼지폭풍(Duststorm), 모래폭풍(Sandstorm)
- 천둥번개(Thunderstorm)
- 토네이도(Tornado) 또는 용오름(Waterspout)과 같은 깔때기 구름(Funnel cloud)
- 화산재(Volcanic ash)

● 통보의 예

SPECI RKSS 211025Z 31015G27KT 280V350 6000 1400SW +SHRA FEW005 FEW010CB SCT018 BKN025 10/03 Q0995 **RETS**

최근에 관측한 일기현상 값이 일시적으로 누락되거나 또는 해당 값이 일시적으로 오류가 발생한 경우에는 같은 수의 '/'로 통보된다. **예)** RE//

② 급변풍(Wind shear)

이착륙하는 항공기에게 극히 위험한 급변풍 정보를 보고하도록 권고하고 있다. 항공기상청에서는 저층바람시어경고장비(LLWAS)이 설치되어 있는 공항에서 급변풍정보를 보고하고 있다. 특히, 제주국제공항에는 한라산으로 인해 급변풍이 자주 발생하기 때문에 METAR의 보충정보에서 쉽게 확인할 수 있다.

● 통보의 예

METAR RKPC 120400Z 03007KT 350V060 9999 FEW040 BKN200 30/24 Q1011 **WS R25** NOSIG=
METAR RKPC 120600Z 24015KT CAVOK 32/24 Q1009 **WS ALL RWY** NOSIG=

19-2-13. 경향예보(Trend forecast)

경향예보는 앞에서 언급한대로 예보의 한 종류이지만 1시간 이내에 착륙하는 항공기에게 필요한 2시간 이내의 변화경향을 예보한 착륙예보의 형태로 사용된다. 2시간이라는 단시간 예보이므로 'NOSIG'로 예보하는 것을 가장 흔하게 볼 수 있다.

METAR 또는 SPECI의 관측전문에 포함하여 발행하고 있다.

● 코드형식

{(TTTTT TTGGgg $dddffGf_mf_m$ {KT or MPS} {VVVV or CAVOK} {w'w' or NSW} {$N_sN_sN_sh_sh_sh_s$ or $VVh_sh_sh_s$ or NSC}
or
NOSIG)}

Change indicator(M), Period of change(C), Wind(C), Prevailing visibility(C), Weather phenomenon: intensity(C), characteristics and type(C), Cloud amount and height of cloud base or vertical visibility(C), Cloud type(C)

TTTT는 변화경향을 나타내는 'BECMG(규칙적 또는 불규칙적인 변화)' 또는 'TEMPO(일시적)'로 대체되고, TT는 변화가 예상되는 시간을 지정하는 'FM(부터)', 'TL(까지)', 'AT(에)'

로서 시간(GG), 분(gg)을 각각 2자리로 표시한다. 이어서 지상풍, 우세시정, 일기, 구름, 수직 시정의 순으로 예상되는 기상현상을 표시한다.

만약, 변화가 예상되지 않으면 'NOSIG'를 표시한다. 2시간 동안에 급격한 기상의 변화가 발생하지 않는 경우가 많으므로 METAR 또는 SPECI의 마지막에 'NOSIG'로 예보되는 경우를 흔히 볼 수 있다.

● 통보의 예

METAR RKSI 172030Z 08003KT 050V120 9999 FEW035 SCT110 25/22 Q1011 **NOSIG**=
METAR RJAA 161830Z 00000KT 7000 R16R/1600VP2000N R16L/0750VP2000D MIFG FEW006 21/21 Q1018 **TEMPO 3000 BR** RMK 1ST006 A3008=

(1) 관측과 통보기준

① 변화경향으로 예보하는 기상요소는 지상풍, 시정, 일기, 구름만 해당되고 그와 같은 기상의 변화가 예상될 때만 예보하는 조건부 항목(Conditional)이다.

② 지상풍은 평균풍향이 60° 이상 변하고 변화 전 또는 변화 후의 평균 풍속이 5m/s(10kt) 이상인 경우, 또는 평균 풍속이 5m/s(10kt) 이상 변화하리라고 예상될 때 예보한다.

③ 우세시정이 향상되거나 또는 저하되어 150, 350, 600, 1,500, 3,000m의 값 중 하나 이상으로 변화하거나 통과하리라고 예상될 때 예보한다. 시계비행이 빈번하게 이루어지는 공항에서는 5,000m를 추가해야 한다.

④ 다음의 기상현상이나 또는 이 기상현상을 조합한 하나 이상의 일기현상이 시작되거나 중단되거나 또는 강도의 변화가 예상될 때 예보한다.

- 어는 강수(Freezing precipitation)
- 소낙성을 포함한 보통 또는 강한 강수(Moderate or heavy precipitation)
- 강수현상을 동반한 천둥번개(Thunderstorm)
- 먼지폭풍(Duststorm) 또는 모래폭풍(Sandstorm)
- 기타 기상업무기관과 항공교통업무기관, 항공사와 협의하여 정한 일기현상

⑤ 또한 다음의 기상현상이나 또는 이 기상현상을 조합한 하나 이상의 일기현상이 시작되거나 중단되리라고 예상될 때에도 예보한다.

- 어는 안개(Freezing fog)
- 낮게 날린 먼지, 모래 또는 눈(Low drifting dust, sand or snow)
- 높게 날린 먼지, 모래 또는 눈(Blowing dust, sand or snow)
- 강수현상을 동반하지 않은 천둥번개(Thunderstorm)
- 스콜(Squall)
- 토네이도(Tornado) 또는 용오름(Waterspout)과 같은 깔때기 구름(Funnel cloud)

⑥ 일기현상은 최대 3가지 현상까지 예보하며 일기현상이 끝나리라고 예상되면 'NSW'로 예보한다.

⑦ BKN 또는 OVC인 구름까지의 높이(운고)가 다음 값 중 하나 이상의 고도로 올라가거나 통과하리라고 예상되는 경우, 또는 다음 값 중 하나 이상의 고도로 내려가거나 통과하리라고 예상될 때 예보한다.

- 30m(100ft), 60m(200ft), 150m(500ft), 300m(1,000ft), 450m(1,500ft)

⑧ 구름까지의 높이(운고)가 450m(1,500ft)보다 낮거나, 또는 450m(1,500ft)보다 높았다가 낮아지거나 낮았다가 높아지리라고 예상될 때, 구름의 양이 FEW 또는 SCT에서 BKN 또는 OVC로 증가하거나 반대로 BKN 또는 OVC에서 FEW 또는 SCT로 감소하리라고 예상될 때 예보한다.

⑨ 운항상 중요한 구름은 예상되지 않으나 'CAVOK'로 예보할 조건은 아닐 때는 'NSC'로 예보한다.

⑩ 하늘의 상태가 수직시정(VV)을 보고해야 하거나, 수직시정이 다음 값 중 하나 이상의 고도로 올라가거나 또는 내려가리라고 예상될 때 예보한다.

- 30m(100ft), 60m(200ft), 150m(500ft), 300m(1,000ft)

⑪ 위와 같은 기준 이외의 경우라도 기상업무기관과 관련기관이 협의하여 정하면 경향예보를 할 수 있다.

(2) 전문의 해석

경향예보의 시작은 'BECMG', 'TEMPO', 'NOSIG' 중 하나로 시작한다. 변화군 'BECMG'와 'TEMPO'는 공항예보의 지시자와 동일한 용도로 사용되므로 제20절 공항예보에서 보다 자세하게 다룬다.

① 'BECMG'은 어떤 기상조건의 변화가 발생할 기간 또는 시간 동안 규칙적 또는 불규칙적으로 변화하여 어떤 예상하는 기상 값에 도달하거나 통과하리라고 예상할 때 사용한다. 기간 또는 시간은 'FM'(From), 'TL'(Till), 'AT'(At) 중 적절한 예상용어를 사용한다.

- 변화의 시작과 끝이 분명하게 예상될 때는 'FM'과 'TL'로 시간을 지정한다. **예) BECMG FM1030 TL1130**
- 경향예보의 시작과 동시에 변화가 시작되고 경향예보가 끝나는 시간 이전의 어느 시간에 종료되리라고 예상될 때는 'FM'은 생략하고 'TL'로만 시간을 지정한다. **예) BECMG TL1100**
- 경향예보가 시작된 후 어느 시간에 변화가 시작되고 경향예보가 끝나는 시간에 종료되리라고 예상될 때는 'TL'은 생략하고 'FM'으로만 시간을 지정한다. **예) BECMG FM1100**
- 경향예보의 기간 중 어느 특정시간에 변화가 시작되어 그와 같은 기상상태가 예보기간 이후까지 계속되리라고 예상할 때는 'AT'로 시간을 지정한다. **예) BECMG AT1100**
- 경향예보의 시작과 동시에 변화가 시작되어 경향예보가 끝나는 시간에 종료되리라고 예상되거나 종료시간이 불확실한 경우에는 'FM', 'TL', 'AT'는 모두 생략한다. **예) BECMG**

② 'TEMPO'는 어떤 기상조건이 일시적으로 변화하여 지정된 값에 도달하거나 통과하리라고 예상될 때 사용한다. 일시적인 변화는 1시간 미만이거나 전체 예상시간의 1/2미만이어야 한다.

- 변화의 시작과 끝이 분명하게 예상될 때는 'FM'과 'TL'로 시간을 지정한다. **예) TEMPO FM1030 TL1130**
- 경향예보의 시작과 동시에 변화가 시작되고 경향예보가 끝나는 시간 이전의 어느 시간에 종료되리라고 예상될 때는 'FM'은 생략하고 'TL'로만 시간을 지정한다. **예) TEMPO TL1130**
- 경향예보가 시작된 후 어느 시간에 변화가 시작되고 경향예보가 끝나는 시간에 종료되리라고 예상될 때는 'TL'은 생략하고 'FM'으로만 시간을 지정한다. **예) BECMG FM1030**
- 경향예보의 시작과 동시에 변화가 시작되어 경향예보가 끝나는 시간에 종료되리라고 예상될 경우에는 'FM', 'TL', 'AT'는 모두 생략한다. **예) TEMPO**

19-2-14. 기타 정보(Remarks)

METAR 또는 SPECI의 마지막 항목인 기타정보(RMK)에 대한 ICAO의 규정은 없으나, WMO의 기상통보용 코드집(Manual on Codes WMO No306)에서 기타정보는 각 국가별로 정하고 'RMK'로 시작하도록 규정하고 있다.

우리나라에서는 별도로 정하고 있지 않으나, 미국, 일본 등에서는 기타정보에 대한 상세한 규정을 두고 자세한 정보를 제공하고 있다.

미국의 경우 FAA AC 00-45H Aviation Weather Services에 자세히 규정하고 있으니 참고하기 바란다.

일본은 기상청이 발행한 항공기상토보식(航空氣象通報式)에서 자세히 규정하고 있다.

FAA AC 00-45H. Table 3-5 METAR/SPECI Order of Remarks

Automatede, Manual, and Plain Language				Additive and Automated Maintenance Data	
1.	Volcanic Eruptions	14.	Hailstone Size	27.	Precipitation amount within a specified time period*
2.	Funnel Cloud	15.	Virga	28.	Cloud Types*
3.	Type of Automated Station	16.	Variable Ceiling Height	29.	Duration of Sunshine*
4.	Peak Wind	17.	Obscurations	30.	Hourly Temperature and Dewpoint
5.	Wind Shift	18.	Variable Sky Condition	31.	6-Hourly Maximum Temperature*
6.	Tower or Surface Visibility	19.	Significant Cloud Types	32.	6-Hourly Maximum Temperature*
7.	Variable Prevailing Visibility	20.	Ceiling Height at Second Location	33.	24-Hour Maximum and Minimum Temperature*
8.	Seetor Visibility	21.	Pressure Rising or Falling Rapidly	34.	3-Hourly Pressure Tendency*
9.	Visibility at Second Location	22.	Sea-Level Pressure	35.	Sensor Status Indicators
10.	Lightning	23.	Aircraft Mishap	36.	Maintenance Indicator
11.	Beginning and Ending of Precipitation	24.	No SPECI Reports Taken	Note: Additive data is primarily used by the National Weather Service for climatological purposes. *These gorups should have no direct impact on the aviation community and will not be discussed in this document.	
12.	Beginning and Ending of Thunderstorms	25.	Snow Increasing Rapidly		
13.	Thunderstorm Location	26.	Other Significant Information		

● 통보의 예

METAR KJFK 180251Z 25007KT 10SM -RA SCT039 SCT100 OVC140 25/22 A3000 **RMK AO2 RAB31 TSB13E50 SLP159 OCNL LTGIC DSNT SW CB DSNT SW MOV NE P0000 60000 T02500217 53005=**
METAR KLAX 151253Z 36004KT 8SM FEW008 SCT014 SCT150 19/17 A2998 **RMK AO2 SLP151 SCT014 V BKN T01940167=**
METAR RJAA 180100Z 23005KT 160V270 9999 FEW015 SCT020 BKN030 30/24 Q1016 NOSIG **RMK 1CU015 3CU020 5CU030 A3002=**
METAR ROAH 181930Z 03007KT 9999 -SHRA FEW015 SCT020 BKN050 27/26 Q1004 **RMK 2CU015 3CU020 5SC050 A2967=**

19-3. 관측 단위와 범위

지금까지 살펴본 METAR와 SPECI에 사용되는 각 기상요소별 관측 단위, 범위 및 분해능은 다음 표와 같다(ICAO Annex 3. Table A3-5. Ranges and resolutions for the numerical elements included in METAR and SPECI).

ICAO Annex 3 Appendix 3 Table A3-5

요소	단위	범위	분해능
활주로(Runway)	–	01 ~ 36	1
풍향(Wind direction)	°true	000 ~ 360	10
풍속(Wind speed)	MPS KT	00 ~ 99[1)] 00 ~ 199[1)]	1 1
시정(Visibility)	M M M M	0000 ~ 0750 0800 ~ 4900 5000 ~ 9000 10000 ~	50 100 1000 0(고정값:9999)
활주로가시거리 (Runway visual range)	M M M	0000 ~ 0375 0400 ~ 0750 0800 ~ 2000	25 50 100
수직시정(Vertical Visibility)	30′s M(100′s FT)	000 ~ 020	1
운저고도(Height of cloud base)	30′s M(100′s FT)	000 ~ 100	1
기온/이슬점 온도 (Air temperature/Due-point temperate)	℃	-80 ~ +60	1

QNH	hPa	0850 ~ 1100	1
해수면 온도(Sea-surface temperature)[2]	℃	−10 ~ +40	1
바다상태(State of the sea)[2]	~	0 ~ 9	1
유의파고(Significant wave height)[2]	M	0 ~ 999	0.1

1) 항공기상에서는 50m/s(100kt) 이상의 지상풍은 보고하지 않는다. 그러나 항공이외의 목적으로 99m/s(199kt)까지의 지상풍을 보고하는 경우도 있다.
2) 헬리콥터운항을 지원하기 위해 해상건조물에 설치된 항공기상관측소에서 보고한다.
※ 활주로 상태와 관련된 범위와 분해능은 ICAO ANNEX 3 AMD 80에 의해 2021년 11월 3일 이후는 적용하지 않는다.

20. 공항예보(TAF)

공항예보(TAF, Terminal Aerodrome Forecasts)는 비행의 계획단계에서 출발지 공항의 출발예정시간의 예상기상, 목적지 공항의 도착예정시간의 예상기상을 분석하여 정시출발, 지연출발 또는 결항을 결정하는 판단의 근거자료로서 매우 중요한 정보이다. 또한, 이륙교체공항(Take-off alternate aerodrome), 목적지 교체공항(Destination alternate aerodrome), 항로상 교체공항(En-route alternate aerodrome)을 선정하는 요소로서도 중요한 정보이다. 그리고 공항예보는 특정기간 동안 해당 공항의 예상 기상조건을 해당 국가의 항공기상업무기관에서 국제적으로 정한 코드에 따라 발표한다.

20-1. 공항예보의 통보형식

각 공항의 기상업무기관에서는 ICAO에서 정한 기준에 따라 예상한 각 기상 값을 WMO No306의 코드로 변환하여 항공고정통신망(AFTN)을 통해 각 기관이나 수요자에게 통보한다.

WMO의 기상통보용 코드집(Manual on Codes WMO No306) Volume I.1 Annex II to the WMO Technical Regulations Part A - Alphanumeric Codes에서 정한 FM 51-XV TAF Aerodrome forecast의 코드형식은 다음과 같다.

TAF의 코드형식

$\begin{Bmatrix}\textbf{TAF AMD or}\\ \textbf{TAF COR or}\\ \textbf{TAF}\end{Bmatrix}$ CCCC YYGGgg**Z** $\begin{Bmatrix}\textbf{NIL}\\ \text{or}\\ Y_1Y_1G_1G_1/Y_2Y_2G_2G_2\end{Bmatrix}$ $\begin{Bmatrix}\text{dddff}\textbf{G}f_mf_m\\ \text{or}\\ \textbf{CNL}\end{Bmatrix}$ $\begin{Bmatrix}\textbf{KT}\\ \text{or}\\ \textbf{MPS}\end{Bmatrix}$

$\begin{Bmatrix}\text{VVVV}\\ \text{or}\\ \textbf{CAVOK}\end{Bmatrix}$ w'w' $\begin{Bmatrix}N_sN_sN_sh_sh_sh_s\\ \text{or } \textbf{VV}h_sh_sh_s\\ \text{or } \textbf{NSC}\end{Bmatrix}$

($\textbf{TX}T_FT_F/Y_FY_FG_FG_F\textbf{Z}$ $\textbf{TN}T_FT_F/Y_FY_FG_FG_F\textbf{Z}$)

$\begin{Bmatrix}\begin{Bmatrix}\textbf{PROB } C_2C_2 \text{ or}\\ \textbf{PROB } C_2C_2 \text{ TTTTT}\\ \text{or TTTTT}\end{Bmatrix}\\ \text{or}\\ \text{TTYYGGgg}\end{Bmatrix}$ $YYGG/Y_eY_eG_eG_e$ dddff$\textbf{G}f_mf_m$ $\begin{Bmatrix}\textbf{KT}\\ \text{or}\\ \textbf{MPS}\end{Bmatrix}$ $\begin{Bmatrix}\text{VVVV}\\ \text{or}\\ \textbf{CAVOK}\end{Bmatrix}$ $\begin{Bmatrix}\text{w'w'}\\ \text{or}\\ \textbf{NSW}\end{Bmatrix}$ $\begin{Bmatrix}N_sN_sN_sh_sh_sh_s\\ \text{or } \textbf{VV}h_sh_sh_s\\ \text{or } \textbf{NSC}\end{Bmatrix}$

진한 글씨체는 변경할 수 없는 고정된 코드형식이고 일반 글씨체는 예보 값으로 대체되는 코드이다.

제주국제공항의 TAF

TAF RKPC 190500Z 1906/2012 09010KT 9999 SCT040 TN25/1920Z TX31/2005Z
TEMPO 1906/1909 29008KT
BECMG 2000/2001 07015G28KT=

청주공항의 TAF

TAF AMD RKTU 190516Z 1905/2006 12010KT 4800 -TSRA BR FEW010CB BKN030 OVC100 TN23/1922Z TX34/2006Z
FM190700 15006KT 9999 NSW BKN030 OVC100=

① 공항예보는 예보의 종류(Identification of the type of forecast)(M), 예보지점의 명칭(Location indicator)(M), 예보의 발표시간(Time of issue of forecast)(M), 예보의 누락여부(Identification of a missing forecast)(C), 예보의 일자와 유효기간(Days and period of validity of forecast)(M), 예보의 취소여부(Identification of a cancelled forecast)(C), 지상풍(Surface wind)(M), 시정(Visibility)(M), 일기(Weather)(C), 구름(Cloud)(M), 기온(Temperature)(O), 예보의 유효기간 동안 예상되는 변화군(Expected significant changes to one or more of the above elements during the period of validity)(C)의 순으로 구성되어 있다.

② METAR/SPECI와 같이 각 항목별로 'M' 항목은 반드시 포함해야 하는 항목(Mandatory), 'C' 항목은 기상조건 또는 관측방법에 따라 조건부로 포함하는 항목(Conditional), 'O' 항목은 포함해도 되고 않아도 되는 옵션항목(Optional)이다.

20-2. 항목별 예보 기준

20-2-1. 예보의 종류(Identification of the type of forecast)

● 코드형식

TAF AMD or TAF COR or TAF	Type of forecast(M)

① 공항예보를 뜻하는 코드명인 'TAF'는, WMO의 기상통보용 코드집(Manual on Codes WMO No306)과 ICAO의 약어집(ICAO Doc 8400)에서 'Aerodrome forecast'라고 정하고 있으나 미국 등 대부분의 국가에서는 'Terminal Aerodrome Forecast'의 약어라고 정하고 있어 TAF의 약어로 일반화되었다.

② 공항예보를 뜻하는 'TAF'로 시작하지만, 이미 발표한 TAF를 기상현상의 변화로 인해 수정(amend)하여 발행하는 경우는 'TAF AMD', 기존에 발표한 TAF에 대한 철자의 수정과 같이 예보문의 잘못(오류)을 바로잡아(correct) 발표하는 경우에는 'TAF COR'로 시작한다.

● 통보의 예

TAF AMD RKSI 190740Z 1908/2012 30006KT 9999 SCT030 BKN120 TN25/1920Z TX32/2005Z
BECMG 1913/1914 07006KT
BECMG 2003/2004 30008KT
TEMPO 2008/2010 6000 -SHRA FEW010 BKN025 OVC080=

'TAF AMD'는 그 이후의 예보기간만 포함되므로 전체 예보기간보다 짧지만, 'TAF COR'의 예보기간은 기존의 예보기간과 같다.

TAF를 수정하여 발표하는 'TAF AMD'의 기준은 20-2-10. 변화군의 기준과 같다.

20-2-2. 예보지점의 명칭(Location indicator)

● 코드형식

CCCC	ICAO location indicator(M)

19-2-2. 관측지점의 명칭(Location indicator)에서 설명한 것과 같다.

① 김해, 청주, 대구, 광주, 포항, 사천 등 민간항공기가 운항하는 군 공항의 예보업무는 군에서 담당하지만 항공기상청에서 ICAO에서 정한 형식으로 변환하여 수요자에게 제공한다.

② 예보의 범위는 해당 공항의 기준점(ARP)으로부터 반지름 8km 이내의 지역으로 제한한다(ICAO Doc 8896 Manual of Aeronautical Meteorological Practice).

20-2-3. 예보의 발표시간(Time of issue of forecast)

● 코드형식

YYGGggZ	Day and time of issue of the forecast in UTC(M)

예보의 발표시간은 날짜(YY), 시간(GG), 분(gg)이 각각 2자리로 표시되며, 마지막에 국제협약시(UTC, Coordinated Universal Time)를 의미하는 'Z'가 공백 없이 붙는다. **예)** 200500Z

20-2-4. 예보의 일자와 유효기간(Days and period of validity of forecast)

- 코드형식

NIL or $Y_1Y_1G_1G_1/Y_2Y_2G_2G_2$	Missing forecast identifier(C) or Days and period of the validity of the forecast in UTC(M)

① 예보의 유효기간은 '/'의 앞쪽 날짜(Y_1Y_1)와 시간(G_1G_1)부터 '/'의 뒤쪽의 날짜(Y_2Y_2)와 시간(G_2G_2)까지이다.

② 우리나라를 비롯한 대부분의 국가에서 30시간이 유효한 공항예보를 6시간마다 발표하고 있다.

③ 'NIL'은 어떤 이유로 예보의 내용이 빠져있는 경우(missing)에 표시되는 코드다.

20-2-5. 지상풍(Surface wind)

- 코드형식

dddffGf_mf_m {KT or MPS} or CNL	Wind direction(M), Wind speed (M), Significant speed variations(C), Units of measurement(M)

① 10° 단위의 3자리의 풍향(ddd), 2자리의 풍속(ff)에 이어 풍속의 단위(KT 또는 MPS) 순서로 표시한다. **예)** 30006KT

② 순간최대풍속(Gust)이 평균풍속보다 10kt(5m/s) 이상으로 예상되면 풍속 다음에 지시자 'G'를 붙이고 순간최대풍속(f_mf_m)과 단위를 붙인다. **예)** 30006G17KT

③ 풍속이 100kt(50m/s) 이상으로 예상될 때는 문자 'P' 뒤에 99KT(49MPS)를 사용하여 표시한다. **예)** 300P99KT

④ 풍향은 평균풍속이 3kt(1.5m/s) 미만이거나, 평균풍속이 3kt(1.5m/s) 이상이지만 풍향이 180° 이상으로 변하여 우세한 풍향을 예상할 수 없는 경우에는 'VRB'로 표시한다.
예) VRB02KT, VRB05KT

⑤ 풍속이 1kt(0.5m/s) 미만일 것으로 예상되면 00000(calm)으로 표시한다. **예) 00000KT**

⑥ 예보한 TAF를 취소하는 경우에는 'CNL'코드를 사용하고 지상풍부터의 모든 자료는 삭제된다.

20-2-6. 시정(Visibility)

● 코드형식

VVVV or CAVOK	Prevailing visibility(M)

① 예상되는 우세시정(VVVV)을 표시하지만 우세시정을 예상할 수 없을 때는 최단시정으로 표시한다. **예) 0350, 7000**

② 시정이 10km 이상이고, 운항상 중요한 구름이 없으며, 중요 일기현상이 예상되지 않을 때는 'CAVOK'코드를 사용한다(250p 참조).

③ 예상시정의 보고단위는 METAR나 SPECI와 같이, 800m 미만인 경우 50m, 800m 이상 5km 미만인 경우 100m, 5km 이상 10km 미만인 경우 1km 단위로 표시하고, 10km 이상인 경우 CAVOK를 사용할 조건일 때를 제외하고는 '9999'로 예보한다.

20-2-7. 일기(Weather)

● 코드형식

w'w'	Intensity of weather phenomena(C), Characteristics and type of weather phenomena(C)

① 다음과 같은 일기현상 또는 복합적인 일기현상의 발생이 예상될 때는 수식어, 일기현상(w'w')의 순서로 예보하고, 최대 3개까지 예보할 수 있다.

- 어는 강수(Freezing precipitation)
- 어는 안개(Freezing fog)
- 소낙성을 포함한 보통 또는 강한 강수(Moderate or heavy precipitation)
- 낮게 날린 먼지, 모래 또는 눈(Low drifting dust, sand or snow)
- 높게 날린 먼지, 모래 또는 눈(Blowing dust, sand or snow)
- 먼지폭풍(Duststorm)
- 모래폭풍(Sandstorm)
- 천둥번개(Thunderstorm)
- 스콜(Squall)
- 토네이도(Tornado) 또는 용오름(Waterspout)과 같은 깔때기 구름(Funnel cloud)
- 기타 기상업무기관과 항공교통업무기관 및 항공사간에 합의한 일기현상

② 일기현상은 조건부 항목(C)이므로 발생이 예상되지 않으면 생략한다.

20-2-8. 구름(Cloud)

● 코드형식

$N_SN_SN_Sh_Sh_Sh_S$ or $VVh_Sh_Sh_S$ or NSC	Cloud amount and height of cloud base or vertical visibility(M), Cloud type(C).

① 예상되는 구름의 양($N_SN_SN_S$), 구름까지의 높이($h_Sh_Sh_S$)의 순서로 표시한다.

② 구름을 관측할 수 없을 정도로 하늘이 차폐되리라고 예상되면 'VV'에 이어 구름까지의 높이($h_Sh_Sh_S$)를 표시하고, 'CAVOK'로 예보할 수 있는 조건은 아니지만 운항 상 중요한 구름이 예상되지 않을 경우에는 'NSC'로 표시한다.

③ 구름의 양은 'FEW', 'SCT', 'BKN', 'OVC'로 구분하여 예보하고 다음과 같은 기준에 따라 최대 3개의 층으로 나누어 표시한다.

- 제일 아래쪽의 구름층은 보고되어야 할 운량에 관계없이 적절하게 FEW, SCT, BKN 또는 OVC를 모두 사용하여 예보한다.

• 아래로부터 두 번째의 구름층(제2층)은 $\frac{3}{8}$ 이상을 가리고 있는 SCT, BKN 또는 OVC로만 예보한다.
• 아래로부터 세 번째의 구름층(제3층)은 $\frac{5}{8}$ 이상을 가리고 있는 BKN 또는 OVC로만 예보한다.
• 항공기 운항에 위험한 영향을 미칠 수 있는 적란운(Cb) 또는 탑상적운(TCu)은 제한 없이 예보해야 한다.

20-2-9. 기온(Temperature)

● 코드형식

(TXT_FT_F/$Y_FY_FG_FG_F$Z TNT_FT_F/$Y_FY_FG_FG_F$Z)

Name of the element(M), Maximum temperature(M), Day and time of occurrence of the maximum temperature(M), Name of the element(M), Minimum temperature(M), Day and time of occurrence of the minimum temperature(M)

① 예상 기온은 옵션항목(Optional)이므로 생략하는 공항도 많으나 우리나라의 항공기상청은 예보하고 있다. 예상 기온을 예보하는 공항은 모든 항목이 필수항목(M)이다.
② 예보기간 중 해당 일자에 예상되는 최고기온을 의미하는 지시자(TX), 최고기온(T_FT_F)과 그 시간($Y_FY_FG_FG_F$), 최저기온을 의미하는 지시자(TN), 최저기온(T_FT_F)과 그 시간($Y_FY_FG_FG_F$)의 순서로 표시하고, 시간은 국제협약시(UTC)를 의미하는 'Z'로 표시한다.
③ 최고기온과 최저기온은 예보시간을 기준으로 표시하므로 서로 순서가 바뀔 수 있고, 날짜가 바뀌는 경우 3회 연속될 수 있다.
예) TAF RKPC 051700Z 0518/0624 33018G35KT 4200 -SHSN FEW010 BKN025 **TNM02/0521Z TX00/0605Z TN00/0619Z**
예) TAF RKPC 052300Z 0600/0706 33018G35KT 4200 -SHSN FEW010 BKN025 **TX00/0605Z TN00/0619Z TX03/0705Z**

20-2-10. 변화군(Expected significant changes)

30시간(또는 24시간) 동안 동일한 공항에 기상현상의 변화가 없는 경우는 거의 없을 것이다. 따라서 기본 예보(base)에 이어 유효기간 동안 하나 이상, 최대 5개까지의 변화 지시자(Change indicator) 또는 확률 지시자(Probability indicator)와 함께 특정한 기상 요소의 예상되는 변화를 표시한다.

● 코드형식

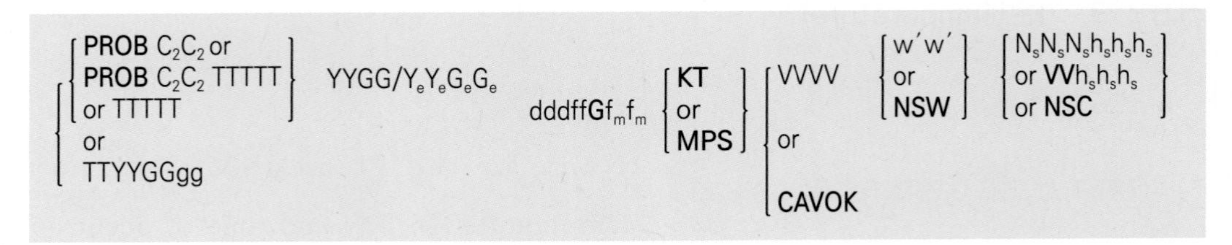

① 변화군을 예보하는 형식은 위의 코드형식과 같으나, 변화 지시자는 ‘BECMG’ 또는 ‘TEMPO’(TTTT YYGG/$Y_eY_eG_eG_e$)를 가장 많이 사용하고 미국 등 일부의 국가는 ‘FM’(TTYYGGgg)을 사용한다.

② 확률예보(PROB C_2C_2 YYGG/$Y_eY_eG_eG_e$ 또는 PROB C_2C_2 TTTT YYGG/$Y_eY_eG_eG_e$)를 사용하는 국가는 많지 않다.

③ 변화 지시자 또는 확률 지시자와 기간에 이어 지상풍, 시정, 일기현상, 구름의 순서로 예보한다.

(1) 변화 지시자 BECMG

① BECMG은 Becoming의 약어로서, 어떤 기상조건이 점차 변하여 특정한 기준 값 이상의 기상조건으로 변화될 것이라고 예상한다는 뜻이다.

② BECMG YYGG/$Y_eY_eG_eG_e$의 형식으로 사용하며, BECMG 앞쪽에 예보한 기상현상(바람, 시정, 일기현상, 구름)이 특정시간(YYGG)부터 변화가 시작되어 규칙적인 비율(Regular rate) 또는 불규칙적인 비율(Irregular rate)로 변하여 특정시간($Y_eY_eG_eG_e$)까지 BECMG 이후에 기술한 기상현상으로 변하리라고 예상할 때 사용한다.

③ 2자리 수의 일자(YY 또는 Y_eY_e)와 2자리 수의 UTC 시간(GG 또는 G_eG_e)으로 표시하는

특정기간(YYGG~$Y_eY_eG_eG_e$)은 2시간을 초과하지 않는 것이 원칙이지만, 예보관의 판단에 따라 4시간까지는 가능하다.

• 기간 전체를 통해 규칙적인 비율로 변화하는 경우

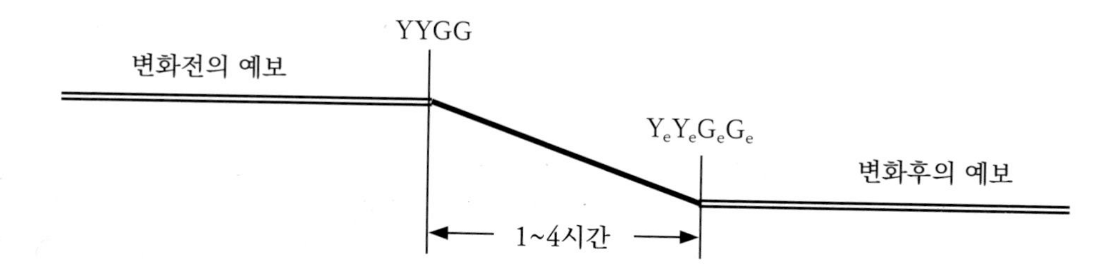

• 기간의 일부 또는 전체적으로 불규칙적인 비율로 변화하는 경우

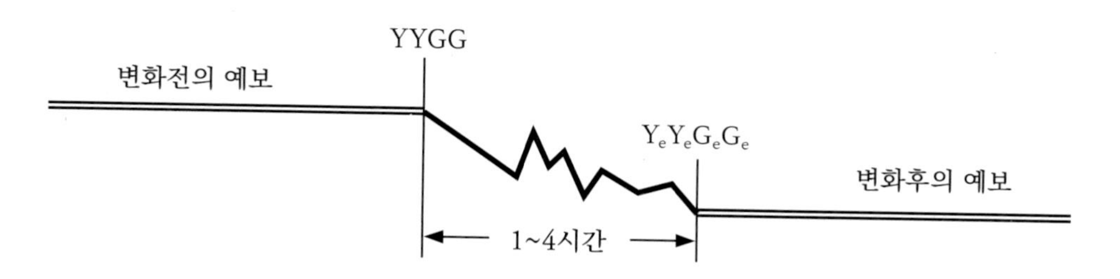

• 기간 내의 어느 시간에 규칙적인 비율로 변화하는 경우

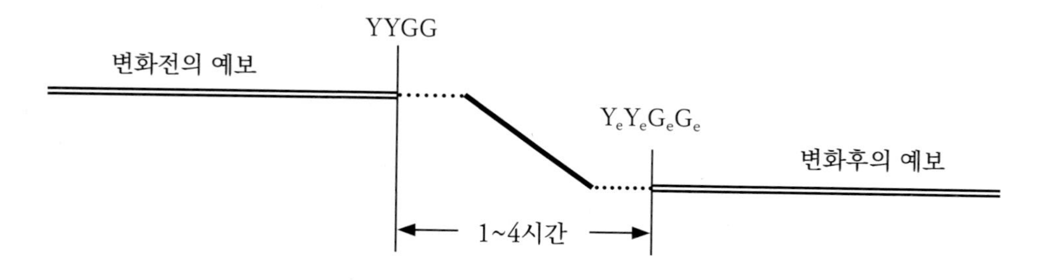

④ 4가지의 기상요소 중 현저한 변화가 예상되는 기상요소만 예보하지만 구름은 전체 구름 중 한 개 층의 구름만 변화가 예상되어도 변화가 예상되지 않는 구름까지 모두 예보한다.

(2) 변화 지시자 TEMPO

① TEMPO는 Temporary의 약어로서, 어떤 기상조건이 일시적으로 특정한 기준 값 이상의 기상조건으로 변화될 것이라고 예상한다는 뜻이다.

② TEMPO YYGG/$Y_eY_eG_eG_e$의 형식으로 사용하며, 기상현상(바람, 시정, 일기현상, 구름)이 특정기간(YYGG~$Y_eY_eG_eG_e$) 동안 일시적으로 변했다가 다시 원래의 기상으로 회복하리라고 예상할 때 사용한다.

③ 특정기간(YYGG~$Y_eY_eG_eG_e$) 동안에 일시적으로 나타나는 기상현상의 지속시간은 1시간 미만이고, 각 변동시간의 합이 특정기간의 1/2 미만일 때 사용한다. 만약, 일시적으로 나타나는 기상현상의 지속시간이 1시간 이상이거나, 각 변동시간의 합이 특정기간의 1/2 이상이라고 예상되면 변화 지시자 BECMG을 사용한다.

• 지속시간 1시간 미만

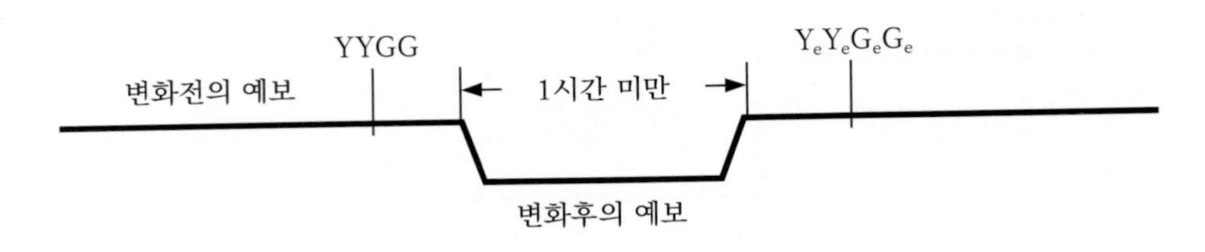

• 변동시간의 합($t_1+t_2+t_3$) < 특정기간(G_eG_e-GG)÷2

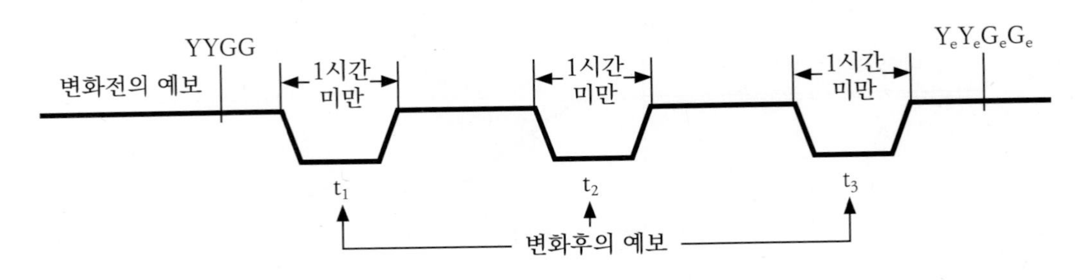

④ 4가지의 기상요소 중 현저한 변화가 예상되는 기상요소만 예보하지만 구름은 전체 구름 중 한 개 층의 구름만 변화가 예상되어도 변화가 예상되지 않는 구름까지 모두 예보하여야 한다.

TAF 해석의 예(우리나라 시간으로 해석)

TAF RKSI 221700Z 2218/2324 17007KT 2500 BR BKN025 TN03/2221Z TX08/2305Z TN03/2321Z

TEMPO 2221/2223 14007KT 0900 FG OVC008

BECMG 2300/2301 14007KT 4200 SCT030

BECMG 2302/2303 6000 NSW

BECMG 2317/2318 3500 -RA FEW008 BKN025 OVC080

BECMG 2321/2322 20010KT=

① 23일 새벽 2시에 발표한 23일 오전 3시부터 24일 오전 9시까지의 인천국제공항 30시간 예보이다.

② 23일 오전 3시부터의 기상은 17007KT 2500 BR BKN025로 예상하고, 23일의 최저기온은 오전 6시경에 3℃, 최고기온은 오후 2시경에 8℃, 24일의 최저기온은 오전 6시경에 2℃로 예상한다.

③ 오전 6시부터 8시 사이에 최대 1시간 동안, 풍향이 140°로 변하고, 안개가 끼면서 시정은 900m로 낮아지며, 전체 하늘에 구름이 덮이면서(OVC) 구름까지의 높이가 800ft로 낮아지는 현상이 일시적으로 나타났다가 8시경에 다시 원래의 기상으로 회복하리라고 예상한다.

④ 오전 9시부터 규칙적 또는 불규칙적으로 변하여 오전 10시경에는 풍향은 140°에서 7kt, 시정은 4,200m, 구름은 SCT030로 변하고, 일기현상은 박무(BR)상태가 계속될 것이다.

⑤ 오전 11시부터 규칙적 또는 불규칙적으로 변하여 오전 12시경에는 시정은 6,000m로 좋아지고, 박무(BR)는 없어지며(NSW), 풍향은 140°에서 7kt, 구름은 SCT030 상태가 계속될 것이다.

⑥ 24일 오전 3시부터 규칙적 또는 불규칙적으로 변하여 오전 4시경에는 시정은 3,500m로 낮아지고, 약한 비(-RA)가 내리며, 구름은 많아지고 낮아지면서 FEW008 BKN025 OVC080로 변하고, 풍향은 140°에서 7kt인 상태가 계속될 것이다.

⑦ 오전 6시부터 규칙적 또는 불규칙적으로 변하여 오전 7시경에는 풍향은 200°에서 10kt로 변하지만, 시정은 3,500m, 약한 비(-RA), 구름은 FEW008 BKN025 OVC080인 상태가 오전 9시까지 계속되리라고 예상한다.

(3) 변화 지시자 FM

① FM은 From의 약어로서, 해당 공항의 기상조건이 특정시간에 상당부분 또는 전체적으로(Significantly and more or less completely) 다른 기상조건으로 변화될 것이라고 예상한다는 뜻이다.

② FMYYGGgg의 형식으로 사용하며, 특정 일자(YY), UTC 시간(GG), 분(gg)부터 바람, 시정, 일기현상, 구름 등의 모든 기상현상이 뚜렷하게 변한다고 예상할 때 사용한다. 따라서 FM 이후에는 모든 예보요소를 표현해야 하며 FM 시간(YYGGgg) 이전에 주어진 모든 기상현상은 FM 시간 이후에 표현된 현상으로 모두 대체된다. 주로 미국에서 예보하는 형식으로서 BECMG 또는 TEMPO로 예보하는 형식보다 해석이 쉬운 장점이 있다.

TAF 해석의 예(UTC시간으로 해석)

TAF KJFK 202336Z 2100/2206 03015G21KT P6SM VCSH OVC050
TEMPO 2100/2103 6SM −PLSNRA
FM210700 03018G28KT 3SM -SNPL BKN015 BKN040
FM211200 02023G33KT 1/2SM SN FG OVC006
FM211600 01025G33KT 1/4SM +SN FG OVC004
FM220200 35020G30KT 1SM -SN BR SCT004 OVC007=

① 20일 23시 36분에 발표한 21일 0시부터 22일 6시까지의 뉴욕 죤에프케네디공항 30시간 예보이다.
② 21일 0시부터의 기상은 03015G21KT P6SM VCSH OVC050로 예상하지만 3시까지는 일시적으로 약한 -PLSNRA이 내리고 시점도 6SM로 낮아진 후 3시부터는 다시 원래의 기상으로 회복하리라고 예상한다.
③ 21일 7시부터는 03018G28KT 3SM -SNPL BKN015 BKN040로 변하여 12시까지 지속되리라고 예상한다.
④ 21일 12시부터는 02023G33KT 1/2SM SN FG OVC006로 변하여 16시까지 지속되리라고 예상한다.
⑤ 21일 16시부터는 01025G33KT 1/4SM +SN FG OVC004로 변하여 22일 2시까지 지속되리라고 예상한다.
⑥ 22일 2시부터는 35020G30KT 1SM -SN BR SCT004 OVC007로 변하여 22일 6시까지 지속되리라고 예상한다.

(4) 확률 지시자 PROB

① PROB는 Probability의 약어로서, 어떤 기상조건이 발생할 확률이 30% 또는 40%일 때 사용하지만 확률로 예보하는 국가는 많지 않다.

② PROBC_2C_2 YYGG/$Y_eY_eG_eG_e$ 또는 PROBC_2C_2 TTTT YYGG/$Y_eY_eG_eG_e$의 형식으로 사용하며, 기상현상(바람, 시정, 일기현상, 구름)의 변화에 대한 확신이 높지는 않지만 특정 기간(YYGG~$Y_eY_eG_eG_e$) 동안 변할 확률(C_2C_2)이 30% 또는 40%이거나, 일시적으로 변할 확률(C_2C_2)이 30% 또는 40%라고 예상할 때 사용한다.

③ 확률 값은 30% 또는 40%일 때만 사용하고 예보요소에 대한 발생확률이 30% 미만일 때는 운항상 중요하지 않으므로 예보하지 않고, 발생확률이 50% 이상일 정도로 예보관의 확신이 크면 BECMG, TEMPO 또는 FM 중 적절한 것을 사용한다.

④ 변화 지시자 TEMPO로 예보하는 것은 일시적이지만 발생할 것이라고 예보관이 확신할 때 사용하고, 확률 지시자 PROB30(40) TEMPO로 예보하는 것은 일시적으로나마 발생할 확률이 30% 또는 40%일 때 사용한다.

⑤ TTTT코드에 변화 지시자 BECMG 또는 FM은 같이 사용하지 않는다.

TAF 해석의 예(UTC시간으로 해석)

TAF SBSP 220100Z 2206/2218 12004KT CAVOK TN08/2209Z TX22/2218Z
PROB30 2206/2208 09003KT 4000 BR BKN008
PROB30 2208/2212 SCT008
BECMG 2214/2216 15008KT

22일 1시에 발표한 22일 6시부터 22일 18시까지의 브라질 상파울로공항 12시간 예보이다. 22일 6시부터의 기상은 12004KT CAVOK 로 예상하고, 22일의 최저기온은 9시경에 8℃, 최고기온은 18시경에 22℃로 예상한다.
그러나 22일 6시부터 8시 사이의 기상은 12004KT CAVOK로 예상하지만, 전체적으로 09003KT 4000 BR BKN008로 변할 확률이 30% 정도로 예상한다.
이후, 22일 8시부터 12시까지는 약간의 구름이(SCT008) 발생할 확률이 30% 정도이지만, 나머지 70% 정도는 12004KT CAVOK로 예상하고, 12시 이후에도 12004KT CAVOK로 지속되리라고 예상한다.

22일 14시부터 바람이 규칙적 또는 불규칙적으로 변하여 16시에는 150°에서 8kt로 변하고 쾌청한 날씨(CAVOK)가 18시까지 계속되리라고 예상한다.

(5) 변화군의 사용 또는 수정예보의 발표기준

ICAO에서는 다음과 같은 기상현상의 변화가 예상되는 경우 TAF의 기본 예보(Base) 이후에 변화 지시자 또는 확률 지시자로 예보하거나 또는 예보를 수정하여 TAF AMD를 발표하도록 권고하고 있다(ICAO Annex 3 Appendix 5. 1.3.2). 그러나 해당 국가의 기상업무기관이 항공교통업무기관 등과 협의하여 따로 정할 수 있다.

① 지상풍의 평균풍향이 60° 이상 변하리라고 예상되고, 변화 전 또는 후의 평균풍속이 10kt(5m/s) 이상으로 예상될 때

② 지상풍의 평균풍속이 10kt(5m/s) 이상 변화할 것으로 예상될 때

③ 지상풍의 순간최대풍속(Gust)이 10kt(5m/s) 이상 변화할 것으로 예상되고, 변화 전 또는 후의 평균풍속이 15kt(7.5m/s) 이상일 경우

④ 지상풍이 활주로의 이착륙 방향을 결정하는 풍향 및 풍속의 기준 또는 해당 공항에 운항하는 표준 항공기를 기준으로 이착륙 활주로 방향의 배풍(Tail wind) 또는 측풍성분(Cross wind component)의 제한 값에 대하여 해당 공항의 기상업무기관이 항공교통업무기관 등과 협의하여 정한 기준에 도달한 경우(인천국제공항은 배풍성분이 8kt에 도달할 때까지는 RWY 33L/R, 34L/R를 사용한다(AIP RKSI AD 2.20 AERODROME REGULATIONS)..

⑤ 시정이 호전되어 다음 기준 중 하나 이상의 값에 도달하거나 경과할 것으로 예상되거나, 악화되어 다음 기준 중 하나 미만의 값을 경과할 것으로 예상되는 경우
- 150, 350, 600, 800, 1,500 또는 3,000m
- 시계비행방식(IFR)으로 운항하는 항공기가 많은 공항의 경우 5,000m도 포함

⑥ 다음과 같은 기상현상의 일부 또는 조합이 발생하거나 끝나리라고 예상되는 경우
- 낮게 날리는 먼지, 모래, 눈(Low drifting dust, sand or snow)
- 높게 날리는 먼지, 모래, 눈(Blowing dust, sand or snow)

- 스콜(Squall)
- 토네이도 또는 용오름을 포함한 깔대기 구름(Funnel cloud)

⑦ BKN이나 OVC 정도를 차지하는 구름의 가장 아래층까지의 고도(운저고도)가 높아지거나 또는 낮아지면서 다음 기준 중 하나 이상의 값에 도달하거나 경과할 것으로 예상되는 경우

- 100, 200, 500 또는 1,000ft
- 시계비행규칙으로 운항하는 항공기가 많은 공항의 경우 1,500ft

⑧ 운저고도가 1,500ft 이하에 있는 구름의 양(운량)이 다음 기준으로 변화될 것으로 예상되는 경우

- 운량이 (NSC, FEW, SCT)에서 (BKN, OVC)로 증가
- 운량이 (BKN, OVC)에서 (NSC, FEW, SCT)로 감소

⑨ 수직시정이 향상되면서 다음 중 하나 이상의 값에 도달하거나 경과할 것으로 예상되는 경우, 또는 악화되면서 다음 중 하나 미만의 값에 도달하거나 경과할 것으로 예상되는 경우

- 100, 200, 500 또는 1,000ft

⑩ 다음과 같은 기상현상의 일부 또는 조합이 발생하거나 끝나리라고 예상할 때 또는 강도의 변화가 예상될 때는 반드시 발표도록 규정하고 있다(ICAO Annex 3 Appendix 5. 1.3.1).

- 어는 안개(Freezing fog)
- 어느 강수(Freezing precipitation)
- 소낙성을 포함한 보통 또는 강한 강수(Moderate or heavy precipitation)
- 천둥번개(Thunderstorm)
- 먼지폭풍(Duststorm)
- 모래폭풍(Sandstorm)

20-3. 공항예보의 단위와 범위

지금까지 살펴 본 TAF에 사용되는 각 기상요소별 관측 단위, 범위 및 분해능은 다음 표와 같다(ICAO Annex 3. Table A5-4. Ranges and resolutions for the numerical elements included in TAF).

요소	단위	범위	분해능
풍향(Wind direction)	°true	000 ~ 360	10
풍속(Wind speed)	MPS KT	00 ~ 99[1)] 00 ~ 199[1)]	1 1
시정(Visibility)	M M M M	0000 ~ 0750 0800 ~ 4900 5000 ~ 9000 10000 ~	50 100 1000 0(고정값: 9999)
수직시정(Vertical Visibility)	30′s M(100′s FT)	000 ~ 020	1
운저고도(Height of cloud base)	30′s M(100′s FT)	000 ~ 100	1
기온(maximum and minimum)	℃	-80 ~ +60	1

1) 항공기상에서는 50m/s(100kt) 이상의 지상풍은 보고하지 않는다. 그러나 항공이외의 목적으로 99m/s(199kt)까지의 지상풍을 보고하는 경우도 있다.

21. 기상정보의 실무적 활용

항공기는 정지 상태에서 이륙하여 착륙한 후 정지할 때까지 기상현상과 밀접한 관계가 있다.

이륙(Take-off), 상승(Climb), 강하(Descend), 접근(Approach) 및 착륙(Land)단계는 주로 METAR 또는 TAF를 활용하고, 상승(Climb), 순항(Cruise) 및 강하(Descend)단계에는 주로 다양한 종류의 일기도를 참조하여 비행이 이루어진다.

21-1. 주요 기상현상의 실무적 해석

각 비행단계별로 항공기 운항에 영향을 미치는 기상현상은 약간의 차이가 있다. 예를 들면, 이착륙단계에서는 정풍성분이 강한 바람일수록 상대적으로 양력발생을 증가시켜 이착륙거리를 단축할 수 있지만 순항단계에서는 반대로 배풍성분이 강한 바람일수록 비행시간이 단축되는 이점이 있다.

그러나 모든 비행단계에서의 기상현상은 항공운항의 안전성(Safety), 쾌적성(Comfort), 효율성(Efficiency), 경제성(Economy), 정시성(On-schedule)의 관점에서 검토하여야 한다.

이륙 및 상승, 강하, 접근, 착륙단계에는 METAR로 통보되는 공항의 풍향 및 풍속, 시정 또는 활주로가시거리, 일기현상, 구름의 종류와 양 및 높이, 기온, 기압 등이 직접적으로 영향을 미친다.

주로 순항단계인 항로비행에는 일기도로 예보되는 풍향, 풍속, 기온, 기압은 연속적으로 영향을 미치고 난기류, 착빙, 구름 특히 천둥번개 및 우박을 동반한 적란운, 열대성저기압, 화산재 등은 안전운항을 위협하는 기상현상이다.

21-1-1. 바람

(1) 항공기 운항에 미치는 영향

항공기 운항에 가장 큰 영향을 미친다고 할 수 있는 바람은 이착륙을 제한하는 기준 또는 각종 항공기의 성능을 계산하는 기본요소로 사용한다. 항공기 제작사에서 제공하는 기종별 규정에 바람성분의 운용한계 또는 계산방식이 명시되어 있고 다음과 같은 항목에 직접 영향을 미친다.

- 활주로 상태(Runway condition)에 따른 측풍(Cross wind) 및 배풍(Tail wind)의 풍속 한계
- 이륙 및 착륙이 가능한 최대 중량(Maximum T/O and L/D Weight)
- 이륙 및 착륙에 필요한 활주로 길이(Required T/O and L/D Field Length)
- 이륙 및 착륙시의 속도(T/O and L/D Speed)
- 비행시간(Flight time)

(2) 바람성분의 분해

바람은 방향과 크기를 가진 벡터(Vector)량이다. 항공기는 방향성을 가지고 운동하기 때문에 풍향과 풍속에 직접 영향을 받는다. 따라서 이착륙은 물론이고 모든 비행단계에 필요한 각종 항공기의 성능을 계산할 때는 바람을 항공기의 비행방향에 평행한 정풍성분(Head wind 또는 Tail wind component)과 측풍성분(Cross wind component)으로 분해해서 적용한다.

바람성분(Wind component)을 분해하는 방법은 평행사변형법 또는 삼각함수(Sin, Cos)를 이용하여 계산할 수 있지만 실무적으로는 항공기 제작사가 제공하는 매뉴얼의 표(그림 21.1)를 이용하거나 휴대용 Circular Flight Computer(그림 21.2)를 이용하기도 한다.

운항관리사 실기시험에서는 CR컴퓨터나 삼각함수를 계산할 수 있는 전자계산기를 휴대할 수 있다. 그러나 삼각함수를 이용한 전자계산기의 사용법을 익혀두면 CR컴퓨터를 따로 구입하지 않고도 편리하게 대처할 수 있다.

또한 비행계획서의 작성을 연습할 때 바람성분을 계산한 후 정확한 계산 결과를 확인하기 위해서는 관련 어플을 사용하거나 인터넷사이트(http://www.luizmonteiro.com/Wind.aspx#MC)를 찾아서 활용할 수도 있다.

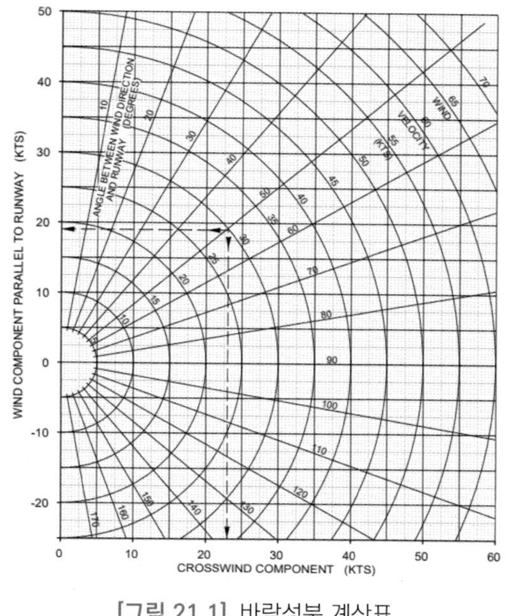

[그림 21.1] 바람성분 계산표

[그림 21.2] CR-3 Computer 이미지

(3) 바람성분의 분해 연습

김포국제공항의 METAR가 다음과 같이 통보되었을 때 RWY 32R로 이착륙 한다고 가정하고 바람성분을 분해해 보자.

METAR RKSS 100600Z 34025KT 9999 SCT040 25/10 Q1016 NOSIG=

먼저 활주로를 따라 이착륙하므로 활주로의 방향이 항공기의 이착륙방향이다. 그러나 활주로의 방위는 자북(MN)이 기준이고 풍향은 진북(TN)이 기준이므로 기준을 일치시켜야 한다. 김포국제공항의 편차(Var, Variation)는 9°W이므로 항공기의 진행방향으로 풍향을 일치시키면 풍향은 자북을 기준으로 349°이고, 풍속은 25kt이다.

그림 21.3의 계산표를 이용하여 바람성분을 계산하는 방법은 다음과 같다. 물론 활주로 방위도 정확하게 적용해야 하겠지만 풍속이 한곗값이 아닌 경우에는 큰 문제가 없으므로 349°를 적용하여 구한다.

① 활주로 방위와 풍향이 이루는 각도는 29°이므로 0에서 29° 방향으로 일직선을 긋는다.

② 풍속이 25kt이므로 원호 25kt의 지점에 점을 찍는다.

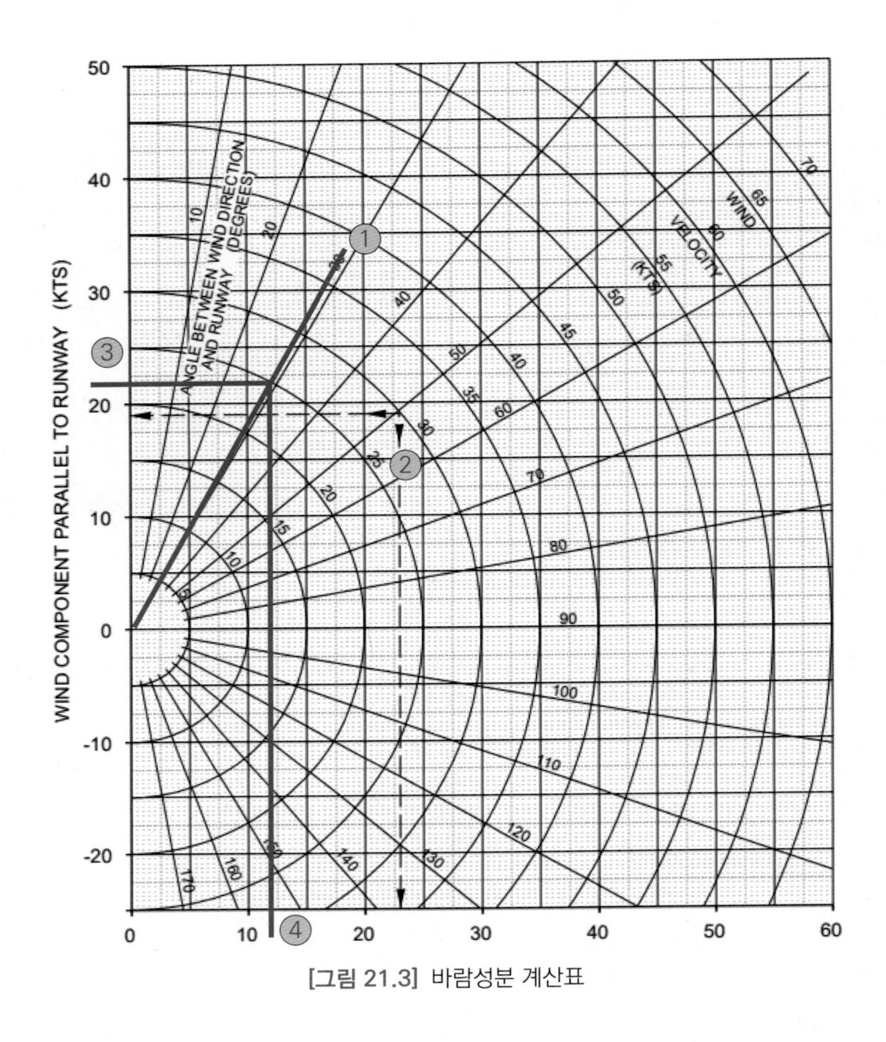

[그림 21.3] 바람성분 계산표

③ x-축과 평행하게 일직선을 긋고 y-축의 눈금을 읽으면 그 값이 활주로와 평행한 정풍 성분인 23kt이다.

④ y-축과 평행하게 일직선을 긋고 x-축의 눈금을 읽으면 그 값이 측풍성분인 13kt이다.

삼각함수를 이용하면, 정풍성분은 25kt×Cos(29°)≒22kt, 측풍성분은 25kt×Sin(29°)≒12kt이다. 도표를 이용한 계산은 일종의 간이계산이므로 표의 비율에 따라 약간의 오차가 있을 수 있다.

우리나라의 민간항공기가 운항하는 공항은 항공기상청에서 실시간으로 AMOS 장비로 바람성분을 분해하여 제공하고 있다.

항공운항에서는 이착륙은 물론이고 모든 항로비행에서도 바람은 정풍성분과 측풍성분으로 분해하여 적용한다는 것을 다시 한번 강조한다.

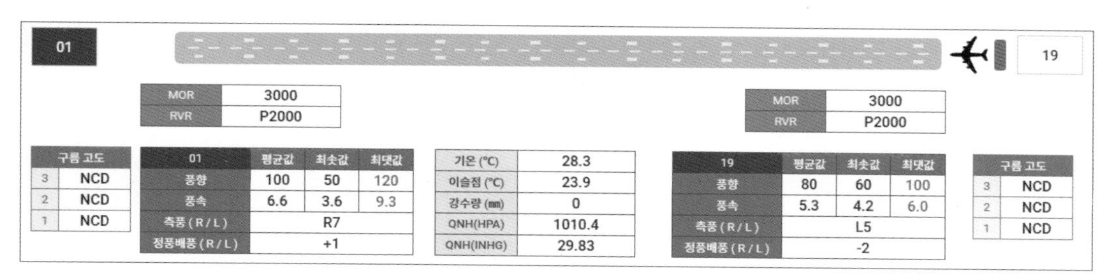

[그림 21.4] 무안공항 AMOS 화면의 예(항공기상청 항공운항지원 기상서비스)

21-1-2. 시정과 구름

시정과 구름의 높이는 시계비행방식(VFR, Visual Flight Rule)과 계기비행방식(IFR, Instrument Flight Rule)으로 나누는 기준이 된다.

항공안전법 시행규칙 제172조(시계비행의 금지)에서 "시계비행방식으로 비행하는 항공기는 해당 비행장의 운고가 450미터(1,500피트) 미만 또는 지상시정이 5킬로미터 미만인 경우에는 관제권 안의 비행장에서 이륙 또는 착륙을 하거나 관제권 안으로 진입할 수 없다."고 규정하고 있다.

그러나 대형 민간 항공기는 계기비행이 원칙이므로 시정과 구름은 비행준비 단계에서 출발 및 도착의 가능성을 체크하는데 중요한 기상현상이다.

TAF를 이용하여 비행계획서를 작성하고 이착륙 준비단계에서는 METAR로 확인한 후 최종 이착륙단계에서는 관제탑 관제사에게 최신 정보를 요청하여 이착륙을 판단한다.

각 국가에서 발행하는 항공정보간행물(AIP)에 해당 공항의 이륙 절차에는 시정(VIS) 또는 활주로가시거리(RVR)가 규정되어 있고 접근절차에는 시정(VIS) 또는 활주로가시거리(RVR)와 최저강하고도/높이(MDA/H) 또는 결심고도/높이(DA/H)가 명시되어 있다.

김포국제공항 이륙기상최저치(AIP RKSS AD 2.22 FLIGHT PROCEDURES)

Facilities	RWY	3RVR REQ			REDL & RCLL	REDL & RCL***	REDL or RCL***	NIL (Day Only)
		TGS* HIRL & RCLL	HIRL & RCLL	REDL & RCLL				
		RVR/VIS**						
Multi-Engine ACFT	14R	75m/ 300ft	125m/ 400ft	150m/ 500ft	200m/ 600ft	300m/ 1,000ft	400m/ 1,200ft	500m/ 1,600ft
	32L							
	14L	-	-	-	-	-		
	32R	-	-	-	-	-		

*With certified TGS(Take-off Guidance System).
**The TDZ RVR/VIS may be assessed by the pilot.
***For Night Operations at least REDL or RCLL and RENL are available.

김포국제공항의 경우, 3개의 RVR이 설치되어 보고되고 있고 고광도 활주로등(HIRL, High Intensity Runway edge Light) 및 활주로 중심선등(RCLL, Runway Center Line Light)이 정상 작동되고 있으며 조종석에 HUD(Head Up Display)가 장착되어 있다면, 활주로 14R/32L로 RVR값이 75m 이상이면 이륙할 수 있다. 각각의 조건에 따라 자세히 규정되어 있음을 알 수 있다.

김포국제공항 접근기상최저치(AIP RKSS AD CHART 2-32)

CATEGORY			DA(DH)/ MDA(MDH)	A	B	C	D
Straight-In	CAT- I	FULL	234 (200)	RVR 550m, VIS 800m			
		ALS INOP		1,200m			
	LOC	GP INOP	420 (386)	1,100m			
		GP & ALS INOP		1,800m			
	CAT II		134(100)	300m			300m[1]/350m
	CAT III		-	75m[2]/125m			

1) For CAT D aeroplane conducting an autoland.
2) Aeroplane use Fail-operational system.

대형 공항에는 활주로별 또는 접근형태별로 다수의 접근절차가 발간된다. 접근절차는 평면도(Plan view), 단면도(Profile view), 운항제한 기상치(Aerodrome operating minima)로 나누는데 위의 표는 김포국제공항의 직진입(Straight-in approach)절차 중 하나인 ILS or

LOC RWY 14R CATⅡ & Ⅲ의 운항제한 기상치를 나타낸 표이다.

예를 들면, ILS CATⅡ의 자격을 가진 조종사가 해당 장비를 장착한 항공기로 접근하는 경우, 해발고도 134ft 또는 활주로표면으로부터 100ft보다 높은 고도에서 활주로를 조종사의 눈으로 확인해야만 접근을 계속할 수 있다.

즉, 적어도 DA 134ft 또는 DH 100ft보다 아래쪽에 구름이 없어야 접근을 계속할 수 있다는 조건이다. 항공기의 카테고리가 D의 경우, 자동 착륙을 수행한다면 RVR 300m이상까지 접근을 계속할 수 있다는 기준이다.

이와 같은 기준은 이착륙이 가능한 최저의 기준이고 실무적으로는 조종사의 자격, 출발공항, 목적지공항, 교체공항인지 등에 따라 기상기준은 다르게 적용한다.

21-1-3. 일기현상

일기현상은 그 종류에 따라 이착륙에 대한 운항제한도 다르다.

시정장애현상은 당연히 이착륙 시 조종사의 시야를 방해하지만, 강수현상은 시야를 방해할 뿐 아니라 활주로의 제동거리를 증가시키기도 한다. 천둥번개 등은 그 자체로 안전운항을 위협하는 매우 위험한 기상현상이므로 비행계획단계에서부터 연료를 추가로 탑재하는 등 세심한 주의를 기울여야 한다.

강수현상 중 눈이 내리면 항공기 운항의 장애는 물론이고 활주로와 유도로의 제설작업, 항공기에 쌓인 눈의 제거 등 공항 전체에 많은 장애를 주게 된다.

활주로나 유도로에 쌓인 눈을 제거하는 것을 제설(Snow removal)작업이라 하고 항공기에는 눈뿐 아니라 비 또는 이슬이 쌓여 얼어붙기 때문에 제빙(De-icing)작업이라고 한다.

눈이 계속 내리고 있을 때 이륙하기 위해서는 항공기의 눈이 바로 녹아야 하므로 내리는 눈이 녹도록 하는 방빙(Anti-icing)작업도 필요하다.

방빙작업에서 가장 중요한 것은 방빙액(ADF, Anti-ice, De-ice Fluid)의 혼합비율과 방빙액의 지속시간(HOT, Hold Over Time)이다. 방빙액의 혼합비율이나 지속시간을 결정하는 것은 기온과 강수현상의 종류에 따라 결정된다.

그림 21.5는 외기온도와 강수현상에 따라 방빙액의 혼합비율과 지속시간을 판단하는 FAA의 기준인 Generic Holdover Times for SAE Type Ⅳ Fluids 표의 일부이다.

지속시간이 중요한 이유는 지속시간 내에 용액을 살포하기 시작부터 엔진 시동을 건 후

Outside Air Temperature[1]	Fluid Concentration Fluid/Water By % Volume	Freezing Fog or Ice Crystals	Very Light Snow, Snow Grains or Snow Pellets[2,3]	Light Snow, Snow Grains or Snow Pellets[2,3]	Moderate Snow, Snow Grains or Snow Pellets[2]	Freezing Drizzle[4]	Light Freezing Rain	Rain on Cold Soaked Wing[5]	Other[6]
-3 °C and above (27 °F and above)	100/0	1:15 - 2:40	2:20 - 2:45	1:10 - 2:20	0:35 - 1:10	0:40 - 1:30	0:25 - 0:40	0:08 - 1:10	
	75/25	1:25 - 2:40	2:05 - 2:25	1:15 - 2:05	0:40 - 1:15	0:50 - 1:20	0:30 - 0:45	0:09 - 1:15	
	50/50	0:30 - 0:55	1:00 - 1:10	0:25 - 1:00	0:10 - 0:25	0:15 - 0:40	0:09 - 0:20		
below -3 to -8 °C (below 27 to 18 °F)	100/0	0:20 - 1:35	1:50 - 2:20	0:55 - 1:50	0:30 - 0:55	0:25 - 1:20	0:20 - 0:25		
	75/25	0:30 - 1:20	1:50 - 2:10	1:00 - 1:50	0:30 - 1:00	0:20 - 1:05	0:15 - 0:25		
below -8 to -14 °C (below 18 to 7 °F)	100/0	0:20 - 1:35	1:20 - 1:40	0:45 - 1:20	0:25 - 0:45	0:25 - 1:20[7]	0:20 - 0:25[7]	CAUTION: No holdover time guidelines exist	
	75/25	0:30 - 1:20	1:40 - 2:00	0:45 - 1:40	0:20 - 0:45	0:20 - 1:05[7]	0:15 - 0:25[7]		
below -14 to -18 °C (below 7 to 0 °F)	100/0	0:20 - 0:40	0:30 - 0:45	0:09 - 0:30	0:02 - 0:09				
below -18 to -25 °C (below 0 to -13 °F)	100/0	0:20 - 0:40[8]	0:10 - 0:20[8]	0:03 - 0:10[8]	0:01 - 0:03[8]				
below -25 °C to LOUT (below -13 °F to LOUT)	100/0	0:20 - 0:40[8]	0:07 - 0:10[8]	0:02 - 0:07[8]	0:00 - 0:02[8]				

[그림 21.5] FAA Holdover Time Guidelines

이동하여 이륙을 완료해야 하기 때문이다. 이동이 지체되거나 이동 중 강수현상이 바뀌어 지속시간 내에 이륙하지 못하면 다시 돌아와 방빙작업을 해야 한다.

따라서 동계운항의 경우 TAF에 강수현상이 예보되어 있으면 공항의 제설작업뿐 아니라 항공기의 제·방빙의 가능성도 있으므로 정시운항을 위해 사전에 철저한 준비를 해야 한다.

21-1-4. 기온

기온이 높을수록 대기가 팽창하여 대기의 밀도가 낮아지므로 양력의 발생이 줄어든다. 따라서 기온은 이착륙하는 항공기의 성능을 계산하는 기본요소로 사용하고 항공기 제작사에서 제공하는 기종별 규정에 기온의 운용한계 또는 계산방식이 명시되어 있고 다음과 같은 항목에 직접 영향을 미친다.

- 이륙 및 착륙이 가능한 최대 중량(Maximum T/O and L/D Weight)
- 이륙 및 착륙에 필요한 활주로 길이(Required T/O and L/D Field Length)
- 이륙 및 착륙시의 속도(T/O and L/D Speed)
- 최적고도(Optimum altitude) 및 최고 고도(Maximum altitude)

그림 21.6은 보잉 737 기종의 기온에 따른 운용한계로서 기온과 기압고도의 관계를 표시하고 있다. 예를 들면 기압고도가 0ft일 때 기온이 54℃ 이상이거나 -54℃ 미만인 공항에서는 이착륙을 할 수 없다.

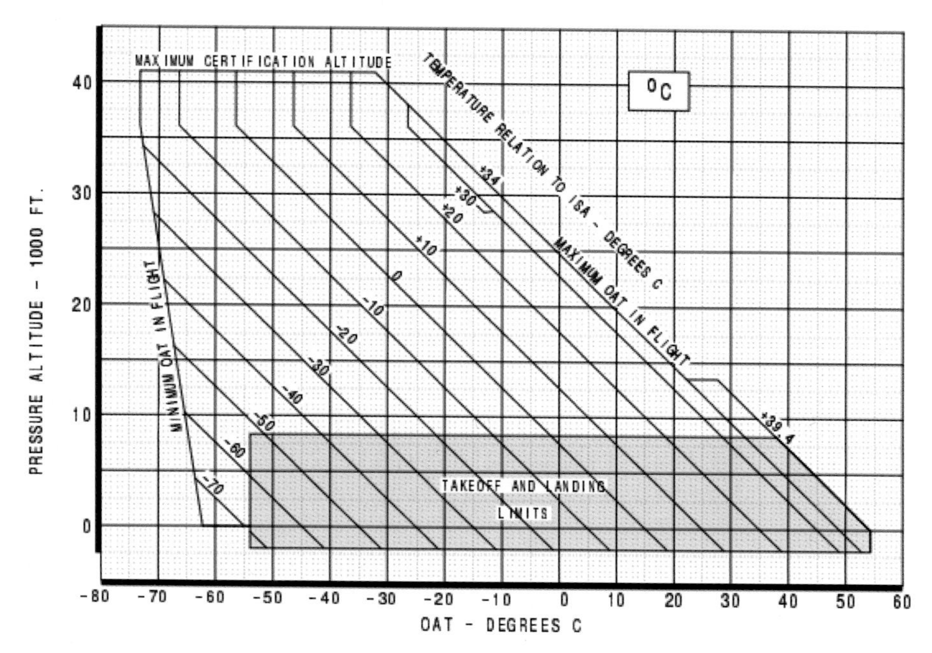

[그림 21.6] 보잉 737 Environmental Envelope

또한 기온은 순항성능에도 영향을 미치므로 최적고도를 선정하는 필수자료이다. 비행계획서에는 최적고도뿐 아니라 순항고도와 순항고도의 위와 아래의 예상 기온도 명시하여 비행 중 고도변경이 발생할 때 참조한다.

기온이 국제표준대기(ISA)보다 높으면 밀도고도(Density altitude)가 높으므로 항공기 성능이 상대적으로 저하되고, 반대로 기온이 낮으면 밀도고도가 낮으므로 항공기 성능은 상대적으로 높아진다.

그림 21.7은 인천국제공항에서 이륙하여 샌프란시스코공항으로 비행하는 비행계획서에 첨부된 항로상의 기상예보이다.

우리나라의 영공을 벗어나기 직전인 SABET 지점(Fix)상공의 비행계획서상의 순항고도는 FL370이고 ISA의 기온은 −56℃이지만 예보상의 풍향은 240°, 풍속은 60kt, 배풍성분은 53kt이고 예상 기온은 −53℃이다.

예상 최적 순항고도(FL370)의 바로 위쪽(FL390)의 ISA의 기온은 −56℃, 예보상의 풍향은 250°, 풍속은 63kt, 배풍성분은 57kt, 예상 기온은 −53℃이며, 바로 아래쪽(FL350)의 ISA기온은 −54℃, 예보상의 풍향은 240°, 풍속은 56kt, 배풍성분은 48kt, 예상 기온은 −51℃임을 알 수 있다.

		START OF WIND AND TEMPERATURE SUMMARY ICN TO SFO		
FL	ISA	WIND CMP TMP	WIND CMP TMP	WIND CMP TMP
330	-50	27055+055-51	26053+053-51	26052+052-52
310	-46	26049+049-48	26045+045-49	26043+043-49
290	-42	26045+045-45	26040+040-45	26038+038-45
		TORUS	BIKSI	KAE
370	-56	26059+058-53		
350	-54	26058+057-53		
330	-50	26054+053-51		
		NOMEX		
390	-56	26054+053-52	25056+052-52	25063+057-53
370	-56	26056+055-51	25055+051-52	24060+053-53
350	-54	26059+058-50	25055+051-50	24056+048-51
		BUSKO	TENAS	SABET

[그림 21.7] 비행계획서의 일부

SABET지점 상공의 기온은 모두 국제표준대기보다 약 3℃정도 높고, 풍속은 고도가 높을수록 강함을 알 수 있다.

21-1-5. 기압

항공기의 고도계는 국제표준대기(ISA)를 기준으로 기압을 고도로 환산한 기압고도계이므로 기압은 모든 비행단계의 고도계 수정을 위해 사용한다.

그러나 그 외에도 비행계획서를 작성하거나 실제의 비행에서 항공기의 성능을 계산할 때 반드시 필요한 기상요소이다.

기압이 낮을수록 대기의 밀도가 낮아지므로 양력의 발생이 줄어든다. 따라서 기압은 이착륙하는 항공기의 성능을 계산하는 기본요소로 사용하고 항공기 제작사에서 제공하는 기종별 규정에 기압과 기온의 관계를 명시한 운용한계 또는 계산방식이 명시되어 있고 기온과 같이 다음과 같은 항목에 직접 영향을 미친다.

- 이륙 및 착륙이 가능한 최대 중량(Maximum T/O and L/D Weight)
- 이륙 및 착륙에 필요한 활주로 길이(Required T/O and L/D Field Length)
- 이륙 및 착륙시의 속도(T/O and L/D Speed)

• 최적고도(Optimum altitude) 및 최고 고도(Maximum altitude)

항공기 이착륙 성능을 계산할 때는 기압 값을 그대로 사용하는 것이 아니고 기압을 ISA의 기압고도로 환산하여 적용한다.

물론 고도의 변화에 따라 기압이 변화하는 근삿값으로 1inHg당 1,000ft 또는 1hPa당 32ft로 계산할 수 있지만 항공기 제작사가 제공하는 매뉴얼의 표를 이용하여 간단히 계산할 수 있다.

통보받은 QFE 기압이나 QNH 기압을 그림 21.8을 이용하여 항공기 성능을 계산하기 위한 기압고도(Pressure altitude)를 계산하는 방법은 다음과 같다.

① QFE로 통보되는 공항은 왼쪽의 그림에서 바로 읽으면 된다.
② QNH로 통보되는 공항은 오른쪽의 표에서 먼저 수정 값(Correction elevation)을 구하여 활주로 고도를 더하면 된다.
③ 인천국제공항의 METAR에 Q1016로 통보되었다면 오른쪽의 표에서 수정 값은 −100ft이므로 기압고도는 활주로고도 23ft를 더하여 −77ft가 된다.

활주로의 기압고도가 −값이라는 뜻은 활주로의 현지기압이 국제표준대기의 기압보다 높다는 것을 뜻하고 밀도고도가 낮으므로 항공기 성능은 상대적으로 좋다고 판단할 수 있다.

Altimeter Setting to Station Pressure

QFE Station Pressure

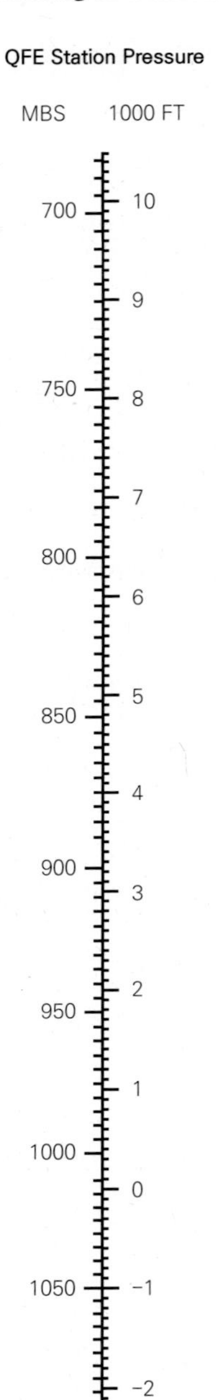

QNH to Pressure Altitude

QNH (IN. HG.)	CORRECTION TO ELEVATION FOR PRESS ALT (FT)	QNH (MILLIBARS)
28.81 to 28.91	1000	976 to 979
28.91 to 29.02	900	979 to 983
29.02 to 29.12	800	983 to 986
29.12 to 29.23	700	986 to 990
29.23 to 29.34	600	990 to 994
29.34 to 29.44	500	994 to 997
29.44 to 29.55	400	997 to 1001
29.55 to 29.66	300	1001 to 1004
29.66 to 29.76	200	1004 to 1008
29.76 to 29.87	100	1008 to 1012
29.87 to 29.97	0	1012 to 1015
29.97 to 30.08	-100	1015 to 1019
30.08 to 30.19	-200	1019 to 1022
30.19 to 30.30	-300	1022 to 1026
30.30 to 30.41	-400	1026 to 1030
30.41 to 30.52	-500	1030 to 1034
30.52 to 30.63	-600	1034 to 1037
30.63 to 30.74	-700	1037 to 1041
30.74 to 30.85	-800	1041 to 1045
30.85 to 30.96	-900	1045 to 1048
30.96 to 31.07	-1000	1048 to 1052

EXample: Elevation = 2500 FT
QNH = 29.48 IN. HG.
Correction = 400 FT
Press Alt = 2900 FT

[그림 21.8] 기압고도 환산표

21-2. 이륙중량 계산의 실례

항공기는 이륙할 때의 중량이 가장 무겁고 점점 연료를 소모함에 따라 착륙할 때의 중량이 가장 가볍다. 따라서 정지 상태에서 공중으로 부양하기 위한 이륙단계에 양력을 최대로 많이 발생시켜야 한다.

다음의 공식에서 보는 바와 같이 최대로 양력을 발생시키기 위해 조종사가 인위적으로 받음각(AOA, Angle Of Attack)을 크게 하여 양력계수(C_L)를 증가시키고 FLAP을 확장시켜 날개의 면적(S)을 증가시키며 엔진의 추진력을 증가시켜 빠르게 활주하여 속도를 높여야 한다. 그러나 공기밀도(σ)는 항공기 주위의 공기 온도와 기압에 좌우되므로 인위적인 조작이 불가능하다.

$$\text{양력}(L) = \text{양력계수}(C_L) \times \frac{1}{2}\ \text{공기밀도}(\sigma) \times \text{항공기 속도의 제곱}(V^2) \times \text{날개의 면적}(S)$$

결과적으로 이륙 당시의 기상과 관련된 풍향과 풍속, 기온, 기압고도에 따라 이륙할 수 있는 최대의 중량이 결정된다.

모든 항공기는 비행계획단계에서 해당 공항의 활주로길이(Field length)와 활주로 경사(Runway slope) 및 예상일기로 인한 활주로 상태(Runway condition)와 예상되는 풍향과 풍속, 기온, 기압고도를 이용하여 최대이륙중량(MTOW, Maximum Take-Off Weight)을 구한다.

예상활주로 상태는 강수현상의 강도나 제설작업 후 공항당국에서 SNOTAM(Snow Notice To Airman)으로 보고하는 활주로 미끄럼상태를 적용하여 계산하지만 기상요소는 바꿀 수 없으므로 실제로 예상되는 이륙중량이 이륙 FLAP을 최대로 확장하여도 계산한 최대이륙중량을 초과하면 결국 유상하중(Payload)을 줄여야 한다.

그림 21.9는 보잉 737항공기가 활주로 상태는 Dry, 이륙 Flap은 10을 사용하고, Air-Con Pack은 On이지만 엔진의 제빙장치는 끄고(anti-ice off) 이륙한다고 가정하고 최대이륙중량을 계산하는 도표이다.

Takeoff Field Limit - Dry Runway
Flaps 10
Based on engine bleed for packs on and anti-ice off

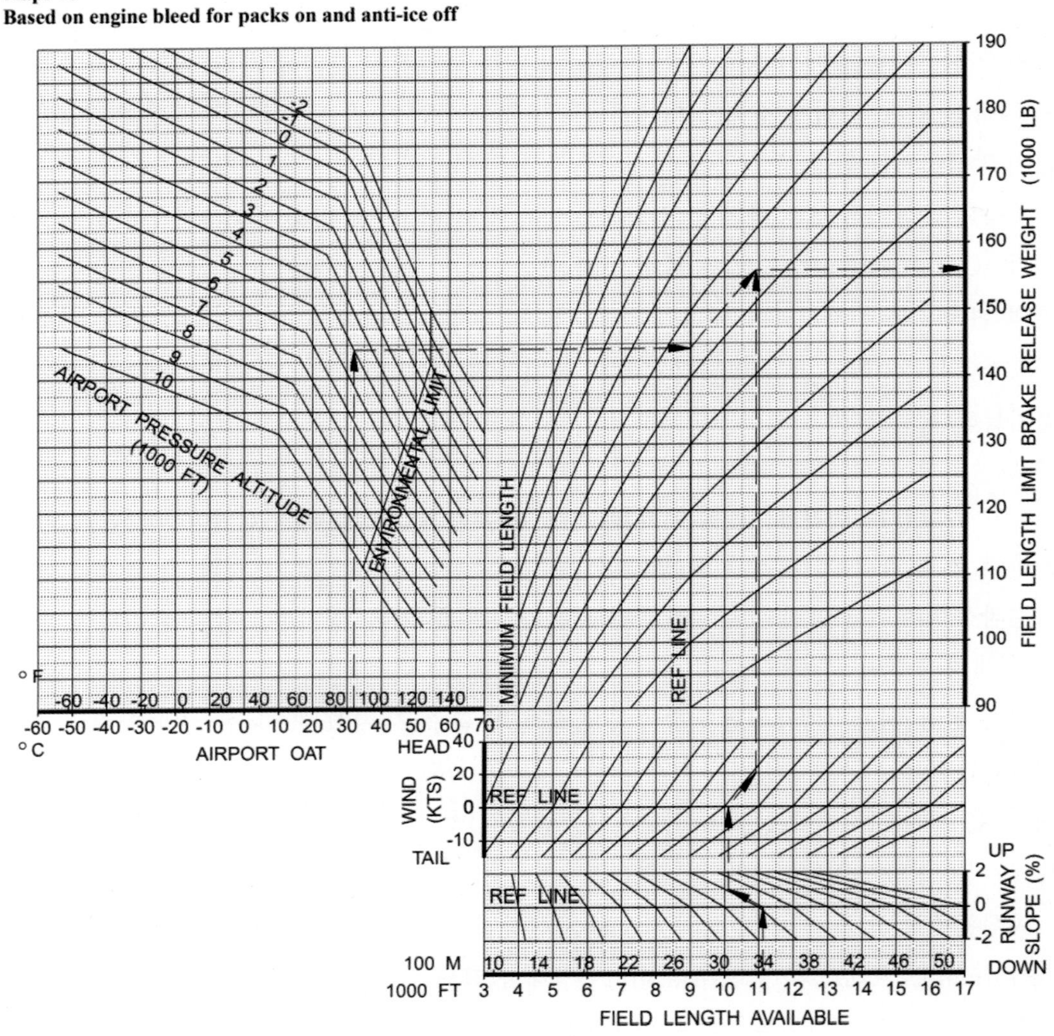

With engine bleed for packs off, increase weight by 900 lb.
With engine anti-ice on, decrease weight by 500 lb.
With engine and wing anti-ice on, decrease weight by 2000 lb (optional system).

[그림 21.9] 보잉 737 항공기의 최대이륙중량 계산용 그래프

화살표로 표시한 예는 활주로의 길이는 11,100ft, 경사도는 1%, 바람은 정풍성분이 20kt, 기온은 32℃, 기압고도는 4,000ft의 공항에서 이륙할 때의 최대이륙중량을 계산하는 예시이다.

계산 결과 최대이륙중량은 156,000lbs가 된다. 만약 모든 조건이 동일하고 정풍성분이 10kt라고 가정하면 최대이륙중량은 약 154,000lbs가 되므로 2,000lbs정도 감소함을 알 수 있다.

아래쪽의 주석에는 조건과 달리 Air-Con Pack을 off상태로 이륙하면 계산 결과 값으로부터 900lbs의 중량을 증가시킬 수 있으나, 엔진의 제빙장치를 켜고 이륙하면 500lbs를 줄여야 하며, 엔진과 날개의 제빙장치를 모두 켜고 이륙하면 2,000lbs를 줄여야 한다고 기술되어 있다.

이와 같이 모든 항공기는 그 공항의 이륙예정시간에 예상되는 활주로 상태에 해당하는 차트를 찾아 예상되는 풍향, 풍속, 기온 및 기압고도(기압에서 환산)로 최대이륙중량(MTOW)을 구하여 비행계획서에 반영한다.

이와 같은 계산 과정은 오차의 발생가능성이 높고 시간이 많이 소모되므로 실무적으로는 필요한 데이터를 입력하여 전용 프로그램으로 계산한다.

그러나 운항관리사 실기시험에는 계산에 필요한 자료를 제공하고 최대이륙중량을 구하여 비행계획서를 작성하는 과정이 있으므로 사전에 충분히 익혀두어야 한다.

V

일기도

22. 일기도의 종류

광범위한 지역에서 관측한 바람, 기온, 기압, 날씨, 구름 등의 기상현상 또는 관측한 기상현상을 바탕으로 어느 시각에 예상되는 기상현상을 숫자, 기호, 선 등으로 지도상에 표시한 그림을 일기도(Weather chart 또는 Weather map)라고 한다.

일기도를 일정한 시간간격으로 연속하여 해석해 보면 대기상태의 시간적인 변화를 알 수 있고 그 변화를 일으키는 원인도 추측할 수 있다.

22-1. 일기도의 분류

일기도는 사용목적이나 대상 등 그 기준에 따라 다양한 형태로 분류할 수 있다.

① 표현내용의 시간 차이에 따른 분류

- 분석일기도(Analysis weather chart)

실제의 관측결과를 바탕으로 실제의 대기상태를 표현한 일기도로서 관측하여 일기도를 배포할 때까지의 시간차가 있으므로 과거의 일기도이다. 실황일기도 또는 해석일기도라고도 한다.

- 예상일기도(Forecast weather chart)

관측결과를 바탕으로 수 시간 또는 수일 후의 대기상태를 예상하여 표현한 일기도이다. 안전운항은 비행계획이 가장 중요하므로 운항을 위한 비행계획단계에서 가장 많이 사용한다.

② 표현내용의 고도 차이에 따른 분류

- 지상일기도(Surface weather chart)

지표의 기상 및 대기의 상태를 표현한 일기도로서 일상생활뿐 아니라 공항의 기상상태를 이해하는데 가장 기본이 되는 일기도이다.

• 고층(상층)일기도(Upper air weather chart)

상공의 기상 및 대기의 상태를 표현한 일기도로서 항공운항에 가장 많이 활용하는 일기도이다.

항공운항에서는 많이 사용하는 고층 등압면 일기도는 다음과 같다

850hPa등압면 일기도(국제표준대기 기준, 고도 5,000ft)

700hPa등압면 일기도(10,000ft)

500hPa등압면 일기도(18,000ft)

300hPa등압면 일기도(30,000ft)

250hPa등압면 일기도(34,000ft)

200hPa등압면 일기도(39,000ft)

• 수직단면도(Cross section air weather chart)

고층의 대기를 남북방향 또는 동서방향이나 항공기가 주로 이용하는 항로를 수직으로 자른 단면도로서 안전운항을 위해 많은 도움이 되는 일기도이다.

③ 표현내용의 해석방법의 차이에 따른 분류

• 실제해석일기도

실제의 관측결과를 바탕으로 예보관의 지식이나 경험으로 해석한 일기도이다.

• 수치예보일기도

지구를 둘러싸고 있는 대기층을 지표면으로부터 상공으로 일정한 간격과 고도의 격자점으로 분할하고, 관측한 바람, 기온 등의 기상요소를 그 격자점에 할당한 다음 물리학 등의 법칙을 근거로 시간변화에 따른 기상현상의 변화를 계산하여 만들어진 일기도이다. 데이터의 양이 방대하고 복잡한 물리학 방정식 등이 필요하므로 슈퍼컴퓨터로 계산하여 만들어진다.

대부분의 예상일기도는 수치예보일기도라고 할 수 있다.

④ 표현대상의 차이에 따른 분류

하나 또는 일부의 기상현상을 중점적으로 표현한 일기도로서 다음과 같은 일기도 등이 있다.

• 단열선도

• 기상위성사진

• 기상위성사진 해석도

- 태풍진로도
- 화산재 확산 분포도
- 기상레이더 에코도
- 천둥번개 분포도
- 황사 분포도
- 강수강설 분포도
- 해수온도 분포도
- 해류도

⑤ 이용목적의 차이에 따른 분류

- 항공운항용 일기도
- 선박항해용 일기도

22-2. 일기도의 종류

항공운항에 필요한 일기도의 일부를 항공기상청, 일본기상청, 세계공역예보센터(WAFC)에서 발췌하여 다음과 같은 종류로 나누어 살펴본다.

<table>
<tr><th colspan="2">구분</th><th colspan="2">분석일기도</th><th colspan="2">예상일기도</th></tr>
<tr><td colspan="2">지상일기도</td><td colspan="2">ASAS</td><td colspan="2">FSAS24</td></tr>
<tr><td rowspan="6">고층
등압면일기도</td><td>850hPa(5,000ft)</td><td rowspan="2">AUPQ78</td><td rowspan="3">AXFE578</td><td rowspan="2"></td><td rowspan="3">FXFE5782</td></tr>
<tr><td>700hPa(10,000ft)</td></tr>
<tr><td>500hPa(18,000ft)</td><td rowspan="2">AUPQ35</td><td>FUPA502</td></tr>
<tr><td>300hPa(30,000ft)</td><td></td><td colspan="2">FUPA302</td></tr>
<tr><td>250hPa(34,000ft)</td><td colspan="2">AUPA25</td><td colspan="2">FUPA252</td></tr>
<tr><td>200hPa(39,000ft)</td><td colspan="2">AUPA20</td><td colspan="2"></td></tr>
<tr><td colspan="2">고층단면도</td><td colspan="2">AXJP130/AXJP140</td><td colspan="2">FXJP106/FXJP112</td></tr>
<tr><td colspan="2">위험기상</td><td colspan="2">ABJP</td><td colspan="2">FBJP</td></tr>
<tr><td colspan="2">기상위성사진</td><td colspan="2">IR/VIS/WV</td><td colspan="2"></td></tr>
<tr><td colspan="2">구름해석도</td><td colspan="2">TSAS1/2</td><td colspan="2"></td></tr>
<tr><td colspan="2">화산재 확산 분포도</td><td colspan="2">VAGI</td><td colspan="2">VAG
VAGFN
VAGFNR
VAGFNR-AF</td></tr>
</table>

WAFS 예상도		SIGWX(SWH) WINTEM(IS)

우리나라 항공기상청 사이트에는 항공운항에 필요한 일기도가 부족하여 주로 일본기상청의 인터넷사이트[항공기상정보]에서 인용한 일기도를 중심으로 설명한다.

항공사에서는 운항하는 노선에 따라 미국, 영국, 일본 등, 해당 지역의 국가기관에서 제공하는 일기도를 참조하거나 또는 기상정보를 제공하는 민간회사와 별도로 계약하여 일기도를 제공받을 수도 있다.

기상현상에 민감한 조종사들이나 항공기상을 공부하는 학생들은 무료로 제공하는 인터넷 싸이트를 많이 알고 있는 것이 좋다.

일본 기상청에서는 다양한 종류의 일기도를 발행하고 있음은 물론 아시아 및 북서태평양 지역을 대부분 포함하고 있으며 누구나 제한 없이 이용할 수 있는 것이 특징이다. 또한 기상청의 자료를 기반으로 기상업무를 제공하는 민간회사에서도 인터넷을 통해 다양한 형태의 일기도를 제공하고 있다.

참조: 일기도를 제공받을 수 있는 주소

- **항공기상청**: 항공운항지원 기상서비스
  https://global.amo.go.kr/comis4/uis/common/index_acwis.do
- **일본기상청 항공기상정보**: http://www.data.jma.go.jp/airinfo/index.html
- **일본 홋카이도방송국 천기도**: http://www.hbc.co.jp/weather/pro-weather.html
- **일본기상주식회사 전문기상정보**: https://n-kishou.com/ee/index.html
- **일본 항공기상포털(Chrome 기반)**: 전 세계 모든 지역의 기상자료 접근이 가능하다.
  https://www.tono2.net/
- **미국 기상예보센터(WPC)**: https://www.wpc.ncep.noaa.gov/
- **미국 항공기상센터(AWC)**: https://www.aviationweather.gov/briefing

23. 지상일기도(ASAS)

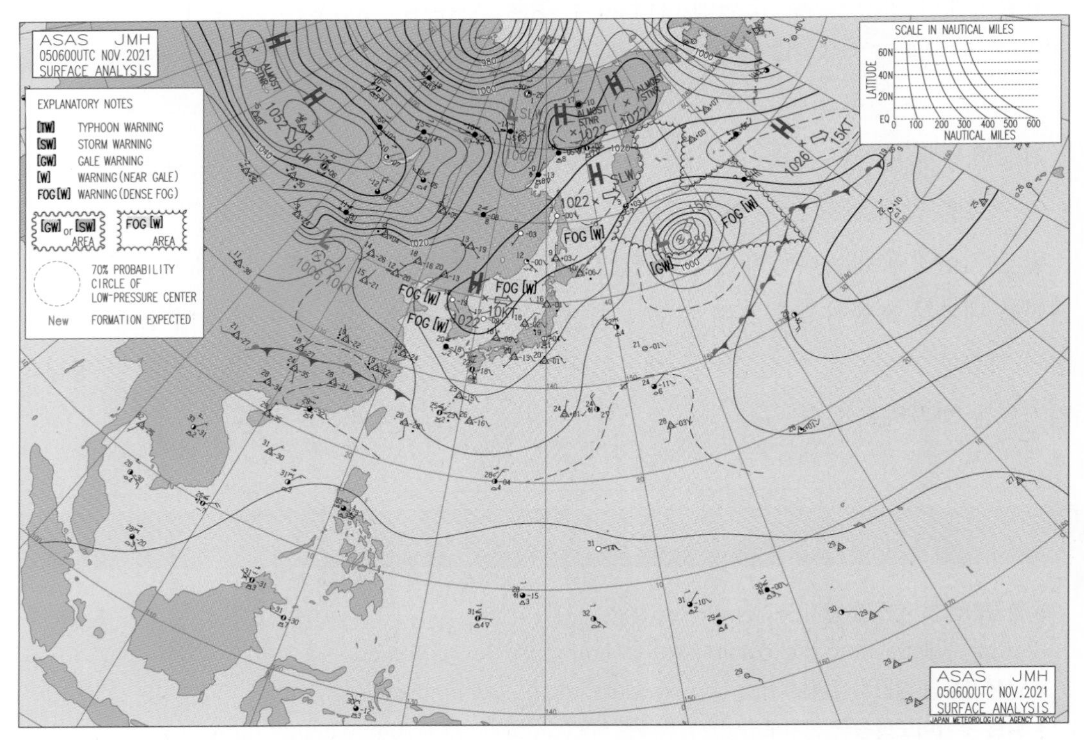

[그림 23.1] 일본기상청 지상일기도(https://www.jma.go.jp/bosai/weather_map/)

매일 4회(00, 06, 12, 18UTC) 관측한 값을 기준으로 국제적인 형식에 따라 작성하여 배포한다.

23-1. 일기도의 구조

(1) 일기도의 명칭

① ASAS: A(Analysis), S(Surface), AS(Asia) 아시아 지역의 분석일기도를 뜻하는 일기도의 이름

② JMH: 일본기상청에서 일기도를 생산하여 배포하는 FAX 방송국의 호출부호

③ 050600UTC NOV 2021: 2021년 11월 5일 0600UTC의 관측 자료를 기반으로 만든 일기도

④ SURFACE ANALYSIS: 지표면의 분석일기도

(2) 축척(Scale in Nautical Miles)

지상일기도는 원추도법(Lambert도법, Conical Projection)의 일기도가 사용된다. 이 지도는 고위도 지역으로 갈수록 경도 사이의 폭이 좁아지고 위도는 곡선을 이루므로 지도상의 거리와 실제거리의 차이가 발생한다. 따라서 x-축은 거리(NM), y-축은 위도(LAT)로 표시하여 각 지역의 축척을 그림 23.1 오른쪽 위쪽에 참고자료로 제시하고 있다.

(3) 해상경보 참고자료

그림 23.1 일기도 왼쪽의 일기도 명칭 아래 사각형으로 표시한 곳에는 해상에서 선박의 안전한 항해를 위해 각종 해상경보를 표시하고 있다.

① [TW] Typhoon Warning: 태풍으로 인한 해상의 풍속이 64kt 이상

② [SW] Storm Warning: 해상의 풍속이 48kt 이상

③ [GW] Gale Warning: 해상의 풍속이 34kt 이상 48kt 미만

④ [W] Warning: 해상의 풍속이 28kt 이상 34kt 미만

⑤ FOG[W] Fog Warning: 해상의 시정이 0.3NM(약 500m) 미만

⑥ [GW]or[SW] AREA: 바다의 [GW] 또는 [SW] 지역을 요철 선으로 표시

⑦ FOG [W] AREA: 바다의 FOG[W] 지역을 톱니 선으로 표시

⑧ ⋯: 저기압의 70% 확률 예보원. 저기압의 중심이 이동하여 점선의 원 안에 위치할 확률이 70%라는 뜻

⑨ New: 새롭게 저기압의 발생이 예상되는 경우에 표시

(4) 등압선

각 지점에서 관측한 현지기압을 해면기압으로 변환한 후 1,000hPa을 기준으로 20hPa마다 굵은 실선, 4hPa마다 가는 실선으로 표시한다. 가는 실선의 간격이 넓은 경우 2hPa간격으로 가는 점선을 일부 추가하여 표시한다.

(5) 고(저)기압

주위보다 기압이 높은 고기압의 중심에 'H'(컬러로 표시하는 경우는 청색), 주위보다 기압이 낮은 저기압의 중심에는 'L'(적색), 각 기압의 중심위치에 'x' 로 표시한다.

각 기압의 중심이 이동방향과 속도가 정해진 경우에는 화살표(⇐)로 방향을 표시하고 이동방향의 앞쪽에 이동속도를 KT 단위로 표시한다. 이동방향은 정해져 있으나 이동속도가 5kt 이하인 경우는 화살표로 방향을 표시하고 slowly를 뜻하는 'SLW', 이동 속도가 5kt 이하로서 이동방향이 정해지지 않고 거의 정지해 있는 경우는 Almost stationary를 뜻하는 'ALMOST STNR'로 표시한다.

특히 열대저기압의 경우는 최대풍속에 따라 다음과 같은 기호로 표시한다(컬러로 표시하는 경우는 적색).

① TD(Tropical Depression): 최대풍속이 34kt 미만

② TS(Tropical Storm): 최대풍속이 34kt 이상, 48kt 미만

③ STS(Severe Tropical Storm): 최대풍속이 48kt 이상, 64kt 미만

④ T(Typhoon): 최대풍속이 64kt 이상

(6) 전선

한랭전선(▼▼▼), 온난전선(●●●), 정체전선(●▼●▼), 폐색전선(●▲●▲)을 각각 그림으로 표시한다. 흑백으로 표시하는 일기도에서는 모두 검정색으로 표시한다.

(7) 대표지점의 일기

국제적인 표준형식은 지표의 고정된 위치에서 관측하여 코드로 교환하는 종관관측값(FM 12 SYNOP Report of surface observation from a fixed land station)을 그림 23.2과 같이 각각 정해진 규칙에 따라 관측지점에 표시한다.

국제형식대로 기입하면 그림 23.3과 같이 매우 복잡하게 되지만 대부분의 일기도에서는 구름의 양(N), 풍향(dd) 및 풍속(ff), 기온(TT), 해면기압(ppp) 등과 같이 일부만 약식으로 표시한다.

항공운항에서는 전체적인 대기의 상태를 확인하는데 필요한 일기도이므로 공항의 기상상태는 METAR로 확인하면 된다.

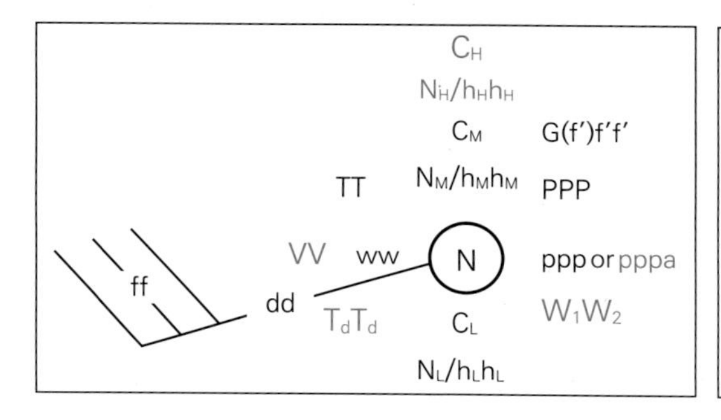

[그림 23.2] 국제표준형식

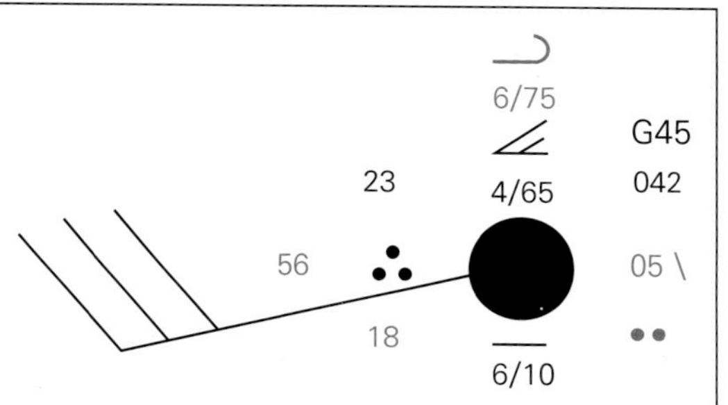

[그림 23.3] 일기도에 표시하는 예시

① N: 전체 하늘을 덮고 있는 구름의 양(예, 전체하늘이 구름 $\frac{8}{8}$). 자동관측의 경우는 삼각형으로 표시( )

② C_L: 저층운의 종류(예, Stratus)

③ N_L: 저층운의 양(예, 저층운이 전체하늘의 $\frac{6}{8}$)

④ $h_L h_L$: 저층운의 운저고도(예, 1,000ft)

⑤ C_M: 중층운의 종류(예, Altostratus)

⑥ N_M: 중층운의 양(예, 중층운이 전체하늘의 $\frac{4}{8}$)

⑦ $h_M h_M$: 중층운의 운저고도(예, 15,000ft)

⑧ C_H: 고층운의 종류(예, Cirrus)

⑨ N_H: 고층운의 양(예, 고층운이 전체하늘의 $\frac{6}{8}$)

⑩ h_Hh_H: 고층운의 운저고도(예, 25,000ft)

⑪ TT: 기온(예, 23℃)

⑫ T_dT_d: 이슬점 온도(예, 18℃)

⑬ ww: 현재일기(예, 연속적인 비)

⑭ w_1w_2: 과거일기(예, 비)

⑮ dd: 풍향(예, 250도 방향)

⑯ ff: 풍속(예, 30kt)

⑰ G(f′)f′f′: 순간최대풍속(Gust)(예, 45kt)

⑱ VV: 시정(예, 6000m)

⑲ pppa: 3시간 전부터의 기압의 변화경향(검정색은 상승경향, 붉은색은 하강경향으로 컬러로 구분하기도 한다)(예, 3시간 전보다 기압이 0.5hPa 낮아짐)

⑳ ppp: 기압(예, 1004.2hPa)

23-2. 일기도의 해석

지상일기도에서는 주로 저기압 또는 고기압의 위치 및 이동방향과 속도, 등압선의 간격, 전선의 종류와 형태 등을 확인하여 광범위한 대기의 흐름과 특징을 파악한다.

① 등압선이 조밀할수록 그 지역에는 바람이 강하다. 우리나라 부근에서 등압선의 간격이 위도 2도 정도인 경우의 풍속은 약 15~20kt 정도로 분다. 등압선이 크게 굽어져 있는 지역은 풍향의 변화가 심하다. 지표면이므로 바람은 등압선과 평행하게 불지 않는다.

② 저기압이나 기압의 골(trough)에서는 바람이 모여 들어 상승기류가 발생하므로 구름이 발달하고 강수현상이 생기기 쉽다.

③ 고기압이나 기압의 능(ridge)에서는 하강기류가 발생하므로 구름이 생기기 어려워 강수현상은 생기지 않는다.

④ 고기압과 저기압의 위치가 가깝고 기압의 차이가 클수록 기압경도가 커서 바람이 강하다.

⑤ 전선이 발달하는 지역에서는 풍향, 풍속, 기압, 기온의 변화가 심하여 항공기의 운항에 매우 위험할 수 있으므로 전선의 종류와 형태 이동방향과 속도 등을 자세히 분석한다.

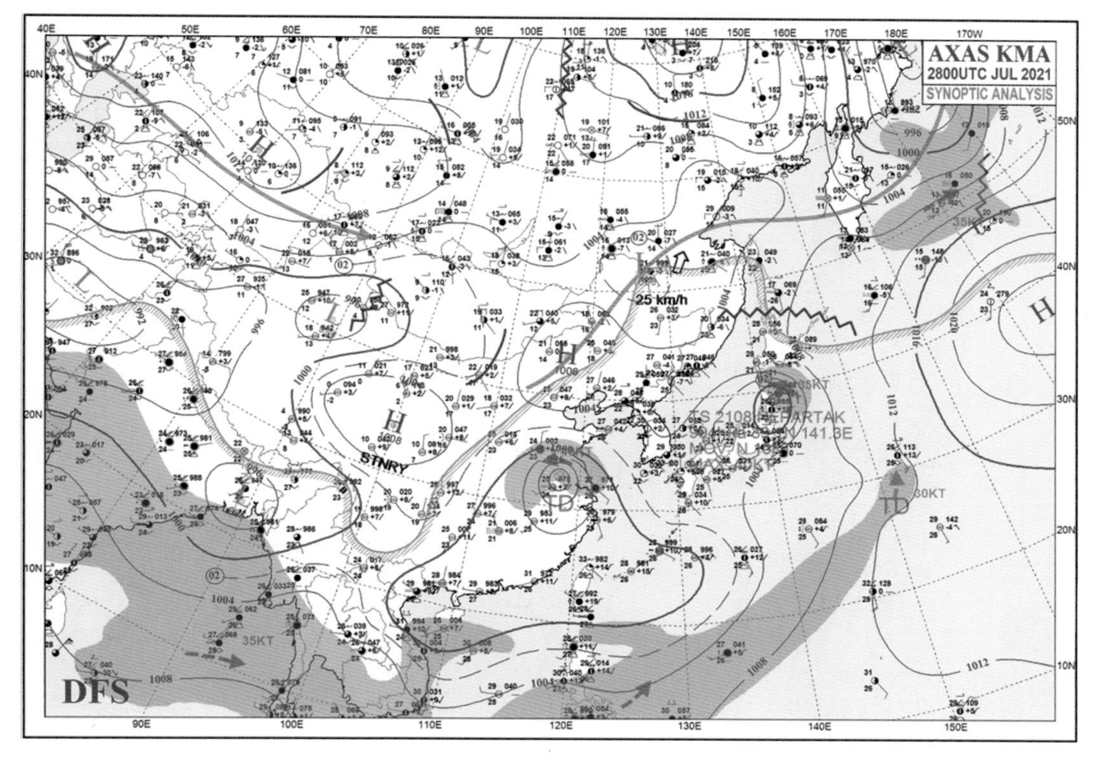

[그림 23.4] 항공기상청 분석일기도(항공기상청 항공운항지원 기상서비스)

그림 23.4은 우리나라 기상청에서 제공하는 일기도로서 지상일기도와 상층일기도를 조합한 일기도이다. 붉은색 화살표는 상층 제트기류, 보라색 지역은 25kt 이상의 하층 제트기류, 그린색의 선은 노점온도가 20℃ 이상인 북쪽 경계선, ● 안개 지역, ● 강수 지역, ● 천둥번개 지역을 의미한다.

그림 23.5는 미국 기상예보센터에서 제공하는 일기도로서 일기도의 이름을 약어로 표시하지 않고 왼쪽 아래에 설명문으로 표시하고 있다. 기상위성사진, 레이더사진과 겹쳐서 볼 수도 있고, 전선만 표시할 수도 있다.

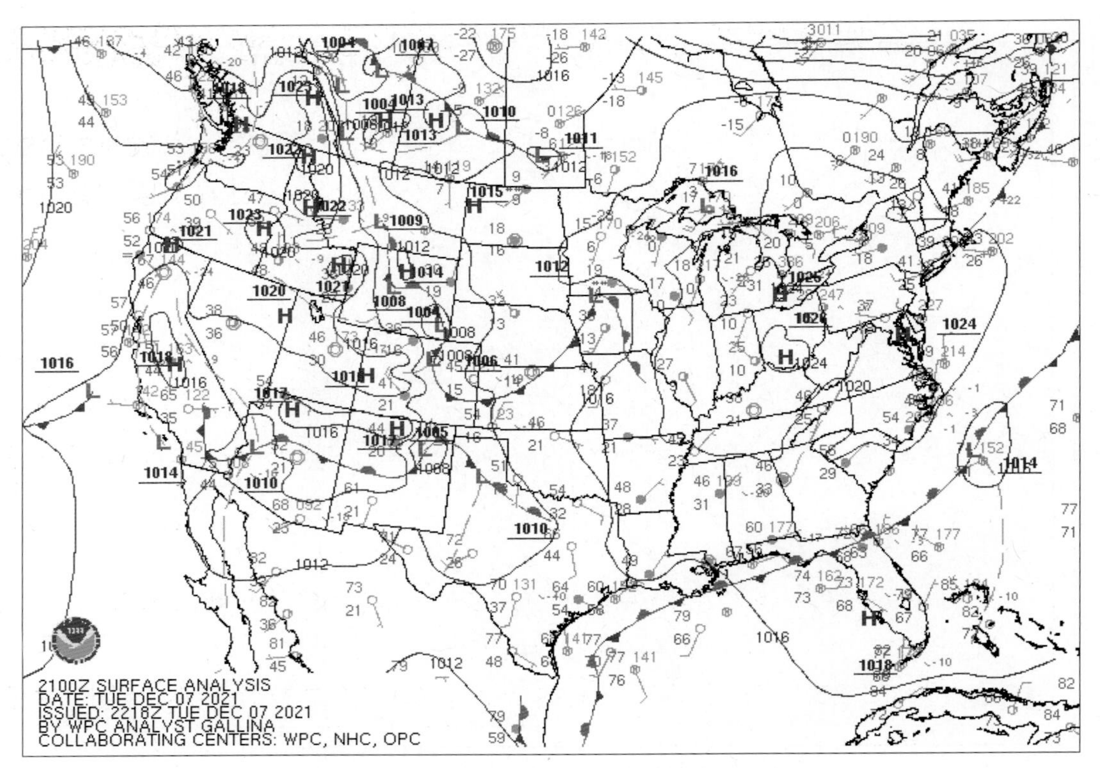

[그림 23.5] 미국 기상예보센터(WPC) 지상일기도
(https://www.wpc.ncep.noaa.gov/sfc/namussfcwbg.gif)

24. 예상 지상일기도(FSAS24)

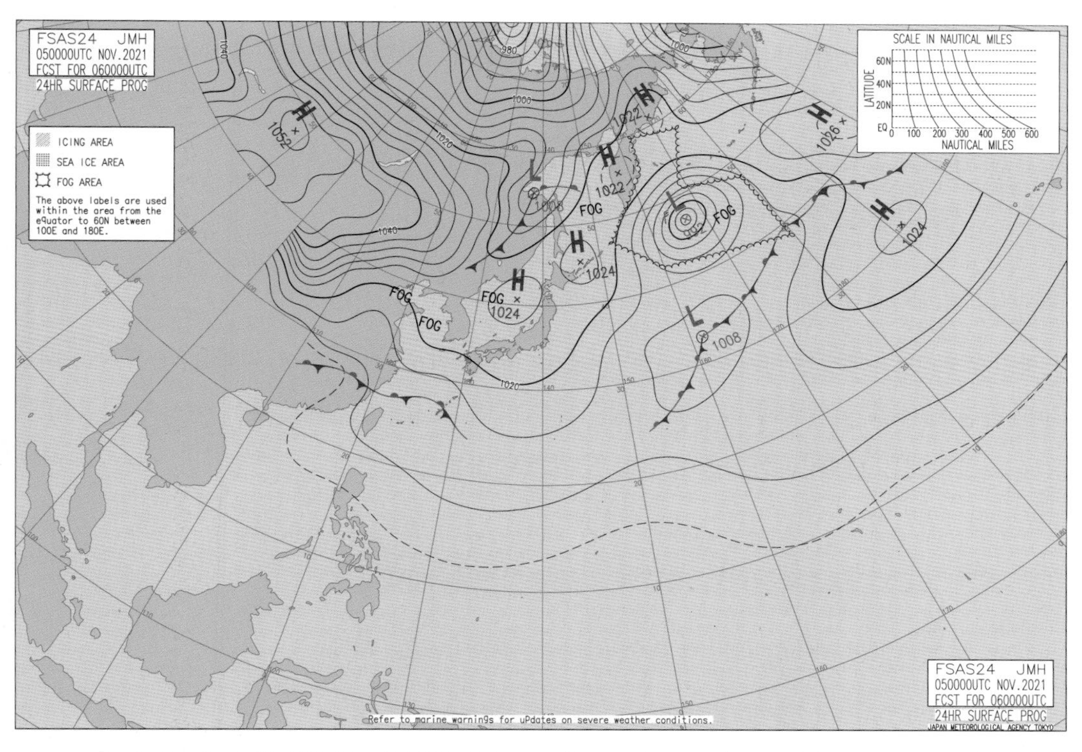

[그림 24.1] 일본기상청 예상 지상일기도(https://www.jma.go.jp/bosai/weather_map/)

매일 2회(00, 12UTC) 관측한 값을 기준으로 24시간(FSAS24), 48시간(FSAS48) 예상 지상일기도를 국제적인 형식에 따라 작성하여 배포한다.

24-1. 일기도의 구조

(1) 일기도의 명칭

① FSAS24: Forecast Surface, ASia 아시아 지역의 24시간 예상 지상일기도를 뜻하는 일기도의 이름

② JMH: 일본기상청에서 일기도를 생산하여 배포하는 FAX 방송국의 호출부호

③ 050000 NOV 2021: 2021년 11월 5일 0000UTC의 관측자료

④ FCST FOR 060000UTC: 11월 6일 0000UTC에 예상되는 지상일기도

⑤ 24HR SURFACE PROG: 24시간 예상도

(2) 해상 참고자료

사각형으로 표시한 곳에는 경도 100E~180E, 위도 적도~60N 사이 지역의 해상에서 선박의 안전한 항해를 위해 위험하다고 예상되는 지역을 표시하고 있다. 30kt 이상의 강풍이 예상되는 지역에는 풍향 및 풍속을 화살표의 기호로 표시한다.

① ICING AREA: 선박에 착빙의 가능성이 있는 지역

② SEA ICE AREA: 바다가 얼어 있을 가능성이 있는 지역

③ FOG AREA: 안개가 발생할 가능성이 있는 지역

(3) 기타

등압선, 고(저)기압, 전선, 열대저기압 등은 지상일기도(ASAS)와 같은 형식으로 표시하지만 고(저)기압의 이동방향 및 속도, 열대저기압의 예보원, 해상경보 등은 표시하지 않는다.

태풍의 경우는 태풍번호, 이름, 중심기압(hPa), 최대풍속을 표시한다.

24-2. 일기도의 해석

해석의 방법은 지상일기도(ASAS)와 같고, 시간의 경과에 따라 예상되는 저기압 또는 고기압의 위치, 등압선의 간격, 전선의 종류와 형태 등이 어떻게 변화하는지에 대하여 연속적으로 파악한다.

25. 850hPa 고층일기도(AUPQ78)

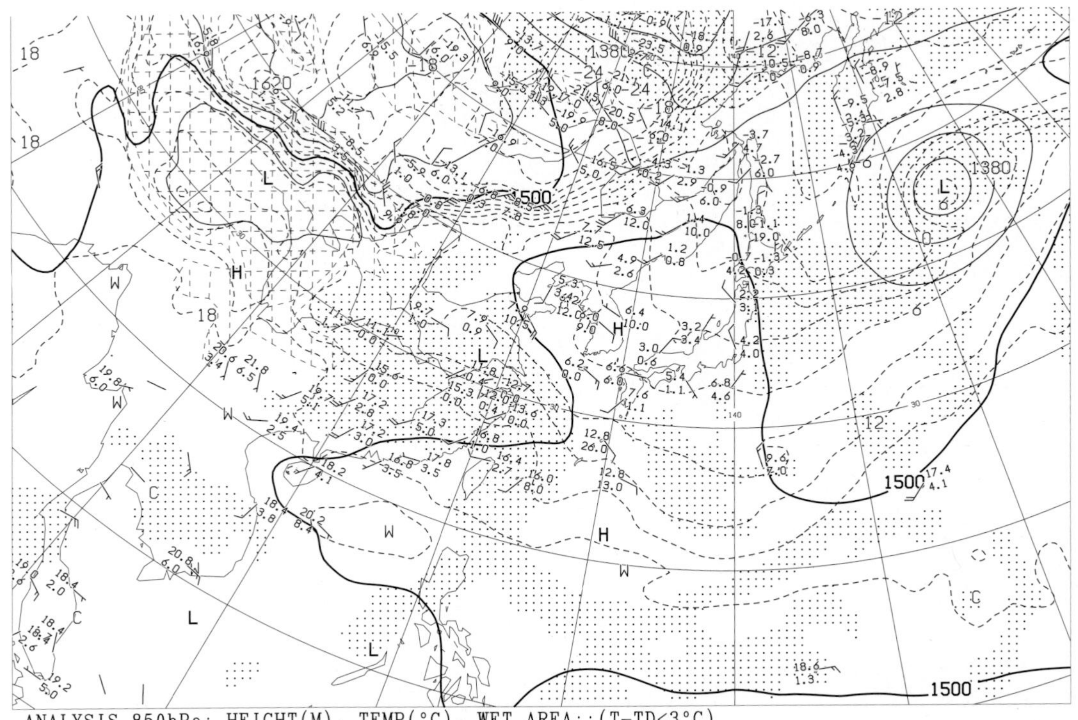

[그림 25.1] 일본기상청 850hPa 고층일기도
(https://www.jma.go.jp/bosai/numericmap/#type=upper)

매일 2회(00, 12UTC) 관측한 값을 기준으로 국제적인 형식에 따라 작성하여 배포한다. 위쪽에 700hPa(10,000ft), 아래쪽에 850hPa(5,000ft)의 등압면일기도를 동시에 배치하여 상하의 대기상태를 비교할 수 있도록 하였다.

25-1. 일기도의 구조

(1) 명칭 및 참고자료

① AUPQ78: A(Analysis), U(Upper), PQ(Western north pacific), 78(700hPa, 850hPa) 북서 태평양 지역의 700hPa과 850hPa의 등압면 분석일기도를 뜻하는 일기도의 이름

② 051200UTC NOV 2021: 2021년 11월 5일 1200UTC의 관측 자료를 기반으로 만든 일기도

③ ANALYSIS 850hPa: 아래쪽의 일기도는 850hPa 등압면 일기도

④ HEIGHT(M): 등압면의 고도는 m 단위

⑤ TEMP(℃): 기온의 단위는 ℃

⑥ WET AREA :: (T-TD〈3℃): 습도가 높은 지역을 ::으로 표시(기준은 기온과 이슬점 온도의 차이가 3℃ 미만)

(2) 등고선(Contour)

등압면의 일기도이므로 각 지점의 기압은 동일하지만 고도는 다르다. 따라서 고도가 동일한 지점을 이어 등고선을 표시한다.

등고선은 국제표준대기를 기준으로 850hPa의 고도는 약 1,500m(5,000ft)이므로 1,500m를 기준선으로 300m마다 굵은 실선, 그 사이에 60m마다 가는 실선을 그리고, 120m마다 해당 고도를 숫자로 표시한다.

(3) 등온선(Isotherm)

등압면에서 기온이 같은 지점을 이어 등온선을 표시한다.

등온선은 0℃를 기준선으로 4~11월은 3℃마다, 12~3월은 6℃마다 점선을 그리고, 6℃마다 해당 기온을 숫자로 표시한다. 또한 등압면 중에서 주위보다 상대적으로 따뜻한 지역의 중심에 'W', 차가운 지역의 중심에 'C'로 표시한다.

(4) 고(저)기압

등압면의 일기도이므로 각 지점의 기압은 동일하지만 고도는 다르다. 그러나 주위보다 등고선이 높아 고도가 높은 지역이 있고 등고선이 낮아 고도가 낮은 지역이 있다.

이와 같은 이유로 주위보다 고도가 높은 지역의 중심에 'H', 주위보다 고도가 낮은 지역의 중심에는 'L'로 표시한다.

(5) 대표지점의 일기

관측한 지점의 풍향 및 풍속을 기호로 표시하고 기온은 위쪽에, Spread는 아래쪽에 각각 0.1℃ 단위의 숫자로 표시한다.

(6) 지표의 고도

높은 산으로 인해 지표의 고도가 3,000m보다 높은 지역을 가로세로 그물 모양의 선으로 표시한다.

25-2. 일기도의 해석

① 고도 약 5,000ft의 등압면은 지표의 마찰이나 열의 영향이 비교적 약하기 때문에 아래층의 대기상태를 파악할 수 있는 대표적인 일기도이고 항공기의 상승 또는 하강 시에 참조할 수 있는 일기도이다.

② 지표의 마찰이나 국지적인 영향을 받지 않는 하층 대기의 대표적인 기상요소를 표시하는 일기도로서 상대적으로 따뜻한 대기 또는 차가운 대기 및 수증기의 유입상태를 파악할 수 있다.

③ 등온선이 밀집한 지역에는 전선이 존재하고, 등온선과 등고선이 조밀한 지역은 전선활동이 활발하다. 즉, 한랭전선에서 한기이류가 강할수록, 온난전선에서 난기이류가 강할수록 전선활동이 활발하다고 분석한다.

④ 습역(Wet area)은 하층운이 존재하며, 습역이 등온선이 밀집한 지역에 있으면 저기압의 발생 혹은 발달을 예상할 수 있다.

⑤ 수증기의 분포나 바람의 상태로부터 집중호우의 발생 가능성을 예측할 수 있는데, 850hPa등압면에 6~9월 중에 노점온도가 15℃ 이상이고 습수(Spread)가 3℃ 이하이면 호우 가능성이 있고, 풍속이 40kt 이상의 하층 제트기류의 북쪽에서 북서 지역에 호우가 발생할 가능성이 높다.

⑥ 겨울에는 상층의 차가운 대기의 분포에 따라 눈이 올지에 대한 판단을 할 수 있는데 이 850hPa등압면일기도에서 −6℃ 이하이면 눈, -3℃ 이하이면 진눈깨비가 내리는 기준이 된다.

⑦ 등고선과 등온선이 거의 평행하게 분포하면 차가운 공기 또는 따뜻한 공기의 유입이 적고, 서로 큰 각도로 교차하면 각 공기의 유입이 강하여 저기압이나 전선이 발달할 수 있는 조건이 된다.

26. 700hPa 고층일기도(AUPQ78)

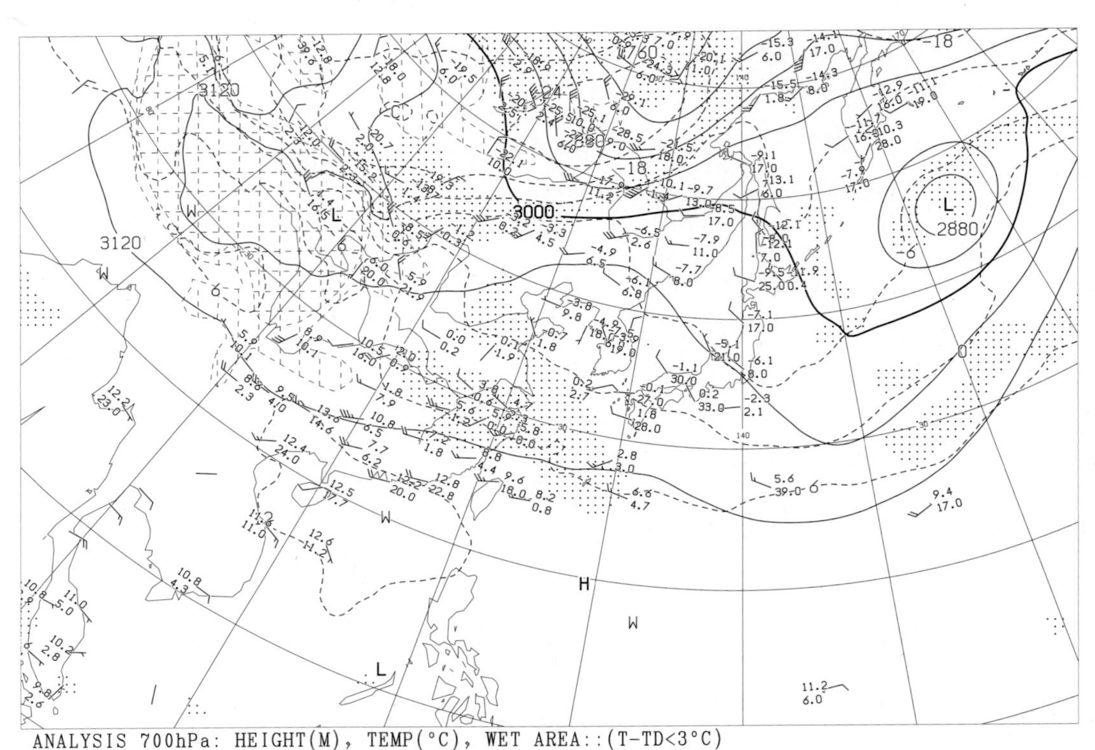

[그림 26.1] 일본기상청 700hPa 고층일기도
(https://www.jma.go.jp/bosai/numericmap/#type=upper)

AUPQ78 일기도의 위쪽에 표시된 700hPa(10,000ft)등압면일기도로서, 아래쪽의 850hPa(5,000ft)등압면일기도와 함께 상하의 대기상태를 비교할 수 있도록 하였다.

26-1. 일기도의 구조

등고선과 등온선을 제외한 모든 표시형식은 그림 25.1 850hPa 고층일기도와 동일하다.

등고선은 국제표준대기를 기준으로 700hPa의 고도는 약 3,000m(10,000ft)이므로 3,000m를 기준선으로 300m마다 굵은 실선, 그 사이에 60m마다 가는 실선을 그리고, 120m마다 해당고도를 숫자로 표시한다.

등온선은 0℃를 기준선으로 계절과 관계없이 6℃마다 점선을 그리고 기온을 숫자로 표시한다. 또한 등압면 중에서 주위보다 상대적으로 따뜻한 지역의 중심에 'W', 차가운 지역의 중심에 'C'로 표시한다.

26-2. 일기도의 해석

① 고도 약 10,000ft의 등압면은 대기의 대규모적인 흐름을 파악하는 것이 목적인 일기도이고, 마찬가지로 항공기의 상승 또는 하강 시에 참조할 수 있는 일기도이다.

② 구름이나 비가 만들어지기 쉬운 고도로서 기류의 움직임과 차가운 공기와 따뜻한 공기의 분포를 통하여 강수현상을 예상할 수 있다. 습역(Wet area)은 중층운이 존재하는 지역이다.

③ 등고선의 모양으로 기압골(Trough)과 기압능(Ridge)을 파악할 수 있다. 기압골, 기압능, 등온선(Isotherm)의 형태에 따라 고(저)기압의 발달 상태를 파악할 수 있다. 즉, 같은 시간의 지상일기도에 있는 저기압이 이 일기도에 있는 기압골의 앞쪽에 있으면 지상의 저기압이 발달하고, 고기압이 기압능의 앞쪽에 있으면 지상의 고기압이 발달한다.

④ 바람은 지표 마찰의 영향을 받지 않으므로 등고선에 평행하게 불고(풍향이 등고선과 교차하지 않음), 풍속은 등고선이 조밀할수록 강하게 분다.

27. 500hPa 고층일기도(AUPQ35)

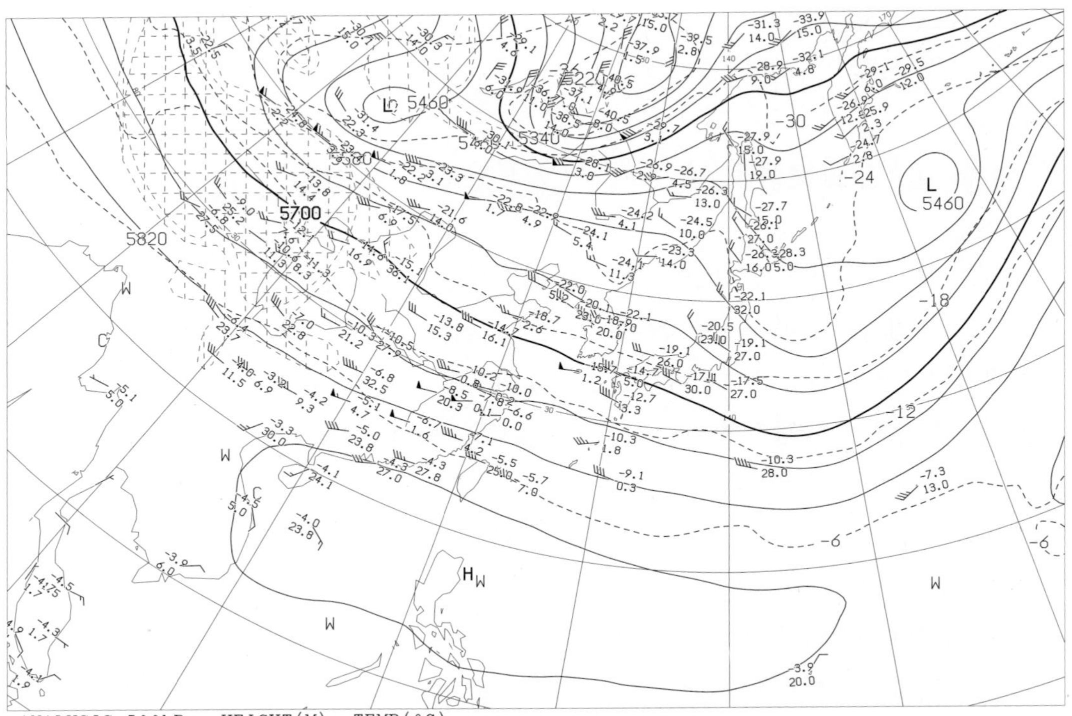

ANALYSIS 500hPa: HEIGHT(M), TEMP(°C)
AUPQ35 051200UTC NOV 2021 *Japan Meteorological Agency*

[그림 27.1] 일본기상청 500hPa 고층일기도
(https://www.jma.go.jp/bosai/numericmap/#type=upper)

매일 2회(00, 12UTC) 관측한 값을 기준으로 국제적인 형식에 따라 작성하여 배포한다. 위쪽에 300hPa(30,000ft), 아래쪽에 500hPa(18,000ft)의 등압면일기도를 동시에 배치하여 상하의 대기상태를 비교할 수 있도록 하였다.

27-1. 일기도의 구조

(1) 명칭 및 참고자료

① AUPQ35: A(Analysis), U(Upper), PQ(Western north pacific), 35(300hPa, 500hPa) 북서 태평양 지역의 300hPa과 500hPa의 등압면 분석일기도를 뜻하는 일기도의 이름

② 051200UTC NOV 2021: 2021년 11월 5일 1200UTC의 관측 자료를 기반으로 만든 일기도

③ ANALYSIS 500hPa: 아래쪽의 일기도는 500hPa 등압면 일기도

④ HEIGHT(M): 등압면의 고도는 m단위

⑤ TEMP(℃): 기온의 단위는 ℃

⑥ 습역(Wet area)은 표시하지 않는다.

(2) 등고선(Contour)

등고선은 국제표준대기를 기준으로 500hPa의 고도는 약 5,700m(18,000ft)이므로 5,700m를 기준선으로 300m마다 굵은 실선, 그 사이에 60m마다 가는 실선을 그리고, 120m마다 해당 고도를 숫자로 표시한다.

(3) 등온선(Isotherm)

등온선은 0℃를 기준선으로 4~11월은 3℃마다, 12~3월은 6℃마다 점선을 그리고, 6℃마다 해당기온을 숫자로 표시한다. 또한 등압면 중에서 주위보다 상대적으로 따뜻한 지역의 중심에 'W', 차가운 지역의 중심에 'C'로 표시한다.

(4) 고(저)기압

주위보다 고도가 높은 지역의 중심에 'H', 주위보다 고도가 낮은 지역의 중심에는 'L'로 표시한다.

(5) 대표지점의 일기

관측한 지점의 풍향 및 풍속을 기호로 표시하고 기온은 위쪽에, 습수(Spread)는 아래쪽에 각각 0.1℃ 단위의 숫자로 표시한다.

(6) 지표의 고도

높은 산으로 인해 지표의 고도가 3,000m보다 높은 지역을 가로세로 그물 모양의 선으로 표시한다.

27-2. 일기도의 해석

① 고도 약 18,000ft의 등압면은 대류권 중간층의 대기상태를 대표하는 일기도로서 대기의 대규모적인 흐름을 파악할 수 있는 일기도이다. 항공기의 상승 또는 하강은 물론 중간층을 순항할 때 참조할 수 있는 일기도이다.

② 주로 편서풍의 풍속과 흐름방향을 체크하여 절리저기압(Cut off Low, 한랭저기압) 등의 존재를 해석할 수 있다.

③ 지상의 기압은 이 500hPa등압면의 대기 흐름에 따라 이동하는 경우가 많으며, 이동속도는 500hPa등압면에 표시된 풍속의 절반 정도인 경우가 대부분으로 알려져 있다.

④ 기압골과 기압능을 해석하고 지상기압계와의 위치관계를 파악한다. 기압골의 앞쪽에 지상의 저기압이 발달하고, 기압능의 앞쪽에 지상의 고기압이 발달하며, 그 위치가 반대로 되면 지상의 저(고)기압이 약해진다. 공항이 500hPa일기도에서 기압골의 이동방향의 전면에 있으면 기상이 나쁘고, 후면에 있으면 날씨가 양호하다.

⑤ 등온선이 조밀한 곳에서는 제트기류가 차가운 대기 쪽에서 수직으로 밀고 내려온 전선대이므로 난기류(Turbulence)가 발생하기 쉽고 그 위쪽에 제트기류가 존재한다.

⑥ 500hPa등압면에 상대적으로 차가운 대기가 유입한 지역에는 대기가 불안정하여 적란운(Cb)이 발생하기 쉽다. 일기예보 시에 “상층에 차가운 한기가 유입하여 대기가 불안정하다.” 라는 표현의 상층은 이 500hPa의 등압면을 말하는 경우가 많다.

⑦ 이 500hPa등압면일기도에서 등온선의 -30℃ 선이 지상의 비 혹은 눈을 예보하는 기준

이 된다. 겨울철에 −30℃ 이하인 등온선이 다가오면 지상에 눈이 오고 −36℃ 이하인 등온선이 다가오면 대설을 예보하며, 여름철에 −30℃ 이상인 등온선이 다가오면 비를 예보하는 기준이 된다.

28. 300hPa 고층일기도(AUPQ35)

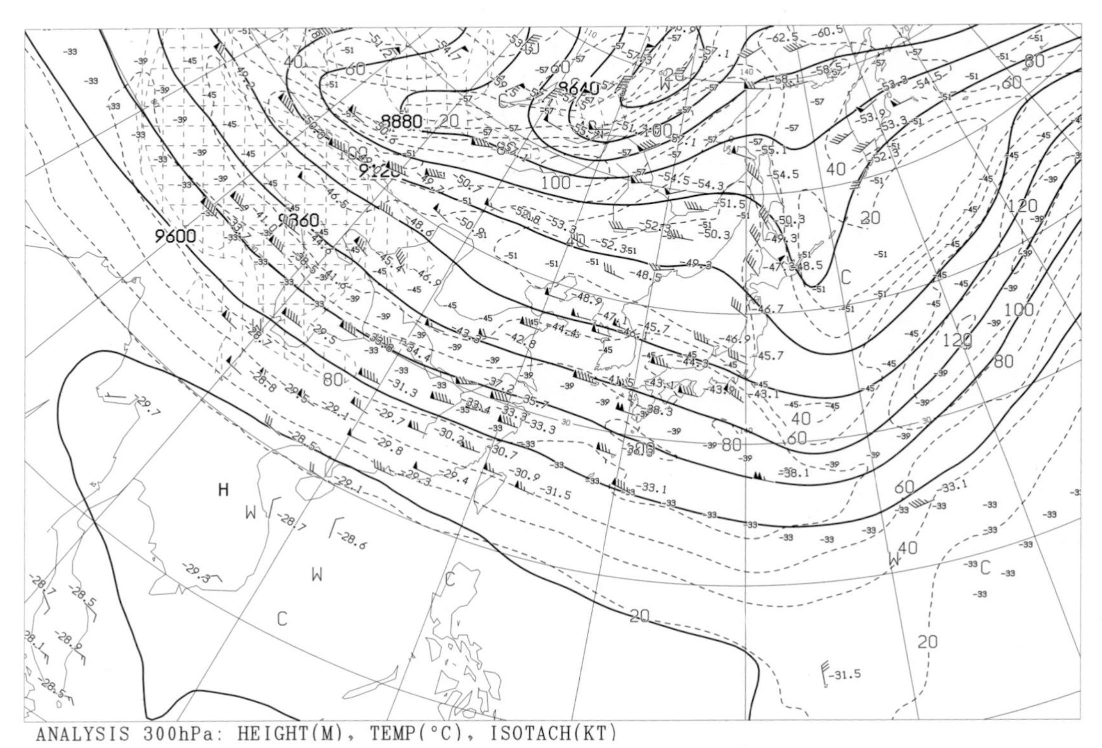

[그림 28.1] 일본기상청 300hPa 고층일기도
(https://www.jma.go.jp/bosai/numericmap/#type=upper)

AUPQ35 일기도의 위쪽에 표시된 300hPa(30,000ft)등압면일기도로서, 아래쪽의 500hPa(18,000ft)등압면일기도와 함께 상하의 대기상태를 비교할 수 있도록 하였다.

28-1. 일기도의 구조

등고선은 국제표준대기를 기준으로 300hPa의 고도는 약 9,600m(30,000ft)이므로

9,600m를 기준선으로 120m마다 굵은 실선을 그리고, 240m마다 해당고도를 숫자로 표시한다.

등온선은 그리지 않고 등압면 중에서 주위보다 상대적으로 따뜻한 지역의 중심에 'W', 차가운 지역의 중심에 'C'로 표시한다.

등풍속선(Isotach)을 점선으로 그리고 20kt마다 숫자로 표시한다.

관측한 지점의 풍향 및 풍속을 기호로 표시하고 위쪽에 기온을 0.1℃ 단위의 숫자로 표시한다.

나머지의 표시형식은 그림 27.1 500hPa 고층일기도와 동일하다.

28-2. 일기도의 해석

① 고도 약 30,000ft의 등압면은 상층을 대표하는 일기도로서 제트 항공기의 순항고도에 가까우므로 바람, 기온, 기압골, 기압능, 제트기류 등을 체크하는데 주로 사용한다.

② 한대전선제트기류(Jp)가 대략 이 고도에 위치하므로 지상의 전선과의 위치를 체크하는데 사용한다.

③ 제트기류의 북쪽, 제트기류의 위쪽 권계면, 제트기류를 따라 이동하는 상층의 전선, 등고선과 교차하여 바람이 부는 곳 등에는 청천난기류(CAT)의 가능성이 높다.

④ 지상 저기압이 최고로 발달하였을 때는 저기압의 중심 부근의 상공에 제트기류가 위치하고 그 제트기류의 부근에 CAT가 발생하기 쉽다.

⑤ 300hPa의 저압부에서 차가운 대기의 중심(C)이 위치한 지역은 한랭저기압이 존재한다.

29. 500hPa 예상 고층일기도(FUPA502)

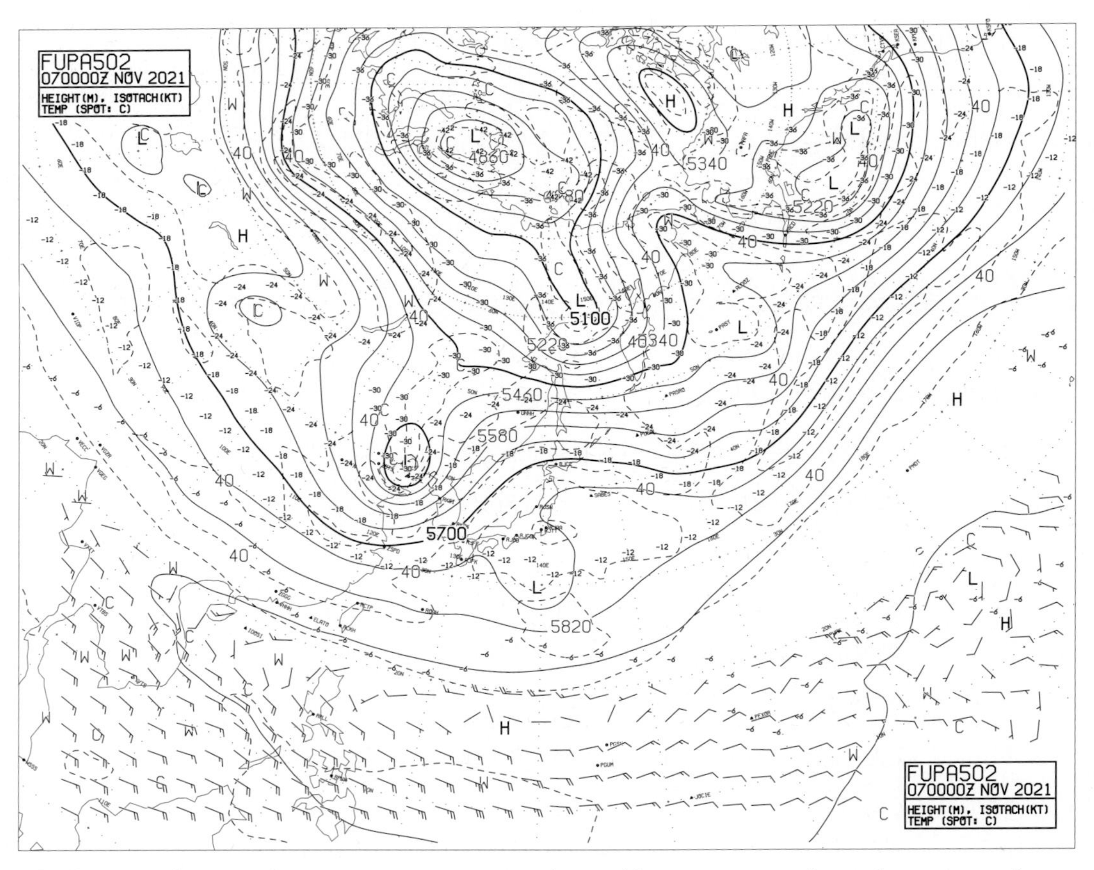

[그림 29.1] 일본기상청 500hPa 예상 고층일기도(https://www.jma.go.jp/bosai/numericmap)

매일 2회(00, 12UTC) 500hPa등압면의 관측한 값을 기준으로 24시간 이후의 대기흐름을 예상한 수치예보 일기도이다.

일기도의 해석은 그림 27.1 500hPa의 고층일기도와 같고 일기도의 구조는 다음과 같다.

① FUPA502: F(Forecast), U(Upper), PA(Pacific Asia), 502(500hPa 24시간예보) 아시아 태평양 지역의 500hPa 등압면의 수치예보일기의 이름

② 070000Z NOV 2021: 2021년 11월 7일 0000UTC의 관측 자료를 기반으로 24시간 후인 11월 8일 0000UTC의 예상 일기도

③ HEIGHT(M): 등압면의 고도는 m 단위

④ ISOTACH(KT): 등풍속선은 kt 단위

⑤ TEMP(SPOT: C): 지점별로 표시한 기온의 단위는 ℃

⑥ 등고선(contour): 5,700m를 기준선으로 300m마다 굵은 실선, 그 사이에 60m마다 가는 실선을 그리고, 120m마다 해당 고도를 숫자로 표시

⑦ 등풍속선(isotach): 20kt 간격으로 풍속이 동일한 지점을 이은 등풍속선을 점선으로 그리고 점선위에 풍속을 숫자로 표시

⑧ 고(저)기압: 주위보다 고도가 높은 지역의 중심에 'H', 주위보다 고도가 낮은 지역의 중심에는 'L'로 표시

⑨ 지점기온: 등온선은 없고 6℃마다 해당 지점에 섭씨온도(예, -12)를 기입하고, 등압면 중에서 주위보다 상대적으로 따뜻한 지역의 중심에 'W', 차가운 지역의 중심에 'C'로 표시

⑩ 풍향 · 풍속: 위도 북위 30°보다 남쪽 지역에 풍향과 풍속을 기호로 표시

30. 300hPa 예상 고층일기도(FUPA302)

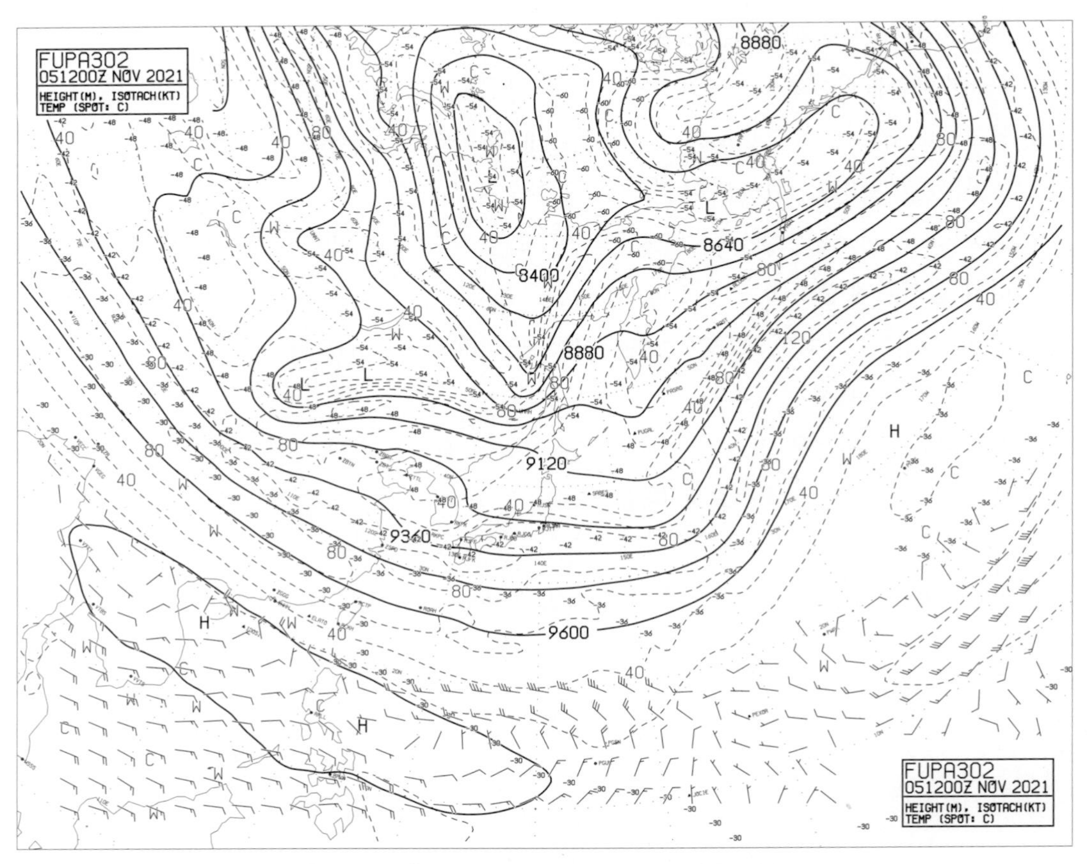

[그림 30.1] 일본기상청 300hPa 예상 고층일기도
(https://www.jma.go.jp/bosai/numericmap/#type=upper)

매일 2회(00, 12UTC) 300hPa 등압면의 관측한 값을 기준으로 24시간 이후의 대기흐름을 예상한 수치예보 일기도이다.

일기도의 해석은 그림 28.1 300hPa 고층일기도와 같고 일기도의 구조는 그림 29.1 500hPa 예상 고층일기도(FUPA502)와 거의 동일하다.

31. 250hPa 고층일기도(AUPA25)

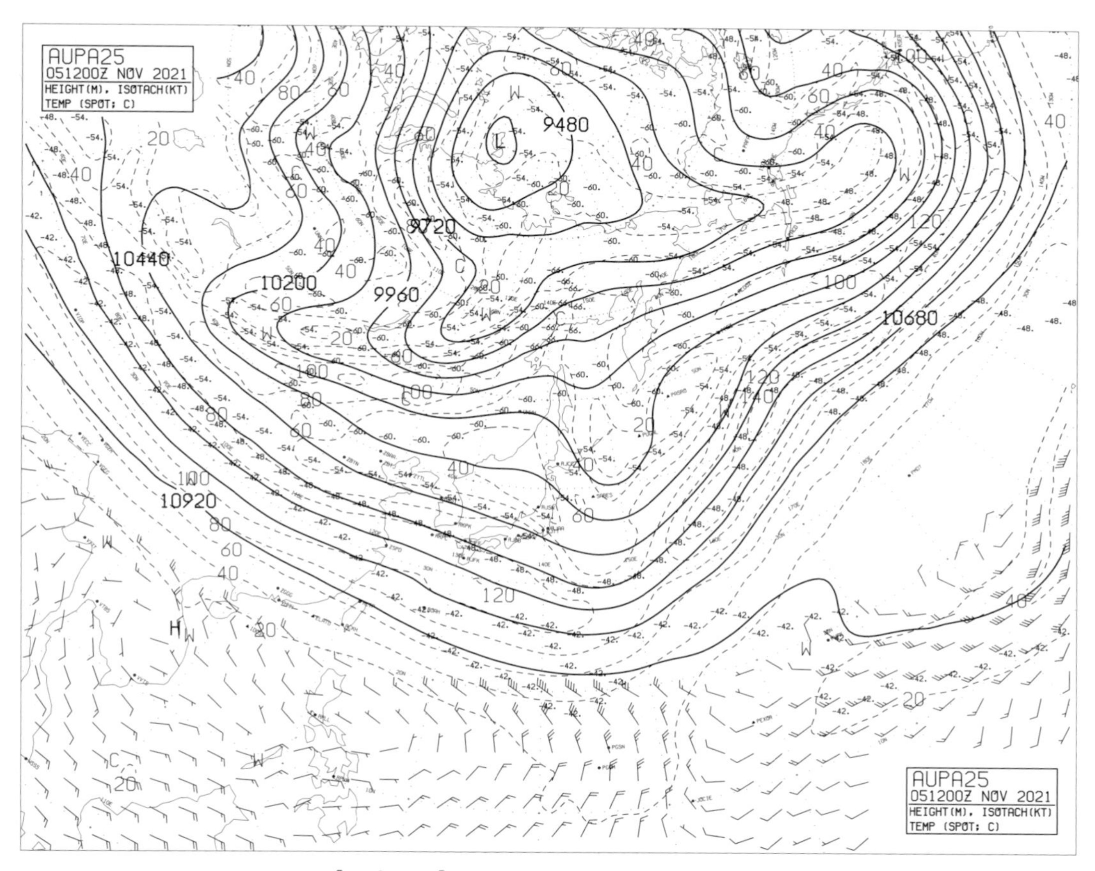

[그림 31.1] 일본기상청 250hPa 고층일기도
(https://www.jma.go.jp/bosai/numericmap/#type=upper)

매일 2회(00, 12UTC) 관측한 값을 기준으로 국제적인 형식에 따라 작성하여 배포하는 일기도이다.

31-1. 일기도의 구조

(1) 명칭 및 참고자료

① AUPA25: A(Analysis), U(Upper), PA(Pacific Asia), 25(250hPa) 아시아 태평양 지역의 250hPa의 등압면 분석일기도를 뜻하는 일기도의 이름

② 051200Z NOV 2021: 2021년 11월 5일 1200UTC의 관측 자료를 기반으로 만든 일기도

③ HEIGHT(M): 등압면의 고도는 m 단위

④ ISOTACH(KT): 등풍속선은 kt 단위

⑤ TEMP(SPOT: C): 지점별로 표시한 기온의 단위는 ℃

(2) 등고선(Contour)

등고선은 국제표준대기를 기준으로 250hPa의 고도는 약 10,200m(34,000ft)이므로 10,200m를 기준선으로 120m마다 굵은 실선을 그리고, 240m마다 해당 고도를 숫자로 표시한다.

또한, 최고고도의 위치인 고기압 지역의 중심에 'H', 최저고도의 위치인 저기압 지역의 중심에 'L'로 표시한다.

(3) 등풍속선(Isotach)

20kt 간격으로 풍속이 동일한 지점을 이은 등풍속선을 점선으로 그리고 점선위에 풍속을 숫자로 표시한다.

(4) 지점기온

등온선은 없고 6℃마다 해당 지점에 섭씨온도(예, -42)를 기입하고, 등압면 중에서 주위보다 상대적으로 따뜻한 지역의 중심에 'W', 차가운 지역의 중심에 'C'로 표시한다.

(5) 풍향 · 풍속

4~10월에는 위도 북위 30°, 11~3월에는 북위 20°보다 남쪽 지역에 풍향과 풍속을 기호로 표시한다.

31-2. 일기도의 해석

① 고도 34,000ft는 제트항공기의 순항고도에 가까우므로 바람, 기온, 기압골, 기압능 등을 체크하는데 사용할 수 있는 일기도이다.

② 등풍속선으로 제트기류의 위치를 확인하여 난기류(CAT)의 발생가능성을 예측할 수 있다.

③ 권계면의 위치를 확인하여 난기류(CAT)의 발생가능성을 예측할 수 있다. 권계면은 고위도보다 저위도 쪽의 고도가 더 높기 때문에 기온의 분포를 보고 권계면의 위치를 알 수 있다. 이 250hPa등압면일기도에서 북쪽으로 갈수록 기온이 낮아지다가 권계면을 지나 성층권에 이르면 기온이 상승한다.

32. 250hPa 예상 고층일기도(FUPA252)

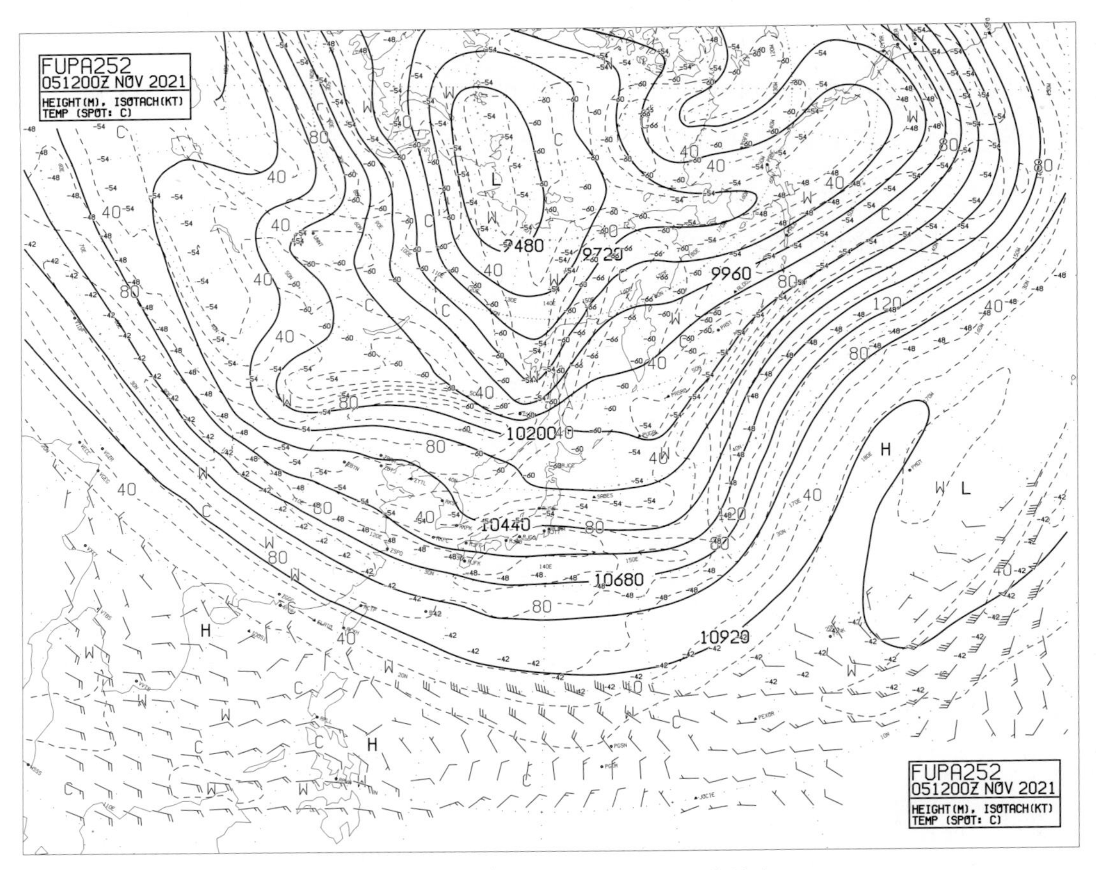

[그림 32.1] 일본기상청 250hPa 예상 고층일기도
(https://www.jma.go.jp/bosai/numericmap/)

매일 2회(00, 12UTC) 250hPa 등압면의 관측한 값을 기준으로 24시간 이후의 대기흐름을 예상한 수치예보 일기도이다.

일기도의 해석은 그림 31.1 250hPa 고층일기도와 같고 일기도의 구조는 그림 29.1 500hPa 예상 고층일기도(FUPA502)와 거의 동일하다.

33. 200hPa 고층일기도(AUPA20)

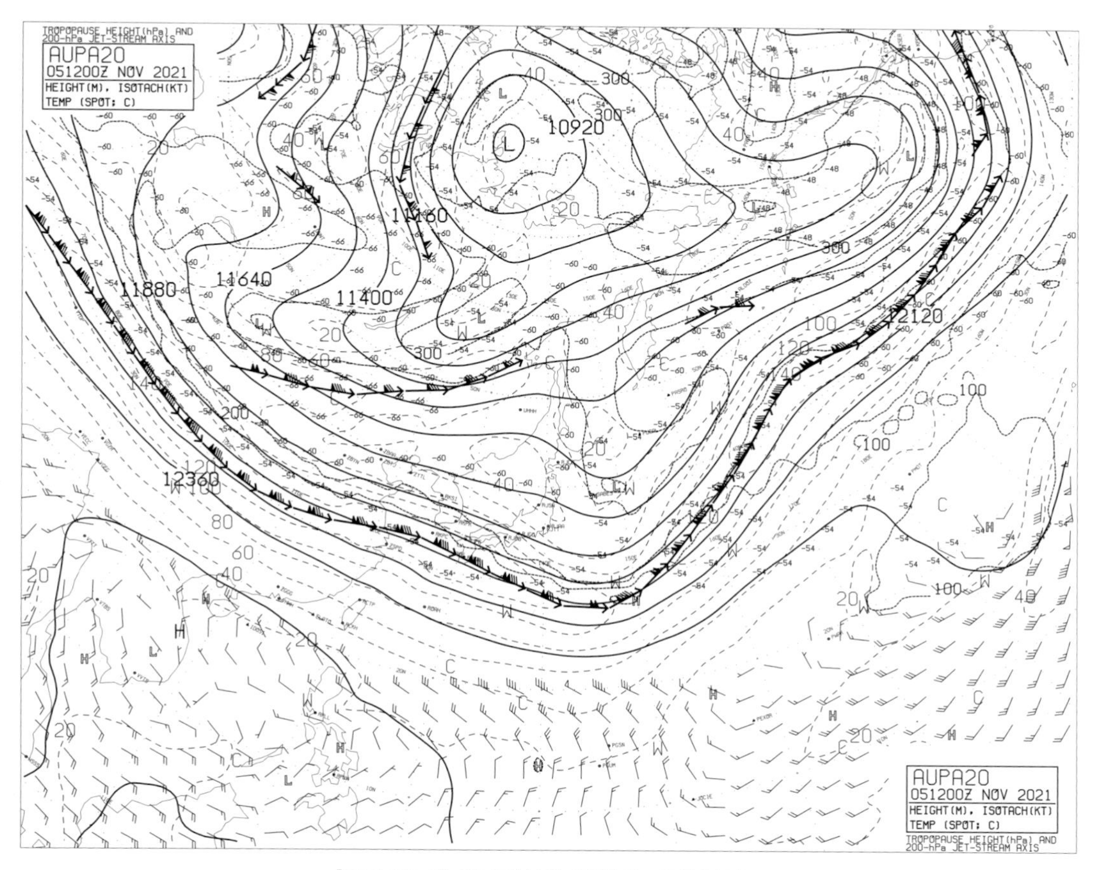

[그림 33.1] 일본기상청 200hPa 고층일기도
(https://www.jma.go.jp/bosai/numericmap/#type=upper)

매일 2회(00, 12UTC) 관측한 값을 기준으로 국제적인 형식에 따라 작성하여 배포하는 일기도이다.

33-1. 일기도의 구조

(1) 명칭 및 참고자료

① AUPA20: A(Analysis), U(Upper), PA(Pacific Asia), 20(200hPa) 아시아 태평양 지역의 200hPa의 등압면 분석일기도를 뜻하는 일기도의 이름

② 051200Z NOV 2021: 2021년 11월 5일 1200UTC의 관측 자료를 기반으로 만든 일기도

③ HEIGHT(M): 등압면의 고도는 m 단위

④ ISOTACH(KT): 등풍속선은 kt 단위

⑤ TEMP(SPOT: C): 지점별로 표시한 기온의 단위는 ℃

⑥ TROPOPAUSE HEIGHT(hPa) AND 200-hPa JET-STREAM AXIS: 권계면 고도를 hPa 단위로, 200hPa 등압면에 나타난 제트기류의 중심축을 표시

(2) 등고선(Contour)

등고선은 국제표준대기를 기준으로 200hPa의 고도는 약 12,120m(39,000ft)이므로 12,120m를 기준선으로 120m마다 굵은 실선을 그리고, 240m마다 해당고도를 숫자로 표시한다.

또한, 최고고도의 위치인 고기압 지역의 중심에 'H', 최저고도의 위치인 저기압 지역의 중심에 'L'로 표시한다.

(3) 등풍속선(Isotach)

20kt 간격으로 풍속이 동일한 지점을 이은 등풍속선을 점선으로 그리고 점선위에 풍속을 숫자로 표시한다.

또한, 200hPa등압면에서 풍속이 가장 강한 제트기류의 중심축을 따라 화살표를 그리고 풍속을 기호로 표시한다.

(4) 지점기온

등온선은 없고 6℃마다 해당 지점에 섭씨온도(예, -42)를 기입하고, 등압면 중에서 주위보다 상대적으로 따뜻한 지역의 중심에 'W', 차가운 지역의 중심에 'C'로 표시한다.

(5) 풍향 · 풍속

4~10월에는 위도 북위 30°, 11~3월에는 북위 20°보다 남쪽 지역에 풍향과 풍속을 기호로 표시한다.

(6) 등권계면 고도선

50hPa간격으로 권계면의 고도가 동일한 지점을 작은 점선으로 그리고 100hPa마다 그 선 위에 숫자로 표시한다.

또한 권계면 고도가 가장 높은(기압이 가장 낮은) 지역에 'H', 가장 낮은(기압이 가장 높은) 지역에 'L'로 표시한다.

33-2. 일기도의 해석

① 고도 39,000ft는 고고도를 비행하는 제트항공기의 순항고도에 가까우므로 바람, 기온, 기압골, 기압능 등을 체크하는데 사용할 수 있고, 아시아~알래스카간의 공역에서 제트기류의 위치와 권계면고도의 해석에 최적인 일기도이다.

② 아열대 제트기류(Js)가 대체로 이 고도에 존재한다.

③ 고고도의 난기류의 위치를 파악하는데 유용하다. 제트기류의 북쪽, 제트기류의 바로 위쪽에 있는 권계면, 제트기류와 이어지는 상층의 전선, 바람이 등고선과 교차하여 부는 지역 등에 난기류(CAT)가 발생할 가능성이 높다.

34. 850/700/500hPa 고층일기도(AXFE578)

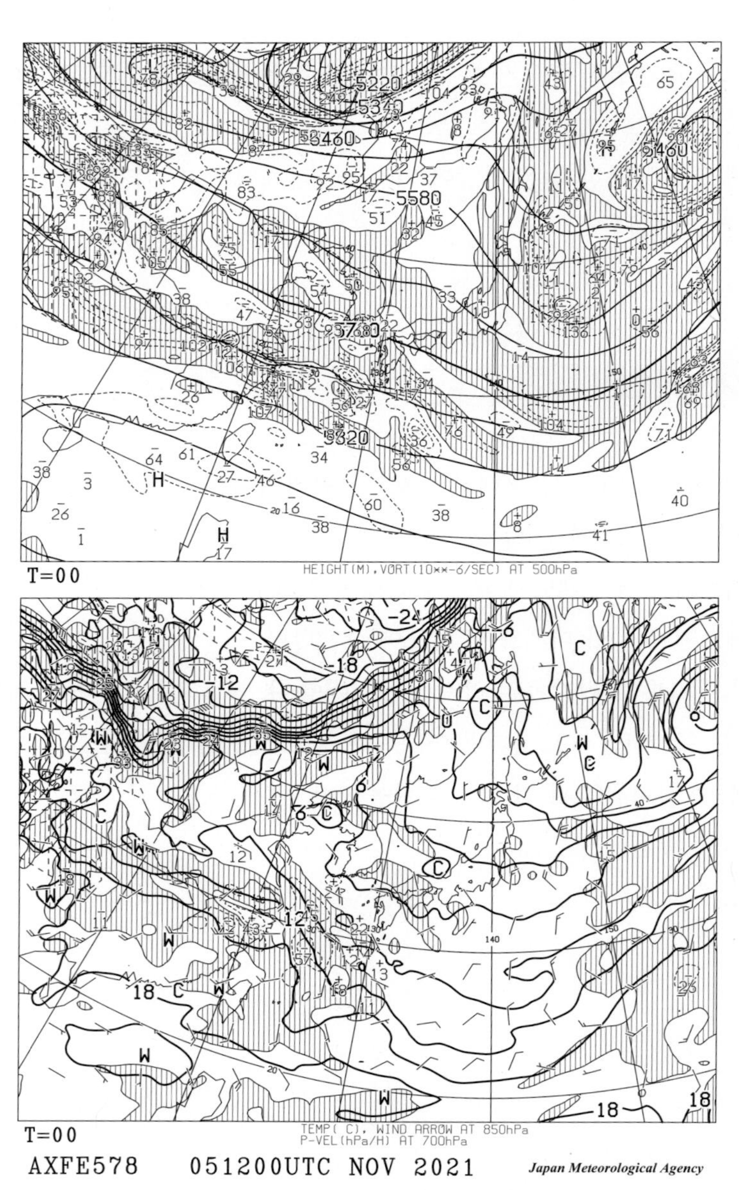

[그림 34.1] 일본기상청 850/700/500hPa 고층일기도
(https://www.jma.go.jp/bosai/numericmap/#type=upper)

매일 2회(00, 12UTC) 관측한 값을 기준으로 850hPa의 기온과 바람, 700hPa의 상승류, 500hPa의 고도와 와도(소용돌이)를 표시한 일기도이다.

34-1. 일기도의 구조

(1) 명칭 및 참고자료

① AXFE578: A(Analysis), X(Miscellaneous), FE(Fareast east), 5(500hPa), 7(700hPa), 8(850hPa) 극동 아시아의 500/700/850hPa의 특징을 조합하여 만든 일기도의 이름

② 0512000UTC NOV 2021: 2021년 11월 5일 1200UTC의 관측 자료를 기반으로 만든 일기도

③ T=00: 기준시간(0512000UTC NOV 2021)의 자료

④ TEMP(C), WIND ARROW AT 850hPa: 850hPa등압면의 기온(℃) 및 바람

⑤ P-VEL(hPa/H) AT 700hPa: 700hPa등압면의 연직 P-속도(시간당 기압)

⑥ HEIGHT(M), VORT(10**-6/SEC) AT 500hPa: 500hPa등압면의 고도(m), 와도(풍속의 차이에 따라 발생하는 회전하는 곳의 연직성분의 시간변화율)

(2) 등고선(Contour)

등고선은 국제표준대기를 기준으로 500hPa의 고도는 약 5,700m(18,000ft)이므로 5,700m를 기준선으로 60m 간격으로 실선을 그리고, 300m마다 굵은 실선, 120m마다 해당 고도를 숫자로 표시한다(예, 5700).

또한, 500hPa등압면의 고도가 최고고도의 위치인 고기압 지역의 중심에 'H', 최저고도의 위치인 저기압 지역의 중심에 'L'로 표시한다.

(3) 등와도선

500hPa의 등압면에서 와도(소용돌이, Vorticity)의 값이 0(0×10^{-6}/sec)인 지점을 이은 실선을 그리고 와도 값 40(40×10^{-6}/sec)마다 점선으로 그린다.

와도의 값이 '+'값인 지역은 세로 실선, '-'값인 지역은 백색, 각 지점의 와도 값을 숫자로

표시한다(예, -16. +46).

와도는 풍속의 차이에 따라 발생하는 회전하는 곳의 연직성분의 시간변화율이다. 그 크기는 일정한 흐름의 회전 각속도의 2배이고, 단위는 1초에 100만분의 1을 의미한다.

북반구에서는 저기압성의 반시계방향으로 회전하는 와도를 '+값'으로, 고기압성의 시계방향으로 회전하는 와도를 '−값'으로 표시한다. '+값'인 수직그물 지역은 저기압성으로 회전(반시계방향으로 회전)하고 그 값의 극대치인 곳에 기압골이 존재한다고 추정할 수 있다.

물리학적인 수식의 풀이는 생략하고 와도 40(40x10-6/sec)의 의미는 다음과 같다.

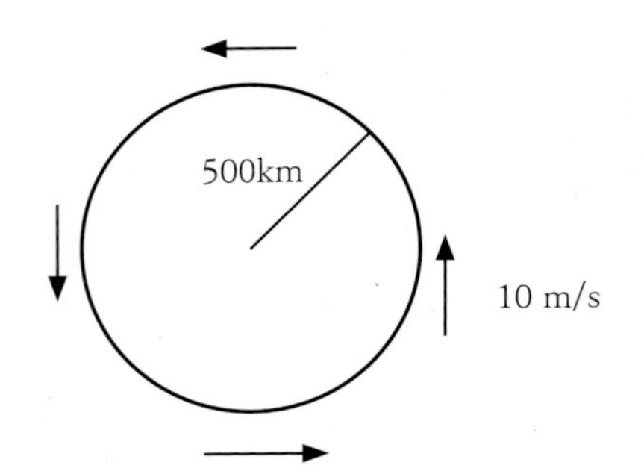

반지름이 500km인 원을 따라 10m/sec의 바람이 불고 있다고 가정하면, 순환은 속도(V)×원주의 길이($2\pi r$)이고, 원의 면적은 πr^2이다.

와도는 순환/원의 면적으로서 $V2\pi r/\pi r^2 = 2V/r$이므로 와도는 $2V/r = 40\times10^{-6}$/sec이다.

이 경우 10^{-6}/sec는 생략하고 와도 40으로 표시한다.

와도 값이 '0'인 지역(실선)은 대기의 회전 성분이 없고 그 지점의 극한 값은 직선운동을 한다는 의미로 해석하면 된다.

(4) 연직 p-속도

700hPa의 등압면에서 연직 p-속도(기압속도, Pressure-Velocity)의 값이 0(hPa/hour)인 지점을 이은 실선을 그리고 시간당 20hPa의 기압변화마다 점선으로 그린다.

연직 p-속도 값이 '-'값인 지역은 세로 실선, '+'값인 지역은 백색, 각 지점의 p-속도 값을 숫자로 표시한다(예, +15, -25).

대기의 상하 움직임을 연직속도라고 한다. 연직 p-속도는 대기의 상하움직임을 기압의 변화로 표시한 값이다.

기압은 고도가 상승하면 낮아지고 하강하면 높아지는 성질이 있으므로 대기의 상하 움직임을 기압의 변화량인 hPa/Hour(0.3cm/sec)로 표시한 것을 연직 p-속도라고 한다.

'+'값이면 기압이 높아지므로 하강기류, '-'값이면 기압이 낮아지므로 상승기류이다. 연직 p-속도 값이 '0'인 지역(실선)은 대기의 상하 움직임이 없는 지역임을 의미한다.

(5) 풍향과 풍속

850hPa의 등압면에서 약 300km 간격의 격자점에 풍향과 풍속을 기호로 표시한다.

(6) 등온선

850hPa의 등압면에서 3℃ 간격으로 굵은 실선을 그리고 6℃마다 기온의 값을 숫자로 기입한다. 또한 주위보다 상대적으로 차가운 공기의 중심에 'C', 주위보다 상대적으로 따뜻한 공기의 중심에 'W'를 표시한다.

(7) 지표의 고도

높은 산으로 인해 지표의 고도가 1,500m보다 높은 지역을 세로로 점선, 3,000m보다 높은 지역은 가로세로 그물 모양의 선으로 표시한다.

34-2. 일기도의 해석

① 850hPa(5,000ft), 700hPa(10,000ft), 500hPa(18,000ft)의 등압면을 하나의 일기도로 표현하여 5,000ft의 바람과 기온, 중간층인 10,000ft의 상하 움직임, 상층인 18,000ft의 소용돌이를 입체적으로 확인할 수 있도록 만든 일기도이다. 따라서 제트항공기의 상승과 하강에 매우 유용하게 활용할 수 있는 일기도이다.

② 상층인 500hPa의 와도와 하층인 850hPa의 기온에 의한 대기의 흐름은 중간층인 700hPa의 대기의 상하운동과 밀접한 관계가 있기 때문에 개발된 일기도이다.

③ 상승기류 및 전선을 파악하는데 유용한 일기도이고 연직 p-속도 값이 −35hPa/hr인 지역은 상승기류로 인한 강한 강수 지역으로 판단한다.

④ 와도선이 조밀한 지역일수록 대기의 소용돌이가 심하므로 난기류의 움직임을 추적할 수 있다. 동시에 기압골, 기압능, 지상의 고(저)기압과의 관계를 파악할 수 있다.

35. 850/700/500hPa 예상 고층일기도 (FXFE5782)

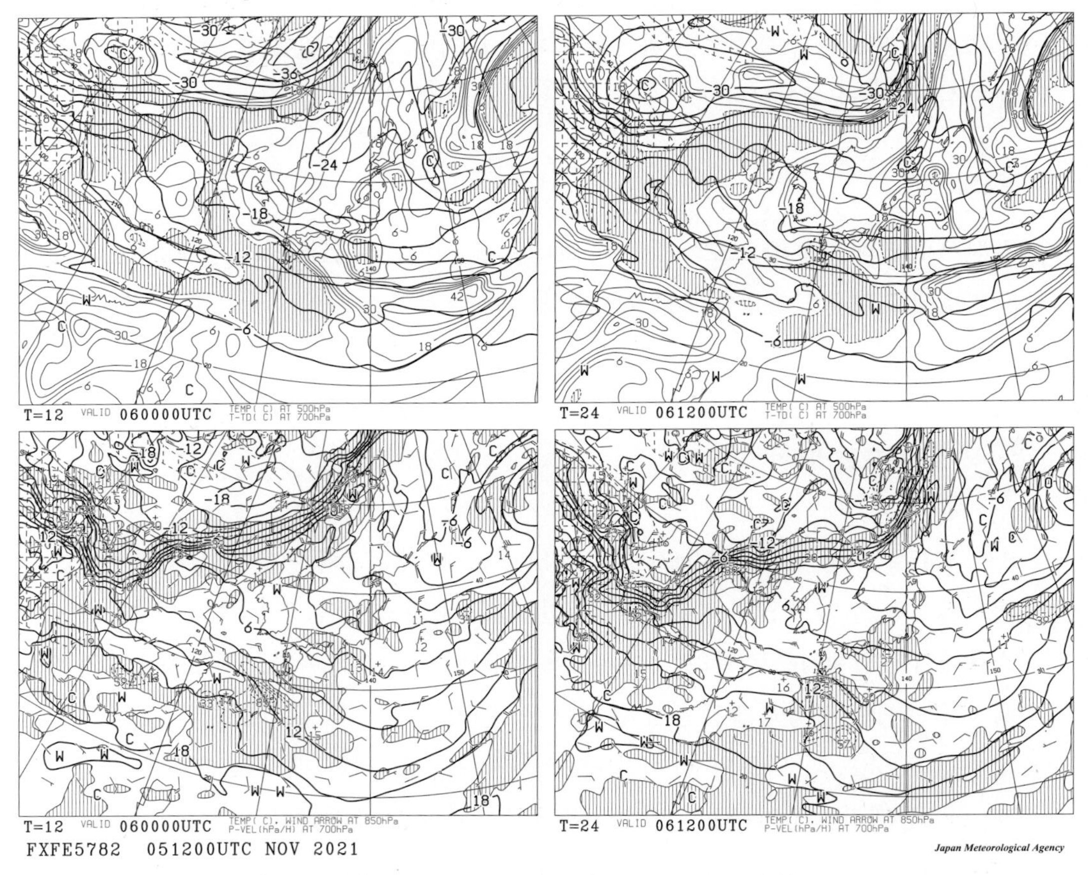

[그림 35.1] 일본기상청 850/700/500hPa 예상 고층일기도
(https://www.jma.go.jp/bosai/numericmap/)

매일 2회(00, 12UTC) 관측한 값을 기준으로 850hPa의 기온과 바람, 700hPa의 상승류와 습수(spread), 500hPa의 기온을 물리학적인 해석으로 12시간과 24시간 후를 예상한 일기도이다. 36시간과 48시간(FXFE5784), 72시간 예상 일기도(FXFE577)까지 생산하고 있지만 항공기상에서는 AXFE578과 FXFE5782를 동시에 분석하여 유용하게 활용할 수 있다.

35-1. 일기도의 구조

(1) 명칭 및 참고자료

① FXFE5782: F(Forecast), X(Miscellaneous), FE(Fareast east), 5(500hPa), 7(700hPa), 8(850hPa), 2(24시간), 극동 아시아의 500/700/850hPa의 특징을 조합하여 12시간 후와 24시간 후를 예상하여 만든 일기도의 이름

② 0512000UTC NOV 2021: 2021년 11월 5일 1200UTC의 관측 자료를 기반으로 만든 일기도

③ T=12 VALID 060000UTC: 기준시간(0512000 NOV 2021)의 자료를 기반으로 12시간 이후인 060000UTC를 예상한 일기도

④ T=24 VALID 061200UTC: 기준시간(0512000 NOV 2021)의 자료를 기반으로 24시간 이후인 061200UTC를 예상한 일기도

⑤ TEMP(C), WIND ARROW AT 850hPa: 850hPa등압면의 기온(℃) 및 바람

⑥ P-VEL(hPa/H) AT 700hPa: 700hPa등압면의 연직 P-속도(시간당 기압)

⑦ TEMP(C) AT 500hPa: 500hPa등압면의 기온(℃)

⑧ TEMP(C) AT 700hPa: 700hPa등압면의 기온(℃)

(2) 연직 p-속도

700hPa의 등압면에서 연직 p-속도의 값이 0(hPa/hour)인 지점을 이은 실선을 그리고 시간당 20hPa의 기압변화마다 점선으로 그린다. 연직 p-속도 값이 '-'값인 지역은 세로 실선, '+'값인 지역은 백색, 각 지점의 p-속도 값을 숫자로 표시한다(예, +12, -13). AXFE578과 같은 형식이다.

(3) 풍향과 풍속

850hPa의 등압면에서 약 300km 간격의 격자점에 풍향과 풍속을 기호로 표한다. AXFE578과 같은 형식이다.

(4) 등온선

500hPa의 등압면에서 등온선을 그린다. 3℃ 간격으로 굵은 실선을 그리고 6℃마다 기온의 값을 숫자로 기입한다. 또한 주위보다 상대적으로 차가운 공기의 중심에 'C', 주위보다 상대적으로 따뜻한 공기의 중심에 'W'를 표시한다.

(5) 등습선

700hPa의 등압면에서 습도가 동일한 지점을 이은 등습선을 그린다. 6℃ 간격으로 가는 실선을 그리고 12℃마다 습수의 값을 숫자로 기입한다. 습수가 3℃ 미만(T-Td〈3℃)인 지역(습역, wet area)을 세로선으로 표시하고 경계선은 습수가 3℃인 곳으로 점선으로 표시한다.

(6) 지표의 고도

높은 산으로 인해 지표의 고도가 1,500m보다 높은 지역을 세로로 점선, 3,000m보다 높은 지역은 가로세로 그물 모양의 선으로 표시한다.

35-2. 일기도의 해석

① 850hPa(5,000ft), 700hPa(10,000ft), 500hPa(18,000ft)의 등압면을 하나의 일기도로 표현하여 5,000ft의 예상 바람과 기온, 중간층인 10,000ft의 예상 상하의 대기 움직임과 습역, 상층인 18,000ft의 예상 기온을 입체적으로 확인할 수 있도록 만든 일기도이다. 먼저 살펴본 그림 34.1 AXFE578 일기도와 유사함으로 동시에 분석하여 12시간, 24시간 후까지의 전체적인 대기의 흐름을 예상할 수 있으므로 항공기의 운항에 매우 유용하게 활용할 수 있는 일기도이다.

② 500hPa등압면에 차가운 대기가 유입하면 대기의 불안정을 예상할 수 있다. -30℃ 이하이면 지상에 눈이 내릴 것을 예상할 수 있다.

36. 고층단면도(AXJP130)

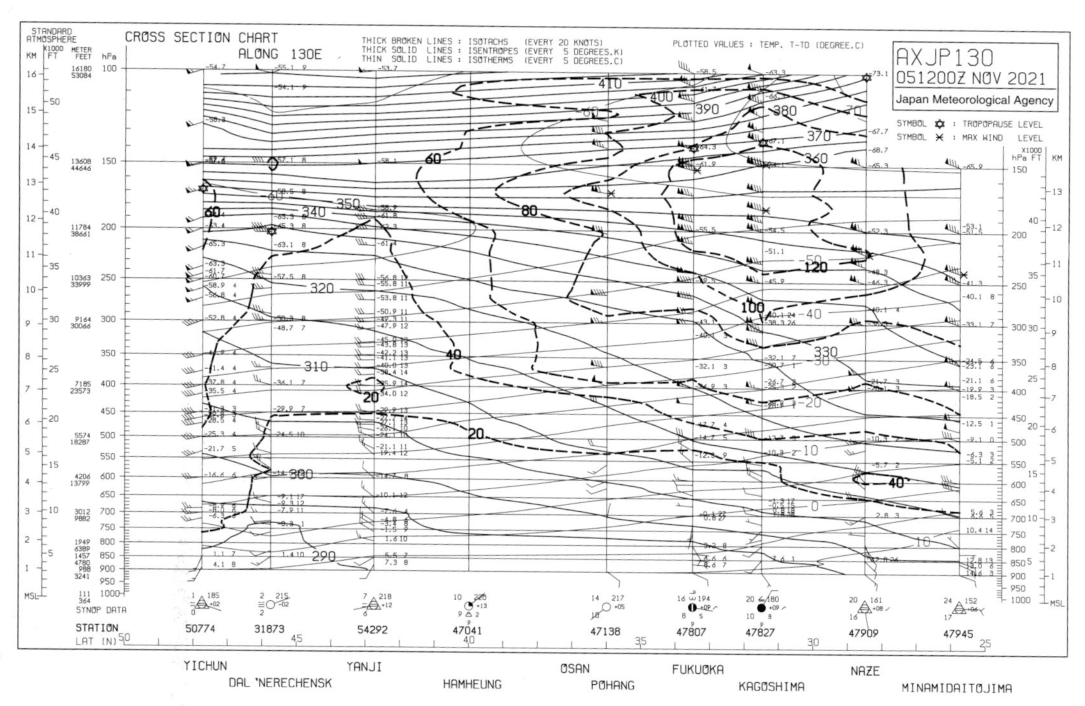

[그림 36.1] 일본기상청 고층단면도(AXJP130)
(https://www.jma.go.jp/bosai/numericmap/#type=upper)

매일 2회(00, 12UTC) 라디오존데(Radiosonde) 또는 레윈존데(Rawinsonde)의 해석한 값을 근거로 동경 130°를 기준으로 수직으로 자른 대기를 서쪽에서 동쪽방향으로 보고 작성한 일기도이다.

동경 140°를 기준으로 작성한 AXJP140일기도를 동시에 분석하여 서쪽에서 동쪽으로 움직이는 대규모적인 대기의 흐름을 파악할 수 있다.

36-1. 일기도의 구조

(1) 명칭 및 참고자료

① AXJP130: A(Analysis), X(Miscellaneous), JP(Japan), 130(경도 동경130°), 일본을 중심으로 작성한 단면도의 이름

② 051200Z NOV 2021: 2021년 11월 5일 1200UTC의 관측 자료를 기반으로 만든 일기도

③ x-축: 관측지점의 위치를 북쪽에서 남쪽방향으로(중국 이춘-러시아 달네레첸스크-북한 함흥-오산-포항-일본 후쿠오카-일본 가고시마-일본 나제-일본 미나미다이토지마) WMO지정 5자리 지점코드와 기상상태를 동시에 표시

④ y-축: 고도를 hPa의 기압으로 표시하고 동시에 국제표준대기를 기준으로 km와 ft 단위로 표시

(2) 표시항목

① 등풍속선(ISOTACHS): 20kt 간격으로 굵은 점선을 그린 후 풍속 값을 숫자로 표시하고 풍속이 최대인 고도에 기호 '⋇'로 표시한다.

② 등온위선(ISENTROPES): 절대온도 5K 간격으로 굵은 실선을 그린 후 10K마다 온위 값을 숫자로 표시한다.

③ 등온선(ISOTHERMS): 기온 5℃ 간격으로 가는 실선을 그린 후 10℃마다 기온 값을 숫자로 표시한다.

④ 관측값(PLOTTED VALUES): 각 관측지점 상공의 관측값을 풍향과 풍속은 기호로 표시하고 기온과 습수를 ℃ 단위의 숫자로 표시한다.

⑤ 대류권계면 고도(TROPOPAUSE LEVEL): 대류권계면 고도를 기호 '✡'로 표시한다.

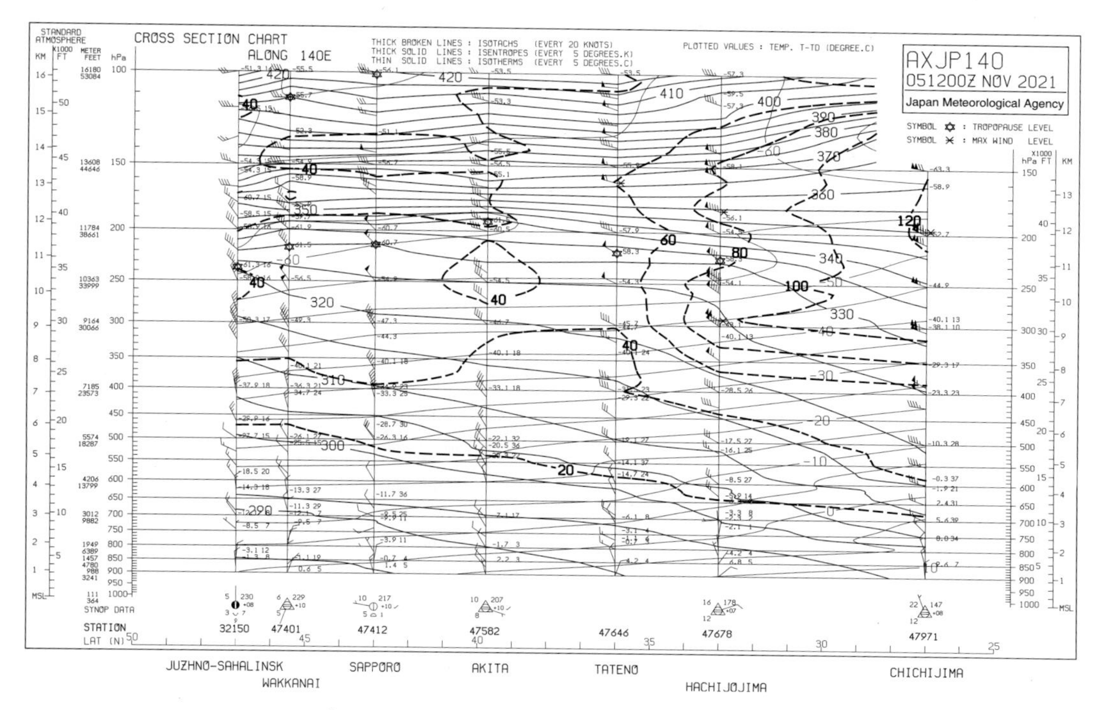

[그림 36.2] 일본기상청 고층단면도(AXJP140)
(https://www.jma.go.jp/bosai/numericmap/#type=upper)

36-2. 일기도의 해석

① 남북으로 자른 단면도를 지상일기도와 비교하여 분석해 보면 대기의 입체적인 구조를 파악할 수 있기 때문에 항공기 운항에 유용한 일기도이다.

② 고도가 상승함에 따라 기온은 낮아지고 온위는 높아지므로 등온위선과 등온선이 강하게 교차하는 고도일수록 전선이 강하게 발달하고 있다는 것을 알 수 있다.

③ 항공기운항에 위험한 대류권계면, 제트기류, 전선의 위치를 알 수 있고, 난기류(CAT) 및 구름의 예상 지역을 파악할 수 있다.

37. 예상 고층단면도(FXJP106)

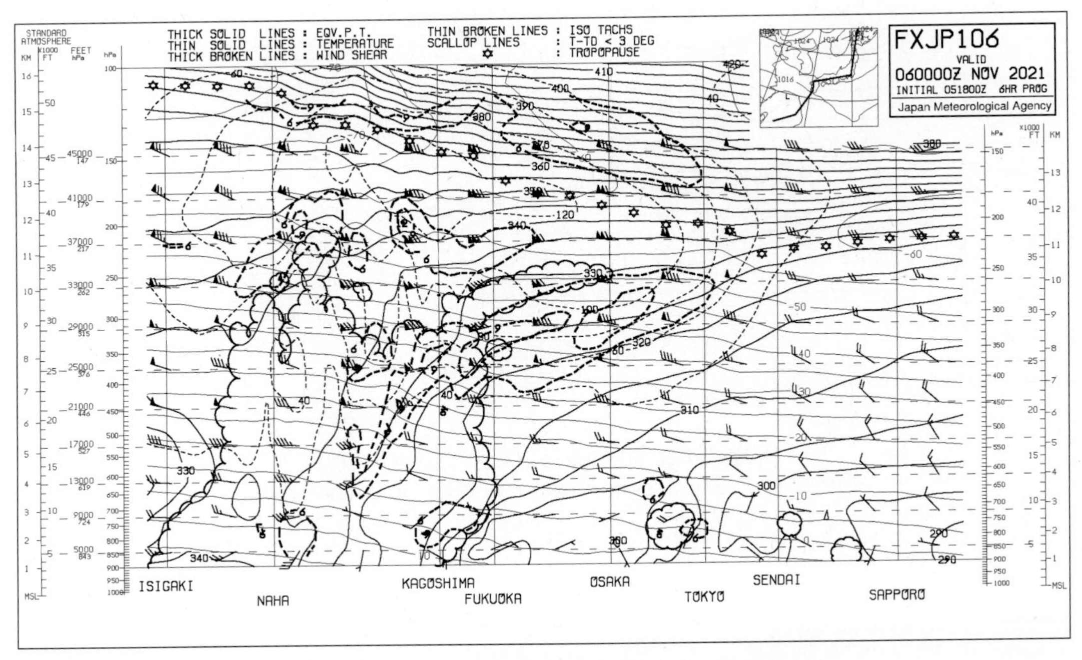

[그림 37.1] 일본기상주식회사 예상 고층단면도(FXJP106)
(https://n-kishou.com/ee/exp/exp01.html?cd=fxjp106&cat=a)

매일 2회(00, 12UTC) 일본의 주요 항공로를 기준으로 수직으로 자른 대기를 동쪽에서 서쪽방향으로 보고 작성한 6시간 후를 예상한 단면도이다. 12시간 후를 예상한 FXJP112와 동시에 제공한다.

이 일기도는 일본의 국내선이 가장 많이 운항하는 항로를 대상으로 예상한 일기도로서 안전운항에 많은 기여를 하고 있다. 우리나라의 김포-제주, 김포-김해간의 항로에 대한 단면도가 제공된다면 안전운항에 많은 기여를 할 것이다.

37-1. 일기도의 구조

(1) 명칭 및 참고자료

① FXJP106: F(Forecast), X(Miscellaneous), JP(Japan), 일본의 주요 항공로를 중심으로 6시간 후를 예상한 일기도의 이름

② 060000Z NOV 2021, INITIAL 051800Z 6HR PROG: 2021년 11월 5일 1800UTC의 관측 자료를 기반으로 6시간 후인 060000UTC를 예상하여 만든 일기도

③ x-축: 관측지점의 위치를 남쪽에서 북쪽방향으로(이시가키-오키나와-가고시마-후쿠오카-오사카-동경-센다이-삿포로) 주요공항의 지점을 표시하고 지도명칭 왼쪽에 지도에 굵은 실선으로 항로를 표시

④ y-축: 고도를 hPa의 기압으로 표시하고 동시에 국제표준대기를 기준으로 km와 ft 단위로 표시

(2) 표시항목

① 등상당온위선(EQV.P.T): 절대온도 5K 간격으로 굵은 실선을 그린 후 10K마다 상당온위 값을 숫자로 표시한다(예, 360).

② 등온선(TEMPERATURE): 기온 5℃ 간격으로 가는 실선을 그린 후 10℃마다 기온 값을 숫자로 표시한다(예, -20).

③ 등수직급변풍선(WIND SHEAR): 수직급변풍(VWS) 3kt/1,000ft 간격으로 굵은 점선으로 표시한다(예, 6).

④ 등풍속선(ISO TACHS): 20kt 간격으로 굵은 점선을 그린 후 풍속 값을 숫자로 표시한다(예, 40).

⑤ 습역(T-TD〈3DEG): 습수(Spread)가 3℃ 미만으로 습도가 높은 지역을 울퉁불퉁한 파도형 실선으로 표시한다.

⑥ 대류권계면 고도(TROPOPAUSE): 대류권계면 고도를 기호 '✡'로 표시한다.

⑦ 풍향 및 풍속: 수직으로 약 4,000ft, 수평으로 약 200NM 간격으로 풍향 및 풍속을 기호로 표시한다.

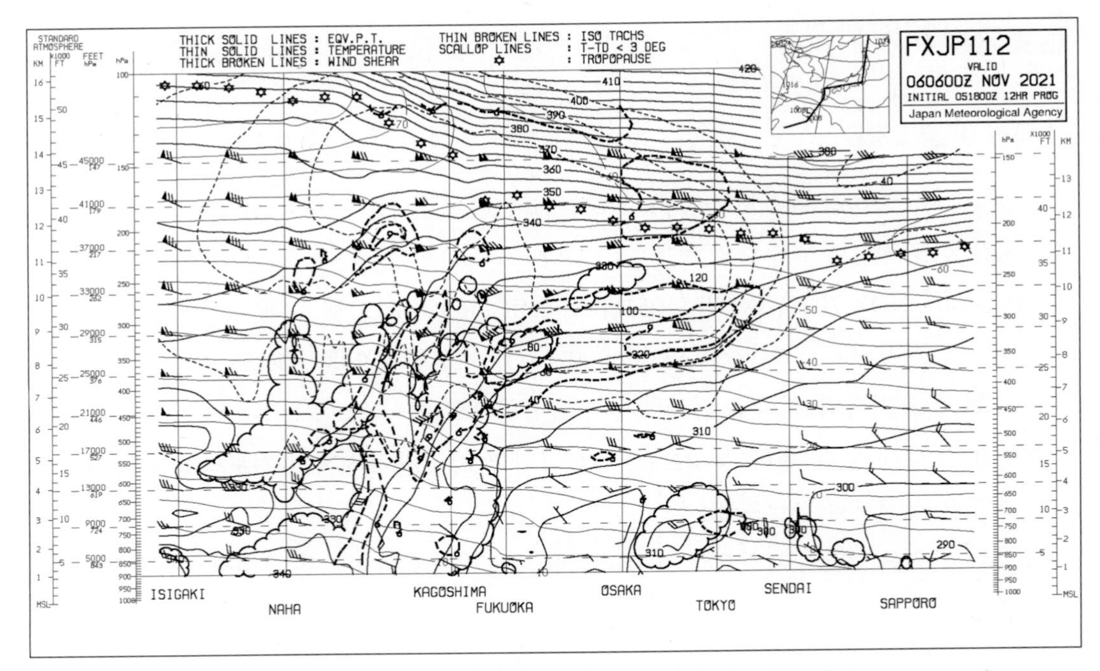

[그림 37.2] 일본기상주식회사 예상 고층단면도(FXJP112)
(https://n-kishou.com/ee/exp/exp01.html?cd=fxjp106&cat=a)

37-2. 일기도의 해석

① 항공기의 운항이 빈번한 주요항공로를 수직으로 자른 예상 단면도를 지상일기도 및 공항예보와 비교하여 분석해 보면 대기의 입체적인 구조를 파악할 수 있기 때문에 항공기 운항에 유용한 일기도이다.

② 고도가 상승함에 따라 기온은 낮아지고 상당온위는 높아지므로 등상당온위선과 등온선이 강하게 교차하는 고도일수록 전선이 강하게 발달하고 있다는 것을 알 수 있다. 상당온위는 포함된 수증기의 양을 반영하므로 구름의 상태도 예상할 수 있다.

③ 항공기운항에 위험한 대류권계면, 제트기류, 전선, 수직급변풍의 예상위치를 알 수 있고, 난기류(CAT) 및 구름의 예상 지역을 파악할 수 있다.

38. 위험기상 해석도(ABJP)

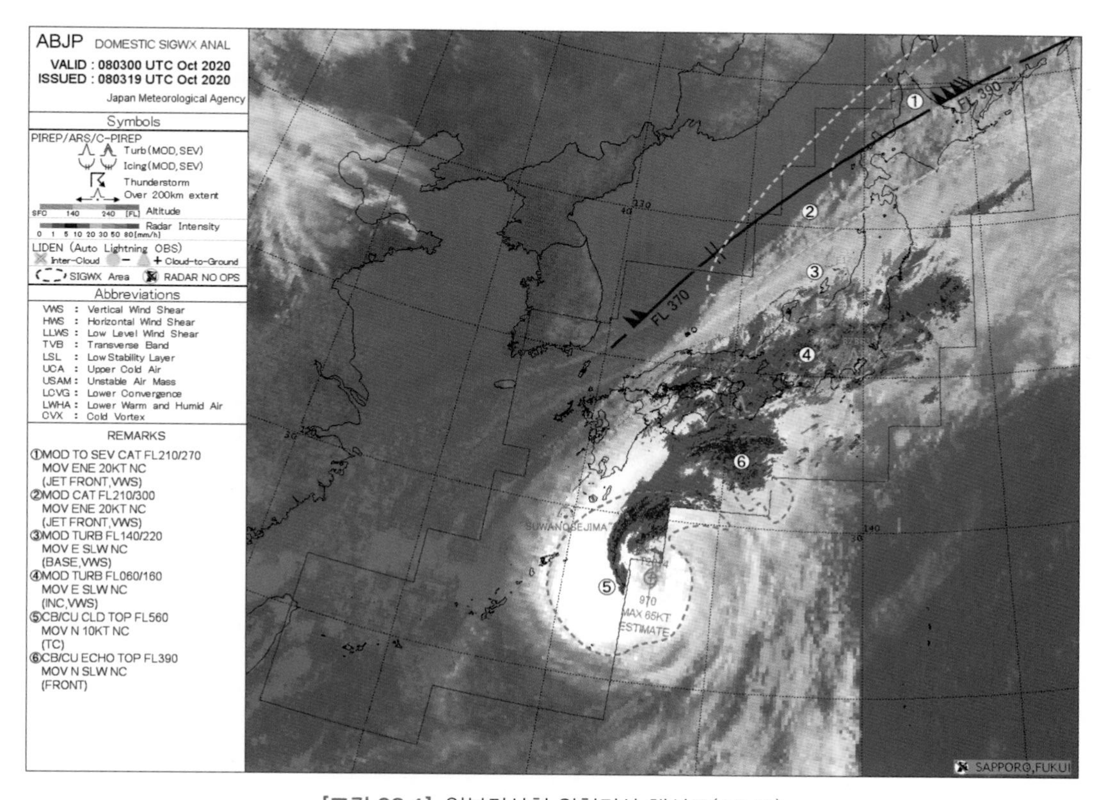

[그림 38.1] 일본기상청 위험기상 해석도(ABJP)
(https://www.jma.go.jp/jma/kishou/know/kouku/3_yohou/32_kuuiki/32_kuuiki.html)

매일 6회(21, 00, 03, 06, 09, 12UTC) 항공기의 운항 및 항공교통관리에 영향을 미칠 수 있는 기상현상을 그림정보를 포함하여 항공관련기관에 제공하는 일기도이다.

기상레이더나 기상위성사진, 항공기가 비행 중에 경험한 난기류 또는 착빙정보 등의 실제 기상현상과 예보관에 의한 제트기류의 해석이나 의견 등을 포함하여 그림으로 제공한다.

항공기 운항이 빈번한 6시부터 21시까지 3시간 간격으로 항공관련기관에 제공하고 있고, 대상 시각의 약 20분 이내에 발표하므로 거의 실시간 일기도이다.

항공사, 항공교통관제기관에만 제공되므로 개인이 최신 일기도를 수집하기는 어렵다. 그러나 항공기운항에 매우 유용한 일기도이므로 일본 지역으로 운항하는 항공사는 위탁회사에 요청하여 활용하기 바란다.

제공되는 정보가 일기도의 왼쪽 편에 자세히 기록되어 있으므로 쉽게 이해할 수 있다.

39. 위험기상 예상도(FBJP)

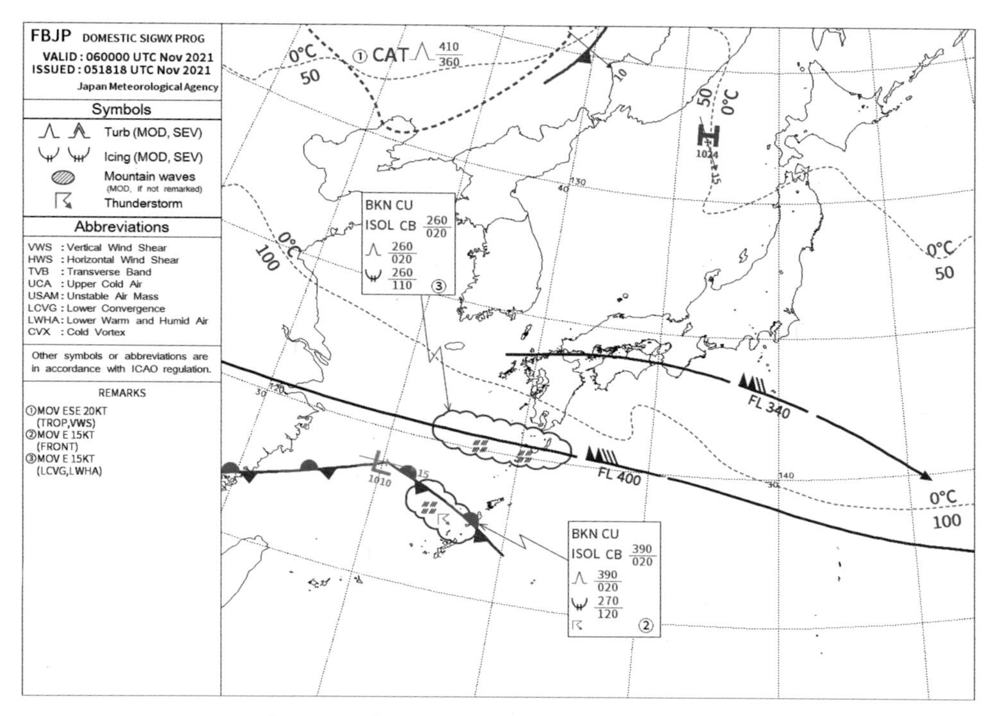

[그림 39.1] 일본기상청 위험기상 예상도(FBJP)
(https://www.data.jma.go.jp/airinfo/data/awfo_fbjp.html#contents_area2)

매일 4회(00, 06, 12, 18UTC) 항공기의 운항 및 항공교통관리에 영향을 미칠 수 있다고 예상되는 기상현상을 그림정보를 포함하여 표시한 예상일기도로서 항공관련기관에 제공하는 일기도이다.

지상으로부터 150hPa등압면(약 45,000ft)까지 예상되는 천둥번개, 난기류, 등 항공기 운항에 위험한 영향을 위험기상뿐 아니라, 지상의 고(저)기압의 위치나 중심기압, 이동방향과 속도, 전선, 5,000ft와 10,000ft의 0℃ 등온선 등을 종합적으로 표시한 일기도이다.

기상청의 예보관이 기상레이더나 기상위성사진, 항공기가 비행 중에 경험한 난기류 또는 착빙정보, 수치예보자료 등을 종합적으로 분석하여 작성한다.

40. 기상위성사진

기상관측용 레이더를 이용하여 지상에서 대기의 움직임을 관측하고, 라디오존데나 레윈존데 또는 항공기로 직접 대기를 관측하기도 하지만 레이더와 반대로 기상위성은 높은 우주공간에서 지구를 향하여 대기의 상태를 관측한다.

다른 관측기구들은 관측범위가 좁은 단점이 있으나 위성관측은 광범위하게 관측할 수 있는 장점이 있고, 주로 다음과 같은 목적으로 활용한다.

- 태풍의 감시
- 집중호우 및 대설의 감시
- 저기압의 감시
- 안개의 감시
- 화산활동 및 화산재의 감시
- 해수 빙하의 감시
- 황사의 감시

40-1. 세계 기상위성의 역사

미국은 1960년 4월 세계 최초의 기상위성인 TIROS 1호를 발사하였다. 이후 1963년에 세계기상기구(WMO)가 세계기상감시(WWW)프로그램에 따라 전 세계를 감시하는 기상위성 관측체계를 구상하면서 각 국가에서 위성을 발사하게 되었다.

주요 기상위성의 역사는 다음과 같다.

- 1960년 4월(미국) 세계최초의 기상위성 TIROS-1호(저고도 선회궤도) 발사
- 1963년 WMO가 WWW프로그램 구상 개시
- 1967년(미국) WWW프로그램에 따라 세계최초의 정지궤도 기상위성 ATS-1호 발사
- 1970년(미국) 극궤도 선회 기상위성 NOAA-1호 발사

- 1975년(미국) 정지궤도 기상위성 GOES-1호 발사
- 1977년(일본) WWW프로그램에 따라 일본 최초의 정지궤도 기상위성 GMS-1를 미국로켓으로 발사
- 1977년(유럽) WWW프로그램에 따라 유럽 최초의 정지궤도 기상위성 METEOSAT-1를 미국로켓으로 발사
- 1981년(인도) 최초의 정지궤도 다목적 기상위성 Insat-1호 발사
- 1988년(중국) 최초의 극궤도 기상위성 FY-1A호 발사
- 1994년(러시아) 최초의 정지궤도 기상위성 GOMS-1호 발사
- 1997년(중국) 최초의 정지궤도 기상위성 FY-2A호 발사

  … (생략) …
- 2006년(유럽) 최초의 극궤도 기상위성 METOP 발사

  … (생략) …
- 2010년 6월 27일 우리나라 최초의 정지궤도 기상위성인 통신해양기상위성 COMS(천리안 1호)를 프랑스령 남미의 기아나 꾸루우주센터에서 발사하여 2011년 4월 1일부터 정식 서비스 개시
- 2018년 12월 5일 정지궤도 기상위성 천리안 2A호 발사하여 2019년 7월 25일부터 정식 서비스 개시. 천리안 1호는 2020년 3월 31일에 서비스를 종료하고, 2020년 4월 1일부터는 천리안 위성 2A호로만 서비스

현재는 WMO에 의한 지구관측뿐 아니라 우주기상 및 환경 감시를 위해 각 국가가 협력하여 위성감시 체계를 구축하여 운영하고 있다.

지구의 기상현상을 실시간으로 관측하는 위성은 크게 2가지 종류로 구분한다.

① 정지궤도 기상위성

적도 상공 약 35,800km에서 지구 자전 속도와 동일하게 회전하면서 지구를 관측한다. 사실은 빠른 속도로 회전하고 있지만 지구에서 보면 항상 같은 위치에 정지하고 있는 것처럼 보이기 때문에 정지궤도 기상위성이라고 한다.

관측 범위는 남북방향으로 북반구의 북위 60°부터 남반구의 남위 60°까지, 동서방향으로는 위성의 위치로부터 동서로 각각 60°씩 합계 약 120°의 범위를 관측한다.

② 극궤도 기상위성

지구가 둥근 공 모양이므로 정지궤도 기상위성으로 극지방을 관측하면 경사면이 되어 정확한 관측이 어렵기 때문에 남극과 북극 상공을 회전하면서 관측하는 위성을 극궤도 기상위성이라고 한다.

비행고도는 약 850km 정도이고 남극과 북극을 1회전하는데 약 100분이 소요된다.

관측 범위는 극지방을 포함하여 전 지구를 비행경로 좌우 약 2,000km의 범위를 관측한다.

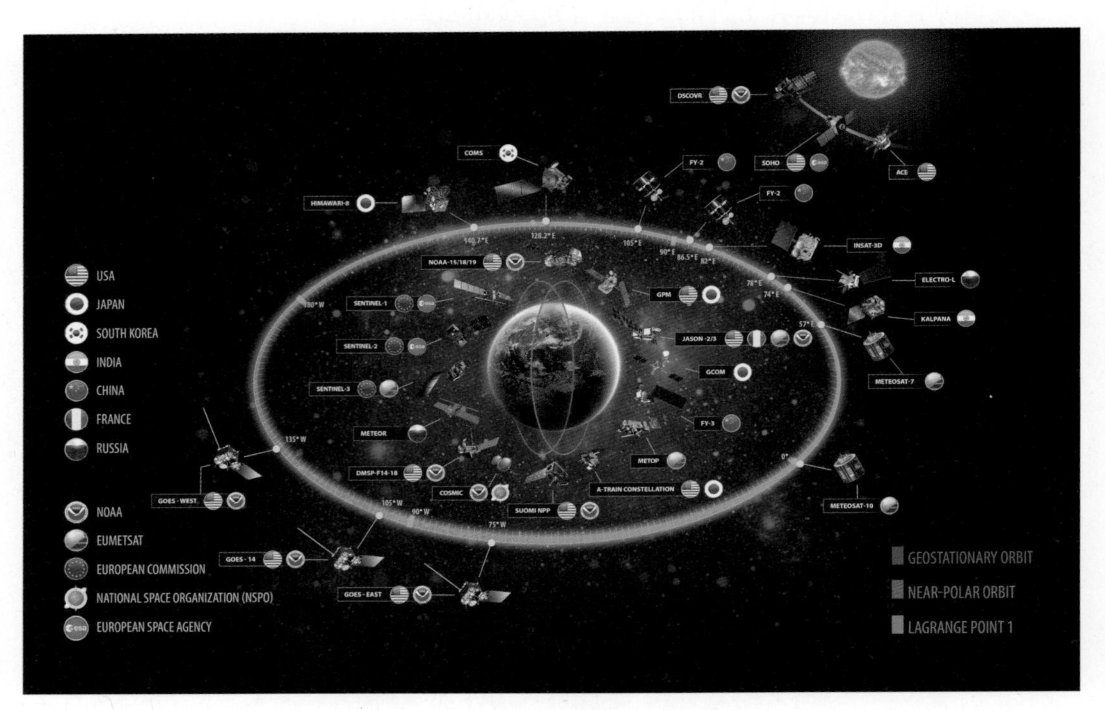

[그림 40.1] 기상관측위성체계

우리나라가 독자적으로 기상위성을 운영하기 전까지는 일본의 기상위성에 주로 의존하였다. 일본은 정지궤도 기상위성만 발사하였고 현재는 2대의 기상위성을 운영하고 있다.

- 1977년 WWW프로그램에 따라 일본 최초의 정지궤도 기상위성 GMS-1(히마와리)를 미국로켓으로 발사
- 1981년 GMS-2호로 교체
- 1984년 GMS-3호로 교체

- 1989년 GMS-4호로 교체
- 1995년 GMS-5호로 교체
- 2000년 5월 차세대 운수다목적 위성 MTSAT-1호 발사 실패
- 2005년 운수다목적 위성 MTSAT-1R호(히마와리 6호) 발사
- 2006년 운수다목적 위성 MTSAT-2호(히마와리 7호) 발사
- 2014년 10월 7일 히마와리 8호 발사
- 2015년 7월 7일 히마와리 8호 임무개시
- 2016년 11월 2일 히마와리 9호 발사
- 2017년 3월 10일 히마와리 9호 대기임무 개시

40-2. 위성사진의 종류

위성관측 센서와 편집기술의 발달에 따라 다양한 종류의 위성사진이 있지만 항공운항에서는 주로 다음과 같은 3가지 종류의 위성사진을 이용한다. 각 사진은 동일한 시간의 사진이지만 해석의 차이로 인해 모양은 각각 다르다.

(1) 적외선 사진(IR, Infra-Red picture)

적외선 센서로 관측하기 때문에 밤낮에 관계없이 24시간 관측이 가능하다.

구름이나 지표면의 온도를 연속적으로 관측하고 온도가 낮은 곳은 밝고 온도가 높은 곳은 어둡게 표시된다.

24시간 같은 조건에서 관측할 수 있으므로 구름의 변화를 연속적으로 해석할 수 있으며 기본 위성사진 자료로 활용한다.

적외선 센서로 관측한 온도로부터 운정고도(Cloud top)로 변환이 가능하기 때문에 운정고도의 분포와 그 변화의 파악이 가능하다. 일반적으로 대류권에서는 상층으로 갈수록 기온이 낮기 때문에 운정온도가 낮은 구름은 운정고도가 높고 밝게 표시된다.

구름이 없는 맑은 날에는 지표면이나 해면의 온도를 관측한다.

[그림 40.2] 기상위성 적외선 사진(국가기상위성센터)

(2) 가시광선 사진(VIS, Visible picture)

구름이나 지표면에서 반사된 태양광의 강약을 그림으로 표현하기 때문에 태양광의 반사량이 많을수록 밝고, 적을수록 어둡게 표시된다.

눈이나 구름은 태양과의 반사량이 많아 밝게 보이고, 지면은 구름에 비하여 어두우며, 해면은 가장 어둡게 보인다.

아침, 낮, 저녁, 저위도, 중위도, 고위도 등, 태양고도에 따라 틀리게 보이고 경사면은 어둡게 보이며 위성의 바로 아래는 밝게 보인다. 태양광이 있을 때만 관측이 가능한 것이 단점이다.

구름의 반사율은 구름에 포함되어 있는 물방울 또는 얼음알갱이의 양과 밀도에 따라 다르

[그림 40.3] 기상위성 가시광선 사진(국가기상위상센터)

다. 하층운이나 적란운 등은 많은 수분을 포함하고 있으므로 밝게 빛나고, 상층의 옅은 구름은 투명하여 하층운이나 육지 및 해면이 보인다.

층운형의 구름은 운정의 요철이 심하여 운형의 식별도 가능하며, 구름의 그림자도 보이므로 그림자의 길이로 운정고도를 추정할 수 있다.

(3) 수증기 사진(WV, Water Vapor picture)

적외선 센서로 관측한 온도의 분포로서 온도가 낮은 곳은 밝고 높은 곳은 어둡게 표시되므로 적외선 사진과 비슷하다.

수증기를 많이 포함하고 있는 구름이나 대기일수록 밝게 표시된다. 하층일수록 수증기는 많이 포함되어 있지만 온도가 상대적으로 높아 적외선이 흡수되므로 위성까지 도달하는 적외선의 양이 적어 어둡게 표시된다.

따라서 주로 중상층에 존재하는 수증기량으로 중상층의 대기 흐름을 파악하는데 유용한 사진이다.

수증기 사진에 나타나는 명암의 분포로부터 중상층의 기압골이나 소용돌이 및 제트기류의 위치를 추정할 수 있다.

[그림 40.4] 기상위성 수증기 사진(국가기상위성센터)

41. 구름해석 정보도(TSAS1/2)

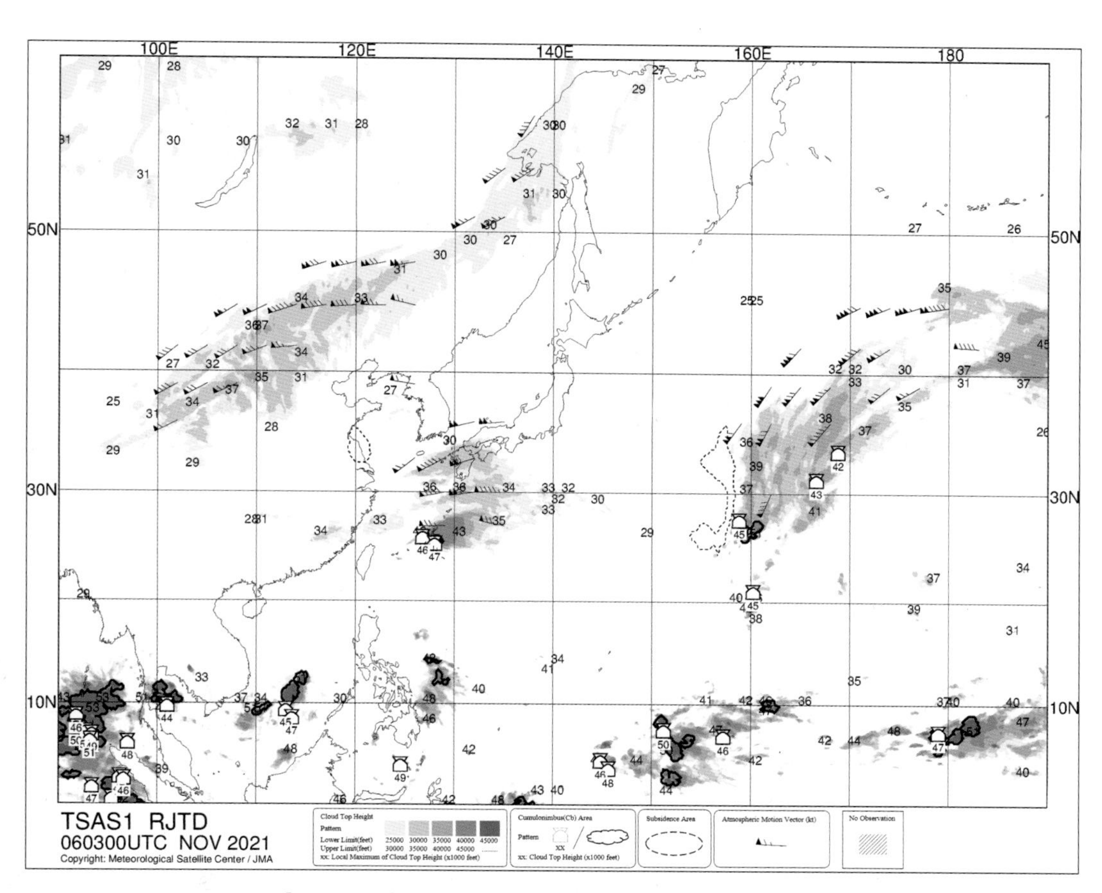

[그림 41.1] 일본 기상주식회사 구름해석 정보도(북반구)
(https://n-kishou.com/ee/exp/exp01.html?cd=tsas1&cat=a)

기상위성사진을 입수하기는 쉬운 시대가 되었지만 전문가가 아니고는 정확히 해석하기 어렵다. 이러한 어려움을 해결하기 위해 일본 기상청에서 기상위성이 관측한 사진을 컴퓨터로 분석하여 항공기 운항에 사용할 수 있도록 작성되어 30분 간격으로 제공하고 있다.

일본기상청의 공식명칭은 '광역 구름해석 정보도'이지만 '기상위성사진 해석도'라고 할 수 있다. 일반인은 기상청으로부터 직접 입수할 수는 없지만 일본 기상주식회사의 인터넷사이트에서 누구나 최신 사진을 실시간으로 입수할 수 있다. 해석에 필요한 정보는 사진의 아래쪽에 자세히 표시되어 있다.

그림 41.1은 일본기상청(JMA)의 위성사진(2021년 11월 6일 0300UTC)을 기반으로 한 북반구의 사진(TSAS1)이고(남반구는 TSAS2), 일기도의 제공 위치(RJTD)를 표시한다.

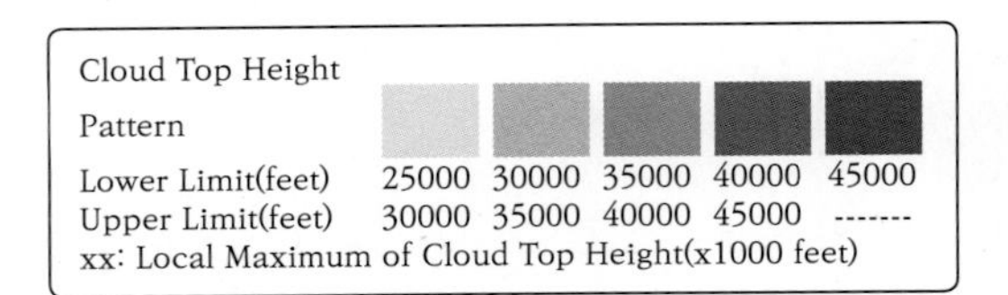

추정되는 운정고도(Cloud Top Height)를 ft 단위의 패턴으로 표시하고 각 구름의 가장 높은 고도의 지점(Local Maximum of Cloud Top Height)에 1,000ft 단위의 2자리 수(XX)로 표시한다.

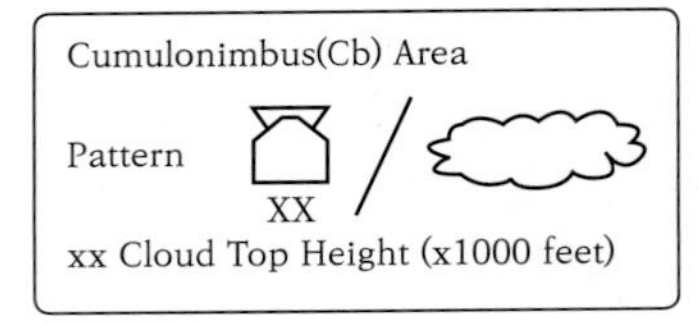

항공기 운항에 매우 위험한 적란운(Cb) 지역을 굵은 실선으로 표시하고 적란운의 규모가 좁은 지역인 경우에는 기호의 아래쪽에 추정되는 운정고도를 표시한다.

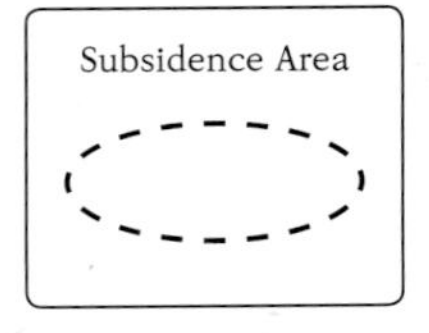

상층대기의 침강지역을 굵은 점선으로 표시한다. 수증기 사진으로 관측한 구름의 위쪽 온도가 1시간 전에 비해 절대온도 1.5K이상 상승한 경우, 그 구름은 하강기류라고 판단하여 표시한다. 이 지역에는 난기류(CAT)가 발생하기 쉬운 지역이다.

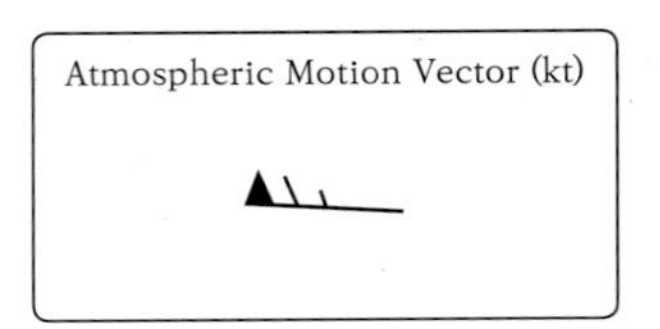

대기의 움직임을 풍향 및 풍속의 기호로 표시한다.

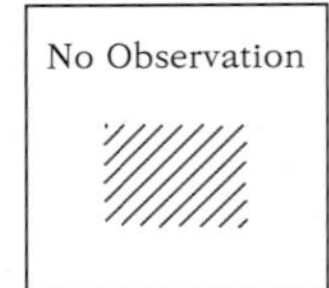

관측되지 않는 지역이 있으면 사선의 패턴으로 표시한다.

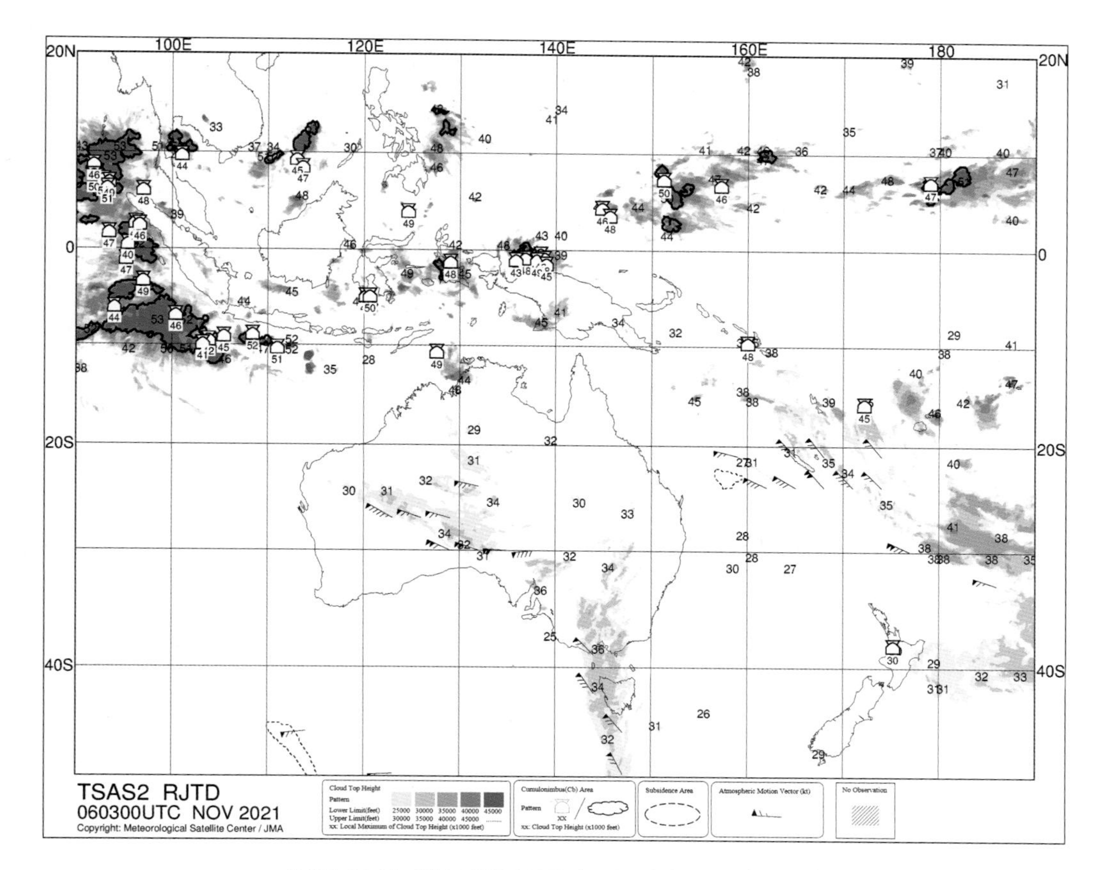

[그림 41.2] 일본 기상주식회사 구름해석 정보도(남반구)
(https://n-kishou.com/ee/exp/exp01.html?cd=tsas2&cat=a)

42. 화산재 확산 분포도

동경 화산재 경보센터(Tokyo VAAC)는 일본의 화산활동을 감시하는 기상청의 '화산감시 및 경보센터'뿐 아니라, 러시아의 캄차카 화산분화대응팀(KVERT), 필리핀 화산지진연구소(PHIVOLCS), 알래스카 화산관측소(AVO) 및 인접 화산재 경보센터(VAAC) 등으로부터 화산활동의 정보를 수집하여 화산재 확산정보와 화산재 확산예상도를 발표하고 있다.

화산이 폭발하면 ICAO의 규정에 따라 텍스트형식의 화산재 정보도 발표한다. 발표형식은 ICAO Annex3 Appendix2 Table A2-1. Template for advisory message for volcanic ash에 따른다.

다음의 화산재정보(VAA, Volcanic Ash Advisory)는 일본 후쿠토쿠오카노바(福德岡ノ場) 화산에서 폭발한 화산재의 정보를 동경 VAAC에서 2021년 19번째 발표한 것이다.

2021년 8월 13일 해저 -29m에서 분출한 화산재는 FL540까지 치솟았고 15일에 발표한 다음의 19번째의 화산재 정보에서도 보는 바와 같이 FL480까지 연일 치솟고 있다.

동경 VAAC에서 발표하는 화산재 확산 분포도는 5종류의 분석일기도와 예상일기도를 발표하고 있다.

화산재정보(VAA)의 예문

(https://ds.data.jma.go.jp/svd/vaac/data/vaac_list.html)

FVFE01 RJTD 150603
VA ADVISORY
DTG: 20210815/0603Z
VAAC: TOKYO
VOLCANO: FUKUTOKU-OKA-NO-BA 284130
PSN: N2417 E14129
AREA: JAPAN
SUMMIT ELEV: -29M
ADVISORY NR: 2021/19
INFO SOURCE: HIMAWARI-8
AVIATION COLOUR CODE: NIL
ERUPTION DETAILS: VA EMISSIONS CONTINUING
OBS VA DTG: 15/0520Z
OBS VA CLD: SFC/FL480 N2415 E14131 - N2141 E13755 - N2022 E12914 - N2208 E12807 - N2252 E13743 - N2420 E14126 MOV W 55KT
FCST VA CLD +6 HR: 15/1120Z SFC/FL510 N2526 E14001 - N2416 E14130 - N2040 E13844 - N2028 E13229 - N2026 E12534 - N2253 E12328 - N2330 E12440 - N2154 E13733
FCST VA CLD +12 HR: 15/1720Z SFC/FL510 N2608 E13856 - N2402 E14136 - N1857 E13700 - N1950 E12145 - N2149 E11908 - N2357 E12118 - N2023 E13549
FCST VA CLD +18 HR: 15/2320Z SFC/FL510 N2709 E13759 - N2413 E14136 - N2001 E14013 - N1755 E13431 - N2001 E11504 - N2402 E11744 - N1947 E13414
RMK: NIL
NXT ADVISORY: 20210815/0900Z=

42-1. 화산재 실황도(VAGI, Volcanic Ash Graphic for Initial distribution)

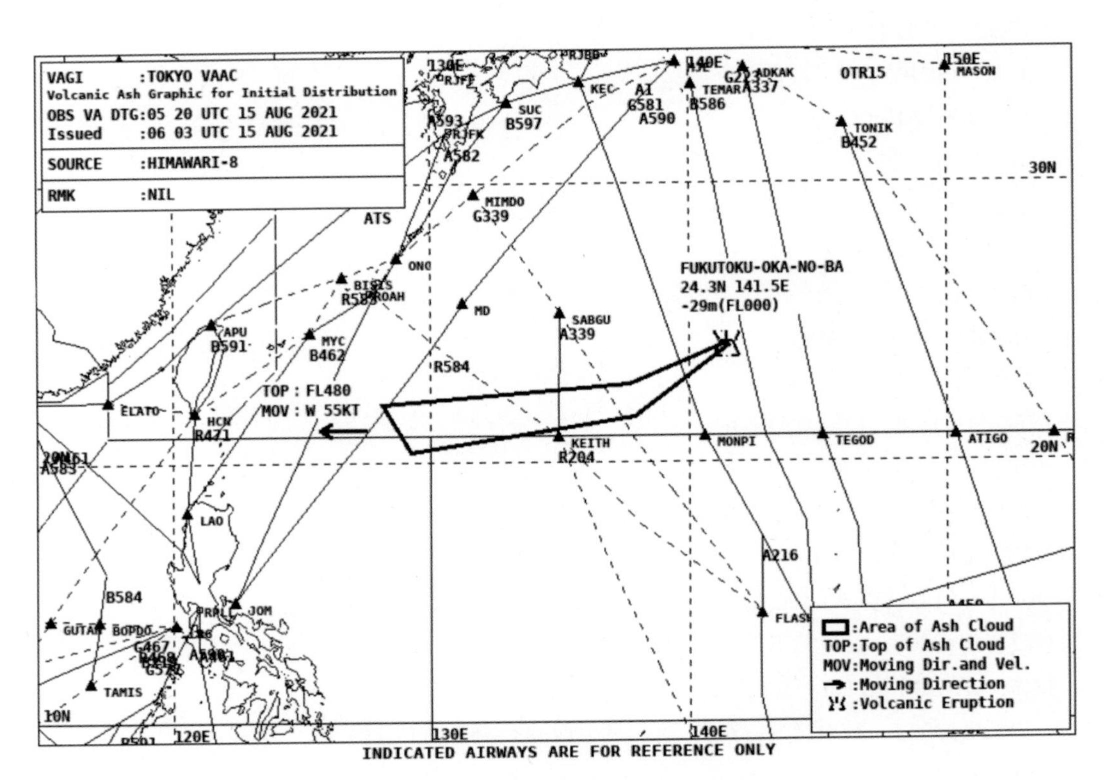

[그림 42.1] 동경 화산재 경보센터 화산재 실황도(VAGI)
(https://ds.data.jma.go.jp/svd/vaac/data/vaac_list.html)

기상위성사진의 해석을 기반으로 화산재 구름의 범위, 높이, 이동속도 및 방향을 표시한 분석일기도로서 발표 시점에서 항공로에 대한 영향을 추정할 수 있다.

42-2. 화산재 확산 예측도(VAG, Volcanic Ash advisory-Graphic)

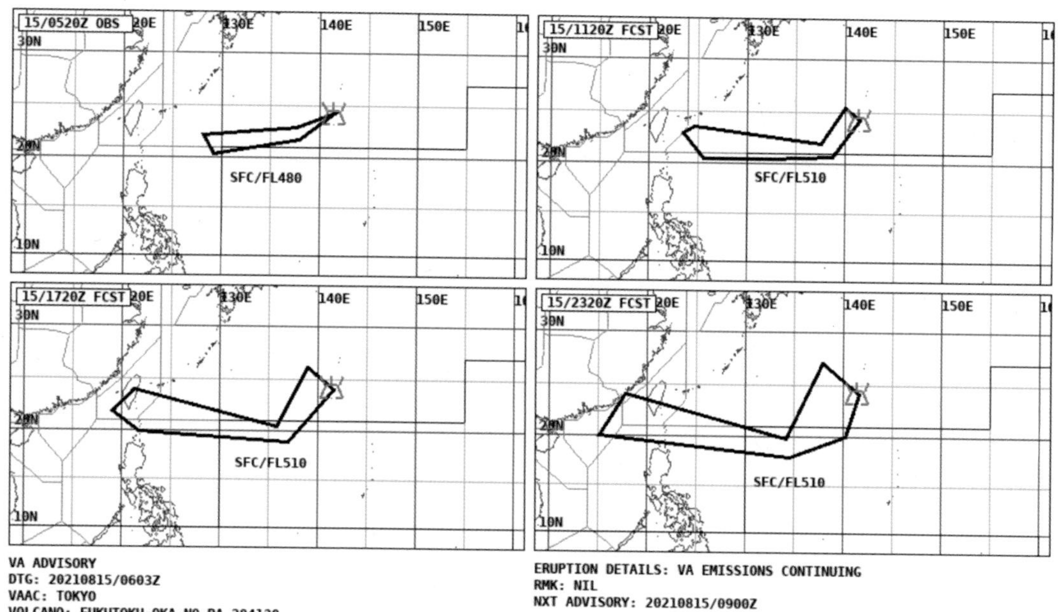

[그림 42.2] 동경 화산재 경보센터 화산재 확산 예측도(VAG)
(https://ds.data.jma.go.jp/svd/vaac/data/vaac_list.html)

화산재 정보(VAA)의 관측 및 예보부분의 내용을 그림으로 표시한 일기도이고 관측시점, 6시간 후, 12시간 후, 18시간 후의 예상범위와 고도를 표시한다. 텍스트 전문의 VAA와 같이 보면서 항공로에 대한 영향을 추정할 수 있다.

42-3. 협역 확산 예측도(VAGFN, Volcanic Ash Graphic Forecast for Narrow Area)

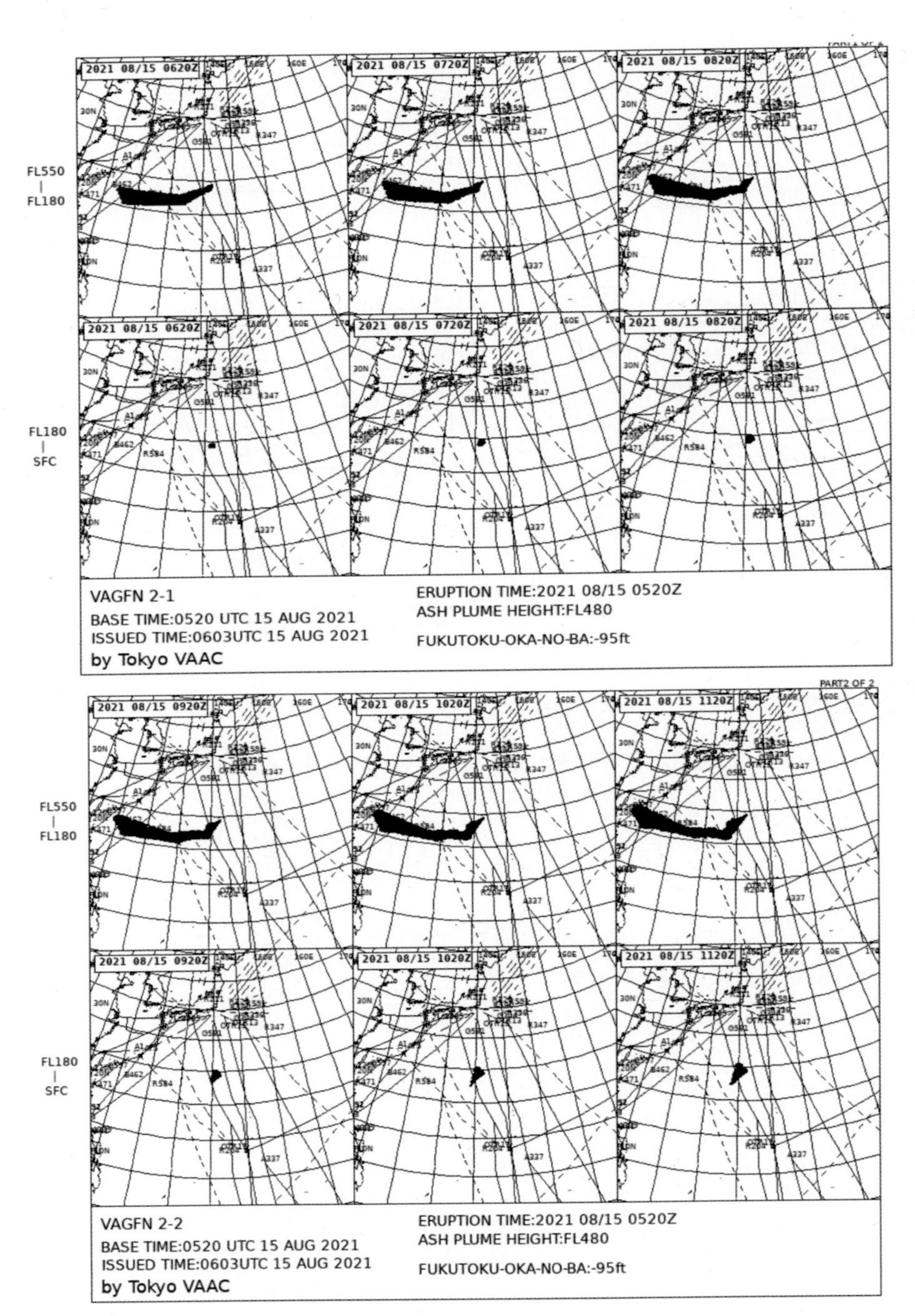

[그림 42.3] 동경 화산재 경보센터 협역 확산 예측도(VAGFN)
(https://ds.data.jma.go.jp/svd/vaac/data/vaac_list.html)

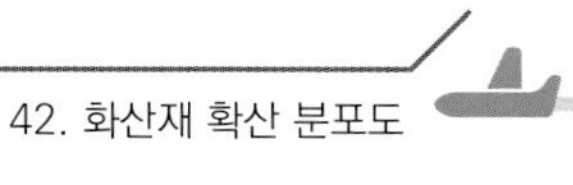

일본의 화산분화 또는 화산재가 관측되는 경우, 관측시각으로부터 1시간 간격으로 6시간 후까지 매시의 화산재 확산 지역을 지표~FL180, FL180~FL550로 고도별로 나누어 적어도 6시간에 한 번씩 최신자료로 발표하므로 항공로에 대한 영향을 고도별로 상세히 추정하는데 사용할 수 있는 일기도이다.

42-4. 정시 확산 예측도(VAGFNR, Volcanic Ash Graphic Forecast for Narrow area of hypothetical Routine eruption)

분화의 가능성이 높은 화산에 대하여 연속적으로 분화가 계속하여 화산재가 FL180까지 도달한다고 가정한 경우, 관측시각으로부터 1시간 간격으로 6시간 후까지 매시의 화산재

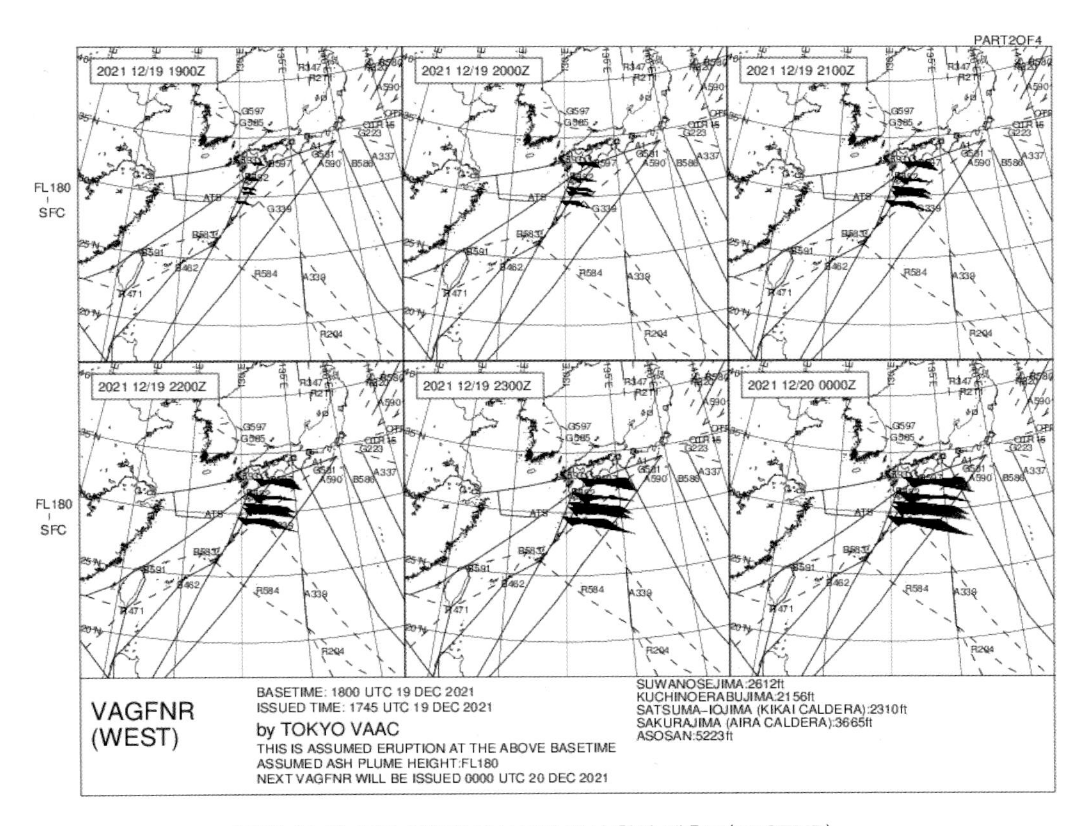

[그림 42.4] 동경 화산재 경보센터 정시 확산 예측도(VAGFNR)
(https://ds.data.jma.go.jp/svd/vaac/data/vaac_list.html)

확산 지역을 6시간(00, 06, 12, 18UTC)에 한 번씩 최신자료로 발표한다.

동경 VAAC를 중심(CENTER)으로 서쪽 지역(WEST), 캄차카 지역(KAM), 쿠릴 지역(KURIL), 필리핀 지역(PHIL)의 5개 지역으로 나누어 발표한다.

42-5. 정시 확산 강재예측도(VAGFNR-AF, Volcanic Ash Graphic Forecast for Narrow area of hypothetical Routine eruption and Ash Fall)

분화의 가능성이 높은 화산에 대하여 불연속적으로 분화한다고 가정한 경우, 관측 시각으로부터 1시간 간격으로 3시간 후까지 매시의 화산재 확산 지역을 지표~FL100, FL100~FL200로 고도별로 나누어 3시간에 한 번씩 최신자료로 발표한다.

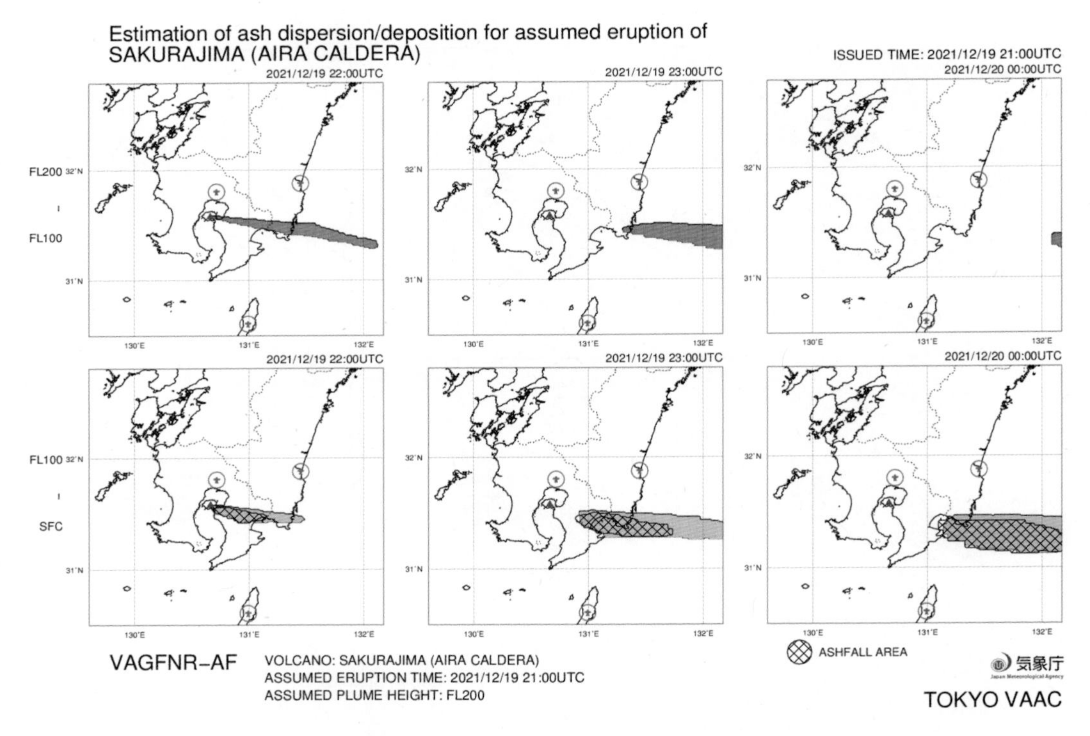

[그림 42.5] 동경 화산재 경보센터 정시 확산 강재예측도(VAGFNR-AF)
(https://ds.data.jma.go.jp/svd/vaac/data/vaac_list.html)

43. WAFS 고고도 중요기상 예상도(SWH)

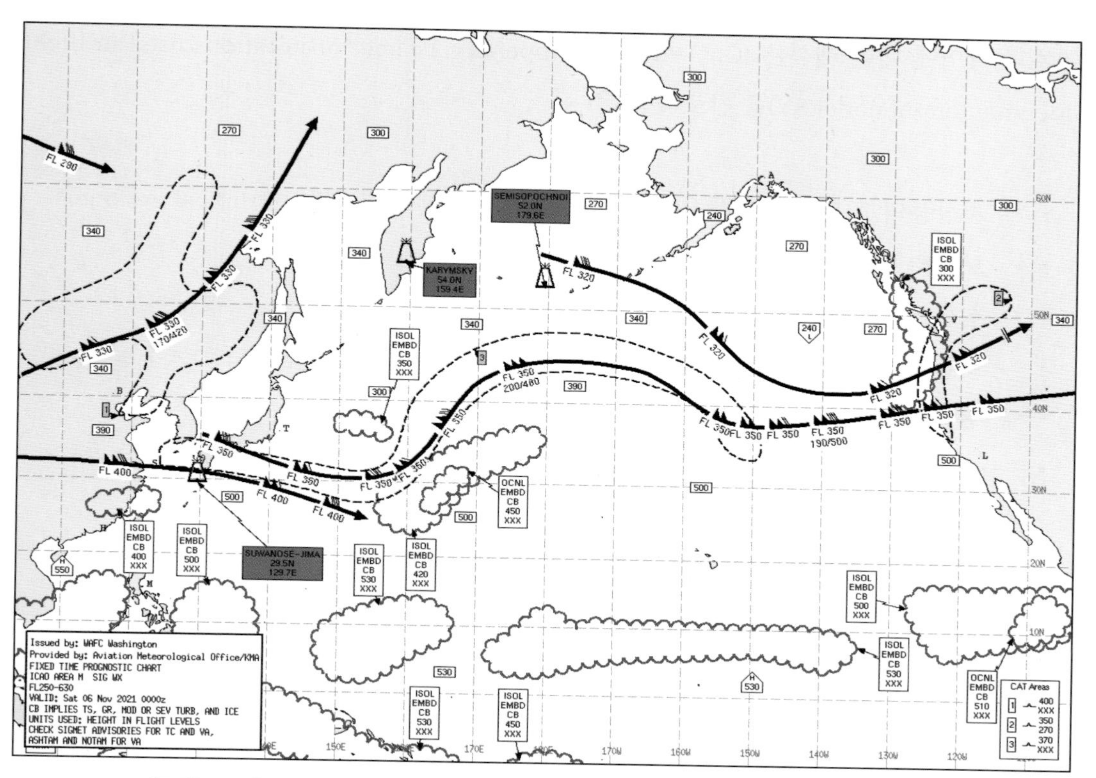

[그림 43.1] WAFS 고고도 중요기상 예상도(항공기상청 항공운항지원 기상서비스)

ICAO에서 지정한 WAFC는 항로상의 중요한 기상현상을 정해진 시간(00, 06, 12, 18UTC)부터 24시간 유효한 일기도를 하루에 4회 작성하여 배포한다.

WMO에서 정한 2진수의 BUFR(Binary Universal Form for the Representation of meteorological data) 코드를 사용하여 배포하면 필요한 기관에서 수신한 후 코드를 다시 변환하여 일기도를 작성한다.

그림 43.1의 일기도는 워싱턴 WAFC에서 예보한 자료를 항공기상청에서 수신하여 작성한 고고도(FL250~630) 중요기상 예상도(SWH, Significant Weather-High level)이다.

43-1. 일기도의 해석

장거리를 운항하는 항공사에서 비행계획이나 항공기 감시에 주로 사용하는 일기도이므로 정확히 이해할 필요가 있다.

이 일기도에 포함된 주요 기호에 대한 해석은 다음과 같고, WAFS일기도에 포함된 모든 기호와 약어에 대한 해석은 ICAO Annex 3 Appendix 1 Sheet of notations used in flight documentation(Model SN)을 참조하면 된다.

- 지상풍의 10분간 평균풍속이 34kt(17m/s) 이상인 열대저기압(Tropical cyclone)
- 보통의 난기류(Moderate turbulence)
- 심한 난기류(Severe turbulence)
- 보통의 착빙(Moderate icing)
- 심한 착빙(Severe icing)
- --- (굵은 점선) CAT 예상 지역
- 화산재 분출 예상 지역
- 대기 중의 방사능 예상 지역
- 380 대류권계면(Tropopause)의 예상고도를 표시한다. 위쪽 방향으로 'H' 표시가 있으면 그 지역의 대류권계면의 고도가 주위보다 높다는 뜻이고, 아래쪽 방향으로 'L' 표시가 있으면 그 지역의 대류권계면의 고도가 주위보다 낮다는 뜻이다.
- 제트기류의 최대풍속인 중심축의 위치, 풍향, 최대풍속
- FL 320 220/400 FL 310 제트기류의 최대풍속이 120kt 이상이면 최대풍속의 고도를 표시하고 아래쪽에는 풍속이 80kt 이상인 고도를 표시한다. 그림의 경우, 제트기류의 최대풍속인 중심축의 고도는 FL320, 풍속은 140kt이고, FL220과 FL400에서 80kt 이상의 풍속을 예상한다. 그러나 오른쪽 지역은 최대풍속인 중심축의 고도는 FL310이지만 풍속은 100kt이다. 중간 지점의 이중 세로선(⫲)은 이 지점에서 제트기류의 중심축의 고도가 +/-3,000ft 이상 변하거나 또는 풍속이 20kt 이상 변화가 예상될 때 표시한다.
- 열대저기압 또는 적란운(Cb) 등 주요 기상 지역의 경계선

- ISOL EMBD CB 500 XXX — 굴곡진 실선 지역 전체의 50%미만의 지역에 적란운이 예상되지만 다른 구름의 사이에 끼어 있을 것으로 예상되며, 예상되는 운정고도는 FL500이고 운저고도는 이 일기도의 최저고도가 FL250이므로 적란운의 최저고도는 FL250보다 더 아래쪽에 있다(XXX)는 것을 의미한다.

적란운의 표시기호는 다음과 같이 구분하여 표시한다.

① OBSC(obscured) CB : 연무나 먼지 등에 가려 희미한 적란운
② EMBD(embedded) CB : 다른 구름 층 사이에 끼어 있는 적란운
③ ISOL(isolated) CB : 동떨어져 있는 적란운(예상 구역의 50% 미만을 차지할 것으로 예상될 때)
④ OCNL(occasional) CB : 듬성듬성한 상태의 적란운(예상 구역의 50이상~75% 이하를 차지할 것으로 예상될 때)
⑤ FRQ(frequent) CB : 빽빽한 상태의 적란운(예상 구역의 75% 이상을 차지할 것으로 예상될 때)

43-2. 공역의 구분

WAFC에서 작성하는 일기도는 지구상의 어떤 항로로 비행하더라도 비행계획을 하거나 비행을 감시하기에 지장이 없도록 18개의 공역으로 구분하고 그 공역별로 예상 일기도를 작성하고 있다(ICAO Annex 3. Appendix 8).

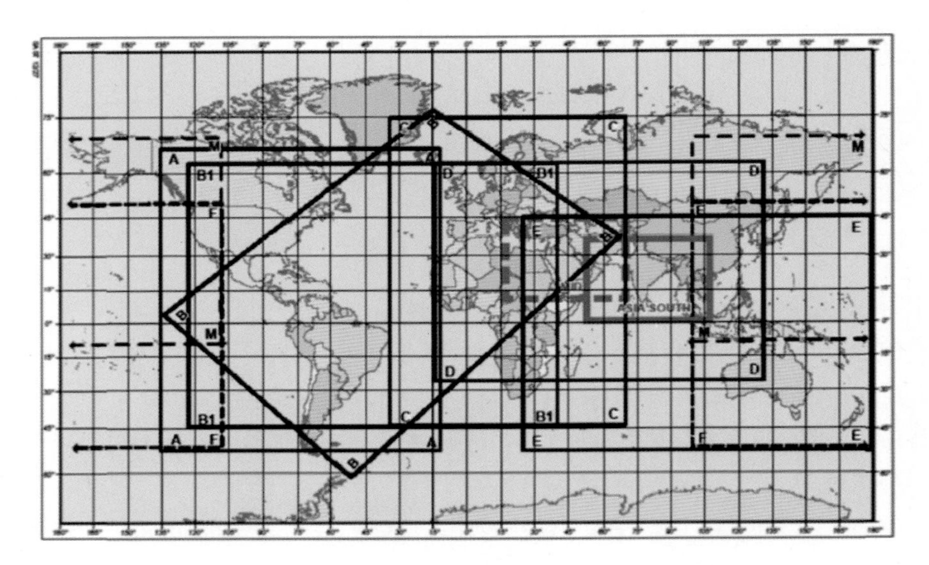

[그림 43.2] 원통투영법의 10개 지역(A ASIA B B1 C D E F M MID)

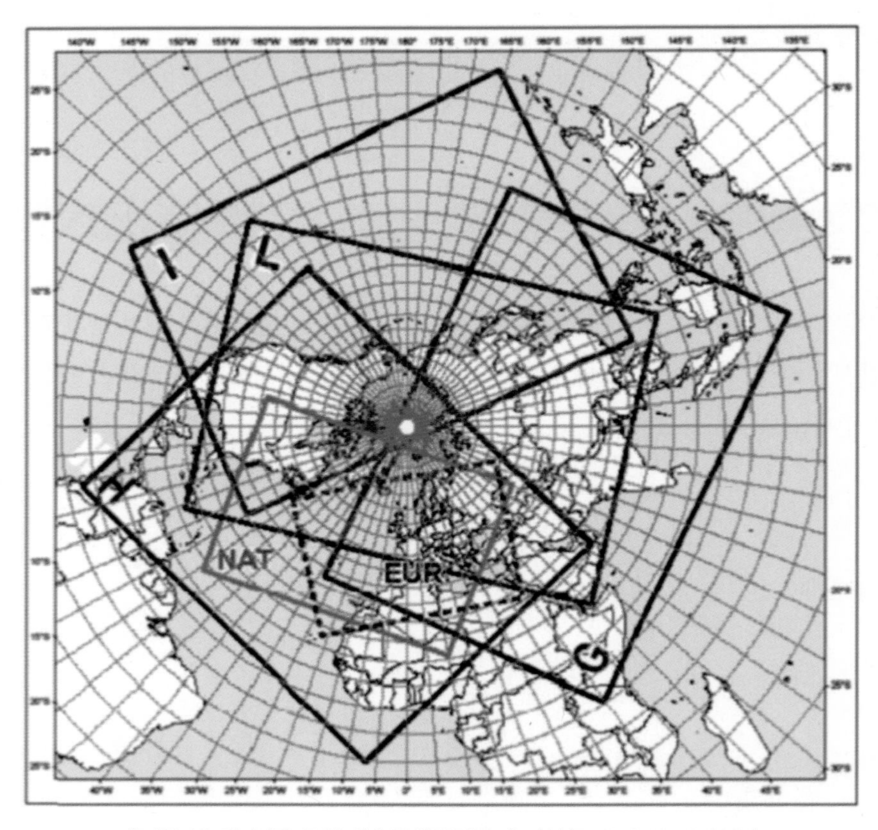

[그림 43.3] 북극 중심 원추투영법의 6개 지역(EUR G H I L NAT)

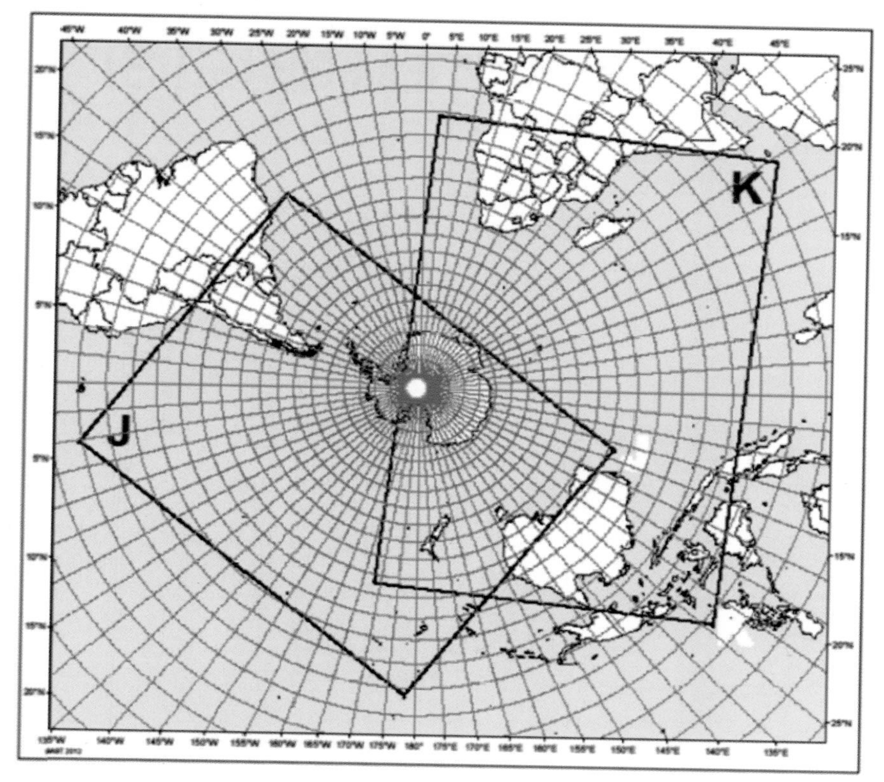

[그림 43.4] 남극 중심 원추투영법의 2개 지역(J K)

44. WAFS WINTEM 예상도(IS)

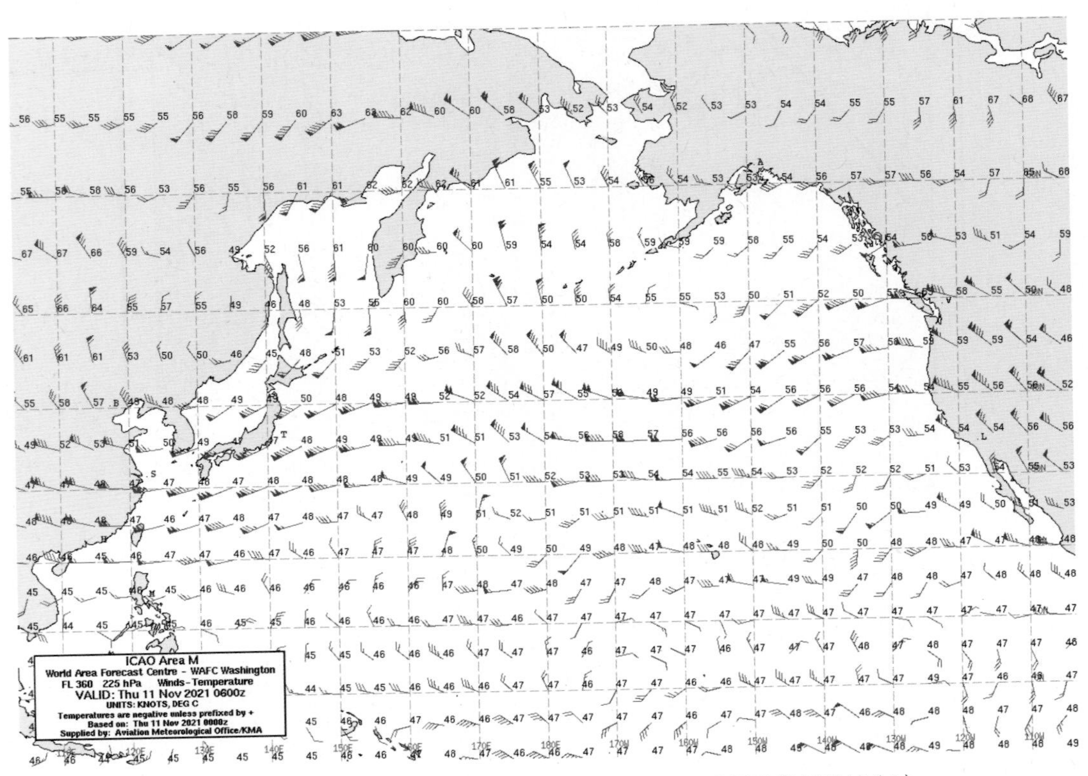

[그림 44.1] WAFS WINTEM 예상도(항공기상청 항공운항지원 기상서비스)

ICAO에서 지정한 WAFC가 항공사에서 비행계획서를 작성할 수 있도록 풍향 및 풍속과 기온(Wind and Temparature)을 예상한 일기도이다.

그림 44.1의 일기도는 워싱턴 WAFC에서 작성한 ICAO Area M, FL360(225hPa)의 WINTEM예상도(IS, Isobaric Surface)이고, 2021년 11월 11일 0000UTC로부터 +6시간 후인 11월 11일 0600UTC에 예상되는 풍향, 풍속, 기온을 표시하고 있다.

지구를 둘러싸고 있는 대기를 수평으로 위도 1.25°(약 140km) 간격, 수직으로는 FL050/100/180/240/300/340/390/450에 격자점을 찍어 정해진 시간(00, 06, 12, 18UTC)으로부터 +6, +12, +18, +24, +30, +36시간 후까지로 나누어 각각의 격자점에 예상되는 풍향, 풍속,

기온의 값(GPV, Grid Point Value)을 하루에 4회 작성하여 배포한다.

풍향 및 풍속은 기호로, 기온은 섭씨온도(℃) 단위의 숫자로 표시하고, 기온이 plus인 경우에는 PS를 붙이고 숫자, minus인 경우에는 숫자만 표시한다.

WAFC에서는 WMO에서 정한 2진수의 GRIB(GRIdded Binary) 코드를 사용하여 배포하면 수신한 기관이나 항공사에서 물리학적인 공식을 이용하여 다시 변환하여 일기도를 작성하거나 비행계획서의 작성에 사용한다.

항공기상청에서는 WAFC로부터 수신한 자료를 바탕으로 FL050/100/140/180/240/270/300/320/340/360/390/410/450/530로 분할하여 일기도의 형태로 만들어 업로드하고 있다.

대부분의 항공사에서는 WAFC의 WINTEM 예상코드를 직접 받아 비행계획서 작성 프로그램에서 변환하여 사용하므로 실무적으로는 이 일기도를 직접 사용하지 않는다.

그러나 운항관리사 실기시험에서는 이 일기도를 사용하여 수작업으로 비행계획서를 작성하므로 사전에 이해해 둘 필요가 있다.

결심고도(DA, Decision Altitude)/결심높이(DH, Decision Height) 6, 295 / 6, 144, 295

착륙을 위해 활주로까지의 거리, 활주로 중심선으로부터 간격 및 고도 정보를 제공받으면서 접근하는 3D 계기접근(3D instrument approach) 운항에서, 활주로에 접근을 계속하기 위해 필요한 시각 참조물이 식별되지 않을 경우 실패접근을 시도해야만 하는 특정고도 또는 높이를 말한다(ICAO Annex 6).

결심고도(DA)는 평균 해수면(MSL)을 기준으로 표시한 고도이고, 결심높이(DH)는 활주로 끝(Threshold elevation)을 기준으로 표시한 높이다.

필요한 시각 참조물이란 조종사가 원하는 비행로로 비행하기 위해 항공기 위치 및 위치변경비율을 판단하기 위하여 육안으로 충분히 볼 수 있는 시각 보조물(항공등화, 각종 표식 등) 또는 접근구역의 부분을 말한다. 표현의 편의상 두 가지가 동시에 쓰일 때는 'DA/H'로 기술할 수 있다.

계기비행기상상태(IMC, Instrument Meterological Conditions) 5, 136, 142

시계비행기상상태로 규정된 것 미만의 시정, 구름으로부터의 거리 및 운고(Ceiling)로 표현되는 기상상태를 말한다(고정익 항공기를 위한 운항기술기준).

계기비행방식(IFR, Instrument Flight Rules) 4, 5, 136, 295

항공기의 자세, 고도, 위치 및 비행방향의 측정을 항공기에 장착된 계기에만 의존하여 비행하며, 항공교통관제사가 지시하는 이동, 이륙, 착륙의 순서 및 시기와 비행의 방법에 따라 비행하는 방식을 말한다(항공안전법).

공항 기준점(ARP, Aerodrome/Airport Reference Point) 250, 256, 258

비행장 표점, 공항 참조점이라고도 한다. 공항의 기준이 되는 지리적인 위치로서 항공정보간행물(AIP)에 위도 및 경도로 좌표를 표시하여 공지해야 한다. 공항 전체의 중심점은 아니며 최초에 기준점이 지정되면 공항을 확장하더라도 변경하지 않는다(ICAO Annex 14).

교체공항(Alternate aerodrome) 6, 8, 274, 297

착륙을 예정한 공항까지 비행을 계속하거나 또는 착륙이 불가능하거나 적절하지 않다고 판단될 때 항공기가 비행을 계속할 수 있는 공항을 말한다. 교체공항은 착륙에 필요한 업무와 시설을 이용할 수 있고 항공기 성능 요구사항이 충족되어야 하며, 착륙예정 시간에 운영이 가능한 공항이어야 한다. 교체공항은 다음과 같이 구분한다(ICAO Annex 6).

① 이륙 교체공항(Take-off alternate): 이륙한 후 불가피한 사정으로 다시 그 공항에 착륙을 해야 하지만 그 출발지 공항을 사용할 수 없을 때 착륙할 수 있는 교체공항

① 항로상 교체공항(En-route alternate): 항로 비행 중 불가피한 사정으로 회항해야하는 경우가 발생했을 때 착륙할 수 있는 교체공항

② 목적지 교체공항(Destination alternate): 목적지 공항에 착륙이 불가능하거나 착륙이 적절하지 않다고 판단될 때 착륙할 수 있는 교체공항

국제도량형위원회(BIPM, International Committee of Weights and Measures, https://www.bipm.org)

36

약칭 BIPM은 프랑스어 Bureau international des poids et mesures의 두문자이고, 측정과학(Measurement science) 및 측정 표준(Measurement standards)과 관련된 문제에 대해 정부가 함께 행동하는 정부 간의 기구로서 1875년 5월 20일에 미터협약(Metre Convention)에서 시작되었다. 63개 회원국과 39개의 준회원 국가로 운영되며, 측정단위의 세계적인 균일성(Uniformity)을 촉진하기 위한 업무를 수행한다. 우리나라는 1959년 7월 28일에 가입하였다.

국제민간항공기구(ICAO, International Civil Aviation Organization, https://www.icao.int)

36, 158, 187, 216, 217

1944년 시카고에서 개최된 국제민간항공조약(Convention on International Civil Aviation)을 기초로 1947년 4월 4일 설립되어 국제연합(UN)의 경제 · 사회이사회(Economic and Social Council) 산하의 전문기구로 편입되었다. 193개 회원국으로 운영되고 우리나라는 1952년 12월 11일에 가입하였다.

ICAO는 유엔의 전문 기관으로서 글로벌 민간항공 시스템의 지속 가능한 성장을 달성하기 위한 정책 및 표준을 개발하고 규정의 준수여부를 감사하며 연구 및 분석을 수행하고 지원하며 다른 많은 활동과 회원국 및 이해 관계자의 협력을 통해 항공역량을 구축하는 업무를 수행하고 있으며, 총회(Assembly), 이사회(Council), 사무국(Secretariat)으로 구성되어 있다.

ICAO는 세계적으로 통일된 규정이 필요한 사항에 대하여 국제민간항공조약에 가입한 모든 체약국에 원칙적으로 적용되는 표준(Standards)과 모든 체약국이 통일하여 적용하도록 권고하는 사항(Recommended Practices)을 국제민간항공조약의 부속서 1(Annex1 Personnel Licensing)부터 19(Annex19 Safety management)까지 모두 19개의 국제표준과 권고사항(SARPS, International Standards and Recommended Practices)을 채택하고 있다.

국제민간항공조약의 부속서 외에도 부속서의 내용을 실천하기 위한 상세한 내용 및 기술의 발전에 따라 변경되는 내용 등을 규정한 항공업무방식(PANS, Procedure for Air Navigation Services)을 이사회가 승인하고 체약국에 권고한다. 또한 세계 각 지역의 특수성에 따라 지역 내에 한정되어 적용되는 사항을 규정한 지역보충절차(SUPPS, Regional Supplementary Procedures)가 지역별 항공회의의 권고에 따라 작성되고 있다.

항공관련 업무에 종사하려는 사람은 국제민간항공기구의 SARPS와 PANS를 이해하기 위한 노력에 집중해야 한다.

ICAO SARPS는 다음과 같다.

Annex 1 Personnel Licensing

Annex 2 Rules of the Air

Annex 3 Meteorological Service for International Air Navigation

Part I-Core SARPs

Part II-Appendices and Attachments

Annex 4 Aeronautical Charts

Annex 5 Units of Measurement to be Used in Air and Ground Operations

Annex 6 Operation of Aircraft

Part 1-International Commercial Air Transport-Aeroplanes

Part 2-International General Aviation-Aeroplanes

Part 3-International Operations-Helicopters

Annex 7 Aircraft Nationality and Registration Marks

Annex 8 Airworthiness of Aircraft

Annex 9 Facilitation

Annex 10 Aeronautical Telecommunications

Volume 1 Radio Navigation Aids

Volume 2 Communication Procedures including those with PANS status

Volume 3 Communication Systems

Volume 4 Surveillance and Collision Avoidance Systems

Volume 5 Aeronautical Radio Frequency Spectrum Utilization

Annex 11 Air Traffic Services.

Annex 12 Search and Rescue

Annex 13 Aircraft Accident and Incident Investigation

Annex 14 Aerodromes

Volume 1 Aerodrome Design and Operations

Volume 2 Heliports

Annex 15 Aeronautical Information Services

Annex 16 Environmental Protection

Volume 1 Aircraft Noise

Volume 2 Aircraft Engine Emissions

Volume 3 Aeroplane CO2 Emissions

Volume 4 Carbon Offsetting and Reduction Scheme for International Aviation(CORSIA)

Annex 17 Security

Annex 18 The Safe Transport of Dangerous Goods by Air

Annex 19 Safety Management

주요 ICAO PANS(약칭)는 다음과 같다.

ICAO Doc 4444(PANS-ATM) Air Traffic Management

ICAO Doc 8168(PANS-OPS) Aircraft Operations

Volume 1-Flight Procedures

Volume 2-Construction of Visual and Instrument Flight Procedures

Volume 3-Aircraft Operating Procedures

ICAO Doc 8400(PANS-ABC) ICAO Abbreviations and Codes

ICAO Doc 9981(PANS-ADR) Aerodromes

ICAO Doc 10066(PANS-AIM) Aeronautical Information Management

국제항공운송협회(IATA, International Air Transport Association, https://www.iata.org/) 53, 243

1945년 4월 19일 쿠바의 하바나에서 57개 항공사로 조직되어 2021년 현재 120개 국가의 290개 항공사로 구성되어 있다. 항공 산업을 대표하고 선도하며 항공사가 안전하고 효율적이며 경제적으로 운영할 수 있도록 지원하는 것을 목적으로 조직된 항공사간의 단체이다. 주요 활동은 직능활동(Trade association activities)과 운임조정활동(Tariff coordination activities)이다.

세계기상감시(WWW, World Weather Watch) 프로그램 51, 241, 360

예보의 기초자료가 되는 기상관측 자료를 세계적으로 통합하여 공유하고 축적하기 위해 WMO가 1963년부터 추진하고 있는 프로그램을 말한다.

WWW의 핵심요소는 전 지구의 관측네트워크 및 관련 시설로 구성된 세계적인 관측시스템(GOS, Global Observing System), 관측정보의 신속한 교환을 위한 통신센터, 시설 및 배치로 구성된 세계적인 통신시스템(GTS, Global Telecommunication System), 관측데이터를 처리하고 예보를 준비하기 위한 기상센터와 운영준비를 포함하는 세계적인 데이터 처리시스템(GDPS, Global Data-processing System)으로 구성되어 있다.

GOS는 지상, 해상, 항공, 위성의 관측시스템을 정비하는 사업인 WMO의 세계적인 통합 관측시스템(WIGOS, WMO Integrated Global Observing System), GTS는 관측된 정보를 보다 효율적으로 세계 각지로 전송하는 WMO의 정보시스템(WIS, WMO Information System), GDPS는 GTS로 수집된 데이터를 처리하고 해석 및 축적하는 시스템인 세계적인 데이터 처리 및 예측시스템(GDPFS, Global Data Processing and Forecasting System)으로 진화, 확장하고 있다(WMO).

세계기상기구(WMO, World Meteorological Organization, https://public.wmo.int/en)

36, 51, 53, 109, 217, 241, 360

1873년 비엔나에서 개최된 국제기상회의(International Meteorological Congress)에서 유래되어 1950년 3월 23일 설립되었고, 1951년 12월 국제연합(UN)의 경제 · 사회이사회(Economic and Social Council) 산하의 전문기구로 편입되었다. 187개의 회원국과 6개의 대륙별 협회를 합하여 모두 193개 회원으로 운영되고 우리나라는 1956년 3월 16일에 가입하였다. WMO의 설립일인 3월 23일을 1961년부터 '세계기상의 날'로 정하였다.

WMO는 유엔의 전문기관으로서 지구 대기의 상태와 움직임, 육지와 대양과의 상호 작용, 변화하는 날씨와 기후 및 수자원의 분배에 대한 국제적인 협력과 조정업무를 수행하고 있다.

시계비행기상상태(VMC, Visual Meterological Conditions)

5, 136

시정, 구름으로부터의 거리, 구름까지의 높이로 표현되는 특정 최저치 이상의 기상조건을 말한다(고정익 항공기를 위한 운항기술기준).

시계비행방식(VFR, Visual Flight Rules)

4, 5, 136, 288, 295

계기비행방식 이외의 방식으로 비행하는 것을 말한다(항공안전법 시행규칙).

운항관리사(Flight Dispatcher)

3

항공운송사업에 사용되는 항공기 또는 국외로 운항하는 항공기의 운항에 필요한 비행계획의 작성 및 변경, 항공기 연료 소비량의 산출, 항공기 운항의 통제 및 감시 업무를 행하는 사람을 말한다(항공안전법).

조종사(Pilot)

3

운송용 조종사, 사업용 조종사, 자가용 조종사, 부조종사로 나누고 항공기에 탑승하여 항공기의 각 자격증명별 업무를 행하는 사람을 말한다(항공안전법).

직진입 접근(Straight-in approach)

7, 296

항공기가 착륙하기 위해 활주로에 접근하는 형태는 직진입 접근과 선회접근으로 나눈다(ICAO Doc 8168 PANS-OPS).

직진입접근(Straight-in approach)은 가능한 한 활주로 중심선과 일치하는 접근형태이고, 비정밀접근의 경우에는 최종접근경로와 활주로 중심선 사이의 각도가 30° 이내이면 직진입접근이라고 간주한다.

선회접근(Circuling approach)은 지형 또는 기타의 제약으로 인해 직진입 접근이 불가능한 접근형태이다. 최종접근경로는 대부분의 경우 비행장의 사용 가능한 착륙표면의 일부를 통과하는 형태이다.

최저강하고도(MDA, Minimum Descent Altitude)/최저강하높이(MDH, Minimum Descent Height)

5, 7, 144, 295 / 5, 295

착륙을 위해 활주로까지의 거리, 활주로 중심선으로부터 간격 정보를 제공받으면서 접근하는 2D 계기접근(2D instrument approach) 운항 또는 선회접근(Circling approach) 운항에서 필요한 시각 참조물을 확인하지 않고는 더 이상 아래로 강하하지 못하도록 지정된 특정고도 또는 높이를 말한다(ICAO Annex 6).
최저강하고도(MDA)는 평균해수면(MSL)을 기준으로 표시한 고도이고, 최저강하높이(MDH)는 비행장(Aerodrome elevation) 또는 착륙하려는 활주로 끝(Threshold elevation)을 기준으로 표시한 높이다. 활주로 끝의 표고가 비행장의 표고보다 2m(7ft) 이상 낮은 경우는 활주로 끝을 기준으로 최저강하높이(MDH)를 표시한다. 선회접근(Circling approach) 운항에서는 비행장 표고를 기준으로 최저강하높이(MDH)를 표시한다.
필요한 시각 참조물이란 조종사가 원하는 비행로로 비행하기 위해 항공기 위치 및 위치변경비율을 판단하기 위하여 육안으로 충분히 볼 수 있는 시각 보조물(항공등화, 각종 표식 등) 또는 접근구역의 부분을 말한다. 선회접근의 경우 시각 보조물은 활주로 주변의 환경을 말한다. 표현의 편의상 두 가지가 동시에 쓰일 때는 'MDA/H'로 기술할 수 있다.

카테고리(Category)

6, 7, 297

항공기의 카테고리(Aircraft category)는 착륙하기 위해 최대착륙중량(Maximum certificated landing mass)으로 활주로 끝을 통과할 때의 지시대기속도(IAS, Indicated Air Speed)를 기준으로 A, B, C, D, E, H로 구분한다(ICAO Doc 8168 PANS-OPS Vol. 1).

카테고리	활주로 끝 통과속도(Indicated Air Speed at Threshold)
A	169km/h(91kt) 미만
B	169km/h(91kt) 이상 ~ 224km/h(121kt) 미만
C	224km/h(121kt) 이상 ~ 261km/h(141kt) 미만
D	261km/h(141kt) 이상 ~ 307km/h(166kt) 미만
E	307km/h(166kt) 이상 ~ 391km/h(211kt) 미만
H	헬리콥터

또한, 계기착륙시설(ILS, Instrument Landing System)을 이용하여 접근하도록 하는 계기접근절차(IAP, Instrument Approach Procedure)를 설계할 때는 항공기 카테고리별로 항공기의 날개 폭(Wingspan)과 착륙장치 및 GP(Glide Path) 안테나의 비행경로 사이의 수직거리가 다음과 같다고 가정하여 설계한다.(ICAO Doc 8168 PANS-OPS Vol. 2).
민간 항공기는 E 카테고리로 분류되는 항공기는 없으므로 D 카테고리까지만 설계한다.

카테고리	날개 폭(m)	착륙장치 및 GP 안테나의 비행경로 사이의 수직거리(m) (Vertical distance between the flight paths of the wheels and the GP antenna)
H	30	3
A, B	60	6
C, D	65	7
D_L	80	8

A380과 Boeing 747-800기종은 진입속도에 따른 기준으로는 D이지만 날개의 폭이 각 79.8m, 68.4m로서 C, D의 기준인 65m보다 넓으므로 DL로 분류한다.

자기 편차(Magnetic variation) 65, 293

줄여서 편차(Var, Variation)라고도 한다. 지구는 자전축을 기준으로 진북(True north)이 있고 지구 자기의 북극인 자북(Magnetic north)이 있다. 진북과 진남을 잇는 자전축은 고정되어 있지만 지구의 자기장은 지구 내부의 외핵의 운동에 의해 조금씩 변하기 때문에 자기장의 북극인 자북의 위치도 변한다. 지구의 어느 지점에서 본 진북과 자북의 차이를 편차(Var)라고 한다.

ICAO에서는 각 공항의 최신 자기편차를 5년에 한 번씩 항공정보간행물(AIP)에 공지하도록 규정하고 있고, 인천국제공항의 자기편차는 2020년 기준 9°W이다. 지구 전체의 자기편차는 미국 해양대기청(NOAA)에서 5년마다 갱신하여 세계자기모델(WMM, World Magnetic Model)로 발표하고 있다(https://www.ngdc.noaa.gov/geomag/WMM/image.shtml).

항공기에 장착되어 있는 관성참조장치(IRS, Inertial Reference System)에도 WMM이 내장되어 있어 진북과 자북의 위치를 자동으로 계산한다.

항공고정통신망(AFTN, Aeronautical Fixed Telecommunication Network) 228, 239, 274

항행의 안전과 정기적이고 효율적이며 경제적인 항공 업무를 위해 특정의 고정된 지점간의 통신 업무를 항공고정업무(AFS, Aeronautical Fixed Service)라고 한다. 이와 같은 항공고정업무를 위해 ICAO의 기술기준에 따라 구축된 세계적인 유선통신망을 항공고정통신망이라고 한다. 주로 비행계획, 항공기상, 항공고시보(NOTAM), 항공행정 등의 전문을 송수신한다(ICAO Annex 10).

항공교통관제사(Air Traffic Controller) 3

항공교통의 안전·신속 및 질서를 유지하기 위하여 항공기 운항을 관제하는 업무를 행하는 사람을 말한다(항공안전법).

항공기사고 4, 8, 9, 10, 205

항공사고란 항공기사고, 경량항공기사고, 초경량비행장치사고로 구분한다. 항공기사고는 사람이 비행을 목적으로 항공기에 탑승하였을 때부터 탑승한 모든 사람이 항공기에서 내릴 때까지 항공기의 운항과 관련하여 발생한 사람의 사망, 중상 또는 행방불명, 항공기의 파손 또는 구조적 손상, 항공기의 위치를 확인할 수 없거나 항공기에 접근이 불가능한 경우를 말한다(항공안전법).

항공안전법
3, 5, 7, 8, 60, 295

'항공법'은 1921년 4월 8일 조선총독부 법률 제54호로 제정되어 1927년 6월 1일 시행되다가 1961년 3월 7일 대한민국 법률 제591호로 제정되어 1961년 6월 8일부터 시행되었다. 이 항공법이 2016년 3월 29일 '항공안전법', '항공사업법', '공항시설법'의 3개로 나누어 제정되어 2017년 3월 30일부터 시행되고 있다. '항공안전법'은 「국제민간항공협약」 및 같은 협약의 부속서에서 채택된 표준과 권고되는 방식에 따라 항공기, 경량항공기 또는 초경량비행장치의 안전하고 효율적인 항행을 위한 방법과 국가, 항공사업자 및 항공종사자 등의 의무 등에 관한 사항을 규정하고 있다(국가법령정보센터).

항공정보간행물(AIP, Aeronautical Information Publication) 5, 6, 62, 251, 288, 295, 296

항공기의 운항에 지속적으로 필요한 필수적인 항공정보를 해당 국가의 권한으로 발행한 간행물을 말한다(ICAO Annex 15).

항행안전시설
5, 136, 205, 226

유선통신, 무선통신, 인공위성, 불빛, 색채 또는 전파를 이용하여 항공기의 항행을 돕기 위한 시설로서 항공등화, 항행안전무선시설 및 항공정보통신시설로 구분한다(공항시설법).

활주로(RWY, Runway)
4, 6

활주로란 항공기의 착륙과 이륙을 위하여 항공시설법 시행규칙으로 정하는 크기로 이루어지는 공항 또는 비행장에 설정된 구역을 말한다(공항시설법).

활주로 이름
6

활주로의 이름은 접근하는 방향에서 볼 때 자북(MN)을 기준으로 방위의 1/10에 가장 가까운 2자리 숫자의 정수로 표시한다. 1자리 숫자의 경우는 앞에 0과 함께 2자리 숫자로 표시한다. 2개 이상의 평행한 활주로의 경우 접근하는 방향에서 볼 때 왼쪽부터 오른 쪽으로 L, C, R의 문자를 추가한다.

4개 이상의 평행한 활주로의 경우는 한 세트는 자북(MN)을 기준으로 방위의 1/10에 가장 가까운 2자리 숫자의 정수로 표시하고, 다른 세트는 다음으로 가장 가까운 방위의 1/10로 표시한다(ICAO Annex 14).

2개의 평행 활주로: 'L', 'R'

3개의 평행 활주로: 'L', 'C', 'R'

4개의 평행 활주로: 'L', 'R', 'L', 'R'

5개의 평행 활주로: 'L', 'C', 'R' 'L', 'R' 또는 'L', 'R', 'L', 'C', 'R'

6개의 평행 활주로: 'L', 'C', 'R', 'L', 'C', 'R'

예를 들어, 김해국제공항은 2개의 평행한 활주로가 있고 진북(TN) 기준의 방위각이 353.95°와 173.95°이므로 자북(MN) 기준의 방위각은 편차 8°W를 더하면 001.95°와 181.95°이고 1/10의 가장 가까운 2자리 숫자의 정수는 각각 36과 18이다. 따라서 접근하는 방향에서 볼 때의 활주로 이름은 각각 '36L' 와 '18R', '36R' 와 '18L' 가 된다.

인천국제공항은 4개의 활주로가 평행한 경우이다. 진북(TN) 기준의 방위각이 144.66°와 324.67°이므로 자북(MN) 기준의 방위각은 편차 9°W를 더하면 153.66°와 333.67°이고 1/10의 가장 가까운 2자리 숫자의 정수는 각각 15와 33이다. 따라서 2001년 3월 29일 개항 당시는 활주로 2개이었으므로 접근하는 방향에서 볼 때의 활주로 이름은 각각 '15L' 와 '33R', '15R' 와 '33L' 가 되었다. 이후 2008년에 3번째, 2021년에 4번째의 활주로가 추가로 건설되었고, 인접한 가장 가까운 방위의 1/10은 16과 34가 되므로 각각 '16L' 와 '34R', '16R' 와 '34L' 로 명명 되었다.

- EASA ATPL Ground Training Series Meteorology
- EUROCONTROL European Wake Turbulence Categorisation and Separation Minima on Approach and Departure
- FAA AC 00-24C Thunderstorms
- FAA AC 00-30C Clear Air Turbulence Avoidance
- FAA AC 00-45H Aviation Weather Services
- FAA AC 00-54 Pilot Windshear Guide
- FAA AC 00-57 Hazardous Mountain Winds And Their Visual Indicators
- FAA AC 00-6B Aviation Weather
- FAA AC 90-23G Aircraft Wake Turbulence
- FAA AC 91-74B Pilot Guide: Flight in Icing Conditions
- FAA AIM(Aeronautical Information Manual)
- FAA Order JO 7110.659C Wake Turbulence Recategorization
- FAA-H-8083-15B Instrument Flying Handbook
- FAA-H-8083-25B Pilot's Handbook of Aeronautical Knowledge
- ICAO Annex 3 Meteorological Service for International Air Navigation
- ICAO Annex 5 Units of Measurement to be Used in Air and Ground Operations
- ICAO Annex 6 Operation of Aircraft
- ICAO Doc 4444 Air Traffic Management(ICAO PANS ATM)
- ICAO Doc 7488 Manual of The ICAO Standard Atmosphere
- ICAO Doc 7910 Location Indicators
- ICAO Doc 8168 Aircraft Operations(PANS-OPS)
- ICAO Doc 8400 ICAO Abbreviations and Codes(ICAO PANS ABC)
- ICAO Doc 8896 Manual of Aeronautical Meteorological Practice
- ICAO Doc 9817 Manual on Low-Level Wind Shear
- ICAO Doc 9837 Manual on Automatic Meteorological Observing Systems at Aerodromes
- ICAO Doc 10100 Manual on Space Weather Information in Support of International Air Navigation
- WMO-No. 306 Manual on Codes

- 일본 AIM-J(Aeronautical Information Manual-Japan), 日本航空機操縦士協会
- 최신 대기과학용어사전, 한국기상학회 · 기상청, 시그마프레스
- パイロットの専門教育のための航空気象講義ノート, 市来 敏綱, 鳳文書林
- 気象ハンドブック, 日本航空
- 新しい航空気象, 橋本梅治 · 鈴木義男 共著, 日本気象協会
- 日本のエアライン事始, 平木 國夫, 成山堂
- 航空と気象ABC, 加藤喜美夫, 成山堂
- 航空気象, 西守 騎世将, 成山堂
- 航空気象, 仁科 武雄, 成山堂
- Stanley Q. Kidder외 7명(2000), Satellite Analysis of Tropical Cyclones Using the Advanced Microwave Sounding Unit(AMSU), Article in Bulletin of the American Meteorological Society Vol. 81, No. 6, June 2000

- 과학기술정보통신부 우주전파센터 https://spaceweather.rra.go.kr/
- 국토교통부 http://www.molit.go.kr/portal.do
- 국토교통부 항공정보간행물 http://ais.casa.go.kr/
- 국토교통부 항공철도사고조사위원회 http://araib.molit.go.kr/intro.do
- 기상청 https://www.kma.go.kr/kma/
- 기상청 국가기상위성센터 http://nmsc.kma.go.kr/homepage/html/main/main.do
- 기상청 기후정보포털 http://www.climate.go.kr/home/
- 기상청 날씨누리 https://www.weather.go.kr/w/index.do
- 항공기상청 http://amo.kma.go.kr/new/html/main/main.jsp
- 항공기상청 항공운항지원 기상서비스 https://global.amo.go.kr/comis4/uis/common/index_acwis.do

- University of WYOMING http://weather.uwyo.edu/upperair/seasia.html
- 국제민간항공기구(ICAO) https://www.icao.int/Pages/default.aspx
- 국제항공운송협회(IATA) https://www.iata.org/
- 미국 기상국(NWS) https://www.weather.gov/
- 미국 기상예보센터(WPC) https://www.wpc.ncep.noaa.gov/index.php#page=ovw
- 미국 연방항공청(FAA) https://www.faa.gov/
- 미국 우주기상예보센터(SWPC) https://www.swpc.noaa.gov/

- 미국 항공기상센터(AWC) https://www.aviationweather.gov/
- 미국 해양대기청(NOAA) https://www.noaa.gov/
- 미국 허리케인센터(NHC) https://www.nhc.noaa.gov/
- 미국 환경위성자료정보국(NESDIS) https://www.nesdisia.noaa.gov/globaleocoordination.html
- 세계기상기구(WMO) https://cloudatlas.wmo.int/en/definitions-of-clouds.html
- 세계기상기구(WMO) https://public.wmo.int/en
- 영국 기상청 https://www.metoffice.gov.uk/
- 일본 기상청 http://www.jma.go.jp/jma/index.html
- 일본 기상청 고층일기도 https://www.jma.go.jp/bosai/numericmap/#type=upper
- 일본 기상청 수치예보일기도 https://www.jma.go.jp/bosai/numericmap/
- 일본 기상청 항공기상정보 http://www.data.jma.go.jp/airinfo/index.html
- 일본 동경 화산재 경보센터 https://ds.data.jma.go.jp/svd/vaac/data/index.html
- 일본 항공기상포털 https://www.tono2.net/
- 일본 홋카이도방송국 천기도 http://www.hbc.co.jp/weather/pro-weather.html
- 일본기상주식회사 전문기상정보 https://n-kishou.com/ee/index.html
- 항공기사고통계 http://planecrashinfo.com/index.html

• ㅊ •

•A•

•B•

•C•

•N•

•O•

•P•

한 권으로 마스터하는

항공기상

지은이 하수동
펴낸이 조경희
펴낸곳 경문사
펴낸날 2021년 12월 30일 1판 1쇄
등 록 1979년 11월 9일 제1979-000023호
주 소 04057, 서울특별시 마포구 와우산로 174
전 화 (02)332-2004 팩스 (02)336-5193
이메일 kyungmoon@kyungmoon.com

값 33,000원

ISBN 979-11-6073-505-5

★ 경문사의 다양한 도서와 콘텐츠를 만나보세요!

홈페이지 www.kyungmoon.com
포스트 post.naver.com/kyungmoonbooks
북이오 buk.io/@pa9309
페이스북 facebook.com/kyungmoonsa
블로그 blog.naver.com/kyungmoonbooks
유튜브 https://www.youtube.com/channel/UCIDC8x4xvA8eZIrVaD7QGoQ

경문사 출간 도서 중 수정판에 대한 **정오표**는 **홈페이지 자료실**에 있습니다.